# 高等学校教师教育创新培养模式“十二五”规划教材

## 编委会

# 教师教学技能训练教程


主　编　李经天　王小兰

副主编　李鸿科　毛齐明　李　涛

参　编　吴　琼　汪学均　李春荣　李凌方

邓　强　陈晓方　贺学松



華中科技大學出版社

http://www.hustp.com

中国·武汉

## 内 容 简 介

《教师教学技能训练教程》依据义务教育各学科课程标准(2011 年版),以《中小学教师专业标准(试行)》为指导,紧密联系基础教育教学实际,结合师范院校师范生的培养规律,介绍了教学技能的基本理论、基本概念,阐明了教学技能开发和使用的原理与方法。全书共十章,具体内容包括导论、课堂教学技能训练、信息化教学设计技能训练、教师研课技能训练、课程开发技能训练、信息技术运用技能训练、教学评价与反思技能训练、教学研究能力训练、教育管理学生的技能训练、学习方法指导技能训练。以"技能概说""技能要点""品味案例""实战演练""教学视线""反思探究"等栏目展开,力求为师范生和中小学教师提供一本实用的教学技能训练指南。

本书可作为各大专院校师范教育教材使用,也可作为中小学新任教师岗前培训和在职教师继续教育的培训教材,还可作为有志从事教师工作的非师范生和从事教师教育研究的大学教师的参考用书。

**图书在版编目(CIP)数据**

教师教学技能训练教程/李经天　王小兰　主编.—武汉:华中科技大学出版社,2012.12
(2019.7重印)
ISBN 978-7-5609-8548-0

Ⅰ.教…　Ⅱ.①李…　②王…　Ⅲ.教学技术-高等学校-教材　Ⅳ.G424

中国版本图书馆 CIP 数据核字(2012)第 290705 号

**教师教学技能训练教程**　　李经天　王小兰　主编

策划编辑:曾　光
责任编辑:赵巧玲
封面设计:龙文装帧
责任校对:周　娟
责任监印:徐　露
出版发行:华中科技大学出版社(中国·武汉)　电话:(027)81321913
武汉市东湖新技术开发区华工科技园　邮编:430223
录　排:武汉正风天下文化发展有限公司
印　刷:武汉华工鑫宏印务有限公司
开　本:787mm×1092mm　1/16
印　张:21.5　插页:2
字　数:550 千字
版　次:2019 年 7 月第 1 版第 4 次印刷
定　价:43.80 元

# 总序

教师兴则教育兴，教师强则教育强。当今世界，大力加强教师队伍建设，创新教师教育培养模式，提高教师专业化水平，是世界各国教育改革与发展的一项共同目标。我国新近颁布的《国家中长期教育改革和发展规划纲要（2010—2020 年）》提出，"教育大计，教师为本。有好的教师，才有好的教育。""加强教师教育，构建以师范院校为主体、综合大学参与、开放灵活的教师教育体系。深化教师教育改革，创新培养模式，增强实习实践环节，强化师德修养和教学能力训练，提高教师培养质量。"

教材建设与开发是创新教师教育培养模式、促进教师专业化发展的一个重要手段，也是深化教师教育改革、提高教师培养质量的一项重要举措。2009 年 6 月，教育部启动实施"教师教育创新平台项目计划"，明确提出要努力创新教师培养模式，加强教师教育学科群建设，深化学科专业、课程教学改革。在这种背景下，我们组织一批教学经验丰富、研究成果突出的高校专业教师，根据教师教育创新培养模式，以及教师专业化发展的新形势、新目标和新任务，以华中科技大学出版社为平台，编写了"高等学校教师教育创新培养模式'十二五'规划教材"，包括《教育学教程》、《心理学教程》、《现代教育技术教程》、《课程与教学论教程》、《中国教育史教程》、《外国教育史教程》、《教师伦理学教程》、《学与教的心理学》、《学校心理咨询与辅导》、《人格心理学——理论·方法·案例》、《公关心理学》、《班主任工作教程》、《多媒体课件设计与制作》、《教育科研技能训练》、《教师教学技能训练教程》和《教师语言艺术训练》共 16 本。

通过教材建设与开发来创新教师教育培养模式、探索教师专业化成长之路，是一种新的尝试，也是一项比较复杂的系统工程。本系列规划教材的编写，以《国家中长期教育改革和发展规划纲要（2010—2020 年）》的精神为指导，在坚持教材编写的科学性、创新性、系统性、规范性等基本原则的基础上，力图从以下三个方面进行有益的探索。

（1）在传承教育学专业基础知识的基础上，突出教师教育教材编写的实践取向。教师教育教材体系的变革，是当前创新教师教育培养模式的一个重要课题。教师教育教材的编写，既要体现系统、严密、扎实的教育理论知识，又要突出丰富、生动、具体的教育实践情境；既要注重将抽象的理论知识引入鲜活的实践领域，又要注意将日常实践经验导向富有魅力的理论阐释。其重点和难点在于达成理论与实践两方面的动态平衡和相互转化，并始终专注于教材的现实取向和实践立场，以克服理论脱离实际、知识与能力相分离、所学非所用等方面的流弊。本系列规划教材的编写，力求在简明介绍、评述相关理论知识及其背景的基础上，凸显教材的实践取向和实用价值。如《班主任工作艺术》、《多媒体课件设计与制作》、《教育科研技能训练》、《教师教学技能训练教程》、《教师语言艺术训练》等教材，都充分体现了这种取向。

(2)在坚持教材编写为教师服务的基础上，突出教材编写的学习者取向。任何教材的编写，既要考虑教师"教"的需要，又要考虑学习者"学"的需要，好教材通常是教师"好教"，学生"好学"，教学一致，师生相长。本系列规划教材的编写，力求在为从事教师教育的专业教师提供优质的课程与教学设计的基础上，坚持"以学习者为主，为学习服务"的基本原则。基于创新教师教育模式所要达成的目标，教师的"教"需要满足学生的"学"，"教材"需要趋向于"学材"。尽管许多教材名曰"教程"，但我们更倾向于将它转化为"学程"，追求"教程"与"学程"的有机统一。同时，在教材的编写过程中注重学习资源与问题情境相结合、文字表述与图表呈现相结合、文本学习与思想交流相结合、知识掌握与能力训练相结合。

(3)在坚持教材编写的普适性、通用性原则的基础上，突出教材编写的区域性特色。湖北是我国的教育大省，湖北教育尤其是教师教育在中部地区具有重要的比较优势与特色。未来10年湖北将努力从教育大省迈进教育强省，而教师教育必将是湖北省基础教育改革与发展的一项重点工作。本系列规划教材的编写者以湖北省属高校专业教师为主，旨在充分利用湖北省丰富的高校教师教育方面的教学和研究资源，以及广大中小学校教育教学改革的先进经验，凸显教师教育教材编写的区域特色和比较优势。同时，也注意充分吸收其他地区教师教育的理论和实践成果。

本系列规划教材的编写，是一次较大规模的集体劳动的成果。湖北大学、江汉大学、长江大学、三峡大学、湖北师范学院、湖北第二师范学院、湖北民族学院、黄冈师范学院、孝感学院、咸宁学院、襄樊学院、荆楚理工学院、郧阳师范高等专科学校等10余所院校的百余名专业教师的热诚加盟，华中科技大学出版社领导和各位编辑的大力支持，各位同仁的精诚团结与通力合作，使本系列规划教材的编写得以顺利进行。编委会同仁深知编写系列规划教材是一件非常不易的大事，有的教材或许存在某些问题、差错，欢迎广大读者及时指出，以便修订时完善。

本系列规划教材适用于高等师范院校学生和综合性大学师范专业学生学习，同时可作为在职教师培训教材和专业教师教学参考用书。

靖国平

2010年11月30日

# 前言

百年大计，教育为本。教育大计，教师为本。

进入21世纪以来，教育面临的挑战和冲击是空前的和多元的。教育发展的每一项新成就，教育改革的每一个新突破，都与教师密不可分。对此，世界发达国家表现出了强烈的危机意识——“如果我们仍然将教学作为二流职业对待，那么我们的领导地位将不复存在”——纷纷对本国教师提出了新的要求。

我国党和政府对教师队伍建设高度重视，2010年7月，全国教育工作会议的召开，以及随后公布的《国家中长期教育改革和发展规划纲要（2010—2020年）》（以下简称为《纲要》），专章对加强教师队伍建设进行论述。针对教师队伍建设面临的突出问题，《纲要》从加强师德建设、提高教师能力水平、提高教师地位待遇和健全教师管理制度等四个方面提出了建设高素质专业化教师队伍的重要举措，进一步明确对教师队伍建设的更高要求。

新中国教育发展史上一次战略性、全方位、持续性的教师队伍建设正在铺开。全国上下正在按照全国教育工作会议和教育规划纲要的要求，以推进师范生免费教育为契机，吸引更多优秀人才长期从教；以实施“国培计划”为引领，推动全国中小学教师每5年为一周期的分类、分层、分岗全员培训；以实施国家“特岗计划”和“硕师计划”为抓手，进一步创新农村教师培养补充机制；以强化养成教育和教师考核为重点，形成师德建设长效机制。2011年12月，教育部拟定中小学《教师专业标准（试行）》征求意见稿，强调把学科知识、教育理论与教育实践相结合，突出教书育人实践能力；研究和遵循学生成长规律，提升教育教学专业化水平；坚持实践、反思、再实践、再反思，不断提高专业能力。

面对新时期教师专业能力的新要求，我们组织大学专家和中小学优秀教师编写了《教师教学技能训练教程》。编写这本教材，我们本着重操作、重实用、求实效的原则，立足于有效提升师范生和中小学教师的课堂教学、信息化教学设计、教师研课、课程开发、信息技术运用、教学评价与反思技能、教学研究、教育管理学生的技能、学习方法指导九个专业核心能力，重点论述了上述教学技能训练的原理与方法，从训练目标、训练内容、训练要领、操作方式、基本步骤、注意事项等方面做了细致的探讨。结合国内外教育改革与发展动态，吸收教师教学技能训练研究与实践的新成果，精选了大量案例，为读者创设了一个自我提升专业水平的空间。通过技能概说、技能要点、品味案例、实战演练、教学视线、反思探究等栏目的展开，将实践性、操作性、指导性、借鉴性和可读性融为一体，让读者能够简洁、清晰、明了地领略到教学技能的魅力，引发技能训练的内驱力，有的放矢地进行训练，为缩短为师从教的适应期，增强发展的后劲，成为优秀教师奠定基础。

在湖北大学、华中师范大学、黄冈师范学院、湖北大学附属中学、武汉市新洲第一中学、武汉市常青第一学校等同仁们历时一年的辛勤笔耕、思想碰撞和斟酌推敲下，今天终于共酿其成，完成了这本教材的编写工作。本教材由湖北大学李经天教授和黄冈师范学院王小兰副教授担任主编，李鸿科、毛齐明、李涛担任副主编。李经天教授负责总体设计、编制提纲、文本体例、审稿、统稿和定稿工作，对各章均作了一定的修改、删减和增补；王小兰、李鸿科、毛齐明、李涛、邓强协助审稿。各章编写人员分别为：第一章由李经天撰写；第二章由李涛撰写；第三章由李鸿科撰写；第四章由王小兰撰写；第五章由吴琼撰写；第六章由汪学均撰写；第七章由李春荣、李凌方撰写（李凌方撰写第一、二、三节，李春荣撰写第四、五、六节）；第八章由毛齐明撰写；第九章由邓强撰写；第十章由陈晓方、贺学松撰写（陈晓方撰写第一、二、三节，贺学松撰写第四节）。吴琼、李春荣参与了校对和统稿工作。

本教材在编写中参考和引用了国内外学者的相关研究成果和文献资料，在此，我们深表敬意和感激！

大学老师和中小学老师精诚合作完成本教材的编写工作，是一次全新的尝试和探索，这些来自不同教育领域的虔诚的研究者和执著的实践者，以最真挚的情感和体悟、最用心的努力捧出的果实，如果能够带给已经成为和正在努力成为教师的人们职业生涯中独特的经历和际遇后的会意微笑，我们就心满意足了。

由于我们自身的学术水平和组织能力有限，书中的某些观点可能会有所偏颇，部分内容也许会存在错讹，为此，敬请各位专家和读者不吝赐教，批评指正，以便修订时改正、完善，我们将不胜感激！

李经天

2012 年 8 月 20 日

# 目录

# 第一章 导 论

你们一定要懂得，你不是教物理，你是教人学物理。

——苏霍姆林斯基

教师素质是教师职业对教师个人提出的内外品质上的要求，具体包括思想政治素质、道德素质、文化素质、智能素质、心理素质、身体素质等。其中的文化素质和智能素质称为业务素质，是教师在教书育人过程中的科学、文化、知识结构及其程度和教育教学能力的综合体现。教师教学技能是教师业务素质的行为表现，是教师业务素质的重要组成部分，是每一位教师必备的职业技能之一，也是高等师范院校各专业学生必修的内容。

范梅南理解教学是：即席创作。

申继亮将教师专业发展的知识基础分类为：本体性知识（学科知识）、条件性知识（教育学、心理学知识）、一般文化知识和实践性知识。

陈向明认为：教师所拥有的一般文化知识与其他文化人类似，所拥有的学科知识与学科专家类似，所拥有的教育学知识与教育理论工作者类似，教师的长处就在于自己的实践性知识。

教师"会教书"的条件之一是知识，其中不仅有理论性知识，而且更重要的是实践性知识；实践性知识比理论性知识更重要。这是因为：它影响着教师对理论性知识的学习和运用；它支配着教师的日常教育教学行为；它是教师从事教育教学工作不可或缺的重要保障。[①] 虽然教师教学技能是经过不断的教学实践而形成的，但训练需要以掌握知识、提高认识和能力发展为基础，受到教师个人学识水平、思想觉悟、个性特征及生理状况的制约，所以，教师教学技能是评判教师业务能力的主要指标。

教学是培养人才的最有效和最根本的途径，却又是一项有难度的挑战性工作，不是谁走上讲台就能胜任的工作。全国教书育人楷模于漪老师有一句名言："一辈子做教师，一辈子学做教师。"专业化的教师需要拥有从事教育教学工作的基本技能和能力，常常表现为"教师面对复杂的教育情景时所表现出来的机敏、迅速而准确的判断和反应能力，它源于教师敏锐的灵活的观察和果断的意志，也源于他们教育经验和知识的积累，以及对学生的了解和关爱"[②]。

① 陈向明.实践性知识：教师专业发展的知识基础[J].北京大学教育评论，2003，(1)：106.

② 连榕.教师专业发展[M].北京：高等教育出版社，2007.

> 过去，很多教育工作者都会说：没有教不了的孩子。其实，我们错了，教育没有那么大的作用。教育的重要使命应该是发现，发现每个学生不同的特点与个性。
>
> 过去，教育工作者不愿接受这样的理念：教育是服务业，学生是学校的客户。现在，我们必须转变观念。每个学生都有不同的特点、个性和诉求，学校必须创造多元的产品来满足不同的需求。
>
> ——北京市十一学校校长李希贵在“2012 世界未来教育论坛”上的发言。

教育的基本道理并不复杂，其主要使命就是提供一个良好的环境，使受教育者所固有的人性特质得到健康的生长，成为人性健全的人、有责任感的人。曾经听到有人抱怨，在大学课堂里 100 个学生中有一半人听不懂讲课，而另一半人则不需要教师。大学教师普遍认为，“高中阶段与大学阶段之间的断层，导致大学新生不能很快地适应大学的教学模式，也不能很好地配合教师的学业要求，在一定程度上降低了课堂互动水平和预期的教学目标”[①]。中小学教师承载着为“考点”而教的压迫，成为“应试技术的研究者，同时也是实践者”[②]。诚然，当下学校教学的异化不能全怪在教师的业务素质不高上。现在教育的问题是不知道教育是什么。中小学追求分数，大学追求功利，等等。教育已经走到必须重新回到原点来审视的时候，面临着从原点再出发的问题。

改变根本的一个做法就是：从教师改变教学行为，重构实践能力做起，积极改变单纯传授知识的风格，由“教”变为“导”，学生从“学会”变为“会学”，让学生真正成为学习的主人，教师职业才不会滑向“第二流职业”，这是推动课堂革命最直接的力量。

## 第一节　做教师，你准备好了吗？

### 一、转变教育观念

长期以来，由于受传统教育思想的影响，形成了教师以教材和课堂讲授为中心，以学生掌握、储存知识为目的的教学模式。这种模式虽然在一定的历史阶段起到过一定的作用，但其最大的弊端就是忽略了学生在教学过程中的主体地位和作用，抑制了学生创新能力的发展。当前，大多数教师在传授知识的同时，也自觉不自觉地影响了学生能力的发展。教师只重视如何教，在“教”上肯花时间，愿下工夫，而对学生如何学、学了什么、对其发展将产生什么影响，都考虑得很少；学校管理者也热衷于教师教学成果的总结性评价，而忽视学习者能力发展的形成性评价。这些使得一

① 杨晓峰. 高中与大学断层导致大学教学困境[N]. 中国教育报，2012-05-18(15).

② 周序，郑新蓉. 高考承载的“异化”压力与可能消解[J]. 中国教育学刊，2012(2)：18.

部分教师不愿意花力气探索新路，相当多的课堂教学仍然是把传授知识作为教学的主要目标。不少教师上课虽然很投入，课也讲得很精彩，但只是在单纯传授知识，完全没有体现对学生的能力培养、方法训练、行为养成等要求，学生完全是被教师牵着鼻子走，配合教师完成教学任务。这样的教师一旦让他改变多年来形成的教学习惯，就会无所适从。因此，转变要把课堂教学目标定位在使学生学到了什么，而不是教师教了什么这一层次上。

## 二、改善知识结构

当今世界科学技术迅猛发展，知识更新速度加快。面对课程设置的综合化、教育内容的社会化和教育技术的现代化的要求，教师的知识结构应当做出相应的变化。从横向来看，教师应当具有多元化、全面性的知识，从单一结构的学科知识，向知识结构的复合型转化，向以学科知识为基础，增加方法、科学文化知识与专业知识等多元结构的方向发展；从纵向来看，由于未来的师生关系不再是单向传递的关系，而是双向交流的关系，教师不仅要有能力回答学生各种各样的问题，而且要同学生进行各式各样的交往。这些都要求教师成为一个学识渊博的人。只有知之深，才能取其左右而逢其源。过去常用一句俗话形容教师应有的知识含量：要给学生一杯水，教师要有一桶水。而“一桶水”在现在则不够用了。教师要给学生一杯水，自己就要是“一条潺潺流动的小溪”。无疑，当今教师的知识结构应在质上来一个飞跃。

## 三、优化课堂教学

课堂教学始终是中小学最稳定的教学基本组织形式，因此，优化课堂教学对提高教学效果至关重要。首先，要优化课堂教学目标。教学目标是对学生认识与发展预期结果的规定。教学过程实际上是学生获得认识与发展的过程，学生是认识与发展的主体，教师的主导作用是为学生的认识与发展服务的，因而，课堂教学目标不仅要有全面科学的基础目标，还应当体现发展性目标，并在课堂教学目标的确定上应体现这两种目标的统一，最终达到使学生既掌握知识，又发展能力的目的。其次，要优化课堂心理环境。教学过程是师生双边互动的活动过程，师生之间只有保持心灵上的交流和沟通，才能创设一个和谐、友爱和宽松的课堂气氛，从而使学生保持无拘无束、心情舒畅、情绪振奋的心理状态。只有把传授知识的过程当成学习交流和自主探索的过程，学生的自主学习、独立思考、好奇心、求知欲才能充分地展示。如果师生在教学过程中达到心理相融，不仅能较好地进行教育教学活动，对双方良好品质的形成也起着重要的作用。在轻松愉快的学习环境里，学生的好奇心、标新立异、勇于质疑、富于想象、逆向思维等品质就会迸发出来，就会出现学生为了了解蚯蚓的习性，将蚯蚓放入嘴里的“壮举”；就会有“河水欢快活泼、我听到栀子花开的声音”的诗句；就会有教师将学生用词不当的错误称为“美丽的错误”；就会有学生大胆地将教师布置的五篇绘画作业这样自行处理，第一页是一个小女孩拽着一条线，这条线穿过三页纸，一直通到第五页，在第五页纸上画了一个风筝，等等。

### 四、掌握教学技艺

掌握教学技艺是教学走向成熟和成功的关键。教师的教育教学技艺，是教师在教育教学中有效地促进学生学习活动和心智发展的活动方式。一般来说，包括教学认知能力、教学操作能力和教学监控能力。在看似平常的教学活动中，如果缺少了哪一种能力，其教学质量和教学效果就不可能好。我们知道，在每一次成功的教学后面都站着一个独一无二的人，它具有某种独特的、与众不同的东西，那就是教学感染力和人格魅力，是集知识、智慧、语言、声调、姿势、动作、表情为一体的教学技艺。掌握了教学技艺的教师，懂得如何才能使学生学得轻松、弄得明白，使课堂教学高效率。中外教育家都十分重视对教师进行教学技艺的培训工作。当前，减轻学生课业负担，就是要向课堂教学要质量、要效益，因此，对教师强调教学技艺的磨砺，苦练基本功，就显得十分必要和急迫。这种高水平的职业活动是每个教师通过努力都能达到的。

## 第二节　教书，还要准备些什么？

### 一、教学的第一层次：规范性

教学工作的神圣性是从规范开始的。无论教学改革如何深化、教学内容和课程体系如何更新、教学方法和教学手段如何先进，作为教学活动的主要环节——备课、上课、辅导、总结、成绩评定等都是相对稳定的基本形式，不仅现在是，今后也将是培养人才的最基本途径。

1. 要有明确的目的性

一次课里，要展开哪些知识点，要训练何种技能，能力培养上有哪些要求，都应有明确的意向。教学进程中的阐述、讲解、提问、作业、操作指导都要围绕这一确定目的展开。

2. 要保证讲授的科学性

不但要讲马克思主义唯物论，也要适当介绍、客观评价唯心论的观点，让学生了解真理发展的历程，锻炼学生的辩证思维能力；既要讲授自己认同的观点，又应介绍与自己不同甚至相悖的观点；还要介绍这门学科的发展历史和最新成就，以扩展学生的视野。教师所讲的基本科学概念、定律应准确无误，以养成学生将来从事本专业工作严谨求实的工作作风和态度。

3. 应体现讲授的思想性

一般而言，课程的科学内容本身已经包含了思想性，因此，与教材中有密切联系的思想观念可以点明并发挥。

4. 讲授方法应注重启发性

在教学中应使师生双方都处于积极的活动状态，尤其要调动学生的学习积极性、主动性和创造性。教师每节课都应当留一点问题，让学生自己去思考和解答，还要善于运用设疑提问的方式，引导学生去做积极的思维活动，从中体验由不知到知的学习乐趣。学校存在的意义就在于学生能从教师课堂中获得系统知识、培养科学态度、掌握思维方法、养成高尚的品德和对知识狂热和执著的追求。

5. 要注重讲授的艺术性

讲授的艺术性主要表现在语言、板书、动作及情感的处理上。讲授语言应抑扬顿挫；板书应清晰、有条理，但不宜过多；举止应大方得体，感情流露应真实自然；处事应机智沉着。

## 二、教学的第二层次：有效性

学校课程是开放的、民主的、科学的，课程决策、课程编制、课程实施的过程应该是对话式的，而不是独白式的，课程的设计要适应不同学生的发展需要，使不同层次的学生都能获得成功感。应提倡树立“教主于学、以学论教”的教学观，更应注重因材施教，“倡个性以补不足”，给学生更多的学习选择的主动权，鼓励学生创新思维，把年轻人的灵气激发出来，通过提高每个个体的素质来提高学生的整体素质。

知识是可以教的，而学习能力只能被辅助、被培养。教师在学生成长过程中应该如何施以正确的影响力？

> “1×100”与“100×1”是否等值？单从数字看，这个问题似乎很多余，然而在不同的情景中，两个列式的内涵和价值就不一样了。就拿掘井来说，在一个地方挖100锹，和挖100个地方，每个地方只挖一锹，哪种办法更容易挖到水？再比如，在教学上，对一个知识点以100个不同的问题形式来提问思考，问100个为什么，与抛出100道题，每一道题只浅显地问一个为什么，哪种办法更有效？

在教学过程中，如果教师能做到帮助学生转“知”成“智”，化“识”为“慧”，那就能够“以不变应万变”。这里有一个问题需要明确，就是教学质量评价应以学习者为主体，注重教育过程，强调教育增值的理念。目前，我们缺乏从学习者的角度对教育过程的动态测量，我们不清楚有限的教育资源投入是否转化给了学生，使学生受益，以致学业挑战度、主动合作学习和师生互动等学习成效的关键要素无从体现。课程目标的达成、学习严格要求程度、课堂上的学习行为(讨论、发言、口头报告等)、课堂下课程的学习行为、课堂之外拓展的学习能力等均未纳入教学质量评价体系中。

教师要根据不同的对象、不同的问题，运用不同的教学方法，以帮助学生掌握知识，这需要有很高的教育艺术，而绝非机械性、重复性劳动所能办得到的。

这是一堂初一的数学课，讲解的是一道古老的题目：鸡兔同笼，有头45个、脚116只，问鸡兔各有多少只？学生议论纷纷，有的拿笔算，有的心算……还是算不出来。问题在哪里呢？鸡的两只脚和兔子的四只脚在捣乱，如果让鸡和兔的脚的数量一样，那题目就容易了。于是，教师下令："全体兔子立正！提起前脚。"全班学生哄堂大笑，个个睁大了惊奇的眼睛。"现在，兔子和鸡的脚数是一样了，上面有45个头，下面该有多少脚呢？""90(只)！"同学们齐声回答。"和先前相比，少了多少只脚呢？""少了26只。"反应快的马上叫了起来。"这26只脚哪里去了呢？""被兔子们提起来了。""那么，现在你们该知道笼子里有几只兔子？""有13只兔子！"同学们欢叫着。

复杂的数学题目，在这位教师幽默的、形象的讲解中变得有趣、简单。在教师创造性的劳动下，课堂教学是高效率的。

## 三、教学的第三层次：创造性（个性化）

创造性的萌芽不只取决于知识存储的多少，而取决于积极的思维，尤其是创造性思维。多少年来，我国的教育常常重视严密的、逻辑性的、理性的思维，而不注重发散的、形象的、非理性思维。这种思维方式不利于全面开发人脑的功能，特别不利于开发右脑的功能。尽管在中学阶段学生已得到了一定的形式逻辑思维的训练，但从本科低年级学生在学习中较为普遍存在三怕现象（一怕记概念，二怕推理证明，三怕复杂的综合运算）来看，还不能说已经掌握了这种思维品质，更谈不上涉入了创造性思维的训练。

敢于提出问题，敢于质疑权威的精神，在美国的校园里是被尊重和鼓励的。下面这个实例可见一斑。在美国一个学区的中小学生创新研究年度大赛中，有一年，4个七年级学生的研究论文获得了金奖。他们研究的课题是海水的冰点是零度。因为教科书上写着海水因为成分复杂，冰点不是零度，可这4个学生偏偏对此产生了怀疑。于是，他们设计了一系列实验，积累了大量的实验资料。实验的结果却否定了他们之前的猜想，证明了教科书上的结论是正确的。他们把这个实验记录下来，写成了实验报告，承认自己的猜想是错误的。可是，就是这个证明自己的猜想是失败的报告，获得了当年的金奖。

创造性思维是一种综合性思维，它需要发散思维和集中思维、直觉思维和分析思维的统一。集中思维和分析思维实际上是抽象逻辑思维，在我们的教育中一直是比较受重视的，而发散思维和直觉思维还未引起足够的重视。为了培养学生的创造性思维能力，应当加强发散思维和直觉思维训练。要培养学生的发散思维能力，就应该注意培养学生思维的流畅性、变通性和独特性。流畅是变通的基础，它使独特成为可能。从培养流畅性入手，抓住变通这个关键，着重思路启发、引导思维转向，最为重要的是要加倍珍视那些哪怕是一闪而过的思想或观念。直觉思维是对客观事物做出直接判断和决策，它最明显的特点就是“快”。爱因斯坦说，在科学研究中，真正可贵的因素是直觉。一个人在创造活动中，如果不能迅速地选择目标、把握方向、预测发展，那么本来可以发现的创新目标就可能视而不见、听而不闻，或者犹豫不决、坐失良机，根本无法发明、发现，他就会像布里丹笔下的驴子那样，站在两堆同样大小、同样远近的干草之间，因无法决定吃哪一堆干草而饿死。

只有会质疑的教师才能够教出会质疑的、善于提问的学生。这就要求教师首先应当具备学习能力，以开放的态度吸纳各种知识，形成良好的判断力；在教书育人过程中，不能抱守成见，囿于一己之识，而应当鼓励学生大胆猜测和大胆假设，启发学生对知识的好奇心，引导学生用推理判断等思维形式来验证自己的直觉是否正确，表达独立的见解，从而培养探求新知的精神，激发他们的雄心大志。

## 第三节 如何从“教者”成为“师者”？

优秀的教师并不是与生俱来的，而是通过不断的学习和实践一步步发展而成的。在这个过程中，教师要担负起自我成长的使命，在职业生活中创造并体现符合自己志趣、符合能力与个性的独特的教育教学生活方式，以及个体自身在职业生涯中形成的知识、观念、价值体系与教学风格。著名教育家阿莫纳什维利堪称典范，为了使教学具有足够的吸引力，他要求教师技艺精湛，掌握某些像演员演戏一样的舞台艺术的表现手段：语言艺术、脸部表情、手势、身体姿势，运用儿童能理解的幽默等。因为在他看来，教学中的表演手段可以使课上得生动有趣，使教学内容深深印入学生的脑海和心灵里，激起他们对掌握知识的渴望和激情。[①] 著名心理学家埃里克森的研究结论是：只要一个人持续在某个领域经过10 000个小时的持续进步，就可以成为一个顶级专业人士。因此，教师通过训练形成的职业技能是促进教师业务能力发展的重要手段。

让我们从本书里九个专题训练的叙述中获得精致而优雅、丰富而深刻的体验吧！

① 陶青，卢俊勇. 论教师教学的“表演性”[J]. 中国教育学刊，2010(8)：49.

# 第二章 课堂教学技能训练

## 内容导航……

- ❖ 导课技能训练
- ❖ 讲授技能训练
- ❖ 提问技能训练
- ❖ 板书技能训练
- ❖ 结课技能训练

## 第一节 导课技能训练

### 一、技能概说

课堂教学中的导课环节，是整个课堂教学中的有机组成部分，其重要意义不可忽视。好的导课如同桥梁，联系着旧课和新课；如同序幕，预示着后面的高潮和结局；如同路标，引导着学生的思维方向。可以说，导课乃是整个课堂教学的"准备动作"，让师生为即将进行的思维活动做好心理准备。精心设计的导课环节，可以起到先声夺人的效果，为整堂课的进行打好基础。

### 二、技能要点

（一）导课的特点

导课技能的主要特点包括针对性、趣味性、承接性和简洁性。

1. 针对性

导课要针对本节课即将讲授的内容来开展，充分考虑所授内容与已有知识之间的联系，从而成为学习新知识的一个引子。这个引子用得好、用得妙，才能充分调动学生的学习激情。不仅如此，导课还要针对不同年龄阶段的学生来设计。小学低年级学生的导课，最好从讲故事、寓言，做小游戏入手，中学生多从联想类比、启发谈话、设置疑难入手等。

一位教师在讲《说谦虚》一文时的导课就设计得很精彩。他说：

"有一位导演，成功地导演了一部新影片。当记者问到这部片子并请他谈谈想法时，导演说：'如果把这部整体美的影片打碎，那么任何一块碎片都将发光。'而举世闻名的球王贝利在回答哪个球踢得最好的问题时,却说:'最好?下一个吧。'对于自己成绩的这两种态度,不是非常发人深省的么……"

2. 趣味性

著名教育家巴班斯基认为:"一堂课上之所以必须有趣味性,并非为了引起笑声或消耗精力,趣味性应该使课堂上掌握所学材料的认识活动积极化。"兴趣是最好的老师。孔子也说:"知之者不如好之者,好之者不如乐之者。"(论语《雍也》)教师要用形象生动的语言,揭示课本中深刻的思想和深奥的科学道理,这就要求教师的语言要栩栩如生、生动传神、曲折迂回、以情动人,使学生有临其境、闻其声、见其人之感。这样才能将学生成功地带入所学的课程中,使学生产生丰富的内心体验和情感共鸣,从而激发学生学习全篇课文的愿望与激情。

有位教师在讲授《竞选州长》时,先讲了马克·吐温的一件轶事——

"马克·吐温发表《竞选州长》的小说后,一次在大街上遇到了纽约州州长霍夫曼,霍夫曼见到这位小说家极端仇视,便说:'马克·吐温,你知道世界上什么东西最坚固吗?什么东西最锐利吗?我告诉你,我防弹轿车的钢板是最坚固的,我手枪里的子弹是最锐利的!'马克·吐温听了微微一笑说:'先生,我了解的跟你不一样啊,我说世界上最坚固最厚实的是你的脸皮,而最锐利的呢?是你的胡须。你的脸皮那样厚,可你的胡须居然能刺破它长出来,还不锐利吗?'听完这则小故事,大家应该明白了马克·吐温的语言是多么幽默辛辣,那么读了《竞选州长》这篇课文,就更能了解马克·吐温小说的幽默语言和讽刺手法,下面我们来学习《竞选州长》这一课,体会马克·吐温小说的幽默语言和讽刺手法。"

3. 承接性

教师的导课不应该高屋建瓴,使学生感觉生疏,应该建立在以前相关的知识经验的基础上,如回忆、提问、联想前面已有的知识或日常生活中已有的学习经验和实例引入等。好的导入能为全课的顺利进行奠定良好的基础,并能由此使教学内容进一步展开,使课堂教学顺利进行,产生良好的连锁反应。

于漪老师在教朱自清的《春》一课时,是这样导课的。

师:一提到春天,我们就会想到春光明媚,绿满天下,鸟语花香,万象更新。古往今来,许多文人墨客用彩笔描绘它,歌颂它。同学们想一想,诗人杜甫在《绝句》中是怎样描绘春色的?

生:……(学生背诵)

师:王安石在《泊船瓜洲》中又是怎样描绘的?

生:……(学生背诵)

师:现在我们就欢快地生活在阳春三月的日子里,但是我们往往知春而不会写春,那么请看朱自清先生是怎样来描绘春景的色彩、姿态的。

这段导语先是回忆以前学习过的相关诗句，然后顺着两者的共同之处——“春”引出了新课所要讲的内容。以诗为切入点，不仅温习了古诗，而且使学生感受到了春天的绚丽多彩，对于学习朱自清的《春》有了更浓厚的兴趣。这样导课，学生必会迫不及待地去赏《春》。

4. 简洁性

语言大师莎士比亚说：“简洁是智慧的灵魂，冗长是肤浅的藻饰。”这个见解是极为深刻的。课堂教学的导课要精心设计，力争用最少的话语、最短的时间，迅速而巧妙地缩短师生间的距离，以及学生与教材之间的距离，将学生的注意力集中到课堂内容上来。

一位教师教学《小壁虎借尾巴》。

> 开始上课了，教师带着亲切的微笑说：“今天，老师带来了一只小动物的画像，你们谁认识它？”说着，从课桌上拿起一只小壁虎的图，这只小壁虎被画成动画片的形象，不但不丑陋，而且显得很可爱。尾巴做成活动的，可以摘掉。
>
> 学生们马上惊喜地说：“小壁虎。”
>
> 教师接着问：“谁知道它是什么样的动物？”
>
> 有的学生说：“壁虎有毒，能让人中毒。”
>
> 另一个学生说：“壁虎吃苍蝇、蚊子，是人类的朋友。”
>
> 教师趁机说：“壁虎虽然长得不好看，可是它吃苍蝇、蚊子，是人类的朋友。你们看这只小壁虎的尾巴怎么了？（将画上的小壁虎的尾巴摘下）”学生们惊讶地叫道：“哎呀，尾巴断了。”教师马上因势利导：“这只小壁虎的尾巴怎么断的？断了以后它又怎么办呢？今天我们学的《小壁虎借尾巴》（板书）这课书，讲的就是这只小壁虎尾巴断了以后的事。”

这个导课前后不到五分钟，却因其简洁、凝练、巧妙、新奇而成功地激发了学生急切想学习课文的强烈愿望。

（二）导课的方法

按照教学导入凭借方式的不同，经过梳理，导课的方法可以概括为几个：知识导入、情感导入、趣味导入和操作导入。

1. 知识导入

知识导入技能是指教师借助与教学内容相关的知识引导学生进入学习任务的教学行为方式。

掌握知识导入技能，教师要把握、处理好三种关系：一是新旧知识之间的关系；二是所借助知识与教学任务、教学内容之间的关系；三是所借助知识与学生接受能力之间的联系。导入知识，教师可以温故知新，寻章摘句，直奔主题，介绍作者和时代背景，交流学习心得体会，从而拓宽学生的知识视野，吸引学生攀登新的知识高峰，提高学生的自学能力。所以，教师从教学的一开始就要注意运用恰当的方法。

(1) 温故导课

巴普洛夫指出:“任何一个新的问题的解决都是利用主题经验中已有的旧工具实现的。”也就是说,各种新知识都是从旧知识中发展而来的。所以温故知新的过渡式导课,就成为教师课堂教学常用的导课方式。

有位教师在上《茶花赋》时,就注意以旧带新,他这样说:“同学们,现代散文作家杨朔是我们的老朋友了。可以说,每个学期我们见一次面。第一册他奉献给我们北京的香山红叶;第二册他请我们尝了广东的荔枝蜜,也许现在我们还能回忆起它的甜味呢!今天他又将捧给我们春城昆明的一丛鲜艳的茶花,大家喜欢吗?”学生异口同声地说:“喜欢。”这时学生的情绪已经开始兴奋。教师接着说:“《香山红叶》杨朔借红叶喻老,越到老秋红得越可爱;《荔枝蜜》杨朔借蜜蜂赞美辛勤的劳动人民;今天的‘茶花’又是象征什么呢?”此时,学生们已产生了强烈的求知欲。

温故导课中的“温故”只不过是一种手段,导入新课才是真正的目的。在具体导课时切不可喧宾夺主,温故导课一旦成了纯粹的复习课,就是一种失败。

(2) 摘录导课

摘录导课是指教师在讲课前让学生摘录课文中的重点词、句或请学生在课外收集与新授课有关的内容并加以适当的摘录,然后过渡到全文讲授的方法。

有一位教师在讲授《一条大鱼》时是这样导课的——

“在一个月光如水的夜晚,父子俩坐在湖边静静地等待鱼儿上钩,终于,有一条大鱼上钩了,可父亲却让儿子将鱼放了回去,这究竟是怎么回事呢?”

上面这段文字,是教师根据课文中的内容摘录后完成的一段导课文字,这样一段描述,简洁而有效地集中了学生的注意力,起到了良好的导课功能。

(3) 通过检查学生的预习情况导入新课

这种导入方法是中学教师常用的方法,这个年龄段的学生有很强的预习能力,检查学生的预习情况可以更好地落实教学内容是使用这种方法的原因。

有一位教师在讲《旧上海的租界》这一课之前,是这样设计导入语的——

师:同学们,1840年,由于清政府的无能,鸦片战争惨遭失败。1842年8月29日,清政府被迫与英国签订了丧权辱国的中英《南京条约》。上节课,老师请大家回家将中英《南京条约》的有关内容摘录下来,大家准备好了吗?”

(学生交流)

师:同学们,听了大家刚才交流的内容,相信你们此时的心情一定和老师一样沉重。中英《南京条约》中有一条为开放上海、厦门、福州、宁波和广州为通商口岸,这与今天的改革开放有着本质的区别。当时的外国人可以从这五处口岸将货物直接输入中国,同时掠夺中国的各种物资。上海是其中

> 的一个口岸，殖民者的魔爪也伸向了上海，上海成了外国资本主义侵略中国的主要据点。鸦片战争以后，中国开始沦为半殖民地半封建的国家，那么上海发生了什么变化呢？现在我们一起来学习第7课《旧上海的租界》。

(4) 引用导入

引用导入中所引用的范围十分广泛，可以是谜语、诗文、歇后语、对联、笑话、故事等，通过引用加深学生的印象，提高听讲的兴趣，是课堂导入常用的方法之一。

钱梦龙老师在讲知识短文《词义》时，为了使抽象的词义知识能迅速地为学生所接受，一开始就给学生讲了一个阿凡提理发的小故事。

> "阿凡提为了整治一个只理发不付钱的阿訇，先是给他剃了个光头，然后在刮脸的时候，阿凡提问他：'眉毛要不要？'阿訇说：'当然要'阿凡提就把眉毛剃下来给了他，那人虽然很生气，但又不好怪阿凡提，因为他确实说过'要眉毛'的。阿凡提接着又问：'您的胡子要不要？'那人忙说'不要！不要！'阿凡提又哗哗两刀把那漂亮的大胡子给剃掉了，最后阿訇的头剃得像个剥光了的鸡蛋似的。"
>
> 听了这个故事，同学们都大笑起来，钱老师马上因势利导地问学生："阿凡提究竟玩了什么花样，让那个人上当的？"学生马上领悟到阿凡提是利用"要"这个词的多义性来捉弄阿訇的。于是，课堂教学自然引导到对于词义的理解上了。

故事导课宜短忌长，故事本身要能说明问题，教师还须引导分析，才不会使学生的注意局限于故事本身。

2. 情感导入

(1) 谈话导入

谈话导入是指用说话的形式交流感情、发表意见、讨论问题的一种导入方式。它是教师和学生之间最简单的交流方式，也是新课导入中应用最多、效果最显著的方式之一。

一位宋老师在讲《香雪海》这课之前，设计了这样的导入语——

> 师：同学们，你们喜欢旅游吗？谁去过无锡？能向大家做个简单的介绍吗？
>
> （同学们积极思考，踊跃发言）
>
> 生：我去过无锡，那里的肉馒头、肉包子、水蜜桃很好吃。
>
> 生：我去过无锡的太湖，在太湖边，你可以游玩、捉蟹，还可以钓鱼……
>
> （老师看学生的兴趣已经被提起，接着学生的话题，转入课题）
>
> 师：对啊，无锡不仅有太湖，还有美丽的梅园。冬天，当你漫步在梅园，你一定会被满园的香雪海所迷住。同学们，今天，老师带你们去无锡，看一看美丽的香雪海，好吗？

生：好！

学生的兴奋劲儿一下子全被激起，听着动听的音乐，唱着歌，他们一路欢声笑语。当音乐结束，宋老师马上挂出梅园图，学生身临其境，仿佛真的来到梅园。宋老师接着出示课题。

谈话导入的优势在于利用语言、音乐等各种手段，制造一种符合教学需要的环境，以激发学生学习的兴趣和思维，使学生处于乐于学习的学习状态，这是谈话导入的优势。

(2) 利用艺术形式的导入

利用各种艺术形式给学生以直观的印象，从而激发学生学习的热情。这些艺术形式可以是音乐、图片、影像资料等。

一位施老师在讲《音画水族馆》这一课之前，设计了这样的导入语——

课还没开始，施老师便在学生不经意间，放了一段《水族馆》的音乐曲调。学生们觉得挺好奇——怎么不上课呀，但又被那美妙的乐曲所吸引，有的还闭上了眼睛慢慢欣赏起来。

一段乐曲过后，施老师问道："你们刚才听到了什么呀？"

学生回答："是乐曲！很好听的！"

师："哦，那么你们还想再听一遍吗？"

"想！"同学们异口同声地回答。

于是，这段优美的水族馆的乐曲又回荡在同学们的耳边，这次同学们听得更投入了。

这时施老师介绍道："你们知道吗？这首曲子的名字叫《水族馆》，说到水族馆相信你们都知道，今天老师请同学们通过听这首乐曲，去领会乐曲中所表现的内容，大胆地展开想象，来绘制一幅美丽的海底世界图！你们能行吗？"施老师说着出示这节课的课题——音画水族馆。

"能！"只见学生们信心十足地准备迎接这次挑战。

各种艺术手法的引入能激发学生的发散性思维，给学生一个想象的空间，从而使我们的教学贴近学生，被他们接受。

(3) 情境导入

情境导入是从教学需要出发，引入、制造或创设与教学内容相适应的具体场景或氛围，引起学生的情感体验，帮助学生迅速进入教学内容，从而提高教学效率。

一位教师在教授小学三年级写人的习作时，为了解决对人的观察这一难点，特地设计了这样的导入环节——

上课铃响，教师没有按时进入课堂，而是请一位同学们陌生的教师先到教室门口东张西望，学生们感到很奇怪，陌生教师便开口问道："请问陈老师在吗？"学生们异口同声地回答："不在。"陌生教师接着说："那请你们转告陈老师，四年级(3)班的龚老师找她，请她下课后到四年级办公室找龚老师。”随即，教师走进课堂，同学们七嘴八舌地向老师汇报。教师示意同学们一个一个地说，并请说清楚人物的穿着、年龄，以及传话的内容。

学生们在汇报中，就自然过渡到了人物观察中去了。

这个情景的设计巧妙而自然，调动了学生们观察的热情，利用孩子们的热心，教师成功地帮助学生们进入到本堂课的教学中来。

3. 趣味导入

俄国教育家乌申斯基认为：“没有丝毫兴趣的强制性学习将会扼杀学生探求真理的欲望。”美国著名心理学家布鲁诺也说：“学习的最好刺激乃是对所学知识的兴趣。”趣味导入可以避免平铺直叙之弊，可以创设引人入胜的学习情境，有利于学生从无意注意迅速过渡到有意注意。

(1) 表演导入

表演导入是指教师根据课文故事情节，分角色进行表演导入新课的方法。学生对新鲜事物充满了好奇，好奇心驱使他们深入地学习。为了使教学一开始就打动学生的心，恰当地以表演来导入新课进行教学，可以充分调动学生的情感和兴趣。

一位夏老师在教《牧童短笛》这篇课文之前，设计了这样的导入语——

上课开始，夏老师亲切地对同学们说：“同学们，谁愿意给大家表演一个节目?”

某位学生表演完之后，夏老师打开琴盖并说：“老师来为你们弹奏一首钢琴曲吧!”

夏老师很有感情地弹奏了《牧童短笛》。

学生被夏老师优美的琴声打动，情不自禁地鼓掌。

夏老师向学生表示感谢，告诉学生：“今天的课就是要学会欣赏这首由我国著名音乐家贺绿汀所作的《牧童短笛》。不过，我们欣赏的是有长笛演奏的，你们听一听，是否感觉到牧童在牛背上悠闲地吹笛、嬉戏呢?”

(2) 游戏导入

游戏是快乐的源泉，人的一生就是在游戏中成长，在游戏中思考、创造。游戏能够激活心灵，能够激发想象，更能够激发创造力。

一位程老师在教《立定跳远》这节体育课之前，设计了这样的导入语——

上课铃响了，程老师站在学生面前，亲切地问学生：“同学们，你们一定都看见过小青蛙吧！谁知道青蛙是怎么走路的呢？谁能做给大家看一看?”接着，程老师就请一位学生做青蛙走路的动作，然后问学生：“小青蛙走路的动作究竟是怎样的?”学生异口同声地说：“小青蛙是一跳一跳地走路的。”

师：那它是怎样跳的呢？

下面程老师请所有的同学来做个《青蛙过河》的游戏，然后请同学们想一想，小青蛙跳的时候，两个脚是怎样的？

游戏结束后，程老师让学生交流并总结出：青蛙跳的时候是两只脚一起离地，又同时着地。最后程老师自然地引出今天的学习任务。

师：今天我们就要学着小青蛙的样子，看谁跳得最远？

4. 操作导入

(1) 动手操作

操作导入是指利用教具、学具等教学媒体通过亲身实践，经过观察，分析得出事实的某种猜想和结论的过程从而导入新课。

布鲁诺认为："不经历真正的知识过程而单纯授受的知识是不能成为生动的知识的。"操作学习能充分体现以学生为主体、以教师为主导的教学思想。

一位余老师在教授《生日卡制作》一课之前，设计了这样的导入语——

师：大家对 Powerpoint 已经学习了一段时间，上节课，我们已经制作了一张生日卡，老师觉得很多同学都设计得很不错，从画面、色彩和效果上来看都是不错的作业。但老师觉得还有一点点缺憾，如果我们制作的画面能够动起来，相信效果会更好。

生：Powerpoint 制作的画面还会动？

师：从大家的话中听出了你们的好奇。下面就请大家到格式/自定义动画中去试一试。

（在老师的提示下，学生们尝试着去操作，大约五分钟）

师：刚才，有的同学已经找到了这个制作的工具，并且能够简单操作，但还是有些同学不知道如何制作会动的画面，下面老师边说边演示。

这堂课余老师运用操作导入新课，是让学生能在课堂的第一时间进行练习所要新学的内容，通过这样的超前练习可以对新知识有一个初步的尝试。在此过程中，肯定有些学生会不知所措，从而产生迫切要掌握新技能的强烈欲望。

(2) 设疑问难

实践证明，疑问、矛盾、问题是思维的"启发剂"，它们能使学生的求知欲由潜伏状态转入活跃状态，有力地调动学生思维的积极性和主动性，是开启学生思维的"钥匙"。

一位教师在上《Look and rend》之前，设计了这样的导语：

师：Have you been the beach? What can you see at the beach? This is the Tan' s family. Now they are at the beach. Look at the picture and answer my questions:

Where are the Tans?

Who is swimming?

Where is Mis Tan?

What is Jane doing?

What colour is the sun?

Is the sun shining?

通过质疑，将新单词的学习融入问题中，让学生对新的学习内容有了初步的感知。

## 三、品味范例

以上我们了解了导课的要点和方法，许多知名教师都十分重视导课这个教学环节。古人云“为学贵慎始”，打好课堂教学的“开台锣鼓”，能较好地激发学生的学习兴趣，把学生引入最佳的学习状态。下面，我们就来欣赏一段精彩的“开台锣鼓”案例展示。

### 吃西瓜，长学问

——一节立体几何课导入

夏日，骄阳似火，酷暑难耐。

体育课后正好是数学课。

上课后，教师拿着两个大西瓜，手上还拿着一把长长的西瓜刀。班上同学看见西瓜，乐坏了，有人大叫：“吃西瓜喽！”

教师切开其中一个西瓜分给大家，看着大家吃得狼吞虎咽的样子，教师不失时机地诱导说：“别只顾着吃，顺便研究研究，这西瓜里学问可多呢！”同学们不假思索地问：“有啥学问？”教师说：“把它比作地球，地理学的知识就有不少，至于立体几何吗，全部知识几乎皆在其中。”

“真是这样，那立体几何不成了西瓜几何了！”一个“调皮鬼”说道，引得大家一阵大笑。教师郑重其事地说：“别不相信，还是先动动脑筋，待会儿我们就让事实说话。”说着，教师又拿出一个圆圆的、经过精心挑选的西瓜。

待大家安静下来，教师单刀直入：“今天我们的教学内容是切西瓜、长学问。”

这一教例中，教师巧妙地利用天时、地利、人和的环境，借西瓜这个媒体，将一堂让学生生畏的立体几何课上成了与生活密切相关，让学生充满好奇、充满求知欲的课。教师对导课的精心设计，足见教师的教学功底。

## 四、实战演练

以下是几段导课的片段，请结合本章知识进行评析。

**片段一**

一位华老师在讲《迷人的秋色》这篇课文之前,设计了这样的导入方式——

"花木灿烂的春天固然可爱,然而,瓜果遍地的秋色却更加令人欣喜。"上课开始,华老师说着优美的语句,直接引入主题。

接着,华老师出示秋景图,问:"同学们,你们看这幅图,图上画了些什么?"

学生通过观察,发现图上画着柿子、苹果、山楂等水果。

师:你们觉得这景色怎么样?

根据学生回答板书课题"迷人的秋色",学生齐读课题。

最后,华老师指着这幅图介绍起来:"你们看,那著名的红香蕉苹果,是那么红,那么艳,那么让人喜爱;大金帅苹果金光闪闪,一片黄澄澄的颜色;山楂树上缀满了一颗颗玛瑙似的红果。课文的第三节就生动地描写了这幅画的内容,你们想不想学?"

学生迫切地打开书本,开始学习起来。

**片段二**

一位物理教师在讲牛顿第三定律时,一开始,他就向学生提出这样一个问题:"同学们,咱们班最近参加了拔河比赛,你们说,两队拔河,从拉绳来看,赢方一端的拉力大,还是输方一端的拉力大?"

学生们先是一愣,接着大家争先恐后地说:"赢方一端的拉力大!"教师却肯定地说:"不对! 拉绳上两端的拉力一样大!"

"为什么? 为什么?"学生们瞪大眼睛,愣住了。

"这是作用力和反作用力,牛顿第三定律所要说的问题,我今天就讲这个问题。"教师开始出示课题。

**片段三**

一位教师讲授《第二次鸦片战争》时,鉴于学生已看过《火烧圆明园》和《垂帘听政》。老师就此导入:"大家看过电影《火烧圆明园》、《垂帘听政》,看完电影以后,你们的心情如何呢? 和我一样吧,一定是又气又恨又急:气的是清政府腐败无能、丧权辱国;恨的是外国侵略者肆无忌惮地侵我中华、杀我同胞、焚我家园;急的是灾难深重的中国人民,一次又一次斗争失败了,不知何日才能得到解放。那么,英、法等资本主义国家为什么要侵略我国,侵略者怎样打进北京,为什么要火烧圆明园? 慈禧太后又是怎样发动政变,垂帘听政的呢? 惊心动魄的过程你们都已看过了,今天我们要分析原因,解剖历史的本质。"

## 教学视线 ……

1. 肖荣,车云霞.论课堂导入及其设计[J].天津市教科院学报,2001(02).
2. 吕国珍.发挥导入技能激发学习兴趣[J].辽宁教育研究,2002(03).
3. 英语课堂的导课艺术,武汉教育信息网.

## 反思探究 ……

1. 通过对实战演练的思考,从中发现这三个片段的导课分别属于哪种导课方法?
2. 你觉得还有哪些更好的导课方法也可以在实际操作中大胆地试一试!

# 第二节 讲授技能训练

讲授法是深受我国教师和学生喜爱和推崇的一种方法,是教师通过口头语言向学生系统讲授有关知识和技能的一种教学方法。讲授法要求教师能够充分了解学科特点,把握学科的科学性和思想性,掌握学科的规律,了解学生的心理特征,用科学的方法和手段将知识传授给学生。

### 一、技能概说

教学讲授技能是教师运用口头语言,运用分析、解释、说明和论证等方式系统地向学生传授知识、培养能力、进行思想教育的一种教学行为方式。从认知顺序来看,讲授侧重于从已知到未知,运用学生已有的知识和逻辑思维规律,进行判断、推理,使学生新旧知识发生联系,从而实现认知上的转化,达到对新知识理解的目的。讲授也侧重于从无知到有知,向学生传递新的知识内容。讲授适合于内部结构比较复杂的教学内容,在各科教学中被广泛地采用。

讲授法是一种总的教学方法,想要成功地运用讲授法,我们还必须明晰讲授法的几个基本特征。讲授法基本上可以分为讲述、讲解和讲读三类。

1. 讲述

讲述是教师运用生动形象的语言对事物或事件进行系统的描述、描绘、概述的讲授方法。讲述重在“述”,可分为叙述式和描述式。叙述式和描述式的相同之处在于:都是说事而不是说理,大多是讲授具体的知识,不适合讲授抽象的知识,不利于提高学生的理论思维能力。叙述和描述的不同之处在于:叙述式语言简洁明快、朴实无华;描述式语言细腻形象、生动有趣。

2. 讲解

讲解是教师启发学生探索知识的时候运用阐释、说明、分析、论证、概括等手段,揭示事物内部之间的联系、发展规律,帮助学生认识事物本质的讲授方法。与讲述相比，讲解更注重运用阐释、说明、分析、论证、概括等手段，注重对事物的解释和论证，而讲述则注重对事物的介绍和描述。

讲解重在一个“解”字。“解”在这里是分析、说明和解释的意思，也就是说，教师采用分析和诠释的方式来传授知识。运用讲解技能的要领：一是内容要正确，不出错；二是语言要精练，要讲在点子上；三是方法要多样，让学生乐于接受，容易理解。

3. 讲读

早在我国春秋时期，孔子教授弟子就经常使用这种方法。在外语教学或者文史类的讲读中也可以用这样的方法。讲读的目的是让学生在有读有讲的学习过程中，培养其阅读能力和阅读技巧，并在此过程中传授知识。

## 二、技能要点

（一）技能要求

讲课的好坏直接反映出教师教学的才能，也从根本上决定着课堂教学的成败。因此，每一位教师都应该注重讲课的艺术。一堂课要讲得好，受多方面因素的影响。从教师来说，要力求使讲课达到以下几个方面的要求。

1. 语言简洁，个性突出，具有引导力

讲课时，语言是传递教学信息必不可少的手段，为了高效地实现传递教学信息的任务，讲课语言必须经过认真组织、提炼，经过反复推敲、选择，做到简洁、准确、条理清晰、结构完整。

2. 设疑激趣，引发思维，富有启发性

学生学习的内驱力来自自我对学习的认识和兴趣，激发学生学习的主动意识和学习动机，提高学生学习的自主性和自觉性。教师设置一定的疑难问题，可以极大地调动学生思维的积极性和主动性，使学生边听边思考，寻求问题的答案。

3. 科学准确，真实可信，具有说服力

讲课内容要科学真实，方法要科学恰当，语言要规范准确。用科学的力量征服学生，让学生心悦诚服。

4. 感情充沛，情理交融，富有教育性

教师在讲课中必须注重情感的投入，情感是一种无声的语言，对学生有很强的感染力。教师在情感的投入中，浓缩着对教材的体验和对教育的热爱，饱含着对学生的殷切期望。良好的情感环境，有利于创设和谐的教学气氛，使学生真切地感受到教师的关心与期望。这本身就是一种教育资源。

5. 时间巧配，难度巧定，具有协调性

课堂讲课时间观念要强，要能在规定的时间内完成教学任务，实现教学的有效性，达到高效课堂的要求。这就要求教师在备课时要有广度、深度，根据学生实际，在讲课时，做到深浅有度，广窄有边，并综合这两方面因素，通过他们的合理调控来把握教学的难度，以充分调动学生的学习兴趣，产生良好的教学效果。

6. 形象直观，生动有趣，富有感染力

生动和形象是教师讲课的最基本的要求。在讲课中，教师要注意用生动的语言、形象的教具、多样的教学手段、科学的教学方法等来展示教学内容，使教学内容更具体化、形象化，也使学生在听课时身临其境，从而激发学生的联想，启发学生的思维，提高讲课的效率。

（二）技能方法

1. 解剖分析法

解剖分析法是指教师把教学内容中的各种因素进行深入细致的分析和讲解的方法。解剖分析法在方式上更注重因素的分解及对内涵的挖掘。这种方式可以把每个因素的内涵及要素之间的关系讲清楚、讲深刻。剖析式讲解需要教师具备深厚扎实的知识功底和较强的分析能力。

例如，讲授教材中"人民民主专政"的概念，其定义是"工人阶级领导的，以工农联盟为基础的，在人民内部实行民主，对敌人实行专政的一种国家政权"。

教师可把它分成三层。

① 人民民主专政是一种国家政权。

② 这种国家政权的阶级特征是：实行工人阶级领导，以工农联盟为基础。

③ 这种国家政权有两个基本职能：在人民内部实行民主，对敌人实行专政。

简言之，一是政权，二是特征，三是职能，这样的分析解释，其内涵与外延都很清楚，学生也容易记忆、理解。

2. 具体抽象法

具体抽象法，又称为归纳法，是指教师引导学生从概念和原理所反映的事物及事物相互关系的各种形式出发，从个别到一般抽出它们的共性，从而把握概念、原理的内容与本质的一种教学方法。

例如，讲哲学上的"物质"概念，具体步骤如下。

① 教师先让学生罗列出自然界中的各种现象，最后概括出他们的共性：不以人的意志而独立存在。

② 教师再次罗列出社会领域的各种事物和现象，并引导学生概括出它们的共性：不以人的意志而独立存在。

③ 教师接着向学生指出：自然界和人类社会的各种现象，都不依赖于人的意志而独立存在，就是说不管人们知道与否，喜欢与否，承认与否都实实在在地存在着，这就叫做客观实在性。哲学上讲的物质概念就是指在人的意志外并能被人的意志所反映的客观实在。

这种从具体事实和经验中直接推出事物及其相互关系的普遍特征的方法，符合中学生的心理特点和认知规律，有利于教师对概念和原理的教学。

3. 演绎式讲解

演绎式讲解是指引导学生通过运用一般原理、公式去推论个别事物，最后得出结论、认识具体事物的讲解方式。

例如：繁分数概念的讲解。

教师出示准备题：把 2÷5、3÷7、6÷11 写成分数形式。

教师小结：所有的除法都可以写成分数形式。把除法写成分数形式时，被除数做分子，除数做分母。

提问：这个除法能写成分数形式吗？为什么？接着教师讲解：因为……所以……

从这个例子可以看出，归纳推理和演绎推理的关系是很密切的，二者经常交互作用。因此，在进行演绎性讲解时，常用到归纳性讲解；在进行归纳性讲解时，也会用到演绎性讲解。

4. 图示讲授法

图示讲授法是指教师根据概念之间的内涵、外延、特征和内在的逻辑关系，用图形的方式把它具体形象化，并给予解释和说明，从而达到帮助学生深化理解和掌握概念原理的一种方法。图示直观形象，易吸引学生的注意力，使其产生浓厚的兴趣。教师解释后，便于学生形象记忆与理解。

5. 说明式讲解

说明式讲解是指教师通过描述、分析、说明具体生动的事例，达到揭示概念、原理的本质属性及其特征的一种教学方法。这种方法适用于对事物的形态、性质、构造、成因、种类、功能或事理的概念、特点、来源、关系、演变等做清晰准确的解说。

例如，数学课“圆的周长”对 π 的讲解如下。

π 的数值是多少呢？我国古代数学家祖冲之研究计算并回答了这个问题，为人类作出了贡献（出示祖冲之的像）。1 500 多年前，他是世界上最早而且也是最精确地计算出圆周率的数值在 3.141 592 6 和 3.141 592 7 之间的人。后来经过科学家的精确计算，发现 π 是个无限不循环小数。

在计算时，通常都是取它的近似值。我们在计算时取它的两位小数 3.14。

这则讲解向学生说明了 π 的数值的来历，并且说明了 π 的取值，讲解简洁明了，易于被学生接受。

## 三、品味范例

以上我们初步了解了课堂讲授的要点及方法，在这里要说明的是：教无定法。要想实现课堂教学过程中的最优化，教师还必须站在教育的高度对教材认真梳理、大胆创新;对学生要通盘考虑,做到有的放矢,基本能够达到因材施教的高度。只有了解学生、了解教材,在此基础上才能挖掘出更多更好的教法。以下展示的一篇案例,供参考。

**讲解"小数大小的比较"**

教师指名学生板书,要求学生在"○"里填上">"或"<"符号。

1224○987,4387○4390

教师提问:整数比较大小的方法是什么?

教师出示例题:将下列各数改写成以元、角、分为单位的数。

2.35元=(　　)元(　　)角(　　)分

2.14元=(　　)元(　　)角(　　)分

将下列各数改写成以厘米、毫米为单位的数。

0.07米=(　　)厘米

0.059米=(　　)厘米(　　)毫米

学生完成后教师提问:2元3角5分与2元4角1分,哪一个大?哪一个小?为什么?学生回答后,教师又问:2.35元与2.41元哪个数大?哪个数小?为什么?

接着教师讲解2.35元与2.41元的整数部分相同,都是2,表示2元。2.35元十分位上的数字是3,表示0.3元,就是3角;2.41元的十分位上的数字是4,表示0.4元,就是4角。因为3角小于4角,所以2.35元小于2.41元。

教师板书2.35和2.41两个小数。提问:2.35与2.41这两个小数哪个大?哪个小?为什么?教师引导学生归纳:当两个小数的整数部分相同时,看十分位上的数,哪个数十分位上的数大,哪个数就大。

教师继续提问:0.07米与0.059米这两个数哪个大?哪个小?为什么?然后教师引导学生归纳:当两个小数的整数部分和十分位上的数字相同时,就看百分位上的数字。哪个数百分位上的数字大,哪个数就大。接着教师利用类比推理,引导学生推出小数大小的比较法则。

从上例可以看出,教师是通过整数大小比较的方法类比推导出小数大小比较的法则的。同时,教师借助学生比较熟悉的生活知识:人民币、米尺来作为实例引导学生分析、验证。这里需要说明的是类比推理所获得的结论不一定正确,需要经过严格的论证。但是,我们通过此例还可以看到类比推理和归纳推理是经常一起使用的,往往是先进行类比推理,再进行归纳推理。

## 四、实战演练

请结合本课知识,对以下教例试做评析。

**片段一**

### 数学教师讲授等差数列的通项公式

1. 定义

递推公式：如果已知数列$\{a_n\}$的第1项(或前$n$项)，且任一项$a_n$与它的前一项$a_{n-1}$(或前$n$项)间的关系可以用一个公式来表示，那么这个公式就叫做这个数列的递推公式。

说明：数列的递推公式揭示了数列的任一项$a_n$与它的前一项$a_{n-1}$(或前$n$项)的关系，也是给出数列的一种重要方法。

下面，我们结合例子来体会一下数列的递推公式。

2. 例题讲解

[例1]已知数列$\{a_n\}$的第1项是1，以后的各项由公式$a_n=1+a_{n-1}$给出，写出这个数列的前5项。

分析：题中已给出$\{a_n\}$的第1项，即$a_1=1$，递推公式是$a_n=1+a_{n-1}$。

解：据题意可知　$a_1=1,a_2=1+1=2,a_3=1+2=3,a_4=1+3=4,a_5=1+4=5$。

[例2]已知数列$\{a_n\}$中，$a_1=1,a_2=2,a_n=3a_{n-1}+a_{n-2}(n\geqslant 3)$，试写出数列的前4项。

解：由已知得$a_1=1,a_2=2,a_3=3a_2+a_1=7,a_4=3a_3+a_2=23$。

3. 课堂练习

[生](板书练习)

写出下面数列$\{a_n\}$的前5项，已知$a_1=5,a_n=a_{n-1}+3(n\geqslant 2)$。

解：$a_1=5;a_2=a_1+3=8;a_3=a_2+3=11;a_4=a_3+3=14;a_5=a_4+3=17$。

评析：由已知中的$a_1$与递推公式$a_n=a_{n-1}+3(n\geqslant 2)$，依次递推出该数列的前5项，这是递推公式的最基本的应用。

**片段二**

### 数学教师讲授等差数列的通项公式

因为在一个等差数列里，从第二项起，每一项减去它前面的一项都等于公差，所以每一项都等于它前面的一项加上公差，因此，如果等差数列$a_1,a_2,a_3,\cdots$的公差是$d$，那么，$a_2=a_1+d,a_3=(a_1+d)+d=a_1+2d,a_4=(a_1+2d)+d=a_1+3d,\cdots$由此可知，如果等差数列$a_1,a_2,a_3,\cdots$的公差是$d$，那么它的第$n$项为$a_1+(n-1)d$。这就是等差数列的通项公式。

**片段三**

### 数学教师讲授等差数列的通项公式

师：首先，请同学们来看此图，这是一幅钢管堆放示意图。(播放幻灯片)

大家认真观察图片，看这样堆放是否有什么规律?(引导学生观察图片，寻其规律，建立数学模型)

模型一（自上而下）：

第一层钢管数为 4＝1＋3；

第二层钢管数为 5＝2＋3；

第三层钢管数为 6＝3＋3；

第四层钢管数为 7＝4＋3；

第五层钢管数为 8＝5＋3；

第六层钢管数为 9＝6＋3；

第七层钢管数为 10＝7＋3。

若用 $a_n$ 表示自上而下每一层的钢管数，$n$ 表示层数，则可得出每一层的钢管数可构成一数列，即 4，5，6，7，8，9，10，且 $a_n=n+3(1\leqslant n\leqslant 7, n\in\mathbf{N})$

师：同学们运用每一层的钢管数与其层数之间的对应规律建立了数列模型，这完全正确，运用这一关系，会很快捷地求出每一层的钢管数，这会给我们的统计与计算带来很多方便。

师：同学们再来看此图片，是否还有其他规律可循？（启发学生寻找规律二，建立模型二）

模型二（自上而下）：

第一层钢管数为 4；

第二层钢管数为 5＝4＋1；

第三层钢管数为 6＝5＋1；

第四层钢管数为 7＝6＋1；

第五层钢管数为 8＝7＋1；

第六层钢管数为 9＝8＋1；

第七层钢管数为 10＝9＋1。

即自上而下每一层的钢管数都比上一层钢管数多 1。

若用 $a_n$ 表示每一层的钢管数，则 $a_1=4$；

$a_2=5=4+1=a_1+1$；

$a_3=6=5+1=a_2+1$；

$a_4=7=6+1=a_3+1$；

$a_5=8=7+1=a_4+1$；

$a_6=9=8+1=a_5+1$；

$a_7=10=9+1=a_6+1$；

即 $a_n=a_{n-1}+1(2\leqslant n\leqslant 7, n\in\mathbf{N})$

师：对于上述所求关系，若知其第 1 项，即可求出其他各项。看来，这一关系也较为重要。咱们把它称为递推关系，表示这一关系的式子，咱们把它称为递推公式。

## 教学视线 ……

1. 王秋海. 数学课堂教学技能训练[M]. 上海：华东师范大学出版社，2008.

2. 何成刚. 历史课堂教学技能训练[M]. 上海：华东师范大学出版社，2008.

3. 王相文，王松泉，韩雪屏. 语文课程教学技能[M]. 北京：高等教育出版社，2007.

## 反思探究 ……

选取本学科中的两个概念、原理或涉及的事物进行口头讲解。

# 第三节　提问技能训练

教学提问艺术是教师以提问为手段进行教书育人的实践活动。教师教学提问艺术水平的高低，直接影响着教学的质量和效率。优秀教师的课堂教学往往波澜起伏、有声有色，令学生入情入境，欲罢不能，其中的一个重要原因，就是他们那精彩迭出的提问艺术发挥了重要的作用。

## 一、技能概说

### (一) 提问的意义

教学提问艺术的思想基础源于人们对疑问在学生学习中的作用的深刻认识，古今中外的教育家都做过精辟的论述。我国古代教育家是普遍主张“学须有疑”的，他们鲜明地提出了“学则贵疑”的主张，肯定了怀疑精神对取得学习进步的重要价值，指出“从不疑到疑，再从疑到不疑”是读书学习过程中的依次增高的三种水平与境界。他们提倡大胆质疑，勇于创新，这些都是非常有价值的见解。

西方的亚里士多德曾说：“思维自惊奇和疑问开始。”古希腊苏格拉底的启发教学，便是利用问题进行教学的典范。美国教育家杜威认为，人类在日常生活中，遇到困难或问题时，便开始运用自己的思想，设法解决这些困难或问题，这就是思想的起点。所谓惊异、惊奇、好奇、怀疑等都是构成问题的要素，而这些要素却是引起学习活动的主要原动力。著名科学家爱因斯坦甚至认为：“提出一个问题往往比解决一个问题更重要。因为解决问题也许是数学上或是实验上的一个技能而已，而提出新的问题、新的可能性、从新的角度去看旧的问题，却需要有创造性的想象力，而且标志着科学的真正进步。”可见提问的重要意义。

### (二) 提问的作用

教学提问技能是教师运用提出问题来促进学生学习，了解学生学习状态，启发思维，使学生理解和掌握知识、发展能力的一种教学行为方式。提问在教学中具有不可低估的作用。

1. 增进师生交流

教学活动是教师和学生共同参与的双边活动，师生在教学中存在着大量的知识信息和情感意向的交流，这种交流又是在融洽的师生关系、和谐的教学气氛下进行的。实现师生互动、双向交流的方法很多，其中常用且有效的就是恰当地进行课堂提问。一个好的问题犹如一条纽带，会将师生间的认识和感情紧密联系起来，架起师生双向交流的桥梁。因此，教师的提问就应注意以尊重学生为前提，讲求提问的态度、方法和技术，以保证师生交流渠道的畅通。

2. 集中学生注意力

如何增强教学的吸引力，磁石般地把学生的注意力牢牢吸引住以顺利完成教学活动呢？实践证明，当教师提出问题时，往往会使学生的注意力处于高度集中的状态，或独立思考，或相互讨论，使课堂教学秩序静中有动、动中有静，但都朝着一个共同的目标驶进。良好的教学提问艺术既是一服镇静剂，又是一股凝聚力，它保证了教学活动的顺利进行。

3. 激发学习兴趣

兴趣是人积极探究某种事物的认识倾向，是学生学习的基础和前提。兴趣是发展智力、培养能力的重要因素，它可以打开情感的闸门，点燃灵感的火花，开拓思维的空间。教师精心设计的新奇蕴疑的教学提问，可以激起学生强烈的求知欲和浓厚的学习兴趣。

4. 启迪学生思维

教学中一个巧妙的提问常常可以一下子打开学生思想的闸门，使他们思潮翻滚、奔腾向前，有所发现和领悟，起到“一石激起千层浪”的效果。利用提问，教师可以有目的地使学生产生认知冲突，使学生认识到自己现有的知识还不能解决问题，从而激发学生的思维。教师通过不断地提出新问题，引导学生去思考，扩展学生的思维广度。在思考问题的过程中使学生分析问题、解决问题的能力得到提高，培养他们的各种思维品质，从而达到开发学生智力的目的。

5. 锻炼学生表达能力

学生语言表达能力的形成和水平的提高，总是离不开一定的语言表达情景及相应活动。教学提问的目的之一就在于为学生创造条件，给他们增加一些能够成功“转述”的机会，提高他们的口头语言表达能力，使学生学会有条有理、有根有据地阐述自己的思想。

6. 提供教学反馈信息

通过教学提问活动，教师和学生可分别从中获得对各自有益的反馈信息，以作为进一步调整教与学活动的重要参考。如教师可以通过提问，了解学生对知识的理解程度，检查学生对所教的重点内容的掌握情况，探明学生知识链条上的漏洞和产生错误的原因，全面掌握学生的个别差异和个性特点，反省自己在教学中的不足或错误等。

## 二、技能要点

提问的方法有很多，按教学提问的认知水平可以分为回忆、理解、运用性提问；从理论的角度可以探讨到许多提问的方法。下面从实际操作层面，举出几个易于掌握的提问的方法。

1. 次序法

次序法是指教师根据教材的逻辑顺序，依次提出一系列的问题，语文课一般是按事件的发生发展、人物出现的顺序、论点论据提出的先后来提问的。

小学语文《李时珍》这一课，一位李老师根据课文中人物思想发展的过程设计了以下提问。

① 李时珍是怎样一个人？为什么称他是一位伟大的医学家和药物学家？课文中介绍了哪些具体实例？

② 那个时候，行医既然是受人鄙视的行业，为什么李时珍要立志行医？立志表现在哪里？

③ 李时珍为什么要重写一部比较完善的药物书？

④《本草纲目》是一本什么书？李时珍是怎么编写出来的？

⑤ 李时珍为什么能编写这样一本伟大的著作，流传世界？

⑥ 全文可分几段，各段大意是什么？

2. 铺垫法

铺垫法指教师在讲新课之前设计一些准备性题目，铺路搭桥，利于掌握系统知识，减少难度。

一位张老师在讲授异分母加减时，先出示准备题，通分：1/2、1/3、1/5，学生将三个分数通分以后，设计了以下提问。

① 通分以后，这几个分数的分数单位有什么变化？

② 要将分数单位不同的分数化成分数单位相同的分数，怎么办？

张老师这一提问，为学生主动寻求异分母分数加减法的计算方法提示了具体的思考方法，做好思维方面的铺垫，从而降低了难度。

3. 破题法

破题法是指教师根据题目设计提问。题目是文章的眼睛，它或是记叙的重要内容，或是描写的主要对象，或是表达的中心思想，或是贯穿全文的线索。因此，根据题目设问，能达到以问促读的目的。

一位杨老师在教《小音乐家杨科》一文时，根据题目设计以下问题：

① 什么样的人才能被称为“音乐家”？

② 杨科为什么被称为“小音乐家”？从课文的哪些地方可以看出来？

③ 杨科的命运是怎样的？为什么他会是这样的命运？

4. 寻究法

寻究法是指教师根据事情的结果,对事情的原因、经过进行寻究性设问,这样的提问有利于激发学生的兴趣。

一位张老师在讲应用题时设计了这样的提问——

光华服装厂计划四月份做西服1 500套,前5天平均每天完成120套,余下的平均每天应做多少套,才能按时完成任务?

师:要求余下平均每天应做多少套西服,必须先求什么?

生:先求还剩下要做的有多少套西服和剩余的天数。

师:要求还剩下要做的西服套数,又须先求什么?

生:要求已经做的西服套数。

师:已经做的西服套数怎样求?

生:把前五天平均每天做的套数乘上已经做的天数。

师:剩下天数怎样求?

生:总天数减去做了的天数。

5. 激趣法

激趣法是指在学生学习新知识之前,教师有目的地提出问题,激发学生学习的兴趣,以创造生动愉快的教学情境,从而引导学生带着浓厚的学习兴趣去积极地思考,寻求新的知识。

一位艾老师在讲授三角形的面积计算公式前,要求学生把三角形放到方格上,通过数方格算出三角形的面积后,向学生提问:如果我们要计算一块三角地的面积时,是否可以把这块地放在方格纸上,或用一个个方格纸片去填满三角形的地呢?同学们听了之后,都笑了,齐说不能。艾老师立即询问学生:那怎样才能计算这块三角形地的面积呢?课堂气氛顿时活跃起来。

这样就能使学生在轻松愉快的气氛中进入探求新知识的阶段。

6. 重复法

由于所提问题在教学内容中处于重要地位,是关键之所在,因此当其中一个学生已经做出正确回答后,教师仍要继续提问其他若干学生,通过重复回答,起到突出、强调的作用,以形成深刻的印象。

一位白老师教"比多比少应用题"时,在充分比较后,提问:"这一组题目有什么特点?"学生回答:"条件相同,问题不同。"然后教师继续提问,学生继续重复回答,连续进行几次,使学生形成统一的印象。

7. 综合法

综合法就是抓住重点词句设问。重点词句是理解文章内容、体会文章思想感情的"窗口"。教师若能准确抓住重点词句,并进行适当的归纳综合,设计的问题必能引导学生透彻理解课文的内容,体会文章表达的思想感情,使"文"与"道"的教学融为一体。

一位吕老师在讲授《我的叔叔于勒》时，不是按顺序提问："为什么于勒本来是全家的'恐怖'，后来却成为全家唯一的希望？他到美洲先写了怎样的一封信？第二封信又说些什么？"而是采用综合提问："于勒耗尽了家产，是个花花公子，为什么若瑟夫会对他流露出深切的同情？"

学生要得到正确的结论，就必须在掌握全文思想内容的基础上，对比于勒前后的不同，分析他给菲利普两封信所表达的思想，透过于勒在船上当水手时的服装、神情、动作，以及他的那只手，看到他思想发生的变化，从而认识莫泊桑谴责的那个资本主义社会。在讨论这个问题的过程中，需要判断、推理、分析、综合，需要速读和"因文解道，因道悟文"的阅读本领。

在实际的操作中，还有许多好的提问方法，教师应深刻地认识并充分地利用教学提问这一重要功能，为更好地提高教学质量和效率服务。

## 三、品味范例

### 古诗词《渔歌子》

师：谁能把词读出来？注意把字音读准，字字落实。（提出朗读要求：字字落实）

（学生开始读词，读准了的教师就让学生给予掌声。鼓励很及时）

师：为什么能读准？（反问）

生：我们都预习过，查了字典的。

师：对，课外查字典是个好办法。但是，要读准字音，需要借助什么？

生：拼音。

师：对，拼音是帮助我们读准字音的拐杖。（生动形象的比喻）

（学生继续读词）

师：西塞山是个山名，在哪？借助什么知道？

生：在浙江省湖州市西面。我是借助注释知道的。

师：看，注释多重要。（提示学生注意注释）再看下面两个词：箬笠、蓑衣。怎么理解？它们的样子是怎么样的？你是怎么知道的？

生：借助注释和图画。

师：对，借助插图也能帮助我们理解诗词。（提示学生注意插图）

（学生读全词，教师不停地表扬、鼓励）

师：这跟以前的诗有什么不一样？

生：这是一首词。

师：你怎么知道？学过词吗？

生：以前学过《忆江南》。

师：好，谁能把它背出来？

（学生背《忆江南》，教师给予表扬）

师:这个词还可以唱呢。(动情地唱起来)

(学生不停地鼓掌)

师:现在我们改一个字,“归”是回去的意思,我把它换成“还”字,大家来读一读。

(学生读)

师:好听吗?

生:不好听,很别扭。

师:对,很拗口。现在大家把一、二、四句最后一个音节标出来,然后读一读。

(学生读)

师:怎么样?它们的韵母是否相同。

生:是一样的。

师:那是因为它们要押韵。读古诗词,要朗朗上口。(提出古诗词朗读的要求)现在很多歌曲,也是讲求押韵的。比如这首歌(轻轻地哼《让我们荡起双桨》),有没有押韵?

生:有。

师:好的诗词像一首歌,还像一幅画。(板书历历在目)这首词描写了几种景物?

生:九种景物。

师:画家看到一些美丽的景物,经过自己的想象,再通过笔墨将它们画出来、写出来,这些景物更美。其实,通过想象,我们即使是闭上眼睛也能看,用我们的想象来看,好不好?

(学生闭上眼睛,开始想象)

师:(播放美妙的背景音乐,开始朗诵,并述说以引导学生想象)你看到了什么?把你看到的融入到你的朗读中。

(学生带着想象齐读)

师:(小结)高明的画家——张志和。让我们通过朗读把这幅画深深地刻在我们的脑海里。

(学生带着想象大声朗读)

师:“不须归”怎么理解?

生:不需要回家。

师:真的是不需要回家吗?(介绍作者张志和的出身)

(学生说出自己的见解)

师:(小结)作者不想再回到黑暗的官场,他喜爱大自然,向往自由自在的生活,正津津有味地钓着鱼呢!现在,让我们像张志和那样津津有味地读一遍课文!

(学生津津有味地读书)

在这篇教例中教师共提了十几个问题，这些问题由浅入深、由表及里地引导学生走进古诗的意境，走进作者的感受中。教师利用分析提问、概括提问等提问技巧，让学生在不知不觉中与作者的感受贴近。

## 四、实战演练

**片段一**

在《左忠毅公逸事》教学实录中，钱梦龙老师就有这样的问题。

"照理说，这段(第三段)应该写史可法跟阉党斗争，为老师报仇之事，可作者却写了跟上文毫不相干的事，这不是离题了吗?"

"最后两段写得过于平淡，似乎只是做了一些事务性的交代，有点淡而无味，而且写的都是史可法的事，从全文看，写史可法太多了，怎么会这样写呢?"

**片段二**

当学生学习了三角形、平行四边形的高的概念后，为了帮助学生加深对"高"这个概念的理解，可组织学生讨论："为什么三角形是从一个角的顶点到对边引一条垂线段，而平行四边形却没有受到角的限制?"接着，再提出问题："我们常常看到三角形的高位于三角形的内部，有没有例外呢?"

**片段三**

上《植物的根》一课，教学的最后一个环节是讲根有吸收水分和养料的作用。教师设计了这样的提问——

师：这棵菠菜两小时前老师把它的根浸在这杯红水里，你发现它有什么变化吗?

生：整棵菠菜都有点发红了，叶子稍微有一点枯萎。

师：你能说说原因吗?

生：因为根有吸水的本领，把红水吸收并且运到叶子上，叶子就红了。

师：大家同意他的意见吗?

(许多学生都摇头表示不同意)

师：谁能帮助老师说服这个同学呢?

生：我从来没见过枯萎的菜叶子会发红。

生：你没见过，请你说明一下。

生：我设计这样一个实验来说明，把烧杯里的水换成蓝色的水，如果根能吸收，那么叶子就可能变成蓝色的。

生：如果把杯中的水换成黄色的，叶子也变成黄色的话，那么这种颜色就是根吸收进去的，而不是导致枯萎的原因。

师：老师这里还有许多菠菜，有兴趣把刚才的想法实验一下的同学可以拿一棵回去试一试。别忘了，下节课带过来让大家也看看，我们接下去研究。

学生的兴致很高，下了课纷纷到老师这里领菠菜，没领到的同学还不高兴地撅起了嘴。

### 教学视线

胡永坤，王敦山，周炼．物理教学如何面向全体学生[C]//湖北省物理学会、武汉物理学会2004年学术年会论文集，2004年．

### 反思探究

1．《智取生辰纲》一文围绕杨志、无用等人智取活动展开。请围绕"智"字，设计几个问题带动整篇课文的学习。

2．请围绕"虎门销烟"这段历史设计一段课堂讲述过程。

## 第四节　板书技能训练

有人说板书是反映课文内容的镜子，是展示作品场面的屏幕，是教师引人入胜的导游图，是洞悉每一课的眼睛。高超精湛的教学艺术是打开学生智慧之门的钥匙，是教师教学风格的凝练和浓缩。所以，研究和运用教学艺术，必须了解和掌握板书艺术。

### 一、技能概说

板书设计是教师对教材理解程度的深浅及其自身素质优劣的外在表现形式之一。同时，教师自身的教学特点、性格因素、主观意识也在设计中起着举足轻重的作用。在设计中，教师要尽可能地发挥自己的特长，深思熟虑，这样才能把板书设计得更突出文章主题。教学中，应用板书来简化课文内容、突出文章重点，厘清作者思路、突出作者思想，最终达到训练学生思维能力的目的。那么，设计时就要求板书有目的、有条理，语言要概括简洁，紧扣课文内容，挑选关键词语要提纲挈领，又要给学生留下想象、延伸的空间。

好的板书应该是"精、新、活、美"的和谐统一。板书作为一种实现教学目的的手段，所选用的词语应该"精"——概括性，即用尽可能少的语言符号传达尽可能多的语言信息。在教学中，板书不失为培养学生创新能力的一条好的途径，因而，板书设计要突出"新"——创造性，这也是检验教师是否具有创新头脑的重要内容。教学中，教学要求不同、问题不同、训练重点不同、教师的个性不同、对教材的理解不同，板书设计自然不同，所以，板书设计还要突出一个"活"字。"美"是板书的最高层次，借助板书进行审美渗透，比其他形式更为直观，也更为含蓄，教师很有必要对这一点深入研究，充分发挥板书的审美作用。

## 二、技能要点

板书设计就是对黑板板面书写的设想和规划，包括板书和图示两方面内容。板书能将教师对教材的深刻理解用精要的书面语言展示给学生；能将教师的教学思路以直观、清晰的形式交代给学生；能用较快的速度吸引并“粘住”学生的注意力，把学生顺利引入教学的情景；能为学生提供词语概括与归纳的最好示范，以实例反映教师练字练句的功夫；能明晰地教给学生思维的方式，开启学生的智力。

### （一）技能要求

要具备高水平的板书图示设计的技能与技巧，应明确板书设计的六个“做到”。

1. 要有明确的目的性，做到书之有用

任何一则好的板书，都是为一定的教学目的服务的。离开了教学目的，板书设计就失去了意义。设计板书时，一定要在吃透教材的基础上，本着形式为内容服务的原则，有的放矢地进行设计。应突出重点，体现难点，防止方向不明的形式主义倾向和随心所欲的自由主义倾向。

2. 要有较强的针对性，做到书之有据

应针对不同教材的文体特点及内容特点、不同学生的特点、不同课型的特点，从实际出发，因文制宜、因人制宜、因课制宜。

3. 要有高度的概括性，做到书之有度

切记条款成叠，力避大括号加小括号、大箭头加小箭头等符号的烦琐杂糅。要做到：紧扣教材，挑选关键知识点；严格筛选，以简驭繁，以少胜多，利于理解，便于记忆。

4. 要有清晰的条理性，做到书之有序

要揭示出教材内在的事例间的逻辑关系、作者的思路脉络、教者的教学意图。所书词语简单，词语间并无关联词，但应做到“言断而意相通”，利于学生的理解和记忆。

5. 要有周密的计划性，做到书之有时

设计时对板书内容出现的先后、内容间的联系和呼应、位置的安排和调整、文字的大小去留、虚实的配合、符号的选用、板书与讲述及其他教学活动的配合等，都要周密计划，力求顺理成章、水到渠成。

6. 要有适当的灵活性，做到书之有择

在课堂教学实际过程中，常常会出现事先设计好的板书难以自然形成“水到而渠成”的现象。设计时，就要在尽可能周全地设想出能够实现的板书方案之外，适当地留有余地，主动地给学生留出“填补空白”的思维机会，使之产生发现和创造的乐趣。这样既可以使教师的板书设计不受约束，又可以更有力地调动学生的学习积极性。

总而言之，板书图示应恰如其分地反映教材的特点和教者的意图，同时也应给学生以美的愉悦、美的享受。例如内容的完善美、语言的精练美、构图的造型美、色彩的清丽美、字体的俊秀美。再如图示的造型要讲究形体美观、有立体层次感，或对称，或照应，或开放，或合拢，或回环，或错落。

（二）板书设计的方法

在实践中，有如下几种板书设计路径。

1. 显示课文内容

有些课文教学的主要任务是理解课文内容。这样的文章，我们在设计板书时，以展示内容为主。如《富饶的西沙群岛》的板书设计。

富饶的西沙群岛

（风景优美，物产丰富）

海鸟：鸟的天堂

海水：五光十色　　海滩：海龟、贝壳

海底：珊瑚、海参、大龙虾

各种各样的鱼多得数不清

这个板书用简洁的图示和精练的语言再现了课文的内容，一目了然，便于学生理解课文和对课文的整体把握。

这样的文章还有很多，如《假如没有灰尘》、《新型玻璃》等。

2. 显示文章的叙述线索

线索是指自始至终贯穿全文的主线，它把文章的各个部分结成一个统一、和谐的有机体。“作者思有路，遵路识斯真”，抓住文章线索，就能提纲挈领，走进作者思路。在叙事文中有很多线索，如以时间为线索，以地点为线索，以事件为线索，以情感为线索。

《花的勇气》是一篇情感线索很明显的文章。在教学中，一位李老师做了如下的板书设计。

失望→　吃惊→　遗憾→　惊奇→　震撼

↑　↑　↑　↑

无花　寻花　盼花　见花（感受）　花的勇气←生命

这样的文章还有很多，如《珍珠鸟》、《学会看病》、《窃读记》等，我们都可以整理出文章中的情感线索做板书。这样的板书以作者的情感发展为线，展示了作者的内心世界，对于学生明了作者情感、有感情地朗读、领会文章内容都有事半功倍的效果。

3. 显示文章的结构特点

有些文章或者段落，它们的结构特点特别明显，教师的板书设计就要彰显这一特点。如《海底世界》这篇课文的第三自然段是重点段，在教学中，可做如下设计。

总：　海里的动物各有各的活动方法

海参——慢

静

梭子鱼——快

递

分：

动

乌贼章鱼——退

进

贝类——静

个别

全部

这份板书显示了重点段是以总分结构来构段的，在分述中，又是层层递进的。以个别的动物的活动方法来反映所有动物的活动特点，彰显了作者独具匠心的构段方式，使学生习得构段方式，落实了工具性。

4. 展示作者的写作方法

著名教育家叶圣陶先生说过："课文是个例子。"在语文课堂教学中，我们不仅要通过课文让学生学得阅读的方法、培养阅读的能力，更应该通过课文的学习让学生习得写作的方法。我们的课文都是经过严格筛选的名篇佳作，文质兼美，是学生写作的最好范文，所以在教学中，我们更应该注重以读带写，在阅读教学中渗透写作方法的指导和布局谋篇的匠心。而这一意识在设计板书时就要体现出来。

《落花生》是一篇很有特色的文章，蕴涵着详略得当、借物喻人等写作方法。

教师可做如下设计：

落花生

种花生　（收花生）　（尝花生）

议花生（详）

（略）

学花生

借物喻做有用的人

5. 根据人文精神来设计

有一些课文内容简单，学生一读就懂，难的是学生能否在故事的后面收获到什么？感悟到什么？这样的文章，我们不妨根据它的人文特点来设计板书。

**搭 石**

课堂中，由美好的感情引出，细读课文，在美美的语言文字中感受美好的情感。根据学生的解读，在一块块平整方块的石头上，板书上“谦让美”、“合作美”、“敬老美”等短语。这样的板书设计，简单流畅，行美情美。

6. 根据特殊的课时目标而设

(1) 为背诵而设计

《圆明园的毁灭》中，第三段是描写辉煌的重点段，且课后要求背诵。

在教学设计时，教师就考虑到了这一点，于是在引入精读之后，教师请学生默读第三自然段后，问学生这段都写了什么，根据学生的回答，随机板书。

景观　宫殿　亭台楼阁　买卖街　山乡村野　狮子林　平湖秋月

风格　民族　西洋

漫步园内感觉

以上板书，厘清了第三段的文章思路，明确了作者是分三层来写的，且根据板书提供的重点词，学生能很快地背下第三段，同时也教会学生一种背诵的技巧和方法。《长征》这篇文章也是要求背诵的，板书的时候，也应该考虑为背诵搭桥铺路。

(2) 为训练概括课文主要内容而设计

在跨越海峡的生命桥中，有个教师做了如下的设计。

| | | |
|---|---|---|
| 杭州 | | 台湾 |
| 小钱 | 捐献骨髓 | 青年 |
| 白血病 | | 余震中 |

在交流初步感知时，教师板书下关键文字，再让学生用板书上的内容从左到右、从右到左用一句话说一说课文的主要内容。这样的设计轻易地突破了概括课文主要内容这一难点，而且达到了语言训练的要求。

总之，板书是文章精华的浓缩、文章的血肉。板书设计得好，运用得好，能化复杂为简单，化紊乱为条理，化抽象为直观。在小学阶段，学生的认知水平不高，侧重于形象思维。为此，在教学中能针对其认识特点对症下药、遵循板书的科学性及充分发挥板书的艺术性而精心设计板书，能使学生学起来省时、省力、省事，提高学习效率，优化课堂结构。

## 三、品味范例

以下是一份英语课板书设计的范例，使用的就是图文并茂式，形象生动地完成了本课重点的把握。

图文式

图片可以说是板书的调色板，图片能成为板书的重要组成部分，并赋予其多姿多彩的生命活力，在 Book 5 Lesson 9，照一张世界地图，标注出 China、the US.、the U. K.、Australia、Canada 五个国家在地图中的地理位置，通过图片引出新授内容，并用图片来丰富板书，使板书变活、变动。

Lesson 9 Look at a Map. What color is ________?

This is north\south\west\east.

又如 Book 5 Lesson 6 教师课前准备了关于餐馆、电影院、体育馆、动物园、商店等五张图片，讲课时先让学生看图说短语，教师贴在黑板上，在授课中充分利用图片来教学新句型，课堂气氛活跃，口语交际得到充分发挥。

Lesson 6　Having Fun Together.

电影院图

watch a movie

餐馆图

We go to　　　have supper

动物园图

Do you go to　　　watch the animals

商店图

buy clothes

体育馆图

play ________

## 四、实战演练

1. 选择一篇课文或一个课题，尝试进行不同方式的板书设计。
2. 为《赋得古原草送别》设计一则板书。

## 教学视线 ……


1. 周一贯. 阅读课堂教学设计论[M]. 宁波：宁波出版社，2000.
2. 王松泉. 板书学[M]. 上海：上海交通大学出版社，1995.
3. 刘显国. 板书艺术[M]. 北京：中国林业出版社，2003.
4. 彭小明. 教学板书设计系统论[J]. 教育评论，2003(08).
5. 田爱香. 课堂教学板书的四大功能[J]. 教学与管理，2004(12).
6. 刘福林. 教学板书的新体系设计[J]. 教学与管理，2006(03).

# 第五节　结课技能训练

一堂好课，不仅应当有良好的开端，还应该有耐人寻味的结尾。教师应当合理安排课堂教学的结束，精心设计一个"言有尽而意无穷"的课堂结语，做到善始善终，给课堂教学画上完整的句号。

## 一、技能概说

结课技能是教师在一个教学内容结束或一节课的教学任务终了时，有目的、有计划地通过归纳总结、重复强调、实践等活动使学生对所学的新知识、新技能进行及时的巩固、概括、运用，把新知识、新技能纳入原有的认知结构，使学生形成新的完整的认知结构，并为以后的教学做好过渡的一类教学行为。

结课技能不仅应用于一节课的结束、一章知识的学习结束，也经常应用于相对独立的教学阶段的结尾。

### （一）结课的功能

结课在课堂教学中发挥着举足轻重的作用，概括起来有以下几个方面的功能。

1. 条理化、系统化功能

一般来说，一堂课要经历几个教学阶段，每一阶段都有各自的特点和任务，其中有主有次，而且后面的教学活动往往冲淡了前面的学习内容，学生一时难以形成完善的知识结构。通过恰当的结课，可以帮助学生作一番简要的回忆和整理，厘清知识脉络，便于学生把握教学重点，使学生容易从复杂的教学内容中简化储存的信息。

2. 巩固强化功能

课堂结束其实是一种及时回忆。知识的再次重复、深化，会加深记忆。依据教育心理学家的研究，课堂及时回忆要比六小时后回忆的效率高出四倍。

3. 激起开智功能

有激情的小结会使学生在感情上得到启迪、诱发，领会到新感觉、新情趣。小学阶段是学生逻辑思维、抽象思维形成的重要阶段。课堂结束的主要思维形式是归纳概括，有利于学生抽象思维能力的培养与提高。

4. 教学过渡功能

有时，课堂教学要用几个课时才讲完一个完整的教学内容，这就要求教师进行教学设计时，既要使结课对本节课的教学内容进行总结概括，又要为下一节或以后的教学内容做好铺垫。

### （二）结课的原则

1. 目的性原则

结课是为实现课时教学目标服务的。因此，教师必须以课时既定的教学目标为依据来确定结课的实施方式和方法。课堂结束要紧扣教学目标、教学重点和知识结构,针对学生的知识掌握情况及课堂教学情境等采取恰当方式,把所学新知识及时纳入学生已有的认知结构中。结课要及时精要,有利于学生回忆、检索和运用。

2. 启发性原则

充满情趣的结课能有效地激发学生的学习动机,使学生的身心得到放松,浓厚的兴趣得以保持。根据小学生好奇、好动、好胜的特点,教师每讲一节内容都要设计出新颖别致的结课形式,或者概括总结,或者提出问题,或者设置悬念,不能千篇一律而索然无味。不管怎样结课,都要给学生以启发,以激起他们努力探索的积极性,要点而不透、含而不露,意味无穷,既巩固知识,又余味无穷。

3. 一致性原则

注意首尾呼应,使结课和导课脉络贯通。结课实际上就是对导课设疑的总结性问答,或是导课思想内容的进一步延续和升华。如果导课精心设疑布阵,讲课和结课中却无下文,或结课又是悬念顿生、另搞一套,则会使学生思路紊乱,难以集中精力进行探索。只有前后一致、主线清晰,才是一节完美的课。

4. 多样性原则

结课的形式应多种多样,不同科目、不同课型需要选择不同的结课方式。例如:对揭示概念的课型一般可采用画龙点睛、概括要点的结课形式;对法则、定律推广练习一类的课型,可采用讨论、总结、归纳的结课形式;对巩固训练的范例课型,可采用点拨方法、提示要点的结课形式。对不同年级的学生,要根据他们心理、生理的特点选择不同的结课方式。低年级一般采用启发谈话、回顾复述的结课形式,高年级一般采用抽象概括、整理归纳的结课方式。同时,还可以安排一定的学生实践活动,如练习、口答和实验操作等。通过思维训练和实践活动,启发学生积极思维,培养学生抽象能力、概括能力和口头与书面表达能力。

5. 适时性原则

结课要严格控制时间,按时下课,既不可提前,也不可拖堂。由于计划不周或组织不当,课堂教学节奏过快,给结课留的时间过多,学生无事可干,教师随心所欲,生拉硬扯一些与本节课毫无关系的杂事来应付,既浪费宝贵的教学时间,也会冲淡或干扰本课的主题,影响学习效果。学生最反感上课拖堂延点,下课铃一响,学生的注意力就不集中了,此时继续讲课、结课都不会取得好效果。拖堂延点还会影响学生下节课的学习情绪,形成恶性循环,得不偿失。总之,不论是提前下课还是拖堂延点,都是违反课堂教学结束基本要求的不正确做法,教师应该避免这两种情况的发生。

(三)结课的一般要求

在实际的课堂教学中,要充分发挥课堂教学结课的作用,圆满地完成课堂教学的任务。结课应按以下基本要求进行。

1. 自然贴切,水到渠成

课堂教学结束是一堂课发展的必然结果,它既反映了课堂教学内容的客观要求，又是课堂教学自身科学性的必然体现。教师在教学过程中，要严格按照课前设计的教学计划，教学过程由前到后依次进行，力求做到有目的地调整课堂教学的节奏，有意识地照顾到课堂教学的结课，使课堂教学的结束做到自然贴切，水到渠成。

2. 语言精练，紧扣中心

课堂教学结束的语言一定要少而精，紧扣本节课教学的中心，梳理知识，总结要点，形成知识网络结构，干净利落地结束全课，使之做到总结全课、首尾呼应、突出重点、深化主题，让学生的认识产生一个飞跃。有句格言说得好："没有结束语的结尾贫乏无力，可是没完没了的结尾则令人生畏。"课堂教学的结束语切忌冗长、拖泥带水，而应高度浓缩，画龙点睛，一语破的。总之，教师应该在结课前的几分钟内，以精练的语言使讲课的主题得以提炼升华，使学生对课堂所学知识有一个既清晰完整又主题鲜明的认识。

3. 内外沟通，立疑开拓

在学校教学中，课堂教学只是教学的基本形式，而不是唯一的组织形式。为了充分发挥各种教学组织形式在培养学生中的协同作用，课堂教学结束时，不能只局限于课堂本身，还要注意课内与课外的互动、学科课程与活动课程的联系及本学科课程与其他学科课程的沟通，以此拓宽学生的知识面。

## 二、技能要点

### （一）结课的一般过程

在结束一节课或一个课题时，一般需要经过以下几个环节。

① 简单回忆，对整个教学内容进行简单回顾，整理认识的思路。

② 提示要点，指出教学内容的重点、难点、关键点，必要时可做进一步的说明，进行巩固和强化。

③ 提出问题或采用其他形式检验学习结果。

④ 巩固应用，引导学生把所学知识应用到新的情境中去，在应用中解决新的问题、巩固知识，并进一步激发思维。

⑤ 拓展延伸，有时为了拓展学生的思路、开阔学生的视野，常把前后知识联系起来，形成系统，在结课时对教学内容进行必要的扩展和延伸。

### （二）结课的方法

教学结束的具体方法多种多样，教师可以根据不同科目、不同教学内容和不同年龄段的学生灵活选用。归纳起来，小学教学中常用的结课方法有以下几种。

1. 归纳法

归纳法是教师引领学生以准确简练的语言对课堂讲授的知识进行归纳、概括、总结，梳理讲授内容，厘清知识脉络，突出重点和难点，归纳出一般的规律、系统的知识结构等方法。它可以在一节课结束时进行，也可以在有联系的几节课结束后进行。

> 一位历史教师讲完《第一次世界大战》后的结语是："这节课简单地说可以小结为"一、二、三、四、五"。一个原因：帝国主义为重新瓜分世界、争夺霸权的斗争。两个侵略集团：三国同盟和三国协约。三条战线：西线、东线和南线。四大战役：马恩河、凡尔登、索姆河和日德兰海战。五个年头：从1914年到1918年。"

这段利用几个数字巧妙地进行归纳的结语，提纲挈领，概括明确，使学生在饶有兴趣之中巩固了知识，又在头脑里留下清晰、整体的印象。

2. 比较法

比较法是教师对教学内容采用辨析、比较、讨论等方式结束课堂教学的方法，意在引导学生将新学概念与原有认知结构中的类似概念或对立概念进行分析、比较，既找出它们各自的本质特征，又明确它们之间的内在联系和异同点，使学生对内容的理解更加准确、深刻，记忆更加牢固、清晰。

> 有一位语文教师讲授峻青的《秋色赋》，落实本课基本要求后，在结束课时将欧阳修的《秋色赋》和毛泽东的《沁园春·长沙》也一同发给大家，引导学生比较、思考和讨论。
>
> "其色惨淡，烟霏云敛；其意萧条，山川寂寥"——这是欧阳修的秋。
>
> "绚丽缤纷"、"眼花缭乱"、"不是人生易老的象征，而是繁荣昌盛的标志"——这是峻青的秋。
>
> "万山红遍"、"漫江碧透"、"万类霜天竞自由"——这是毛泽东的秋。

通过比较，北宋文人、现代作家和伟大无产阶级革命家笔下的秋，其色、其光、其形、其情操、其胸怀、其精神的差异，给予学生认识上的不同感受，让学生在联想、想象、审美体验中，去实现对美的判断、理解，不断丰富"感觉的人类性"。

3. 悬念启下法

悬念启下法是课结束时，教师选择时机设置悬念，引发学生探究欲望的方法。课堂在扣人心弦处戛然而止，教师打出"欲知后事如何，且听下回分解"的招牌，引发学生产生继续探究的强烈愿望，为后续教学奠定良好的基础。

> 在讲完"种子的结构"和"种子的成分"后，教师根据下一课"种子的萌发"的内容，使用启下法结尾："同学们，通过学习，我们知道了种子的结构和种子的成分。一粒很小的种子，播种到土壤中，有的竟能长成参天大树，有的并不一定能发芽，你说怪不怪？这是为什么呢？要知道这一点，下一节课再给同学们讲解。"

有了这样的结尾，就能启发学生去主动预习下一课，为下一课的教学打下基础。

4. 练习法

练习法是教师通过让学生完成练习、作业的方式结束课堂教学的方法，这是最简单、最常用的一种结课方式。教师通过精心设计的练习题，趁热打铁，既使学生所学的基础知识、基本技能得到巩固和运用，又使课堂教学效果得到及时的反馈。

一位教师在教“最大公约数”一课时设计了这样一道趣味习题结束课堂教学：“猜电话号码游戏：王老师家的电话号码是一个七位数，从第一位到最后一位依次是：最小的合数、最小的自然数、最小的既是奇数又是素数、既是偶数又是素数、只有三个约数的偶数、既是5的倍数又是5的约数、6和12的最大公约数。你能说出王老师家的电话号码吗？”

5．游戏法

游戏法是一种把练习内容寓于游戏之中的结束课堂教学的方法。小学生往往对大量的、枯燥的练习缺乏兴趣，甚至产生厌倦心理，学习处于被动状态。采用游戏法结课能帮助他们从厌倦的情绪中解放出来，唤起他们主动参与练习的激情，收到事半功倍的效果，并从中体验成功的喜悦，唤起儿童再一次追求成功的兴趣。

小学数学“倍的认识”一课，一位教师在结束时，设计了“动脑筋离开教室”的游戏。师生总结全课后，表扬本课最突出的三名同学，下课时要让他们手拉手先走出教室。然后提出：其余同学离开教室时，动脑筋想一想，怎样走，能让大家一眼就看出剩下的人数是他们的几倍。（全班人数是3的倍数）

经过一阵叽叽喳喳的讨论，大家认识到，以被表扬的三个同学为一倍量，思考剩下的学生还有几个3，即是3的几倍。下课铃响了，同学们纷纷三人一组手牵着手快乐地离开了教室。

这样的结尾，自然、巧妙、不落俗套，寓知识的巩固、思维的发展于轻松的游戏之中，悄然之间丰富了学生对“倍”的概念表象，深化了对于“倍”的理解。

6．提问法

提问法是在课堂结束时，教师围绕着教学内容进行口头提问，让学生回答。然后教师或其他学生再根据回答的情况进行必要的修正和补充的方法。需要指出的是，口头提问必须针对要点、难点和关键点，切忌走题。

下面是陈老师在讲授《平行四边形面积的计算》一课时的结课方法。

师：今天我们学习了平行四边形面积的计算，我们是用什么方法求出它的面积公式的？

生：先把平行四边形变成长方形，再根据长方形的面积公式来求平行四边形面积的公式。

师：这种方法我们叫什么呢？

生：割补法。

师：我们经常会遇到新的图形，想求它的面积，就可以用这种“割”、“补”的方法，把未知面积公式的图形转化成我们知道面积公式的图形，来求它的面积公式。以后学习三角形、梯形的面积公式也可用这种方法来推导。

7. 回应法

回应法是指教学结束与起始相呼应，使整个教学过程前后照应的方法。回应的内容包括开头设置的悬念、问题、困难、假设等，是悬念则释消，是问题则解决，是困难则克服，是假设则证实或证伪。回应法使教学表现出更强的逻辑性，让学生豁然开朗，茅塞顿开，同时还使学生产生一种“思路遥遥，惊回起点”的喜悦感，有助于增强学生进一步学习的兴趣。

在学习“一元二次方程根与系数的关系”内容时，一位教师在课题引入时采用“提出问题，巧布悬念”，先出示小黑板：弟弟解一元二次方程 $x^2-15x-100=0$，得出两个根为 20 和 5。姐姐走过来，刚看了一眼就说：“你做错了。”姐姐是怎样看出来的？有的学生脱口而出：“验根。”

教师强调：由题意可知，姐姐是在一瞬间作出判断的，不可能是利用代入原方程验根的方法。（学生点头）

当教师讲完“一元二次方程根与系数的关系”——韦达定理后，重新出示小黑板，让学生再次考虑课前提出的问题，学生恍然大悟，齐答：“是利用了韦达定理。”

8. 点题法

点题法是教学结束时，在学生对教材进行了认真研读，对一些问题作了深入思考的基础上，教师对教学内容直接或间接地说明、点拨，以表现、揭示主题的结课方法。

一位教师在结束课文《只有一个地球》时，就采用点题法：“我们只有一个地球，人类与大自然是相互依存的关系，地球是我们的家园，人类只有保护好自己赖以生存和繁衍的大自然，保护好生态环境，才能有幸福美好的发展前景；反之，如果不珍惜地球上的山山水水、森林草原，比如污染水源、毁坏树木等，则会受到大自然的惩罚。因此，我们每个人都要自觉地爱护大自然的一草一木，为保护、改善、美化人类的生存环境作出自己应有的努力。”

9. 激疑、答疑法

激疑、答疑法是在新内容讲完后让学生提出问题，教师和学生一起回答问题的结课方法。这种方法主要是让学生提出一些他们不太明白的问题，然后采用启发诱导的方式，帮助学生理解与解决问题。运用这种方法结课，要求教师具有较高的教学调控能力，能引导学生提出与教学内容相关的问题，并能引导学生对所提问题作出贴切的回答。

全国特级教师于漪有一次作公开课，讲《宇宙里有些什么》。讲完后让学生看书，提问题。一位学生站起来问：“课文里‘这些恒星系大约有一千万万颗以上的恒星’，这里的万万是多少？”话音刚落，全班学生都笑了。提问题的学生也觉得问题提得不合适，谁不知道"万万"是亿啊！于老师却笑着说："这个问题不用回答，可能大家都知道了。可是我要问：既然'万万'是亿，作者为什么不用一个'亿'字，反而用两个字'万万'呢？谁能解释？"教室里顿时静了下来。不一会儿，一个学生站起回答："我也不懂，不过我想说说看。我觉得用'万万'读着顺口，还有，好像'万万'比'亿'多。"于老师说："讲得很好。别的同学还想说什么吗？"当于老师确信没有不同看法后说："通过对'万万'的讨论，我们了解到汉字重叠的作用，它不但读起来响亮，而且增强了表现力。"

10. 发散法

发散法是引导学生对教学过程中得出的结论、命题、定律等进行进一步的发散性思考，以拓宽知识的覆盖面和适用面，并加深学生对已讲知识理解的结课方法。这种结课法可使教学的主题、内容得到进一步拓展，具有培养发散的创造性思维的作用。

一位历史教师在讲完《洋务运动》一课后，在小结时提出一个问题："为什么洋务运动时期，洋务派向外国资本主义国家购买了机器，引进近代的生产技术，却没有使中国走上富强的道路呢？"当学生作出回答后，教师又提出一个问题："当前，我国为实现四个现代化的需要，也引进外国的生产技术，但为什么却有利于四化建设呢？"

这就使学生在掌握所学知识的基础上，思维又另起波澜，发散开去。

11. 假想法

假想法是对课文作各种假设，让学生依据假设推断另外的结局，以此培养学生的创造力和想象力的结课方法。

讲完"蒸腾作用"这一概念后，可以提出这样的假设："假如到了秋天，杨树、柳树等阔叶树的叶子不落，结果会怎样？"（这些树木只有落叶，尽量减少水分的蒸腾，才能安全过冬。要不然，天寒地冻，树根吸水已经很困难，如果树叶的蒸腾作用照常进行，你们想想看，等待树木的除了死亡还有什么呢？）这个问题是假想的，而且是开放性很强的。学生会立即议论、思考、提出各种可能。这样的结尾，可使学生的学习意犹未尽，余想不断。

12. 拓展延伸法

拓展延伸法是指教师在总结归纳所学知识的同时，与其他科目或以后将要学到的内容或生活实际联系起来，把知识向其他方面扩展或延伸的结课方法，以拓宽学生的知识面，激发学生学习、研究新知识的兴趣。

教学"圆面积计算"结课时，教师拿出一张正方形的纸片，用剪刀剪成一个圆，问："怎样求它的面积？"随即拿起剪去的部分，问："怎样求它的面积？"再用剪刀在圆纸片中任意剪去一个三角形，问："现在谁能求出它的面积?”接着又用在圆纸片中分别剪去一个长方形、正方形、梯形、小圆形等，分别请学生求面积。然后再拿一张圆纸片，把它对折后问学生:“会不会求它的面积?”再对折后，问:“现在呢?”再对折后，问:“还会吗?”运用这种方式结尾，学生感到兴奋、快乐、有趣，从而激起学生的求知欲。

13. 汇报法

汇报法结课就是在一堂课结束时让学生汇报这堂课的学习收获，培养学生的自我评价能力。让学生自己谈收获，学生兴趣浓，既能调动学生的积极性，又能使学生回顾本节课所学的内容，进一步掌握本堂课所学知识。

一位教师这样结束小学数学“千克的初步认识”一课的教学。

同学们以“今天学习了什么，有什么收获?”为题各自发表自己的意见。

学生A:我认识了重量单位——千克。

学生B:我学会了用台秤称物品的重量，以后上街买东西再也不会受别人骗了。

学生C:我知道称较轻的物品用克作单位比较合适，称较重的物品用千克作单位比较合适。

教师:刚才同学们学得很好。那么，如果要表示这头大象的重量，用克或千克作单位合适吗?用什么作单位比较合适呢?这个以后我们再学习。

除了以上结课方法，另外还有活动操作法、设疑启发法等结课方法，这里不再一一列举。结课的方法虽然很多，但归纳起来主要有两类，即封闭型结课和开放型结课。封闭型结课的目的是巩固学生所学的知识，把学生的注意力集中到课程的要点上，这种方法是对教学内容的归纳总结，对结论和要点进行进一步明确和强调，并尽可能地引出新问题，把学生学到的知识应用到解决新问题中去。开放型结课是在一个与其他学科、生活现象或后续课程联系比较密切的教学内容完成后，结课不仅限于对教学内容要点的复习和巩固，而是把所学的知识向其他方面延伸，以拓宽学生的知识面，引起更浓厚的学习兴趣，或把前后知识联系起来，使学生的知识系统化。在实际教学中具体采用什么方式结束课，要根据教学内容的性质和学生的年龄特点等灵活掌握。

## 三、品味范例

有位教师在教《纪念刘和珍君》第一课时是这样结课的——

“明明是爱国青年，却被污蔑成‘暴徒’;明明是自愿的请愿，却被造谣者说成‘受人利用’。在这种情况下，鲁迅先生能不义愤填膺吗?他能不站出来为死者说一句公道话吗?他能不挺身而出揭露反动派的丑恶嘴脸吗?鲁迅先生就是带着这种悲愤的感情来写这篇文章的，悲愤的感情就构成了本文贯穿始终的线索。下一节课，我们将重点学习悲愤的感情线索。”

这段结束语可以说是用火热的激情写就，不仅能引起听课者的强烈共鸣，给人一种忘却自己、进入角色的感觉，还指明下一节课学习的主要内容；既是旧课的“收场”，又预示了新课，起到了承上启下的作用。好的结课能给人以情感上的激发、认知上的升华、艺术上的享受。但这绝不是仅凭教师的灵机一动就能达到的效果，而是需要教师具备较强的教学结课技能。

## 四、实战演练

下面是都德的著名小说《最后一课》的三则结课教学案例，请仔细体会三则教学案例的特色，对它们作出评析。

**片段一**

钱梦龙老师在教授都德的《最后一课》时，课文讲完后，钱老师结合课文中的语句顺势点拨：“韩麦尔先生说‘亡了国当了奴隶的人民只要牢牢记住他们的语言，就好像拿着一把打开监狱大门的钥匙’，今天的我们完全不存在亡国当奴隶的问题，拿了这把钥匙又有什么用呢？”同学们几乎齐声叫起来：“打开知识宝库的大门！”“这是一把金钥匙！”……课在余韵悠悠中结束，学生们仍沉浸在顿悟的兴奋中。

**片段二**

窦桂梅老师执教的《最后一课》是一堂“为学生生命奠基”的课。她是这样结课的——

完成了对课文的重点研读后，在悠扬婉转的《思乡曲》中，师生共同深情地朗诵台湾著名诗人余光中先生的《乡愁》——

“小时候/乡愁是一张小小的邮票/我在这头/母亲在那头/长大后/乡愁是一张窄窄的船票/我在这头/新娘在那头/后来呀/乡愁是一方矮矮的坟墓/我在外头/母亲在里头/而现在/乡愁是一湾浅浅的海峡/我在这头/大陆在那头”

师：看得出，此时此刻，同学们的心已经沸腾，还有什么话能足以表达我们这份心情呢？只有那一句——

生：我是中国人，我爱中国！

师：放声朗读，来表达你此时的心情吧！（学生再读）

师：下面，请大家拿起笔，再写写这句话，并将这句话永远地镌刻在你心灵的深处。

（师生共同写话，教师用红笔）

（学生一个个凝神静气地、庄严地、神圣地含着热泪写这句话。）

师：想读就读吧！

生：我是中国人，我爱中国！

生：我是中国人，我爱中国！

师:语气虽然不同,但感受和认识是一样深刻!

师:(激情地)同学们,通过这堂课,相信你一定记住了"我是中国人,我爱中国"这句话。世界上什么都可以选择,但唯独不能选择的是自己的母亲、自己的祖国。或许有一天,你身在国外,请你也别忘了今天的这堂课,更不能忘了这堂课里你记住的"我是中国人,我爱中国!"这句话。请大家再读这句话吧。

生:(铿锵有力)我是中国人,我爱中国!

师:读得太好了。同学们,咱们今天上的不是普通的语文课,而是一堂人生感悟课,因此,也称得上是——

生:难忘的一课!

(教师在课题后加上感叹号! 在全场掌声中结束教学。)

**片段三**

一位教师教都德的短篇小说《最后一课》,教读接近尾声,提出了最后一个问题。

师:屋顶上鸽子咕咕咕咕地低叫着,我心里想:"他们该不会强迫这些鸽子也用德国话唱歌吧!"请问,这句话有什么深刻的含义?

生:(学生纷纷举手,一位平时像小弗朗士一样调皮的男孩站起来。)这是对德国侵略者的控诉和讽刺,因为柏林已经来了命令,阿尔萨斯和洛林的学校明天开始只许教德语。可是,阿尔萨斯和洛林都是法国的土地。

师:(热情的表扬了这位学生)对! 你讲得太好了!

(教师觉得学生已经很好地理解了《最后一课》的主题,再去总结全文,概括中心思想,已经没有必要。于是,教师深情地朗诵起来。)

忽然教堂的钟声敲了十二下。祈祷的钟声也响了。窗外又传来普鲁士士兵的号声——他们已经收操了。韩麦尔先生站起来,脸色惨白,我觉得他从来没有这么高大。

"我的朋友啊"他说,"我——我——"

但是他哽住了,他说不下去了。

(沉默)教师哽住了,读不下去了。教室里鸦雀无声。教师仿佛就是韩麦尔先生,进入了角色,拿起一只红粉笔,转身朝向黑板,使出全身力量,奋笔疾书:法兰西万岁!

正在这时,下课铃响了。同学们深情地注视着教师,教师做了个手势,于是班长喊道:"起立!"同学们"刷"地站了起来,向教师表示了前所未有的敬意……

## 教学视线

1. 张之麒,张颜萍.结课或结题的原则、形式和方法[J].甘肃高师学报,2003(05).

2. 胡生辉.语文课堂教学结课方法浅谈[J].语文教学通讯,2002(07).
3. 刘庆根.张富玉.学生结课教学探微[J].语文学刊,2006(02).
4. 杨慧萍.提高结课艺术　培养创新意识[J].基础教育研究,2001(05).

## 反思探究 ……

请运用三种以上的结课方法设计同一堂课的结课,然后谈一下自己的设计思想和思路。

# 第三章 信息化教学设计技能训练

内容导航 ……

❖ 信息化教学设计案例评析

❖ 信息化教学设计概述

❖ 信息化教学设计技能开发

## 第一节 信息化教学设计案例评析

### 一、案例展示

教学设计是一项复杂的工作，也是一项实践性教学研究过程，基于此，先通过一个信息化教学设计案例来看看教学设计的范本。

本案例是笔者在湖北省咸宁市咸安区的西门小学开展信息化教学设计项目过程中，亲自设计的一个信息化教案。融入了自己对教学设计的理解和运用；虽然不是一个完美的案例，但是通过笔者的设计，对设计的初衷、设计的依据、设计的过程能够进行深入的分析。

1. 设计的初衷

教学设计的最终目的是优化教学、促进学习。本案例也是基于当前西门小学信息化教学基础设施比较简单，教师的信息技术处理能力有限，学校信息化教学氛围没有形成，信息化教学处于起步阶段这样的一个状态下，希望通过信息化教学设计，提升教师信息技术能力，转变传统教学方法，实现有效课堂教学，促进学生乐学，体现出西门小学信息化教学的特色。

2. 设计的依据

第一，以新课程改革为基础。我国第八次基础教育课程改革于 1999 年正式启动，2000 年 7 月教育部颁布《基础教育课程改革纲要(试行)》。本次课程改革力度大、速度快，实现了我国中小学课程从学科本位、知识本位到学生本位的转变，更关注学生的发展。基于此，信息化教学设计中必须体现新课改内涵，抓住教育本质，改变传统教学灌输及单一信息的形式，以多媒体形式集文本、图形、图像、声音、动画和视频于一体，便于学生感知和理解，考虑学生的学习体验，实现寓教于乐，有效提高学生能力。

第二，以学习理论、教学理论、传播理论、信息科学理论为依据。信息化教学设计不是空穴来风，也不是随心所欲想怎么做就怎么做，而是必须依据相关理论基础，在遵循教育教学规律、教育传播规律、信息开发原理的基础上进行创新和发挥。

第三，以信息技术为主要手段。信息技术是信息化教学的主要支撑点，借助信息技术将课程内容加工成便于学生感知和理解的信息，如图像、动画、视频、声音等，呈现立体化的信息，提高教学效率，提高学习效果。

第四，以课程为本源。信息化教学及信息化设计是为课程服务的，不能本末倒置，炫耀信息技术的华丽而忘记课程本身。基于此，信息化教学设计过程中所用到的每一个图像，每一段视频，每一个动画、文字格式、背景颜色及图案都是经过认真筛选出来的跟课程本身有关的东西。

3. 设计的过程

第一步，熟悉课程内容，拿到教材后自己熟悉课程内容，对照新课标理解课程要求、重点、难点等。

第二步，参考、借鉴别人的课件，领略内容的核心点。

第三步，分析每一个知识点具有什么样的特点？怎样表达效果最好？用什么样的媒体？开发成什么样的信息形式？就这些问题进行思考和记录。

第四步，完成信息化教学设计表格（见表 3-1）。

**表 3-1　信息化教学设计表格**

| 西门小学信息化教学设计案例 | | | |
|---|---|---|---|
| 学科科目 | 语文 | 课文名称 | 第 15 课：《猫》 |
| 所选教材 | 人教版 | 所属年级 | 四年级上册 |
| 必要课时 | 2 课时（80 分钟） | 设计时间 | 2011.5.20 |
| 设计教师 | 李鸿科 | | |
| 一、教学内容简介（第 2 课时，40 分钟） | | | |
| 本篇课文有四个自然段。第一段主要讲述了猫的性格有古怪的一面，比较贪玩，捉老鼠的时候却很尽职。第二段讲述了猫高兴时所表现出的一些特征：温柔、蹭腿、抓痒、叫声、“念经”（咕噜）。第三段讲述了猫有胆小的一面，也有勇敢的一面（跟蛇斗）。第四段讲述了幼猫的可爱与淘气的一面，言谈中表达了作者对猫的喜爱之情 | | | |
| 二、学生特征分析 | | | |
| | 知识基础 | 认知结构变量 | 认知能力 |
| 智力因素 | 本班学生具备基本的读写和识字能力 | 大部分学生家里有过养猫的经历，对猫的相关知识及生活习性有一定的了解 | 本班学生语文素养比较高，具备学习本课程的能力 |

续表

<table>
<tr><td rowspan="2">非智力因素</td><td>年龄特征</td><td>学习态度</td><td>动机水平</td><td>学习风格</td></tr>
<tr><td>11—13 岁</td><td>积极上进</td><td>学习欲望强</td><td>善于思考,善于发现问题</td></tr>
<tr><th colspan="5">三、教学目标分析</th></tr>
<tr><td colspan="2">知识与技能目标</td><td colspan="3">能够有感情地朗读,掌握猫的特征和习性</td></tr>
<tr><td colspan="2">过程与方法目标</td><td colspan="3">能够唱猫歌、学猫步、表演猫技、说猫的特点、画猫的图像</td></tr>
<tr><td colspan="2">情感、态度和价值观目标</td><td colspan="3">能够感受猫的温柔,同情猫的命运,总结人与动物的关系</td></tr>
</table>

<table>
<tr><th colspan="3">四、教学内容分析</th></tr>
<tr><th>知识点</th><th colspan="2">分析过程</th></tr>
<tr><td rowspan="8">第一段:猫的性格古怪<br>① 老实:很乖,无忧无虑,睡大觉<br>② 出走:任凭谁的呼唤,都不回来<br>③ 尽职:非把老鼠等出来不可</td><td>知识类型</td><td>① 事实　② 概念　③ 问题解决</td></tr>
<tr><td>学习目标</td><td>① 识记　② 理解　③ 分析</td></tr>
<tr><td>目标描述</td><td>① 识记主要关键词<br>② 理解关键词的意思<br>③ 分析作者如何表达了猫的古怪性格</td></tr>
<tr><td>表达形式</td><td>每一个特点用三张猫的对应图片展示</td></tr>
<tr><td>所用媒体</td><td>幻灯</td></tr>
<tr><td>媒体作用</td><td>提供感性认识,使学生更容易理解关键词,知道猫的古怪</td></tr>
<tr><td>所用时间</td><td>展示图片 2 分钟</td></tr>
<tr><td>使用方法</td><td>一边展示一边提问,引导学生自己看图说话</td></tr>
<tr><td rowspan="8">第二段:猫的性格温柔<br>① 蹭腿:用身子蹭你的腿<br>② 抓痒:让你给它抓痒<br>③ 印花:在稿纸上踩几朵小梅花<br>④ 叫唤:丰富多腔地叫唤<br>⑤ 念经:咕噜咕噜<br>⑥ 无声:不高兴</td><td>知识类型</td><td>① 事实　② 概念　③ 技能　④ 问题解决</td></tr>
<tr><td>学习目标</td><td>① 识记　② 理解　③ 分析</td></tr>
<tr><td>目标描述</td><td>① 识记主要关键词<br>② 理解关键词的意思<br>③ 分析作者如何表达了猫的温柔性格</td></tr>
<tr><td>表达形式</td><td>蹭腿:视频播放(1 分钟左右)<br>印花:用图片展示<br>叫唤:播放猫的叫声</td></tr>
<tr><td>所用媒体</td><td>幻灯</td></tr>
<tr><td>媒体作用</td><td>通过图像及视频帮助学生感知和理解</td></tr>
<tr><td>使用时间</td><td>展示图片 2 分钟,视频播放 1 分钟</td></tr>
<tr><td>使用方法</td><td>一边展示一边提问,引导学生自己看图说话</td></tr>
</table>

续表

<table>
<tr><td rowspan="8">第三段：猫性格的双重性<br>① 胆小：藏起来<br>② 勇敢：与蛇斗</td><td>知识类型</td><td>① 事实 ② 概念</td></tr>
<tr><td>学习目标</td><td>① 识记 ② 理解 ③ 分析</td></tr>
<tr><td>目标描述</td><td>① 识记主要关键词<br>② 理解关键词的意思<br>③ 分析作者如何表达了猫胆小与勇敢的性格</td></tr>
<tr><td>表达形式</td><td>胆小：静态图片(10 秒)<br>勇敢：猫与蛇斗的图片(10 秒)</td></tr>
<tr><td>所用媒体</td><td>幻灯</td></tr>
<tr><td>媒体作用</td><td>通过图像帮助学生感知和理解关键词及猫的性格</td></tr>
<tr><td>使用时间</td><td>展示图片 20 秒</td></tr>
<tr><td>使用方法</td><td>一边展示一边提问，引导学生自己看图说话</td></tr>
<tr><td rowspan="8">第四段：淘气的小猫<br>① 耍：没完没了<br>② 跌：越跌越勇<br>③ 撞：疼了也不哭<br>④ 辟：新的游戏场<br>⑤ 折：枝折花落</td><td>知识类型</td><td>① 事实 ② 概念</td></tr>
<tr><td>学习目标</td><td>① 识记 ② 理解 ③ 分析</td></tr>
<tr><td>目标描述</td><td>① 识记主要关键词<br>② 理解关键词的意思<br>③ 分析作者如何表达了小猫可爱与淘气的性格</td></tr>
<tr><td>表达形式</td><td>小猫可爱：视频(1 分钟)<br>小猫折枝：静态图片图像(10 秒)</td></tr>
<tr><td>所用媒体</td><td>幻灯</td></tr>
<tr><td>媒体作用</td><td>通过图像及视频帮助学生感知和理解小猫的性格</td></tr>
<tr><td>使用时间</td><td>展示图片 20 秒，视频播放 1 分钟</td></tr>
<tr><td>使用方法</td><td>一边展示一边提问，引导学生自己看图说话</td></tr>
<tr><td>教学重点分析</td><td colspan="2">① 重点词汇：屏息凝视<br>② 重点句子：任凭……也……；非……不可……；无论……也……<br>③ 连词用法：说它老实吧……可是……；说它贪玩吧……可是……</td></tr>
<tr><td>教学难点解决</td><td colspan="2">用重点句子造句，引导学生说出正确的句子</td></tr>
<tr><td>总结与升华</td><td colspan="2">① 文章如何表达了猫的古怪性格(巩固重点词)<br>② 文章表达了作者对猫的特别喜爱之情(作者爱猫)<br>③ 引导学生对猫的同情与呵护(猫是人类的朋友)<br>④ 人类向猫学习(走猫步)<br>⑤ 点明人与动物的关系(爱护小动物)</td></tr>
</table>

续表

| 五、教学环境分析 | | | |
|---|---|---|---|
| 普通教室 | | | |
| 多媒体教室 | 选择多媒体教室，借助多媒体播放 PPT 辅助教学 | | |
| 网络教室 | | | |
| 六、课堂教学过程设计 | | | |
| 教学环节 | 教师活动 | 学生活动 | 媒体应用 |
| 导入<br>（3 分钟） | 教师提问：你们平时喜欢看动画片吗 | 学生回答：是 | |
| | 教师：那我们就给大家看一部小小的动画片 | 观看动画片《猫咪别淘气》(儿歌 MTV) | 播放《猫咪别淘气》动画片，吸引学生注意力，激发孩子学习兴趣 |
| | 教师提问：这个动画片的主角是谁 | 学生回答：猫 | |
| | 教师提问：那你们对猫的特性了解多少呢 | 学生回答：不太了解 | |
| | 教师：好，我们今天就来通过《猫》这篇课文的学习全面了解猫的特性 | | 幻灯片切换到《猫》的主页，鼠标移动到标题，有猫的叫声 |
| 第一段<br>（15 分钟） | 教师提问：生活中你看到的猫具有什么样的性格特点 | 学生：举手回答 | 在黑板上列举(板书) |
| | 教师：点评、纠正和鼓励 | | 切换到第一段幻灯片 |
| | 教师：要求学生有感情齐声读第一段，寻找文中对猫的性格的描述 | 学生：齐读课文 | 看文字教材第一自然段 |
| | 教师提问：第一自然段主要写猫的什么性格 | 全体回答：古怪 | |
| | 教师提问：哪些方面表现猫的古怪 | 个别回答：老实<br>个别回答：出走<br>个别回答：尽职 | 在书本上画出关键词 |
| | 教师：让我们更直观地看看猫的老实与尽职的特征 | | 3 张图片展示猫的老实<br>3 张图片展示猫的尽职 |
| | 教师：猫捉老鼠时屏息凝视，谁表演一个屏息凝视的动作 | 学生举手：表演 | |
| | 教师：谁解释一下屏息凝视的意思 | 学生举手：解释 | |

续表

| | | | |
|---|---|---|---|
| 第一段<br>(15 分钟) | 教师:有几个关键句子,教师领读<br>任凭……也……;非……不可……;无论……也……;<br>说它老实吧……可是……;说它贪玩吧……可是…… | 学生跟读 | |
| | 教师点学生用以上关键词造句,并进行点评和补充 | 学生造句 | 板书学生表达中的关键词 |
| 第二段<br>(10 分钟) | 教师:要求学生默读课文,找出描写猫的性格的关键词 | 学生默读 | 看文字教材第二自然段 |
| | 教师:第二段主要写猫的什么性格 | 学生回答:温柔 | 切换到第二段幻灯片 |
| | 教师提问:猫的温柔性格表现在哪里 | 个别回答:蹭腿<br>个别回答:抓痒<br>个别回答:"印花"<br>个别回答:叫唤<br>个别回答:念经<br>个别回答:无声 | 视频展示蹭腿的动作;<br>图片展示"印花"的效果;<br>音频感受叫声的变换 |
| | 教师问:猫很温柔,猫上班吗?工作是什么 | 学生回答:捉老鼠<br>学生回答:走猫步 | |
| | 教师点学生走猫步,教师点评和表扬 | 学生:猫步表演 | |
| 第三段<br>(2 分钟) | 要求学生听读同桌读本段,然后回答问题 | 同桌互听互读 | 看教材 |
| | 师问:第三段写了猫的什么性格 | 学生回答:勇敢与胆小 | 切换到第三段幻灯片 |
| | 教师补充:就是写了猫的双重性格 | | 图片展示猫的勇敢:猫与蛇斗 |
| 第四段<br>(5 分钟) | 教师:领读本段 | 学生跟读 | 看文字教材第四自然段 |
| | 师:大家尝试从本段找出描写小猫性格的关键词 | 学生回答:<br>① 要　没完没了<br>② 跌　越跌越勇<br>③ 撞　疼了也不哭<br>④ 辟　新的游戏场<br>⑤ 折　枝折花落 | 幻灯片显示以上特点 |
| | 师问:这一段主要是写猫爸爸、猫妈妈,还是猫仔仔 | 生答:幼猫 | |
| | 师问:概括性地说这一段主要写了幼猫的什么特点 | 生答:可爱与淘气 | |
| | 教师播放视频 | 学生观看 | 视频展示幼猫的可爱与淘气 |
| | 教师切换幻灯片 | 学生观看 | 图像展示小猫玩线团 |
| | 教师切换幻灯片 | 学生观看 | 图像展示小猫荡秋千 |

续表

| | | | |
|---|---|---|---|
| 总结升华（5 分钟） | ① 师问：文章如何表达了猫的古怪性格（巩固重点词） | 学生回忆、复述：老实、可爱、尽职、淘气等 | 幻灯片切换到总结页 |
| | ② 师问：文章如何表达了作者对猫的特别喜爱之情（作者爱猫） | 复述：稿纸上的梅花印 | 幻灯片展示梅花脚印 |
| | ③ 引导学生对猫的同情与呵护（猫是人类的朋友）师问：有没有听说过流浪猫 | 生答：有 | 播放救助流浪猫的新闻<br>人类对猫的喜爱视频片段 |
| | ④ 人类向猫学习（走猫步） | 学生表演猫步 | 模特走步，有音乐 |
| | ⑤ 点明人与动物的关系（爱护小动物） | | 展示多种可爱的小动物 |

## 七、教学流程图

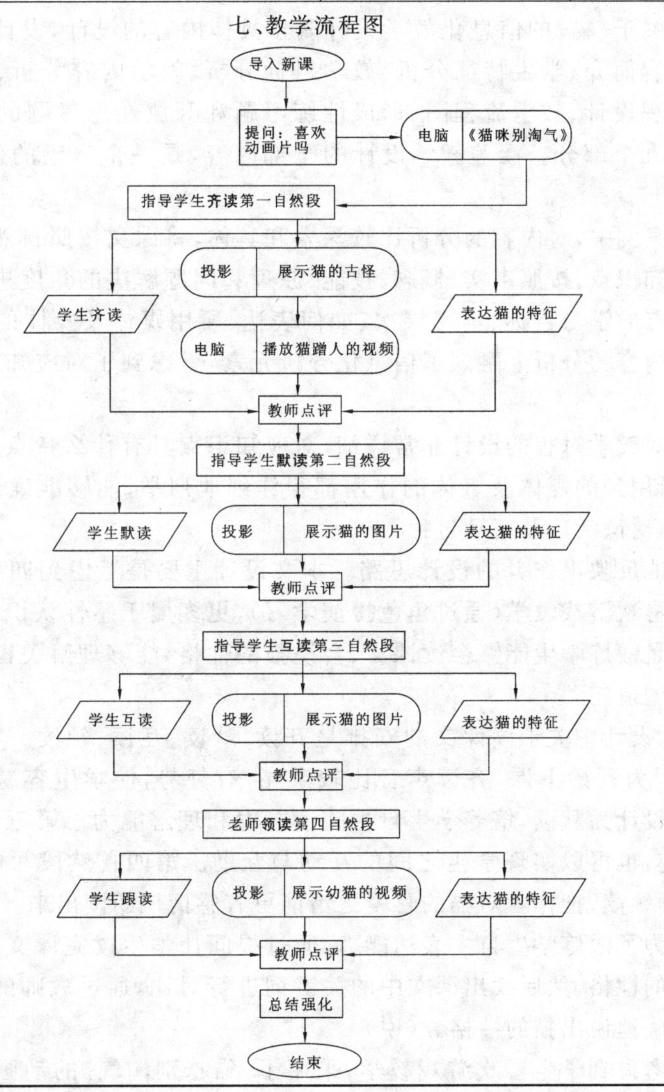

续表

| 八、形成性练习题和开放性思考题的设计 | | |
| --- | --- | --- |
| 知识点 | 预期学习水平 | 练习题目内容 |
| 屏息凝视 | 学生理解该词的意思 | 用自己的语言解释该词的大意 |
| 任凭……也……<br>非……不可……<br>无论……也…… | 理解句子的用法，会造句 | ① 说明这个句子表达的语气<br>② 会用以上词造句 |
| 九、教学反思及修改意见 | | |

## 二、案例评析

本案例关于《猫》的信息化教学设计属于具体内容的设计，设计结构比较完整，分为教学内容简介、学生特征分析、教学目标分析、教学内容分析、教学环境分析、课堂教学过程设计、教学流程图、形成性练习题和开放性思考题的设计、教学反思及修改意见九个部分。涵盖教学设计的全部内容，是一个完整的信息化教学设计案例。

在设计案例中，对内容的分析比较深入和具体，将课文按照自然段落进行分解，抓住每一个知识点，按照事实、概念、技能、原理和问题解决的角度进行知识归类，提出了本知识点的学习目标、学习层次、如何表达、所用媒体及媒体的使用时间、使用方法等。对内容的分析上融入了信息化分析元素，考虑到了对应知识点的媒体选择及应用。

案例中对教学过程的设计非常详细，对应知识点具有什么特点、教师的行为、学生的行为、所用到的媒体及媒体的作用都很详细地列举，能够准确反映教师和学生在教学中的言行、活动及互动过程。

案例中能反映出作者的设计思路。本文设计主要是考虑到四年级学生的学习特点是比较喜欢游戏教学(通过角色扮演学习)，更多属于感性认识(看图学习)。通过学习主要是锻炼学生能够会读课文、会说猫的性格，能够理解关键词的意思，能够运用重要句型造句。

基于此，设计中关于读课文的安排是齐读、默读、互读、领读。第一自然段要求学生齐读，因为开始上课，齐读声音比较洪亮，有气势，使学生容易进入学习状态。第二自然段设计为默读，培养学生自主阅读能力和理解能力。第三自然段让同桌互读互听，有趣，也可以实现学生之间的互动与互助。第四自然段写的是幼猫的可爱与淘气，教师领读，把作者对猫的喜爱之情能更有感情地朗读出来。(读)

设计中为了锻炼学生自主表达能力，通过提问让学生读完课文后能用自己的话语表达出猫的性格，然后找出课文中的关键词进行对比，通过教师的补充和纠正，使学生能够准确地说出猫的性格。(说)

设计中考虑到学生喜欢游戏教学，采用了《猫咪别淘气》的动画儿歌导入，吸引学生的注意力,也有要求学生表演猫的动作和表情的地方,同时涉及人向猫的学习,要求学生走模特步(走猫步),有音乐伴奏,使学生在角色扮演中感受学习的乐趣。(做)

文中关于猫的性格如老实(睡大觉)、勇敢(与蛇斗)、可爱、淘气等,都有对应的逼真图片配合,直观,形象。文中猫"蹭"人的动作用视频播放,真实感人,容易吸引学生注意力,符合四年级学生认知特点,用看图感知的方式便于学生理解关键词。(看)

设计中考虑到了重点词"屏息凝视"及几个关键句子,在重点难点部分进行了强调和强化,让不同学生进行解释和造句,教师进行点评、纠正和补充,使学生不但理解,还要学会灵活应用。(用)

信息化教案的设计转化成了相应的教学课件(设计效果)。课件中嵌入了动画、视频、图像等,内容比较丰富,结构层次比较清晰,都是经过精心设计的。

## 第二节　信息化教学设计概述

### 一、教学设计的概念

教学设计是 20 世纪 60 年代在西方国家发展起来的一门新的学科,是一门注重实践的应用学科,目的在于通过对学习资源和学习过程的设计实现优化教学,促进学生的学习。我国对教学系统设计的研究开始于 20 世纪 80 年代中期,经过近 30 年的研究,在理论和实践方面都取得了很大的进步,在教育教学领域上的应用越来越普及,也显得越来越重要。随着技术的不断发展和进步,其在教学中的渗透力度越来越大,这对传统教学理念、教学方法、教学内容、教学媒体、教学过程、教学评价、教学环境等都产生重要的作用。同时,新时代的教学对教学设计提出了更高的要求,使得教学设计的理论和实践也发生了深刻的变化,逐步融入了信息化教学设计的思想,融入了新课程的思想,融入了寓教于乐的游戏教学法等。教学设计作为研究教学、实施教学的核心,需要通过系统规划、精心设计,探索最佳的教学策略,实现教学的最优化。

关于教学系统设计的定义比较多,各个定义的侧重点也有所不同,我们这里给出几种有代表性的定义供大家参考。

教学设计是设计科学大家庭的一员,设计科学各成员的共同特征是用科学原理及应用来满足人的需要。因此,教学设计是对学业业绩问题的解决措施进行策划的过程(帕顿,1989)。

教学是以促进学习的方式影响学习者的一系列事件,而教学设计是一个系统化规划教学系统的过程(加涅,1992)。

教学系统设计是运用系统方法分析研究教学过程中相互联系的各部分的问题和需求,确立解决它们的方法步骤,然后评价教学成果的系统计划过程(肯普,1994)。

教学系统设计是运用系统方法分析教学问题和确定教学目标，建立解决教学问题的策略方案、试行解决方案、评价试行结果和对方案进行修改的过程。它是以优化教学效果为目的，以学习理论、教学理论和传播理论为基础。（乌美娜，1994）。

教学是一门科学，而教学设计是建立在教学科学这一坚实基础上的技术，因而教学设计也可以被认为是科学型的技术。教学的目的是使学生获得知识技能，教学设计的目的是创设和开发促进学生掌握这些知识技能的学习经验和学习环境（梅瑞尔，1996）。

教学设计是指运用系统方法，将学习理论与教学理论的原理转换成对教学资料、教学活动、信息资源和评价的具体计划的系统化过程（史密斯、雷根，1999）。

教学设计主要是运用系统方法，将学习理论与教学理论的原理转换成对教学目标、教学内容、教学方法和教学策略、教学评价等环节进行具体计划、创设教与学的系统"过程"或"程序"，而创设教与学系统的根本目的是促进学习者的学习（何克抗，2002）。

关于教学设计的定义很多，说法各异。详细分析每个定义，它们都是站在一定的角度从不同的侧面反映着教学设计的内涵。虽然教学设计很难得到一个统一的定义，但是大家对教学设计内涵的理解是一致的：首先，教学设计的目的是优化教学，否则，教学设计的整个工作是没有意义的；其次，教学设计是运用系统方法；最后，教学设计要遵循教育教学的基本原理，设计包括整个教学过程和学习过程。所以，我们可以把教学系统设计定义为：教学系统设计主要是运用系统方法通过对教学过程、教学要素、教学环境等进行系统分析，确定需要解决的教学问题，提出相应的解决策略，最终实现优化整个教学，能同时促进教和学，并顺利达到教学目标的教学活动过程。

## 二、教学系统设计的发展

1. 教学设计的思想萌芽与早期发展

建立教学设计学的构想最初来源于美国哲学家、教育学家杜威，他于1900年提出了应建立一门所谓的"桥梁科学"，以便将学习理论与教学实践连接进来，目的是建立一套系统的与教学活动有关的理论知识体系，以实现教学的优化设计。但由于当时条件的限制，教学设计还仅仅处于萌芽状态，并未形成系统的理论体系。到20世纪中叶，行为主义迅速发展，行为主义学习理论代表人物斯金纳提出了S-R（刺激-反应）理论，并将其应用于教学实践，出现了程序教学和教学机器。他开发的程序教材的系统方法，对教学设计理论模式的发展具有重要的影响。在这一时期，奥苏伯尔的渐进分化的思想，如运用先行组织者，然后呈现一系列具体的下位概念和例子；布鲁纳依学生成绩而逐渐提高学习复杂性的思想；马克勒和墨里等运用教学理论促进概念获得的思想，都对教学设计的发展作出了较大的贡献。

2. 认知主义学习理论对教学设计的影响阶段（20世纪60—80年代）

在20世纪60年代末，认知主义学习理论逐渐代替行为主义，成为教学设计的指导思想。研究者纷纷重新考虑学习理论。影响比较大的有加涅,他把教学设计与认知理论相结合,将学习结果分为五大类等。此外,认知主义学习理论中关于知识生成的研究结论也被应用到教学设计中,这些研究产生了许多针对学习过程的策略,如问题解决策略、信息组织策略,降低焦虑策略、自我控制策略、元认知策略等。这些新理论的引入,极大地丰富了教学设计的理论体系,使教学设计这门学科不断得到完善。

3. 建构主义学习理论对教学设计的影响阶段(20 世纪 80 年代至今)

到了 20 世纪 80 年代,教学设计研究者开始倾向于将不同的教学设计理论结合成一个行之有效的总体模式。如赖格卢特的精细加工理论。在 20 世纪 90 年代,建构主义对教学设计理论起了较大的作用。这一时期,学习者与教学媒体、教学情境的结合是教学设计发展的一个重要特征。

## 三、教学设计的目的、理论基础、学科性质、应用范围和层次

1. 教学设计的目的

教学设计的目的是优化整个教学,即运用教学设计的思想和理论来指导教师的教学构思、教学过程的实施、教学策略和媒体的选择、教学方法的应用和教学结果的评价等方面,以实现最理想的教和学,达到最好的教学效果。

2. 教学设计的理论基础

(1) 学习理论

教学系统设计的目的是为了优化教学,要实现优化教学,就必须对学习的外在因素和内在机制有比较深入的理解,即必须以一定的学习理论为基础。如行为主义学习理论、认知主义学习理论和建构主义学习理论等。

(2) 教学理论

教学理论是人们在教学过程中不断总结经验和进行思考所形成的对教学的认识理论,是人们对各种教学现象及本质做出的能动的、系统的反应。在一定程度上可以说教学理论是教学设计的最直接的理论来源。如巴班斯基把系统方法作为一般科学方法引入教学理论研究领域,形成了优化教学理论。还有赞克夫的发展性教学法,布鲁纳的结构-发现教学理论等都与教学设计有着密切的关系。教学系统设计是在既定的目标的指导下,分析教学问题、设计、试行、评价,以及修改解决教学问题方案的过程,为了解决好教学问题就必须遵循和运用教学客观规律。因此,教学系统设计必须以教学理论为依据。

(3) 传播理论

传播理论说明了教学传播过程所涉及的要素,揭示了教学过程中的各个要素之间动态的关系。传播理论可以帮助我们解释一些教学现象,找出某些教学规律,利用信息传播模式是教学设计能够预见的、可能的干扰因素,并利用有效的手段消除传播过程中的干扰因素,促进师生之间的有效交流,达到有效教学的目的。因此,教学系统设计应以人们对传播过程的研究和分析所形成的传播理论为基础。

(4) 系统理论

系统科学理论既是现代自然科学、社会科学、思维科学发展综合的结果，又是现代科学研究共同的一般方法论。教育技术在其产生、发展、成熟的过程中，受到了系统科学理论的深刻影响。教学设计研究的对象是教学系统，对教学系统的设计离不开对系统要素的分析与综合，要设计好整个教学过程，最初教学目标的设定，控制教学目标的指向和各种因素的操作很重要，只有把教学设计植根于系统方法中进行设计和操作，才能做到对教师、学生、教学内容、教学条件、教学方法等各种教学要素进行综合、系统的考虑，协调它们之间错综复杂的关系，制定出理想的教学策略，并经过评价、修改来实现教学过程的优化。因此，教学设计应以系统理论为基础理论。

3. 教学设计的学科性质

对于教学设计这门课程，在教学实践中，好多教师教起来觉得枯燥，学生学起来觉得无味，其主要原因在于他们对教学系统设计的学科性质不了解，把它当做纯粹理论性的东西来进行学习，甚至死记硬背。

性质一：教学设计是应用性学科，连接性学科。教学设计为了追求教学效果的优化，不仅关心如何教，更关心学生如何学，因此在系统分析，解决教学问题的过程中注意把教与学的研究结果和理论应用于教学实践，指导教学实践，体现出其应用性。教学设计的连接性表现在实现教学理论与学习理论基于实践基础上的整合和连接，即实现教学理论、学习理论和实践活动三者的紧密联系与结合。同时，作为应用科学，教学设计在实践的过程中又不断地检验和发展学与教的理论。

性质二：教学设计是设计学科。设计的本质在于创造性，在于实际教育教学问题的解决。教学设计不是单纯的理论学习或单纯的技术应用，而是在实践基础之上的创造性设计，最终要实现教学的优化。需要说明，教学系统设计是理论性与创造性的有机结合。因此，单一的理论性观点和单一的创造性观点都是片面的。教学系统设计活动是教学系统设计理论的应用活动，这就决定了设计活动从根本上是一种理论性活动。但是，理论应用又有超常应用，因而设计活动又是一种创造性活动。可以这么说，教学系统设计活动中理论性是基础，创造性是关键，这是人们在长期的教学实践中总结出来的。

4. 教学系统设计的应用范围

教学系统设计是一门综合性的应用学科，在教育教学领域，其设计思想适用于各门学科。教学设计思想的最初萌芽于20世纪60年代，主要应用于军事领域和企业领域，经过多年的研究，教学设计理论已比较成熟，形成了自己的学科特色，在教学实践领域，也取得了相当的成果。因此，对于教育教学领域，教学系统设计适用范围很广泛。

5. 教学设计的层次

(1) 以产品为中心的层次

教学设计的最初发展是以产品为中心的层次开始的。它把教学中所要使用的教学媒体、材料、教学包等当做产品来进行设计。教学产品的类型、内容和教学功能常常由教学设计人员和教师及学科专家共同决定。有时还吸收媒体专家和媒体技术人员参加，对产品进行设计、开发和测试、评价等。

(2) 以课堂为中心的层次

这个层次的实际范围是课堂教学，它是在规定的教学大纲和计划下，针对一个班级的学生，在固定的教学设施和教学资源的条件下进行教学设计。其设计工作的重点是充分利用已有的设施，选择或编辑现有的教学材料来完成目标，而不是开发新的教学材料。

(3) 以系统为中心的层次

按照系统观点，上面两个层次的课堂教学和教学产品都可看做教学系统，但这里所指的教学系统是指比较大的、综合的、复杂的教学系统。这一层次的设计通常包括系统目的、目标的确定，以及实现目标的方案的建立、试行、评价、修改等，设计内容面广，设计难度大。因此，这一层次的设计需要由教学设计人员、学科专家、教师和行政管理人员、甚至包括有关学生组成的设计小组来共同完成。

## 四、教学系统设计的指导思想

1. 现代教育观念指导下的教学系统设计

① 教学系统设计中考虑“教育”概念的变化。现代教育突破了传统学校教育的围墙，更多强调继续教育、终身教育、自我教育。学习走向社会化，实现社会化学习。

② 教学系统设计中既要考虑学生的差异，承认、尊重和发展学生的个性，并认识到学生在自信心、创造力、决策能力、自我控制和约束能力等方面的提高对社会的发展、自我的发展都是至关重要的。

③ 教学系统设计中要注重教和学的辩证统一，强调教师在教学中的主导作用和学生在教学中的主体作用，也要重视学生在教学活动中的自主活动。

④ 教学系统设计中注重发展的观点。教学设计不能仅仅停留在封闭式的传授知识和技能上，而是强调在知识技能基础上开发学生的智力，强调开放式教学，让学生学习到不断更新的知识和形成不断的认知过程，特别注意创设学习情景，鼓励和启发学生自己探索，培养学生自己解决问题、处理信息、批评性思考、创造性思维、试验和应变等方面的能力。

⑤ 教学系统设计中注重信息资源的丰富，借助一切教学方法和媒体手段协同作用来实现教育教学目标。同时，要注重师生交互机会的设计，注重教学行为、学习内容、学习行为和媒体等的相互作用和有机整合。

⑥ 教学系统设计中要注重目标和评价系统的设计。评价是检验教学效果的有效方式，评价的基本理论和思想要贯穿于教学设计的全过程。对于不同的学科、不同的信息内容、不同的授课对象，其评价的方式和标准都应该有所不同，贯穿一个原则，那就是通过评价促进设计，通过设计完善评价。

2. 教学设计中的系统思想和方法的应用

教学、教学设计都是涉及人的因素的活动，教学设计中最重要的因素就是人。

人是教学系统设计的主体，教学系统设计中渗透着人的智慧，人也是教学系统设计产品的使用者。这里面的人包括教师、学生、教学管理人员等，再加上要涉及教学内容、教学媒体、教学环境、教学模式、教学效果等多方面的因素，是一个非常庞大的系统，需要有高度的整合思想和综合方法来解决问题，所以，系统思想和方法是教学设计的基本方法。

系统是指由相互作用和相互依赖的若干要素结合而成的具有特定功能的有机整体。世界上的一切事物、现象和过程都是有机整体，它们自成系统、互为系统。

系统方法就是运用系统理论的观点、方法，研究处理各种复杂系统问题而形成的方法，即按照事物本身的系统性把对象放在系统的形式中加以考察的方法。它侧重于系统的整体性分析，从系统组成的各个要素之间的关系和相互作用中发现系统的规律性，从而指明解决复杂系统问题的一般步骤、程序和方法。运用系统方法解决问题的一般步骤见表 3-2。

**表 3-2　运用系统方法解决问题的一般步骤**

| 运用系统方法解决问题的一般步骤 | 举例分析(学校建图书馆) |
|---|---|
| 第一步：从需求中分析确定问题<br>需求分析就是对现状和希望的结果之间进行差异分析，应用系统方法都是从需求分析开始的。评定分析需求是一个极为重要的过程，在没有根据需求确定问题之前，后面的工作就是无目的的，也是无法进行的 | 由于学生数量激增，学校规模扩大，现有图书馆不能满足学校的需求，学校就要根据教学的需要进行分析，确定有没有必要建立一座图书馆大楼<br>(需求分析，提出问题) |
| 第二步：确定解决问题的方案和可替换的解决方案<br>根据需求分析的结果，确定需要解决的问题，同时也提出需要达到的目标。一般要提出多种方案 | 根据第一步的需求分析，既然有必要，就把它当做一件事来做，即提出问题，并提出解决问题的多种方案<br>(很多建筑公司根据学校要求设计出建设模型供师生们进行选择) |
| 第三步：从多种可能的解决方案中选择问题解决的策略<br>这一步骤在系统方法中是关于“怎么做”的一个步骤，要选择达到目标的工具和方法，通常选择方法和工具的标准是以最小的花费取得最大的效益 | 从以上众多的设计方案(各个建筑公司提供)中选择出一种好的方案，并拟定实施计划，进行规划预算等 |
| 第四步：实施问题求解的策略<br>这个步骤中，对产生出的计划和选择的解决问题与方法的策略进行具体实施 | 就已经拟订好的计划进行具体的实施<br>(工程队开始动工) |

续表

| 运用系统方法解决问题的一般步骤 | 举例分析(学校建图书馆) |
|---|---|
| 第五步:确定实施<br>在实施的过程中,收集的信息包括两部分,一部分是过程信息,另一部分是系统的产出信息。把这些信息的需求分析评定和在系统分析中所得到的各种详尽的需求信息进行比较,实现的系统同所要求的理想化的系统之间的差异性便一目了然,这就为下一步考虑修正提供了诊断性的信息 | 通过具体工程队的施工,完成过程中对各项指标,以及所使用的材料都有要求,需要对照监督。同时,基本完成后按预期的标准进行客观评价,找出存在的问题 |
| 第六步:对系统加以修正<br>根据实施的具体执行信息,所构造的问题的解决系统的执行情况便可以很快地反映出来,对于有问题的步骤加以修订。这是系统方法的自我修正特征,保证了系统的有效性 | 根据以上评价结果,进行修改出现问题的环节,以达到预期标准 |

## 五、教学系统设计的模式及其组成分析

教学设计是一项复杂的工作,但是理论研究有了一定的基础,形成了相对比较稳定的教学设计模式(图 3-1)。这个过程可以分为四个阶段,即前端分析、目标阐明、策略制订和成果评价。

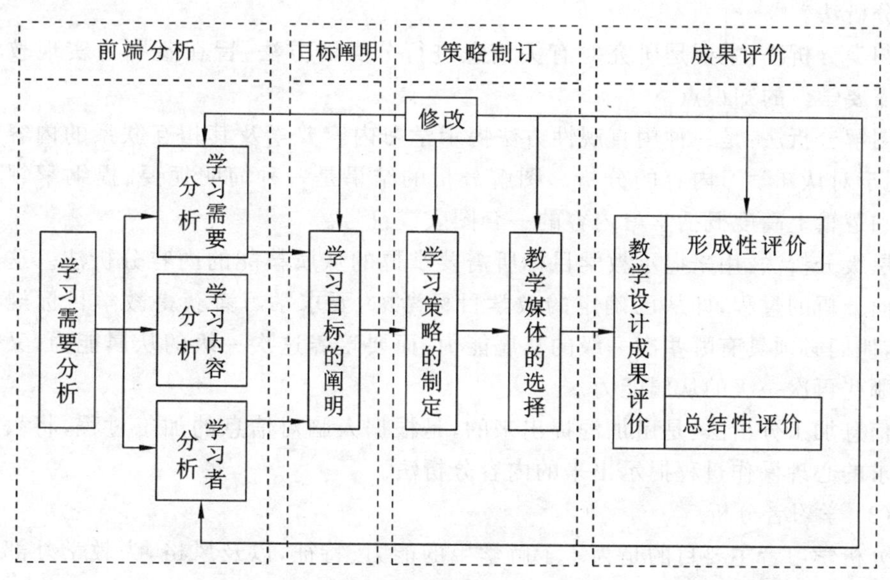


图 3-1 教学系统设计一般模式

1. 前端分析

教学设计的前端分析是指在教学设计开始的时候，对一些直接影响教学设计的因素和环节进行分析，包括学习需要分析、学习内容分析和学习者分析。

(1) 学习需要及其分析

学习需要：指学习期望达到的状况和学习现实现状之间的差距。在这里，期望来自于社会和学生自身两个方面，是社会和学生自己对其能力素质及其发展的要求。现实的状况是指学生群体和个体在能力素质方面已达到的水平。期望的状况和目前状况之间的差距揭示出学生在学习过程中存在的问题，而问题的存在也说明了通过教学去解决这个问题的必要性。

学习需要分析：指通过系统的分析，发现教学中存在的问题，确定问题的性质，论证问题解决的必要性和可行性。

分析学习需要的方法有两种，即内部参照分析法（常模参照测验分析法）和外部参照分析法（标准参照测验分析法）。

(2) 学习内容及其分析

学习内容：指为实现教学目标要求学生系统学习的知识、技能和行为经验的总和。

学习内容分析：指对学生从起始能力（教学之前已具备的知识、技能等）转化为教学目标所规定的终点能力（满足学习需要后学生所形成的知识、技能等）所需要学习的从属先决知识、技能和态度及其关系进行详细剖析的过程。

分析学习内容的基本方法有四种：归类分析法、图解分析法、层级分析法和信息加工分析法。

归类分析法：主要是研究对有关信息进行分类的方法，旨在鉴别为实现教学目标而需要学习的知识点。

图解分析法：是一种用直观性方法揭示学习内容要素及其相互联系的内容分析法，用于对认知学习内容的分析。图解分析的结果是一种简明扼要、提纲挈领地从内容和逻辑上高度概括学习内容的一套图表或符号。

层级分析法：用来揭示教学目标所需要掌握的从属技能的内容分析法。这是一个逆向分析的过程，即从已确定的教学目标考虑，要求学习者获得教学目标规定的能力，他们必须具有哪些次一级的从属能力，而要培养这次一级的从属能力，又需要具备哪些再次一级的从属能力。

信息加工分析法：是由加涅提出来的，是根据人脑对信息的加工过程，将教学目标要求的心理操作过程揭示出来的内容分析法。

(3) 学习者分析

分析学习者主要目的是为了了解学生的能力、特征，以及风格，为教学外部条件适应学生内部条件提供重要依据。

初始能力分析：初始能力是指学生从事特定学习内容的学习前已经具备的知识技能基础，以及有关学习内容的认识与态度。预估学习者的起始能力的目的是为了了解三方面的内容：一是了解学生是否具备了从事新的学习所必须具备的知识和技能基础；二是了解学生对将要学习的内容知道了多少；三是对学生学习态度的了解。

学习者一般特征的分析：是指学习者具有的与具体学科内容无关，但影响其学习的生理、心理和社会特征，包括年龄、性别、认知成熟度、学习动机、生活经验等内容。在教学过程中，教师应把握学生的一般特征方面的特点，并以此作为集中教学时选择教学内容、制订教学策略等工作的依据，同时还要充分重视学生在一般特征方面的差异，并以此作为制订个别化学习的策略，进行个别辅导等工作的依据。

学习风格的分析：学习风格是指学习者持续一贯的带有个性特征的学习方式，是学习策略和学习倾向的综合。学习策略是指学习者为完成学习任务或实现学习目标而采用的一系列步骤，其中某一特定步骤称为学习方法。每一个学生，在学习过程中表现出不同的学习倾向，包括学习情绪、态度、动机、坚持性，以及对学习环境、学习内容等方面的偏爱。有些学习策略和学习倾向可能随着学习环境、学习内容的变化而变化，而有些则表现出持续一贯性。那些持续一贯性表现出来的学习策略和学习倾向，构成了学习者通常所采用的学习方式，即学习风格。在分析教学对象的时候对学习风格做出诊断和验明，主要目的是在承认和尊重学生学习风格存在差异的前提下，为设计出有利于因材施教的教学方案提供依据。

2. 目标阐明

通过学习需要分析确定了教学设计项目的教学目标，通过学习内容分析，确定了完成教学目标所必须掌握的各个知识点与从属技能项目，通过对教学对象起始能力的分析，确定了教学起点。至此，教与学的内容框架基本确定了，接下来的工作就是要阐明教学目标。

阐明教学目标的意义有以下几种。第一，有利于落实教育效益责任。通过精确地阐述教学目标，并在完成这些目标后运用相应的测量工具测量教学结果，就可以成功地落实教育效益责任。第二，有利于学生的学。教学目标清楚地说明了学生所要学习的东西，以及证明其已经学会的方法，这样学生就明确知道了教师的期望，并以此指引自己的学习方向。第三，有利于教师的教。通过对教学目标的确切把握，有利于教师制订恰当的教学策略，选编合适的教学材料，以及合理地评价学生的学习效果。

3. 策略制订

教学策略是对完成特定的教学目标而采用的教学活动的教学程序、教学方法、教学组织形式和教学媒体等因素的总体考虑。教学程序的确定就是要确定教学内容各组成部分之间的先后顺序；教学方法的选择就是要通过讲授法、演示法、讨论法、练习法、实验法、示范-模仿法等不同方法的选择，来激发并维持学习者的注意和兴趣，传递教学内容；教学组织形式主要有集体授课、小组讨论和个别化学习三种形式，各种形式各有所长，应根据具体情况进行相应的选择；各种教学媒体具有各自的特点，须从教学目标、教学内容、教学对象、媒体特性，以及实际条件等方面，运用一定的媒体选择模型进行选择。

对于教学来说,没有任何单一的教学策略能够适应于所有的情况。有效的教学需要有可供选择的各种策略因素来达到不同的教学目标,最好的教学策略就是在一定的情况下达到特定目标的最有效的方法论体系。目前,公认的基本教学策略有三种:生成性教学策略、替代性策略和指导性策略。

4. 成果评价

经过前三个阶段的工作,就形成了相应的教学方案和媒体教学材料,然后进行教学实施。最后确定教学和学习是否达到目标,即进行教学评价。教学评价是指以教学目标为依据,制定科学的标准,运用一切有效的技术手段,对教学活动的过程及其结果进行测量,并给以价值判断的过程。教学评价是教学设计的一个重要组成部分。

(1) 教学评价的功能

① 诊断功能　评价是对教学结果及其成因的分析过程,借此了解到各方面的情况,从而判断它的成效和缺陷、矛盾和问题。全面评价工作不仅能估计学生的成绩在多大程度上实现了教学目标,而且还能解释学生为什么成绩不良;判断学校、家庭和社会及学生个人中哪方面的因素是主要的;就学生个人而言,主要是哪方面原因,为教师分析学生提供了依据,同时也为学生了解自己提供了依据。

② 激励功能　评价教学过程有监督和控制作用,对教师和学生是一种促进和鼓舞。通过评价可以反映出教师的教学效果和学生的学习效果。研究表明,一定限度内,经常进行记录成绩的测验对学生的学习动机具有很大的激发作用。这是因为较高的评价能给教师、学生心理上的满足和精神上的鼓舞,可以激发他们向更高的目标努力。

③ 调控功能　评价结果是一种反馈信息,这种信息可以使教师及时知道自己的教学情况,也可以使学生得到学习成功和失败的情况,从而为师生调整教和学的行为提供客观的依据。教师可以据此修订教学计划、改进教学方法、完善教学指导;学生可以据此改进学习方法、增强学习的自觉性,改善学习策略。教学评价有利于使教学过程成为一个随时得到反馈调节的可控系统,使教学活动越来越接近预期的目标。

④ 教学功能　评价本身就是一种教学活动。在这种活动中,学生的知识技能将获得长进,甚至产生飞跃。例如,测验也是一种重要的学习经验,他要求学生事先对教材进行复习、巩固和提高,事后对试题进行分析,以确认、澄清和纠正一些观念。同时,教师可以在估计学生水平的前提下,根据教学内容,设计一些具有启发性的测试题目,让学生通过做题,学会举一反三,获得新的经验或更高的教学目标。

(2) 教学评价的类型

教学评价的类型有多种,主要介绍以下三种形式:诊断性评价、形成性评价和总结性评价。

① 诊断性评价　也称为前置评价或教学前评价。一般是在某项教学活动开展之前,对学生的知识、智力和体力等状况进行摸底测试,以便了解学生的实际水平和

准备状况，判断其是否有完成新教学目标所必须具备的条件，为教学决策提供依据，使教学活动适合学生的需要和背景。教学中的“诊断”是一个范围较大的概念，除了包括验明缺陷和问题，还包括对学生优点和特殊才能的识别。

② 形成性评价　也称为教学中评价。形成性评价是在某项教学活动进行的过程中，为使教学活动更好而不断进行评价。它能及时了解阶段教学的结果和学生学习的进展情况、存在的问题等，以便及时反馈、及时调整和改进教学工作。这种评价是在教学活动进行的过程中随时所做的评价。

③ 总结性评价　也称为后置评价或教学后评价。一般是在教学活动结束后，为了测定教学活动的最终效果而进行的评价。比如，学期末或学年末各门学科的考试、考核，目的是检验学生的学业是否达到了各科教学目标的要求。总结性评价注重的是教与学的结果，借以对被评价者进行全面的鉴定，区分等级和对整个教学方案的有效性做出价值判断。

此外，按照评价的基准分类，可分为相对评价、绝对评价和个人内差评价；按评价的内容分类，可分为过程评价和成果评价；按评价分析方法的不同分类，可分为定性评价和定量评价。一般情况下，对于教学设计成果的评价主要运用的是形成性评价和总结性评价。

(3) 教学评价的原则

① 客观性原则　进行教学评价时，从测量的标准和方法到评价者所持有的态度，特别是最终得出的评价结果，都应符合客观实际，不能主观臆断。因为教学评价的目的是给教师的教和学生的学以客观的价值判断。如果缺乏客观性，教学评价就会失去意义，同时还会由于提供了虚假信息，而导致错误的教学决策。贯彻这条原则应该做到：评价标准客观，不带随意性；评价方法客观，不带偶然性；评价态度客观，不带主观性。这就要求我们以科学可靠的评价技术为工具，取得真实有用的数据资料，实事求是地进行评价。

② 整体性原则　进行教学评价时，要对组成教学活动的各个方面做多角度、全方位的评价，而不能以点带面，以偏概全。由于教学系统的复杂性和教学任务的多样化，使得教学质量往往从不同侧面反映出来，表现为一个由多种因素组成的综合体。因此要真实地反应教学效果，必须从整体上对教学活动进行评价。贯彻这条原则时应注意这样几个问题：评价标准应当全面，尽可能包括教学目标的各项要求，防止以偏概全；应当把握主次，区分轻重，抓住主要矛盾，在决定教学质量的主导因素和环节上下大力气；应当把定性评价和定量评价结合起来，使其相互参照，以求全面准确地判断评价客体的实际效果。

③ 指导性原则　在进行教学评价时，不能就事论事，而要把评价和指导结合起来；不仅使被评价者了解自己的优缺点，而且要为其后的发展指明方向。也就是说，要对评价的结果进行认真分析，从不同角度查找因果关系，确认问题产生原因，并通过信息反馈，使被评价者明确今后的努力方向。要贯彻这条原则，首先必须在评价资料的基础上进行指导，不能缺乏根据的随意表态；其次是要及时反馈、明确指导，

不能含糊其辞;最后要具有启发性,留给被评价者思考和发挥的余地。

④ 科学性原则　在进行教学评价时,要坚持科学性,不能仅靠经验和知觉。只有科学合理的评价才能真正对教学发挥指导作用。科学性不仅要求评价目标、标准的科学化,而且要求评价程序、方法的科学化。要贯彻这条原则,首先应当从教与学统一的角度出发,以教学目标体系为依据,确定合理统一的评价标准;其次应当推广使用先进的测量手段和统计方法,对获得的各种数据和资料进行严谨的筛选,达到一定的指标后再使用。

## 六、信息化教学设计

### (一) 信息化教学

信息化教学是在现代教育思想和理论的指导下,充分借助现代信息技术,来实现教学资源的设计、开发与应用的过程,目的在于优化教学过程,培养学生信息素养,提高学生信息能力的新型教学方式。信息化教学是推进新课程改革进一步深入的过程,也是实现有效课堂的过程。通过教学手段、教学方法、教学设计体现以学生为本,以学生的学习为本,重视学生的学习体验,营造游戏教学、寓教于乐的过程。

信息化教学体现了许多不同于传统教学的特性,如目标制订的多元性、学习的自主性、学习过程的独特性、反馈的及时性与充分运用信息技术来支持学习等。信息化教学设计能够充分利用信息技术手段进行基于资源、基于合作、基于研究、基于问题等方面的学习,通过微型世界与计算机模拟使学生在意义丰富的"真实"的情境中主动建构知识。强调学生是学习活动的主体,学生学习的效果取决于学生的学习方式与参与教学活动的程度。每个学生都拥有多种独立的智能,考核教学目标的达成情况时,不是用一个僵化的统一标准来衡量,而是允许有不同的标准。传统教学设计对学生学习结果的反馈与评价一般注重一元化的主要以知识理解为标准的评价,而信息化教学设计则可以借助于技术,实现面向过程的表现式评价。

### (二) 信息化教学设计

信息化教学设计是以课程为主体,充分借助信息技术,遵照信息化教学设计的原则,在新课程思想指导下实现教学设计的过程。信息化教学设计应该注意的问题有以下几点。第一,信息化教学设计一定要重视课程本身,以课程为主体。课程是教学中的重要元素,是连接师生的重要桥梁。在信息化教学实践中,人们往往把课程抛在脑后,积极开发各种资源,忽视课程本身,做课程外围的事情,有些舍本逐末的感觉。第二,信息化教学设计要遵循信息化的原则,不能随心所欲、无中生有,而是依照信息的特点、感知的方式、实现的可能性、学习的有效性等来综合考虑,从而进行设计。第三,信息化教学设计融入了新课程思想,以学生为本,体现新课程理念,目的在于提升课程本身的内驱力,使课程发挥出更大的作用,而不在于用什么层次的软件来设计和开发课程。第四,信息化教学设计以问题为核心,建立学习"定向点",然后围绕这个"定向点",通过设计学习情景、学习资源、学习策略、认知工具、管理和帮助而展开，它们共同服务于由教学目标，学习者、学习内容而决定的学习任务这一核心。

目前，随着多媒体技术和网络技术及其应用的发展，以及信息化教学的日益普及，建构主义对教学设计的影响和渗透已受到越来越多的人的关注和重视，信息化教学设计也逐渐发展起来。信息化教学设计是在先进教育理念指导下，以多媒体和网络为媒介，以设计问题情境及促进学生解决问题的教学策略和学习环境为核心的教学规划与准备的过程。目的是激励学生利用信息化环境进行探究、实践、思考、综合运用、问题解决等高级思维活动，培养学生创新精神和实践能力。

信息化教学设计一般遵循如下原则。

1. 学生中心原则

以学为中心是信息化环境下教学设计的首要原则。明确“以学生为中心”这一点对于教学设计有至关重要的指导意义，因为是从“以学生为中心”出发，还是从“以教师为中心”出发将得出两种不同的教学设计结果。

至于如何体现以学生为中心，信息化环境下的教学设计可以从三个方面努力：第一，要在学习过程中充分发挥学生的主动性，要能体现出学生的首创精神；第二，要让学生有多种机会在不同的情境下去应用他们所学的知识(将知识“外化”)；第三，要让学生能根据自身行动的反馈信息来形成对客观事物的认识和解决实际问题的方案(实现自我反馈)。

2. 资源支持原则

为了支持学习者的主动探索和完成意义建构，在学习过程中要为学习者提供各种信息资源(包括各种类型的教学媒体和教学资料)。但是必须明确：这里利用教学媒体和教学资料并非用于辅助教师的讲解和演示，而是用于支持学生的自主学习和协作式探索。因此，对传统教学设计中有关“教学媒体的选择与设计”这一部分，将有全新的处理方式。例如，在传统教学设计中，对媒体的呈现要根据学生的认知心理和年龄特征做精心的设计。现在由于把媒体的选择、使用与控制的权力交给了学生，这种设计就完全没有必要了。反之，对于信息资源应如何获取、从哪里获取，以及如何有效地加以利用等问题，则成为主动探索过程中迫切需要教师提供帮助的内容。显然，这些问题在传统教学设计中是不会碰到或是很少碰到的，而在信息化学习环境下，则成为亟待解决的普遍性问题。

3. 情境教学原则

信息化环境下的教学设计认为，学习总是与一定的社会文化背景即情境相联系的，在实际情境下进行学习，可以使学习者能利用自己原有认知结构中的有关经验去同化当前学习到的新知识，从而赋予新知识以某种意义；如果原有经验不能同化新知识，则要引起顺应过程，即对原有认知结构进行改造与重组。总之，通过同化与顺应才能达到对新知识意义的建构。在传统的课堂讲授中，由于不能提供实际情境所具有的生动性、丰富性，因而将使学习者对知识的意义建构发生困难。

4. 互动协作原则

信息化环境下的教学设计认为，学习者与周围环境的交互作用，对于学习内容的理解（即对知识意义的建构）起着关键性的作用。学生们在教师的组织和引导下一起讨论和交流，共同建立起学习群体并成为其中的一员。在这样的群体中，共同批判地考察各种理论、观点、信仰和假说；进行协商和辩论，先内部协商（即和自身争辩到底哪一种观点正确），然后再相互协商（即对当前问题摆出各自的看法、论据及有关材料并对别人的观点作出分析和评论）。

这种协作学习不仅指学生之间、师生之间的协作，也包括教师之间的协作，如实施跨年级和跨学科的基于网络的协作学习等。通过这样的协作学习环境，学习者群体（包括教师和每位学生）的思维与智慧就可以被整个群体所共享，即整个学习群体共同完成对所学知识的意义建构，而不是其中的某一位或某几位学生完成意义建构。

5. 过程评价原则

信息化环境下的教学设计有着全新的评价观。教学评价的目的，一方面是要检验教学活动的结果；另一方面，它更主要的是应该具有激励功能。以往的教学评价更多的是体现前者。因为教学评价的标准掌握在教师和教育机构手里，学生只有被动地接受这种评判。在信息化的教学环境下，学生完全有权对自己的作品做出合理的评价，教师这时并不是作为一个标准的掌握者出现，而是作为一个引路人出现，他更多的是鼓励学生的创造，尊重学生的不同见解，以促进学生创新精神的养成，培养学生独立的人格。

（三）信息化教学设计的成果

信息化教学设计所产生的结果不是传统意义上的教案或课件，而是一个单元教学计划包，我们称之为“包件”，其中包括以下几点。

1. 教学设计方案

具体地描述教学单元的主题、学习目标、学习活动（教学过程）、学习资源等，其中的学习活动和学习资源在很大程度上是由信息技术支持的，因此，这种教学计划可称为信息化教案。

2. 多媒体教学课件

专门为教学活动开展而设计的各种计算机应用软件，是文本、图形、图画、声音和动画的集合体。

3. 学生电子作品范例

给学生提供参考用的电子作品，可以从各种电子信息源中选取或由教师自行制作。

4. 学习参考资源

为支持学生有效进行学习活动准备的各类辅助性材料，如软件工具、资料光盘、在线参考资料、参考书目、教师用电子讲稿等。

5. 单元实施方案

单元实施方案包括教学活动的时间安排、学生分组办法、上机时间分配，以及征求社会支持的措施等。

6. 学生作品评价量规

提供结构化的定量评价标准，从内容、技术、创意等方面详细规定了评级指标。利用这种量规来评价学生电子作品，可操作性强，准确性高，既可以让教师评，又可以让学生自评和互评。

## 第三节　信息化教学设计技能开发

### 一、信息化教学设计的要求

信息化教学设计不仅仅是指教案设计、多媒体课件制作，在教学实践中人们往往把信息化教学设计理解为电子教案编写或者多媒体课件制作，理解上的偏差导致信息化教学设计往往是以点代面、以偏概全，设计不够系统、不够准确，不能反映教学设计的基本思想。基于此，准确掌握信息化教学设计的内涵是首要的技能点，也是最重要的核心点。

信息化教学设计是对教学过程和学习活动的全面考虑。首先是对学习需要的分析，通过学习需要分析，确定了预期达到的标准跟当前标准的差距，这个差距就是需要解决的问题，也就确定了教学设计的必要性。然后是对学习者的年龄特征、学习风格、兴趣爱好，学习基础等的分析，掌握学习对象的基本情况才能有的放矢，有效解决问题。还需要对学习内容进行知识点、逻辑层次、难点、重点的分析，这是信息化的立足点，也是信息化的依据。在分析内容的基础上，依据知识点提出相应的学习目标，阐明本知识点学习的层次。基于要达到的学习目标制订可行的教学策略，根据策略计划信息呈现形式、表达方式，所用媒体，然后实施信息化教学实践，并对教学过程及结果进行价值判断。

### 二、信息化教学设计需要的基本能力

信息化教学设计对于教师来说需要具备一定的综合能力才能实践好。这里最基本的能力可以归纳为课程内容分析能力、教学资源开发能力、信息化教学实践能力和信息化教学评价能力。

1. 课程内容分析能力

教师对课程内容的理解深度及角度直接制约着其后续的制作与开发等工作，因此，课程内容分析能力是教师首要具备的能力。所谓的课程内容分析能力就是需要教师对课程有自己的理解和分析，做到吃透内容、融会贯通，能够抓住重点、突出难点，知道课程目标的内涵所在。通过内容分析，能够将课程着重表达的意思准确地传递给学习者，而且能够把复杂问题用简单易懂的办法来解决，这是整个内容分析

的核心所在，也是课程内容分析的意义所在，课程分析能力是一种感知能力，也是一种综合思维能力。

2. 教学资源开发能力

教学资源开发能力是信息化教学所需要具备的技术能力。通过内容分析有了很好的构思和想法，如果没有一定的技术能力，所有的想法都没有办法通过信息技术来实现，分析的意义也就得不到落实。所有信息化资源的呈现形式无非是文本、图形、图像、声音、动画、视频。基于此，教师必须具备文字输入、修改和编辑的能力；必须具备图形和图像的编辑、修改、处理能力；必须具备声音剪辑、修改、加工和处理的能力；必须具备简单的动画制作能力；必须具备视频编辑、修改、合成输出及格式转化的能力等。在掌握这些基本的素材开发工具的基础上能够掌握综合多媒体开发软件，如 PowerPoint、课件大师、Authorware 等，还需要掌握一定的网络课程开发及网站建设的能力。教学资源开发能力可以把教师信息化教学的思维变成现实、变成实践过程。

3. 信息化教学实践能力

大部分教师对信息化教学设计的认识都存在一个误区，认为信息化教学设计就是多媒体课件制作，都是课前的准备工作，其实不然。信息化教学设计还包括信息化教学实践，因为设计再好的信息化课程不能很好地落实和实践，或者说难以驾驭此前所做的设计，那么此前的信息化教学设计就会前功尽弃，或者效果就会打折扣。因此，信息化教学实践能力是信息化课程的教学应用过程，在教学实践过程中，能够做到随机应变，能够做到灵活应用和有效应用。信息化教学实践必须融入娱乐教学元素，激发学生的学习兴趣，否者照搬信息化教案，无法达到真正意义上的信息化教学。融入“娱教”理念，实现寓教于乐，教师教得轻松，学生学得愉快，信息化教学设计的作用才能发挥出来。

4. 信息化教学评价能力

信息化教学评价跟一般的传统教学评价有所不同，评价的角度、重点、方式都会有所差别。基于此，教师必须具备信息化教学评价能力。信息化教学评价更看重的是学生的学习过程，重视学生学习能力的提升，考虑学生的学习感受，重在体现新课程目标和新课程理念，信息技术融入其中，也许是无痕融入，但其一定要发挥作用，用得恰当，用得有效，而不是为了哗众取宠。信息化教学评价的方式也不仅仅限于考试，更注重客观性、过程性、综合性的评价，如网络评价、多元评价、娱乐教学评价等。

## 三、信息化教学设计的条件

1. 信息化教学设计需要基本的基础设施

基础设施是实现信息化教学设计及其教学资源开发的物质基础，没有一定的硬件环境支持，信息化教学设计就难以实现。硬件环境主要指两方面：一方面是指信息化教学设计中所用的多媒体计算机及相应的开发工具；另一方面是指能够支持信息化教学设计的运行、传递、共享、修改、完善的网络及平台。这两个方面的基础设施完备化，为信息化教学设计的实现提供基本条件。

2. 信息化教学设计需要信息技术的支持

信息化教学设计需要有创新的思想，需要有新课程理念，需要有个性特色，需要有独特风格，需要有艺术美感，需要有视听享受，需要有参与操作，需要有交互与反馈等。所有这些内涵及思想都需要通过人类能够感知的信息元素来展现，而这种信息元素的重组、加工、处理和转换都是通过信息技术来实现的。这就需要具备比较成熟的文字处理技术、图像处理技术、音频制作基础、视频编辑技术、动画设计技术、作品合成输出技术等，而且比较成熟的技术兼容性强、操作简单、使用方便、稳定性好，便于扩展和更新，是实现信息化教学设计的重要条件。

3. 信息化教学设计需要多学科理论支撑

虽然信息化教学设计的主体是课程，但是要从课程的性质、特点、内容、结构、特色、优势等角度进行专业化研究和思考，以专业的态度和精神来挖掘学科内容特色，突出学科重点和难点。这就需要在教育学、心理学、传播学等学科综合理论指导下提升教师的技术水平、艺术气息，使得信息化教学设计中融入文化内涵、生态理念、综合思维等以提高设计的质量。

4. 信息化教学设计需要三位一体的综合思维能力

所谓的三位一体综合能力即课程分析能力、技术开发能力、系统综合能力。第一，通过内容分析，课程教师对自己的课程要有独特的思考，独特的教学方法。第二，借助信息技术能够将自己对课程的分析游刃有余地用信息化方式进行表达、加工和处理，让课程内容实现信息化，课程教学实现娱乐化。第三，信息化教学设计是一项系统工程，涉及统筹规划、系统发展，还需要资金、技术、人力、管理等方面提供必要的保障。因此，信息化教学设计需要系统综合设计、开发、管理与应用能力。

## 四、信息化教学设计的有效策略

1. 信息化教学设计需要教育行政部门的支持

教育信息化初期，国家花重金打造了信息高速公路，配备了一定数量的信息化教学设施，这些都是前期工作所必需的。但是在后期的教育信息化建设中，信息化课程建设必然成为主体。因为仅有硬件设施，没有很好的信息化设施支撑，教育信息化的作用很难得到发挥。如同一台高配置的电脑，没有工具软件支撑，裸机就是一堆电子垃圾，不能完成任何工作。所以，信息化教学设计需要政府给予财力、物力和制度上的支持，可以采用立项建设、工程推动、公益帮助(企业参与捐助等)等多种形式为信息化教学设计建设提供必要的支持。

2. 信息化教学设计需要政策引导

仅仅靠给钱并不能解决所有问题，还需要教育行政部门制定必要的政策对信息化教学设计给予一定的监督、指导和引导。政策性文件可以指导学校信息化教学设计的实践工作，也可以起到督导信息化教学设计的实践过程，以此来指导信息化教学设计落到实处，有政策依据和制度保障。

3. 信息化教学设计需要专家指导

信息化教学设计不是简单的电子化，需要学科教师专家及信息技术专家给予一定的指导和帮助，避免信息化教学设计的盲目进行，浪费人力、物力和财力，却没有达到预期的效果。

4. 信息化教学设计需要团队协作

信息化教学设计不同于一般的课件制作，复杂程度和难度远远高于一般的课件制作，仅仅靠教师个人的能力很难完成。需要学科教师及信息技术专家组成协作团队，有专门的课程研究者，有专门的技术攻克者，有专门的艺术渗透者、有专门的视频制作者、有专门的网络资源开发者，形成一个团体，有计划、有步骤地实现信息化教学设计长久和持续的发展。

5. 借鉴"娱教"思维展现信息化教学设计优势

新课程突破了知识本位，学科本位的桎梏，提出了"关注每一个学生的发展"的新理念。众所周知，新课程更加重视学习过程，更加重视学生的学习体验，要让学生体验到学习的乐趣，让他们能在一定的问题情境中，通过自主地探究，学会学习，学会创造，从而学会生存，学会发展。因此，信息化教学设计不是简单地把文本课程转化为电子形式的课程，而是需要融入新的思想、融入新的理念，符合新课程改革的初衷。新课程改革确定了知识与技能、过程与方法、情感态度和价值观的三维目标。基于此目标，学生的学习不再是知识的记忆，不再是应试技能的掌握，不再是一考定终身，成绩决定一切的局面，而是非常重视学生对知识的内化和理解，对专业技能的掌握和活用，对学习过程的快乐体验，注重学生轻松愉快地学习，对学习的考核开始倾向于综合能力的测试。因此，信息化教学设计不能死板，更不能教条，而是以新课程理念为本，充分发挥信息技术的优势，融入"娱教"思维，渗透"娱教"方法，使课程的信息化方法具有灵活性，使课程的使用过程具有娱乐性，使课程的学习体验具有享受性，使课程的设计与开发具有人本性，使课程的考核与测评具有综合性。

6. 融入人本理念体现信息化教学设计的内涵

人本主义课程论强调课程以需要为基石，从社会需求出发设置课程，以人的自我实现的人格理想为课程设计的核心。课程是有形的，是物化的学习内容，但是制定课程、教授课程、设计课程和学习课程的都是人，课程是联系教师和学生的中介和桥梁。因此，信息化教学设计的过程中自始至终都是人的思维与行动的参与过程，信息化的课程是人设计的，也是为人所用的。因此，信息化教学设计不能仅仅是技术的机械应用，也不能是模式的简单复制，更不能是开发程序式的模块照搬，而是要以人为本，针对不同的学习对象，分析其所具有的特点，结合他们的习惯，实施人本化的信息化教学设计理念。

总之，基于新课程理念的信息化教学设计是信息技术融入课程，挖掘和体现新课程本质的过程，也是教育技术与教育融合的过程。通过信息技术改造课程，提升课程内驱力，体现新课程理念，重视学生的学习体验和综合发展，强调学生的参与过程和互动过程，实现探究学习和主动学习的过程，关注个体差异，关注快乐学习，关注寓教于乐，以学生为本，有效实现新课程目标。

## 五、实战演练

### 信息化教学设计实践练习

1. 演练目标

通过信息化教学设计实践练习熟悉信息化教学设计的步骤及过程，逐步理解信息化教学设计的内涵，掌握信息化教学设计的要领，提升教师的信息化教学设计能力。

2. 演练任务

自己选择中小学课程中的两节课的内容，根据信息化教学设计的思想及其设计步骤，完成这两节课的信息化教案设计，并对应开发出信息化教学资源及课件。

3. 演练步骤

① 选择课程内容，可根据自己感兴趣的或擅长的内容进行选择，以便增加自己设计的自信心，提高设计效果。

② 对照新课标，研读所选课程内容，理解课程内容的意思，思考如何实现知识的输出与传递。

③ 根据信息化教案设计简表（见表 3-3），完成信息化教案的填写。

表 3-3　信息化教案设计简表

<table>
<tr><td colspan="5">信息化教案设计简表</td></tr>
<tr><td>学科科目</td><td colspan="2"></td><td>课文名称</td><td></td></tr>
<tr><td>所选教材</td><td colspan="2"></td><td>所属年级</td><td></td></tr>
<tr><td>必要课时</td><td colspan="2"></td><td>设计时间</td><td></td></tr>
<tr><td>设计教师</td><td colspan="4"></td></tr>
<tr><td colspan="5">一、教学内容简介（第______课时，40 分钟）</td></tr>
<tr><td colspan="5"></td></tr>
<tr><td colspan="5">二、学生特征分析</td></tr>
<tr><td rowspan="2">智力因素</td><td>知识基础</td><td colspan="2">认知结构变量</td><td>认知能力</td></tr>
<tr><td></td><td colspan="2"></td><td></td></tr>
<tr><td rowspan="2">非智力因素</td><td>年龄特征</td><td>学习态度</td><td>动机水平</td><td>学习风格</td></tr>
<tr><td></td><td></td><td></td><td></td></tr>
<tr><td colspan="5">三、教学目标分析</td></tr>
<tr><td>知识与技能目标</td><td colspan="4"></td></tr>
<tr><td>过程与方法目标</td><td colspan="4"></td></tr>
<tr><td>情感、态度和价值观目标</td><td colspan="4"></td></tr>
</table>

续表

| 四、教学内容分析 | | |
| --- | --- | --- |
| 知识点 | 分析过程 | |
| 知识点 1 | 知识类型 | |
| | 学习目标 | |
| | 目标描述 | |
| | 表达形式 | |
| | 所用媒体 | |
| | 媒体作用 | |
| | 所用时间 | |
| | 使用方法 | |
| 知识点 2 | 知识类型 | |
| | 学习目标 | |
| | 目标描述 | |
| | 表达形式 | |
| | 所用媒体 | |
| | 媒体作用 | |
| | 所用时间 | |
| | 使用方法 | |
| 教学重点分析 | | |
| 教学难点解决 | | |
| 总结与升华 | | |

| 五、教学环境分析 | |
| --- | --- |
| 普通教室 | |
| 多媒体教室 | |
| 网络教室 | |

| 六、课堂教学过程设计 | | | |
| --- | --- | --- | --- |
| 教学环节 | 教师活动 | 学生活动 | 媒体应用 |
| 导入<br>（3 分钟） | | | |
| | | | |
| | | | |

续表

| | | | |
|---|---|---|---|
| 第一自然段（15 分钟） | | | |
| | | | |
| | | | |
| | | | |
| 第二自然段（10 分钟） | | | |
| | | | |
| | | | |
| | | | |
| | | | |
| | | | |
| 第三自然段（2 分钟） | | | |
| | | | |
| | | | |
| 第四自然段（5 分钟） | | | |
| | | | |
| | | | |
| | | | |
| | | | |
| | | | |

七、教学流程图

八、形成性练习题和开放性思考题的设计

| 知识点 | 预期学习水平 | 练习题目 |
|---|---|---|
| | | |
| | | |

九、教学反思及修改意见

④ 根据信息化教案设计完成信息化资源多媒体课件的开发。选择什么工具来开发,可以自主进行选择,选择自己熟悉的开发软件或者选择能够在本课程内容中最适合发挥多媒体优势的工具进行开发。

⑤ 进行信息化教学设计的实践演练,即通过信息化教学实践活动来验证自己的信息化教学设计效果,根据教学使用实际情况,针对出现的具体问题再进行不断地修改和完善,使自己的信息化教学设计方案比较理想、简单易行、可操作、容易实现。

⑥ 进行信息化教案设计的评价。评价主要是在设计之前进行诊断性评价,预期判断可能出现的问题,提出相应的解决方案;在设计过程中主要进行形成性评价,针对设计过程中随时遇到的问题进行分析和判断,提出解决策略;最后是在信息化教案完成后进行的总结性评价,主要是通过应用及专家评议等形式进行综合评价。

4. 演练成果

通过演练活动需要提交所选课程内容的信息化教案设计简表一份,还要提交所开发的课程资源及多媒体课件,提交信息化教学设计评价意见。

## 教学视线 ......

### 信息化教学设计的理论基础

一、新课程改革背景及理念

我国第八次基础教育课程改革于1999年正式启动,2000年7月教育部颁布《基础教育课程改革纲要(试行)》,9月1日起进入基础教育课程改革实验区,并于2001年6月正式颁布。十多年来,课程改革实验的范围在逐年扩大,逐步走向普及,课程改革已经取得了阶段性成果。本次课程改革力度大、速度快,实现了我国中小学课程从学科本位、知识本位到学生本位的转变,更关注学生的发展。笔者对这一转变的理解有以下几点。第一,这是一个由物到人的转变,转变的是教育的内涵,体现的是教育的本质。第二,学科本位、知识本位的教育是培养“知识人”的教育,是扫盲式的教育,重知识的传输,甚至是灌输,实现的是从无知识到有知识的转变,但忽视了人的学习体验和感受。新课程中学生本位的教育是培养“文化人”的教育,融入的是教育内涵,展现的是文化素养,培养的是“全人”。第三,新课程扭转了以往在人们头脑中已成定势的“学海无涯苦作舟”、“没有苦哪有甜”中“苦”的精神支柱,开始关注“寓教于乐”中“乐”的精神领会。第四,新课程理念的转变,是从“应试”和分数决定一切向综合能力和素质教育的转变,重视发展性评价、形成性评价和过程性评价的综合运用。

二、信息传播及信息文化理论

新课程信息化是在信息化的环境下进行,信息时代的信息传播具有时代的特征和意义,这一传播方式改变了人们工作、学习和生活的方式。信息传播对于教育传播的指导有着重要的意义,所以,信息传播理论及信息文化理论为新课程信息化提供了重要的理论依据,是新课程信息化的理论基础。

三、教育信息化理论

教育信息化是在国家政策指导下，在国家规划和资助条件下系统化发展信息化教育，实现教育现代化的过程。新课程信息化也正是基于教育信息化的基础和信息化教学实践来展开的，目的在于推进新课程改革的进一步深入，实现新课程教学的有效应用。所以，教育信息化理论是指导新课程信息化的理论基础。

四、技术与教育融合的理论

技术的变革，渗透在生活的各个领域，对教育的促进和革新有着非常重要的意义和作用。如何实现技术与教育的融合，达到技术教育化、教育技术化，避免“技术至上”的错误观点，实现技术对教育的人性化、人文化、生态化促进作用？这就需要在课程信息化中进一步探讨技术与教育的融合的理论。

五、建构主义学习理论

建构主义(constructivism)也译作结构主义，其最早提出者可追溯至瑞士的皮亚杰。建构主义学习理论是由行为主义发展到认知主义以后的进一步发展，今天已成为指导现代教育、教学改革的主要理论基础之一。当今的建构主义者主张世界是客观存在的，但是对于世界的理解和赋予意义却是由每个人自己决定的。我们是以自己的经验为基础来建构现实。由于个体的经验，以及对经验的信念不同，于是对外部世界的理解也各异，所以建构主义者更关注如何以原有的经验、心理结构和信念为主来建构知识，强调学习的主动性、社会性和情境性。

建构主义学习理论认为学习是学习者在与环境交互作用的过程中主动地建构内部心理表征的过程。知识不是通过教师讲授得到的，而是学习者在一定的情境即社会文化背景下，借助其他辅助手段，利用必要的学习材料和学习资源，通过意义建构的方式而获得的。所谓建构的意义是指事物的性质、规律，以及事物之间的内在联系。在学习过程中帮助学习者建构知识意义就是要帮助学习者对当前学习内容所反映的事物的性质、规律，以及该事物与其他事物之间的内在联系达到较深刻的理解。这种理解在大脑中的长期存储形式就是关于当前所学内容的认知结构。由于学习是学习者在一定的情境即社会文化背景下，借助其他人(包括教师、同学、伙伴、同事)的帮助，即通过人际间的协作活动而实现的主动建构知识意义的过程，因此建构主义学习理论强调以学习者为中心，认为情境、协作、会话和意义建构是建构主义学习环境中的基本要素或基本属性。

1. 情境

学习环境中的情境必须有利于学生对所学内容的意义建构。在建构主义学习环境下，教学设计不仅要考虑教学目标分析，还要考虑有利于学生建构意义的情境的创设问题，并把情境创设看做是教学设计的最重要内容之一。

2. 协作

协作发生在学习过程的始终。协作对学习资料的搜集与分析、假设的提出与验证、学习成果的评价直至意义的最终建构均有重要作用。

3. 会话

会话是协作过程中不可缺少的环节。学习小组成员之间必须通过会话、商讨如何完成规定的学习任务的计划。此外,协作学习过程也是会话过程,在此过程中,每个学习者的思维成果(智慧)为整个学习群体所共享,因此,会话是达到意义建构的重要手段之一。

4. 意义建构

意义建构是整个学习过程的最终目标。所谓建构的意义是指事物的性质、规律,以及事物之间的内在联系。在学习过程中帮助学生建构意义就是要帮助学生对当前学习内容所反映的事物的性质、规律,以及该事物与其他事物之间的内在联系达到较深刻的理解。这种理解在大脑中的长期存储形式就是前面提到的"图式",也就是关于当前所学内容的认知结构。

建构主义提倡在教师指导下的、以学习者为中心的学习,也就是说,既强调学习者的认知主体作用,又不忽视教师的指导作用,教师是意义建构的帮助者、促进者,而不是知识的传授者与灌输者。学生是信息加工的主体、是意义的主动建构者,而不是外部刺激的被动接受者和被灌输的对象。

学生要成为意义的主动建构者,就要求学生在学习过程中从以下几个方面发挥主体作用。①要用探索法、发现法去建构知识的意义。②在建构意义过程中要求学生主动去搜集并分析有关的信息和资料,对所学习的问题要提出各种假设并努力加以验证。③要把当前学习内容所反映的事物尽量和自己已经知道的事物相联系,并对这种联系加以认真的思考。联系与思考是意义构建的关键。如果能把联系与思考的过程与协作学习中的协商过程(即交流、讨论的过程)结合起来,则学生建构意义的效率会更高、质量会更好。

教师要成为学生建构意义的帮助者,就要求教师在教学过程中从以下几个方面发挥指导作用。①激发学生的学习兴趣,帮助学生形成学习动机。②通过创设符合教学内容要求的情境和提示新、旧知识之间联系的线索,帮助学生建构当前所学知识的意义。③为了使意义建构更有效,教师应在可能的条件下组织协作学习(开展讨论与交流),并对协作学习过程进行引导使之朝有利于意义建构的方向发展。引导的方法包括:提出适当的问题以引起学生的思考和讨论;在讨论中设法将问题一步步引向深入以加深学生对所学内容的理解;要启发诱导学生自己去发现规律、自己去纠正和补充错误的或片面的认识。

六、多元智能理论

加德纳认为,人类的智能是多元的。多元智能理论介绍人类的智能是多元化而非单一的,主要是由语言文字智能、数学逻辑智能、视觉空间智能、身体运动智能、音乐旋律智能、人际交往智能、自我认知智能和自然观察智能等八项组成。智能是在某种社会或文化环境的价值标准下,个体用以解决自己遇到的真正难题或生产及创造出有效产品所需要的能力。

1. 多元智能的组成部分

(1) 语言文字智能

语言文字智能是指有效地运用口头语言或文字表达自己的思想并理解他人，灵活掌握语音、语义、语法，具备用言语思维、用言语表达和欣赏语言深层内涵的能力结合在一起并运用自如的能力。具备这项能力的人适合的职业是：政治活动家、主持人、律师、演说家、编辑、作家、记者、教师等。

(2) 数学逻辑智能

数学逻辑智能是指有效地计算、测量、推理、归纳、分类，并进行复杂数学运算的能力。这项智能包括对逻辑的方式和关系，陈述和主张，功能及其他相关的抽象概念的敏感性。具备这项能力的人适合的职业是：科学家、会计师、统计学家、工程师、电脑软件研发人员等。

(3) 视觉空间智能

视觉空间智能是指准确感知视觉空间及周周一切事物，并且能把所感觉到的形象以图画的形式表现出来的能力。这项智能包括对色彩、线条、形状、形式、空间关系很敏感。具备这项能力的人适合的职业是：室内设计师、建筑师、摄影师、画家、飞行员等。

(4) 身体运动智能

身体运动智能是指善于运用整个身体来表达思想和情感、灵巧地运用双手制作或操作物体的能力。这项智能包括特殊的身体技巧，如平衡、协调、敏捷、力量、弹性和速度，以及由触觉所引起的能力。具备这项能力的人适合的职业是：运动员、演员、舞蹈家、外科医生、宝石匠、机械师等。

(5) 音乐旋律智能

音乐旋律智能是指人能够敏锐地感知音调、旋律、节奏、音色等能力。这项智能对节奏、音调、旋律或音色的敏感性强，与生俱来就拥有音乐的天赋，具有较高的表演、创作及思考音乐的能力。具备这项能力的人适合的职业是：歌唱家、作曲家、指挥家、音乐评论家、调琴师等。

(6) 人际交往智能

人际交往智能是指能很好地理解别人和与人交往的能力。这项智能善于察觉他人的情绪、情感，体会他人的感受，辨别不同的人际关系的暗示含义，以及对这些暗示做出适当反应的能力。具备这项能力的人适合的职业是：政治家、外交家、领导者、心理咨询师、公关人员、推销等。

(7) 自我认知智能

自我认知智能是指自我认识和具有自知之明，并据此做出适当行为的能力。这项智能能够认识自己的长处和短处，意识到自己的内在爱好、情绪、意向、脾气和自尊，喜欢独立思考的能力。具备这项能力的人适合的职业是：哲学家、政治家、思想家、心理学家等。

(8) 自然观察智能

自然观察智能是指善于观察自然界中的各种事物，对物体进行分类的能力。这项智能有着强烈的好奇心和求知欲，有着敏锐的观察能力，能了解各种事物的细微差别。具备这项能力的人适合的职业是：天文学家、生物学家、地质学家、考古学家、环境设计师等。

2. 多元智能理论的内涵

多元智能理论重要的不是智能究竟能够分为多少种，而是一种多元的认识、理解和研究智力的方法。在认识到智力的多元性的前提下，结合当前我国的教育教学改革实际，会使教师对学生更加包容，会使教学更具针对性，会使更多的学生能够从教师的包容和教导中获得更多的成功与自信。具体有如下几种涵义。

(1) 每一个体的智能各具特点

根据加德纳的多元智能理论，作为个体，我们每个人都同时拥有相对独立的八种智能，但每个人身上的八种相对独立的智能在现实生活中并不是绝对孤立、毫不相干的，而是以不同方式、不同程度有机地组合在一起。正是这八种智能在每个人身上以不同方式、不同程度组合，使得每一个人的智能各具特点。

(2) 个体智能的发展方向与程度受环境和教育的影响与制约

在多元智能理论看来，个体智能的发展受到环境(包括社会环境、自然环境和教育条件)的极大影响与制约，其发展方向和程度因环境和教育条件不同而表现出差异。尽管在各种环境和教育条件下的人们身上都存在着八种智能，但不同环境和教育条件下人们智能的发展方向和程度有着明显的区别。

(3) 智能强调的是个体解决实际问题的能力和生产及创造出社会需要的有效产品的能力

在加德纳的多元智能理论看来，智能应该强调两个方面的能力：一方面的能力是解决实际问题的能力；另一方面的能力是生产及创造出社会需要的有效产品的能力。根据加德纳的分析，传统的智能理论产生于重视言语-语言智能和逻辑-数理智能的现代工业社会，智能被解释为一种以语言能力和数理逻辑能力为核心的整合的能力。

(4) 多元智能理论重视的是多维地看待智能问题的视角

在加德纳看来，承认智能是由同样重要的多种能力，而不是由一两种核心能力构成，承认各种智能是多维度相对独立地表现出来，而不是以整合的方式表现出来，应该是多元智能理论的本质所在。

加德纳认为，支撑多元智能理论的是个体身上相对独立存在着的与特定的认知领域和知识领域相联系的八种智能：语言智能、节奏智能、数理智能、空间智能、动觉智能、自省智能、交流智能和自然观察智能。

## 反思探究 ……

### 理性批判与分析

1. 信息化教学设计定义解析

下面是黎加厚教授关于信息化教学设计的定义，根据你的理解，对此定义进行批判性分析。

信息化环境下的教学设计(信息化教学设计)，是运用系统方法，以学为中心，充分利用现代信息技术和信息资源，科学地安排教学过程的各个环节和要素，以实现教学过程的优化。

2. 对于信息化教学设计的八个模块进行剖析

分析其合理之处，补充自己的独到见解。

① 单元教学目标分析。

② 学习任务与问题设计。

③ 学习资源查找与设计。

④ 教学过程设计。

⑤ 学生作品范例设计。

⑥ 评价量规设计。

⑦ 单元实施方案设计。

⑧ 教学设计过程的评价与修改。

3. 仔细阅读下面博文，进行理性批判与分析

新课程背景下教学设计存在的问题

教学设计通常又称为教学系统设计，它是指运用教学系统方法来分析教学问题、确定教学需求、设计教学方案、试行教学方案、评价实行结果，并在此基础上不断改进教学的系统规划和解决过程。学习者、目标、策略、评价是教学设计的主要构成要素，也是教学设计过程中的重点和难点。新课程改革对教学过程中的学生和教学评价都提出了新的要求，我国传统教学设计的教学目标已经很完善，但在实践过程中没有得到深层次的实施，教学媒体成了辅助教师向学生灌输的工具，传统的教学设计模式已经不能满足当前新课程的发展需要。

(1) 学生

以往课堂上，学生的学习行为都是被动接受，掌握的知识都是围绕考试展开的，课堂气氛压抑，产生厌学情绪。教师对学生的评价标准也是用文化课成绩来说话，重视文化课成绩好的学生。由于教师重视学生的成绩，对文化课成绩好的同学投以信任、热情，加上社会上的一些因素，导致学生自私的心理越来越严重。学生的学习和生活在一个狭小的空间，怕自己学到的知识被他人学会，成绩上被他人超过，心理的压力越来越大。大家互不信任，学习上既不合作，又不交流，形成知识壁垒。部分同学看到他人文化课成绩好，得到教师的关心，同学的羡慕，会产生嫉妒心理，分散

学生的学习注意力，也使学生的学不是为了兴趣而出发，而是带有一定“色彩”的学。为了让学生走出误区，教师应在教学过程中引导学生，以学为中心，使学生的学习行为由被动转向主动，学生的学习情感由厌学转向乐学。

(2) 教学目标

教学目标是对教学上的一种原则性规定，往往总的目标是很完善的，但在实施的过程中，不能落实到各个部分中去。以往的教学，教师仅把教学目标停留在认知的层面，动作技能和情感往往被忽视，觉得完成认知领域即可完成教学任务，忽视动作技能和情感。新课程理念下，广大教师必须致力于新课程三维目标的有机结合与全面落实，而不能仅仅是关注于知识或能力等单维目标的实现。

(3) 教学工具

过去教师上课依赖“教参”，参考书目都是以考试为主，对学生往往施行“题海战术”，教学媒体成了辅助教师向学生灌输的工具。教师的课件只用于展示，缺乏设计，不能把相关软件的功能发挥出来。课件的展示，往往使教师养成不良的习惯。部分教师根据教学任务，把所要讲解的知识点罗列下来，讲课的时候照着课件读，即使没有充分备课，也可以照着课件应付过去。部分教师认为媒体可以代替教师，这是错误的认识，媒体的功能再强大，也只是教学过程中的一个工具，而教学过程中的执行者是教师，只有教师合理地利用好教学媒体，才能使其发挥强大的功能。过分强调媒体的作用，既给教师带来压力，又从人力、物力、财力方面给学校带来浪费。

(4) 教学评价

在应试教育的模式下，只要存在高考，就会有来自社会的压力，这种压力是客观存在的。应试教育下，为了应付考试，学生朝着目标努力学习，习题集堆积成山，每天点灯熬夜，备战考试。学生长时间地学习，身体得不到好的锻炼，新方案的提出，朝着给学生减负的方向努力。

(5) 教学设计模式

以教为主的教学设计理论与方法经过几十年众多专家的深入研究与发展，已形成了一套比较完善、严密的理论体系，具有较强的可操作性。但在运用教学过程中，课堂完全由教师来主宰，忽视学生学习主体的作用，不利于具有创新思维和创新能力的创造性人才的成长。全部教学设计理论都是围绕如何教而展开，其重点是教师如何进行教学内容传递的策略的设计。以学为主的教学设计理论和方法还没有被人们普遍熟悉和接受。在实践教学中，操作性不强。让一线教师去研究、开发，形成一套比较完善、严密的理论体系，这对于他们来说有些吃力，因为他们已经熟悉了以教为主的教学设计理论，很难摆脱旧的思维。目前仅能用一些案例介绍启发学生，给学生一些想象空间，但由于需要完成相应的教学任务，结论也基本由教师说出。

# 第四章 教师研课技能训练

**|内容导航|** ……

❖ 说课技能训练
❖ 听课技能训练
❖ 评课技能训练

## 第一节 说课技能训练

### 一、品位范例

课题:《自由落体运动》说课稿

教材:《物理》第二章第四节

(一) 教材分析

1. 在教材中的地位和作用

本节内容是在高一学生学习了运动学的知识后编排的,是匀变速直线运动的特例。通过对自由落体这种常见的、特殊的运动的研究。一方面是对前面知识的复习和巩固,同时也加强了课本与实际生活的联系;另一方面通过在授课过程中讲授研究物理问题的基本思路和科学方法,为以后研究比较复杂的运动规律打下良好的基础。因此,本节课是本章知识的复习课,培养学生思维的研究课,联系生活的应用课,也是为后面课程做知识准备的垫底课。所以本节课在本章中具有重要的地位和作用。

2. 教材的特点

① 研究自由落体运动,有利于学生对匀变速直线运动规律的理解。

② 通过打出的纸带让学生自己分析、得出结论,培养学生解决问题的能力。

(二) 教学目标

这节课不单是为了让学生知道实验的结论和规律的内容,更重要的是让学生知道结论和规律是如何得出的。在教学中为学生存储一些创造性解决问题的案例,为他们以后遇到问题时学会借鉴打下基础,从而培养创新精神。因此,我们的教学重心要从科学结论的学习上转移到概念和规律的形成过程,以及形成这些概念和规律所用的方法和学习中。达到激发学生对物理的学习兴趣,懂得认知未知事物的方法，发展学生各方面的能力和创新意识。为此我设定了以下教学目标。

1. 知识和技能目标

① 理解自由落体运动的规律，并能灵活运用。

② 理解重力加速度，知道它的大小、方向，了解它的变化。

③ 通过演示实验让学生从观察实验中分析、归纳出自由落体运动的特点，培养学生将形象思维转化为抽象思维的能力，归纳概括出物理概念和物理规律的能力。

2. 过程和方法目标

① 通过演示实验，使学生对落体现象有新的理解。

② 通过做一做，让学生进一步体验自由落体运动规律及自由落体加速度。

3. 情感、态度和价值观目标

① 让学生认识到：从生活经验中得到的认识，有些并不是正确的，而需要采用科学的方法——实验和理论来验证。

② 通过牛顿管研究自由落体运动，使学生了解突出主要因素、忽略次要因素的哲学思想，逐步帮助学生树立起辩证唯物主义认识论。

**（三）教学中的重点和难点**

本节课是对自由落体运动的研究，所以自由落体运动的规律和其加速度必然是本节的重点和难点问题。

1. 重点

自由落体运动规律和加速度。

2. 难点

自由落体运动规律和加速度的得出过程。

3. 解决方法

在课堂上精心设计实验，用实验事实帮助学生建立起正确的观点。利用多媒体课件，依据学生已有的知识和物理研究方法，通过实验观察、分析数据、归纳结论、类比迁移，让学生自己推导和求出自由落体的运动规律及加速度。

**（四）教学对象**

学生已经对匀变速直线运动规律有了初步的理解和掌握，在本节课的学习过程中，学生可能会对自由落体运动的加速度不是很理解，这个问题可以用多个物体做实验，定量计算给学生解释。

大多数学生可能产生重的物体下落快的错误想法，这个问题可以通过牛顿管实验的演示来说明。

**（五）教法学法**

物理学是一门以实验为基础的学科，自由落体运动的规律就是来源于实验中的探索。教学实践证明：探索性实验能极大地提高学生学习物理的兴趣，又能使学生学会一些探索大自然规律的基本方法，培养他们解决实际问题的能力。通过实验探索，强化物理知识的形成过程，会获得基本的科研能力，创造性地解决问题也能培养学生的创新精神。因此，教学中创设物理情景，教师边演示边提问，学生边观察边思考，教师可给予恰当的思维点拨，引导学生来探索规律，并让学生试着自己得出结论，一改过去教师讲、学生被动接受的局面，最大限度地调动学生积极参与教学活动。

采用复习提问→直观演示→分析讨论→归纳概念→揭示规律→巩固知识的程序，并辅以现代教育教学手段等多种形式的综合启发式教学。

对学生来说，重要的是让他们学会学习，“教是为了不教”，让他们掌握获取新知识的方法，养成良好的科学素养。因此在学习过程中，要让学生主动参与、乐于探究、善于思考、勤于动手、注重搜集和处理信息，获取新知识，学会解决问题。采用提取旧知识→积极思维→实验探索→构建新知→巩固深化的学法。

（六）教学过程

1. 复习提问

问：匀变速直线运动的运动规律是怎样的？

（板书公式）

问：在连续相等的时间（T）内的位移之差有什么特点？

答：位移之差为恒量。

指出：这个公式反映了匀变速直线运动的特点，它可以用于匀变速直线运动的计算中，反过来，我们也可以通过这个结论来验证某些运动是否为匀变速直线运动。

问：那么，自由下落的物体遵循怎样的运动规律呢？

2. 新课教学

演示 1：将一张纸和一张金属片同时在同一高度的同一地点释放

现象：重物先着地，重的物体下落较快。

介绍亚里士多德和伽利略对自由落体运动性质的研究。讲述伽利略的推理过程时，拟定一个讨论的环境，让学生感受到他们正亲临这场争论，进入情景教学。学习伽利略相信科学、大胆质疑、敢于向权威挑战的精神。

提问：刚才实验中看到重的物体比轻的物体下落快的原因是什么？如果将纸片团成纸团有什么样的现象？

可以让学生猜测问题答案后再演示，调动学生积极参与，尽快地投入课堂学习，积极进行观察和思考。

演示 2：将纸片团成团和金属片同时在同一高度的同一地点释放

现象：纸团和金属片同时着地，轻重不同的物体同时落地。

（启发学生认识到轻重不同的物体下落速度的不同是由于空气阻力的影响。）

演示牛顿管

现象：轻的物体下落比重的下落慢。

现象：将牛顿管抽成真空，轻重不同的物体下落快慢相同。

使学生再次认识到生活中观察到重的物体比轻的物体下落快的原因是由于空

气阻力的影响，从而引入自由落体运动的概念和物体做自由落体运动的条件。

到此应该达到本节课的第一个高潮。

提问：自由落体运动是一种什么样的运动？

【实验】

用打点计时器测量重物下落的加速度(仿照前面对小车运动的研究)。

改变重物的质量，重复上面的实验。

引导学生通过打出的纸带看到自由落体运动，在连续相等的时间内通过的位移越来越大，说明自由落体运动是加速直线运动，但究竟是否是匀变速呢？

引导学生提出假设。假设：自由落体运动是匀加速直线运动。启发学生利用匀变速直线运动的规律来验证。让学生自己分析、处理数据。此时不要急于告诉学生结论，而应给予充分的时间启发学生积极思考并及时引导，节奏应放慢，可请学生回答或展开讨论，让学生的主观能动作用得到充分发挥，也使学生对自由落体的性质有深刻的印象。使课堂气氛掀起第二次高潮。

实验表明：自由落体运动是初速度为 0 的匀加速直线运动。

说明重力加速度的大小、方向及变化。

重力加速度的方向垂直向下，一般的计算中 $g=9.8\ \mathrm{m/s^2}$ 或 $g=10\ \mathrm{m/s^2}$。

根据课本上的表格说明：地球上纬度不同，重力加速度略有不同。

让学生根据匀变速运动的规律推导出自由落体运动的公式。

运动规律：

$$v=gt$$

$$x=\frac{1}{2}gt^2$$

$$v^2=2gx$$

3. 反馈练习

[做一做]测定人的反应时间(见课本)

[做一做]测定傻瓜照相机的曝光时间(见课本)

让学生先思考、讨论解法，教师适时引导，及时地巩固学生掌握的自由落体运动的规律。

4. 小结本节内容，布置作业

主要由学生总结，提出几个问题来引导，以提高学生的总结和归纳能力。

① 通过本节课，你学到了哪些知识？(主要是侧重于对知识点的回顾)

② 学习了哪些方法？有什么收获和体会？有什么疑问和想法？(方法侧重于学生总结和归纳，收获和体会是对过程和方法的领悟，疑问和想法侧重于学生的发散思维，培养学生的创新能力。)

作业是从现实生活中引发的题目，注重了理论联系实际。

（七）板书设计

| 自由落体运动 | |
|---|---|
| 匀变速直线运动的规律 | 自由落体运动的规律 |
| $v=v_0+at$ | $v=gt$ |
| $x=v_0t+\frac{1}{2}at^2$ | $x=\frac{1}{2}gt^2$ |
| $v^2-v_0^2=2ax$ | $v^2=2gx$ |

其中 $g$ 为自由落体的加速度，也叫做重力加速度，方向竖直向下。一般计算中可以取 $g=9.8\ \text{m/s}^2$ 或 $g=10\ \text{m/s}^2$。

（八）教学过程中的几点注意事项

① 注意正确规范地进行演示操作。

② 实验现象不能牵强附会，实验中出现的误差应及时分析误差原因。

③ 注意演示实验的可视度。

## 二、案例评析

综合来看，本课例的设计合理、层次分明，教法选择适宜，学法指导实在。在教学思想上既重视扎实知识点的获得、能力的培养、科学思维方法的形成，又特别突出学生动手能力和创新精神的培养，以及学习方法的指导，具有鲜明的时代特色。希望教者更好地处理好课堂上教与学这一对矛盾，在学生有效参与教学活动上下大工夫，为全面完成物理教学的任务做出更大的成绩。

## 三、知识导入

说课是指教师运用口头语言表达的形式，以教育教学理论为依据，针对所教内容的教学设计与实践，面对评说者（教师或专家、领导）述说授课的教学目标、教学设计思路、教学效果及其理论依据的教学研究活动。

一般要求教师在 15 分钟左右的时间里，将一节课的教学设计思路、教学过程及教学内容用简要准确的语言表述出来。说课最显著的特点，要求教师不仅说出“怎样教”，而且更重要的是说出“为什么这样教”，还要揭示出“为什么这样教”的理论和实践依据。所以，说课不仅能体现出一位教师的教学基本功水平，而且还能体现出教师的现代教学理论水平，因此，说课是近年来在教师教育中广泛开展的一种教学研究活动。

根据说课性质不同，说课可分为三种类型。

1. 示范性说课

示范性说课的目的是帮助教师认识说课规律、掌握说课的方法和步骤。一般是由素质好的优秀教师向缺乏说课经验的新教师做示范性说课。这种类型的说课是提高教师说课技能的重要形式。

2. 研究性说课

研究性说课是教师针对某一课题的教学方法、教学手段、学习方法等进行研究讨论，共同探索优化教学的方法途径。这种类型的说课，常常以集体备课的形式，先由一位教师事先准备好讲稿，说后大家评议修改。研究性说课有助于形成浓厚的研究气氛，能充分体现说课作为教研活动的特点，是大幅度提高教师业务素质和研究能力的有效途径。

3. 评比性说课

评比性说课的主要目的是评价教师的说课水平，以及教学基本功。这种类型的说课非常注重说课的艺术性，注重教师各项技能的发挥。

## 四、技能要点

说课的主要内容可概括为以下几个方面。

1. 说教材：重在对教材的分析和处理

(1) 说教材的地位和作用

教师要读懂教材，了解本知识点在整个教材中的地位，以及与其他章节的联系，也就是学生在学习这个知识点之前已经学习了哪些相关的知识和技能；在今后的学习中，哪些知识和技能的学习要以这个知识点为基础或与该知识点有关；这个知识点在生活和生产实际中有哪些应用；这个知识点的学习对于学生掌握科学方法和培养学生的能力、情感、态度、价值观有哪些作用。要根据课程标准(教学大纲)和学生实际，确定该部分内容是否是教学的重点、教学的难点，这样才能说清楚本知识点在整个教材中的地位和作用。

(2) 说教学目的

说教学目的是指说本课题的教学目的和要求。教学目的是教学的出发点和归宿，也是检查教学效果的标准和尺度。说教学目的要说得正确、具体、全面，并切合实际。所谓“正确”是指要根据课程标准(教学大纲)和教材的要求来说，要结合教材在教材体系中所占的地位来说。所谓“具体”是指在知识与技能、过程与方法、情感态度与价值观等方面，明确规定出具体指标，便于在教学实践中实施和课后评价，切忌把教学目的说得空洞、抽象。所谓“全面”是指在知识与技能、过程与方法、情感态度与价值观等方面不要有缺漏。

(3) 教学重点与难点的确立

所谓重点是指能起到提纲挈领、举一反三的知识点；难点则是因生而异、因校而异的知识点。确立依据：①课程标准的具体要求；②学生实际和社会实际；③教材的逻辑结构和教学体系。

(4) 对教材的处理

处理教材内容要突出一个“精”字。充分利用教材中的文字、图表及课后习题，使学生最大限度地提取有效信息，更好地理解基础知识，提高各项能力。

2. 说教法：教学有法、教无定法、贵在得法

(1) 指导思想

第一，以激发学生学习动机为主线，充分动用现代化的教学手段和提问、讨论等多种形式，激发学生的学习兴趣，调动学生的非智力因素；第二，以知识结构为基础，如将战争的过程划分为两个阶段、用示意图进行讲解，这样就把教师的认知结构轻松地转化为学生的认知结构；第三，以思维训练为中心，通过提问、讨论，达到使学生多种器官协调合作、多项信息综合反馈的作用，充分发挥学生的主体作用。

(2) 确定的依据

① 采用的教学方法。现在的说课比赛多采用现代教学手段，比赛中尽量采用录像、投影仪等多媒体相关技术。依据：将教材中的重要信息加工成声、情、形的动态信息。许多一线教师利用 PowerPoint 制作高质量的演示文稿，并插入大量的地图、照片，辅以声音视像，制作出动画效果。

② 预计所达到的效果。能吸引学生的注意力，调动其积极性和主动性。通过多媒体能更好地设置一些富有启发性的问题，尽可能地给学生动脑、动口的机会，启发其思考问题和解决问题的能力，培养学生的参与意识、主体意识、创新意识和能力，形成一种“以学生参与为标志，以启迪学生思维，培养学生创新能力为核心”的参与性开放性创新教学模式。

教学方法的基本问题就是如何选择的问题，因此，说教法实际上就是说教法的选择。教师面对众多的教学方法，哪些方法对自己当前的教学情境来说是最恰当的，这些方法又如何有机地结合在一起。这既是理论问题，又是实践问题，更是艺术问题。其艺术性表现在教师的整个教学法体系中，根据具体的教学目的和任务、教材内容的特点、学生的年龄特征和教师的特点进行综合分析，以启发式教学为统帅，把多种教学法有机地结合起来，创造性地加以运用，达到最佳组合。

3. 说学法

说学法的内容较多，但主要是说出如何通过学法指导，既要求学生学会，又要求学生会学。德国教育家第斯多惠说过“一个差的教师只会奉送真理；而好的教师则教给学生发现真理”。只要学生学会了如何学习，学生即可自己去发现真理，这也就达到了叶圣陶先生所说“教是为了不教”的境界。具体地讲，说学法就是要说出本课题教学中要教给或强化学生哪些学习方法，并说出其理论依据，除展示所设计的练习外，还要说清楚训练的意图。说学法要基于学情说清三个方面：一要分析学生在教学过程中可能出现哪些障碍及原因；二要说清在教学过程中指导学生掌握何种学习方法；三要根据学生年龄特点和认知规律，说清准备创设何种教学环境和条件，来保证学生在课堂教学内有效地进行学习。

4. 说教学程序(教学步骤)

教学程序的科学设计对优化课堂教学结构具有重要的指导意义。说教学程序就是说出教学过程的整体安排。要求说出课题如何导入，新课怎样展开等；要求说出教学过程中师生互动活动和必要的调控措施；体现教学方法，重、难点的解决，以

及各项教学目的的实现等。应注意说教学程序不是宣读教案，更不应变为课堂教学的浓缩，应省略具体的细节而着重说清教学过程的基本思路及其理论依据。

我们知道，教学过程的基本环节包括以下几个部分：①铺设引入阶段，是在传授新知识之前，为教学做准备工作的阶段，包括复习旧知识、展示教学目标、创设问题情境等，是为学习铺路搭桥的环节；②学习新知识阶段；③巩固知识阶段；④反馈调控阶段；⑤总结归纳阶段。所以，对于教学程序设计也相应地有几种不同的设计思路。

(1) 讲授型教学程序设计

可按铺垫引入，展示目标；启发诱导，探求新知；变式练习，反馈矫正；形成测试，评价回授；归纳小结，深化目标等五个步骤进行教学。这种教学程序的主要特点是教师启发诱导，学生研究探索，并将目标导向，评价回授贯穿于教学过程中，使过去那种"老师讲、学生听"的注入式教学方法大为改观。

(2) 自学型教学程序设计

可按诊断学习，铺垫引入；出示提纲，引导自学；提问精讲，释疑解惑；形成训练，证明评价回授；归纳小结，发展深化等五个步骤进行教学。这种自学型教学过程通过提纲向学生指明了具体的学习目标，便于学生自学，易被学生接受，并通过释疑解惑、评价回授、归纳小结等多个环节以保证自学的顺利进行。

(3) 科学探究型教学程序设计

可按创设问题情境，提出问题；猜想与假说；制订计划与设计实验；教学实验与搜集证据；分析与论证、得出结论；评估；交流与合作等七个步骤进行教学。这种教学过程：通过创设问题情境，启发学生独立思考，互相研究后提出问题；引导学生对问题的解决方案提出科学猜想与假说；指导学生制订验证猜想与假说的计划；学生按照设计的方案进行研究和搜集证据，对证据进行分析与论证，得出结论；教师组织学生交流得出结论并进行评价。

5. 说课后小结

小结并不是仅仅简单地概括本节内容，而是重在把本课知识纳入已有的知识系统之中，加强知识之间的内在联系，并上升到一定理论高度，另外，最好提出一些带思考性、启发性的问题，承上启下，为今后的教学打下基础。

6. 说板书设计

① 如何突出章节整体结构和内在联系。

② 如何突出重点和难点。

③ 如何具有条理，并易解。

7. 说效果

课前说课内容只包括前四个部分，而课后说课不仅要将一节课的教学设计、教学过程及教学内容说出来，而且要结合讲课过程的实际说教学执行情况（在后面"课后反思"部分还要特别涉及这方面的内容），就是说教得怎么样的问题，即对说与操作的结果核测、总结和评价，找出存在的问题，运用教育教学理论提出改进措施，进而改进教学,提高说课水平,优化课堂教学。

说效果的具体内容有如下几点。

(1) 说落实

说"落实",即说教什么、怎么教和为什么这样教的内容在实际操作中的效度,也是说者的自我检验。说课实践证明,课说得再好,即使完美无缺,但在实际操作中,却总难尽如人意,所以这就必须经过实践检验后加以改进。说出"说"与实际操作之间存在的差距,同时说课要说出哪些设想符合客观实际需要,行之有效,其原因何在,哪些设想与客观实际不符合,其原因又如何,并对此提出及时地调整与补救。

(2) 说成败

说"成败",即说实际操作后反馈获得的经验和教训。具体地说,就是进行实际操作后,总结效果,并反过来站在理论的高度上说出成败得失及其原因。

(3) 说改进

说"改进",即说经实际操作后的修改意见。说的内容经受了操作实践的验证,又通过科学的总结与评价,使说者明口、明理、明心,获得新的启迪,得出自我完善的新设想,从而推动教师素质的进一步完善和提高。

## 五、实战演练

课题:《密度》

教材:初二物理课本第七章第三节

(一) 教材分析

① 教材的地位、作用、特点。

② 密度是物质的一种特性,它在生产生活和科学技术上有着广泛的应用。同时它也是物理课中学习压强浮力等知识的基础,因此密度这一节的课程内容是初中物理教学的一个重点。密度是表征物质特性的一个重要物理量,概念比较抽象,学生学习时往往感到难以理解,因此,密度这一节的课程内容也是初中物理教学的一个难点,是学生学习物理分化的起点。

(二) 学生情况分析

初二学生经过近一个学期的物理学习,物理观察、实验、抽象和概括能力已初步形成,但绝大多数的人的这种能力不够强。他们仍然是对形象直观的东西接受能力较强,而对抽象的概念接受能力较弱。

(三) 教学目标

1. 知识目标

① 掌握密度的概念,知道密度是表征物质特性的物理量,与M、V无关。

② 知道不同的物质密度不同。

③ 知道密度的公式并能用公式进行简单计算。

④ 知道密度单位的写法、读法。

⑤ 知道体积相同的物体，质量越大的物体密度越大；质量相同的物体，体积越大的物体密度越小。

⑥ 同种物质组成的物体，其质量与体积成正比。

⑦ 会查密度表。

2. 能力目标

① 通过并进式实验培养学生的观察实验能力。

② 通过对实验结果的分析，培养学生的理解能力及分析综合能力。

③ 通过对例题分析培养学生应用知识分析解决实际问题的能力。

④ 通过用实验向学生渗透控制变量的科学研究方法。

3. 德育目标

① 通过并进式实验培养学生实事求是、严谨科学的作风。

② 通过对例题的分析，培养学生养成用物理知识分析问题的学习品质。

4. 情感目标

让学生体会到生活中处处蕴涵着物理知识，从而进一步培养学生学习物理的兴趣。

（四）教学重、难点

① 重点：密度的概念。

② 难点：密度概念的建立和理解比值的物理意义。

本节包括三个知识点：密度的定义、密度的计算公式和密度的单位。其中起决定作用的是密度的定义，只要搞清了密度的概念，其他问题就迎刃而解了。因此，如何引入密度的概念，怎样讲清密度的概念就成为本节教学成败的关键，另外，学生在数学中虽然学过比例的知识，但是用到物理中来，理解同种物质的质量与体积的比值是一个定值的含义，仍有很大的困难。

（五）教法与学法

1. 教法指导

① 演示实验为并进式实验，通过并进式实验克服学生学习过程中的思维障碍，激发学生学习的热情，充分发挥学生的主体作用。

② 根据教学的直观性原则：本节课非常注重通过实物、直观教具和现代教育技术手段的应用，丰富学生的感性认识。

③ 根据教学的巩固性原则、应用比较法、练习法巩固所学知识。

教学程序：提出问题→实验研究→抽象出物理概念→导出物理量计算公式→计算举例→规定物理量单位→归纳小节。

2. 学法指导

① 抓住前节分组实验的总结归纳，为学习密度知识做准备。

② 以实验事实为基础，让学生得出感性认识→通过理论分析总结规律，从而形成理性认识。

（六）教学过程

1. 简单复习天平的调节和使用

消除学生知识障碍。

2. 新课引入

提出问题，激发兴趣，刺激求知的欲望。

出示纸包起来的铁块、铝块、木块（告诉学生，这是上节实验课测量过的），让学生分辨。根据上节课的经验，学生一定能说出：不同的物质体积相同时，质量不相等。教师再问：给你一种未知金属，没法比较，又不准破坏金属，你如何判断它是那种金属？一个漂亮的金戒指，不能弄坏一点，你如何判断它是不是纯金的？教师告诉学生，这两个问题，只要知道同种物质质量和体积的关系，不要特殊设备，人人可以轻而易举地判断出来。

3. 学生实验：研究同种物质质量和体积的关系

提出问题：同种物质质量和体积的关系→让学生用实验来解决。

发下实验表格，见表 4-1。（作用：引导学生进行实验，填空记录）

实验目的：研究同种物质质量和体积的关系

**表 4-1　实验表格**

| | | 质量 $m$/g | 体积 $V$/cm³ | 质量/体积 |
|---|---|---|---|---|
| 铝块 | 1 | | 10 | |
| | 2 | | 20 | |
| | 3 | | 30 | |
| 木块 | 1 | | 10 | |
| | 2 | | 20 | |
| | 3 | | 30 | |
| 铁块 | 1 | | 10 | |
| | 2 | | 20 | |

实验要求：

（1）用天平测出体积为 10 cm³、20 cm³、30 cm³ 物体的质量，填入对应表格；

（2）仔细分析测得的数据，找出同种物质质量和体积的关系。

学生的结论：

① 同种物质体积增大，质量也增大；

② 同种物质体积增大几倍，质量也增大几倍。

教师引导：两个相互关联的量→成正比。

结论：同种物质质量和体积成正比。

回忆速度的定义公式→再看表格→填比值→学生总结规律：同种物质不但质量

和体积成正比，且比值是一个定值，不同物质质量和体积的比值不同，这个比值叫做密度，物理学中用密度表示物质的这种特性。

4. 解释比值的含义——再次利用速度定义的正迁移得出密度定义

质量跟体积的比值就是单位体积的质量。

（板书1　定义：某种物质单位体积的质量叫做这种物质的密度。）

教师指出，理解密度的概念时要注意以下几点：①单位体积就是有一定大小的体积，如国际单位制中的1 $m^3$、1 $dm^3$、1 $cm^3$等；②密度反映了物质的一种特性，每种物质都有一定的密度，不同物质的密度不同。

5. 密度的公式

密度等于质量跟体积的比值。

讲解：$\rho$表示密度；$m$表示质量；$V$表示体积。

（板书2　公式：密度＝质量/体积　$\rho=m/V$）

6. 密度的单位——仍利用速度单位的正迁移

① 单位的组成：由质量单位和体积单位组成。

② 单位的读法写法：如果质量单位用kg，体积单位必须用$m^3$，密度单位就是$kg/m^3$，读做“千克每立方米”；如果质量单位用g，体积单位必须用$cm^3$，密度单位就是$g/cm^3$。

7. 看密度表

了解不同物质密度不同，固体密度相对较大。

8. 学生实验，与开头呼应，密度的简单计算

拿出包起来的金属块，要求判断它是哪种金属。先说怎么做，知道的人到讲台上做实验，一个人记录数据，其他人用公式计算。

$$\rho=m/V=89\ g/10\ cm^3=8.9\ g/cm^3$$

结合黑板上的解题过程进行讲评，强调正确的书写格式、单位，并说出答案的读法和含义。

9. 讨论：一杯水和半杯水，哪个密度大

板书3

一杯水，质量为$m$，体积为$V$，密度是$\rho=m/V$

| | 质量 | 体积 | 密度 |
|---|---|---|---|
| 一杯水 | $m$ | $V$ | $\rho=m/V$ |
| 半杯水 | $0.5\ m$ | $0.5V$ | $\rho=0.5m/0.5V=m/V$ |
| 两杯水 | $2m$ | $2V$ | $\rho=2m/2V=m/V$ |

结论：同种物质密度相同，与质量、体积无关，不随质量、体积的变化而变化，只取决于物质的种类。

10. 小节

① 密度概念是通过实验研究的方法得出的，这种方法重要且常用，密度定义的

两种表述(比值法,书上的定义)。

② 密度的公式单位等系列知识。

③ 同种物质密度相同,由于同一种物质质量跟体积成正比,体积增大几倍,质量也增大几倍,它们的比值不变,所以,密度大小只与物质的种类有关,与质量、体积的大小无关。不同物质密度不同。

11. 当堂练习(投影)

(1) 判断并简略回答原因。

① 将铁分成大小不等的几块,每一块的密度都不变。　(　　)

② 质量越大的物体,密度越大。　(　　)

③ 人们常说,铁比木头沉,对吗?　(　　)

(2) 根据表格填空

① 体积相同的不同物质,质量大的密度______(填大小)。

② 质量相等的不同物质,体积大的密度______(填大小)。

(七) 板书设计

① 定义:某种物质单位体积的质量叫做这种物质的密度。

② 公式:密度=质量/体积

$$\rho=m/V$$

密度单位:$kg/m^3$,读做“千克每立方米”;

如果质量单位用 g,体积单位必须用 $cm^3$,密度单位就是 $g/cm^3$。

③ 密度是物质的一种特性,它只与物质的种类有关,与它的质量和体积无关。

(八) 教学反思

回顾这节课的教学实践,力求做到以下几点。

① 让学生体会到物理现象就在身边,感受到物理现象的趣味和价值,体验到物理现象的魅力,从而激发了学生的兴趣和求知欲。

② 通过实验提高了学生的动手能力,培养了学生实事求是的科学态度。

③ 通过分析数据提高了学生的分析能力,培养了学生缜密的思维习惯。

④ 通过查密度表,培养了学生提取信息的能力。

⑤ 恰当应用类比,更好地让学生理解物理知识,并能活跃课堂气氛。

## 教学视线

### 说课的发展及含义

“说课”作为一个专业术语最早出现在20世90年代,然而类似于说课的教研活动形式,早在20世纪50年代,我国数学教育领域就已经有了。当时倡导集体备课,要求备课小组确定一个中心发言人,对教学内容、教学目的、教材的重难点、教学方法等内容进行陈述,然后集体探讨实施对策,这种教研活动可以说是说课的雏形。

到了20世纪70年代，随着数学教学改革的蓬勃兴起，广大教师积极开展以教学方法和课堂结构为重点的教学研究活动，各地教研室组织观摩课、示范课，在教学结束后，由听课人做具有指导意义的分析，这一过程即是后来的课后说课的形式。

说课这一教研活动形式，由于是以教育理论和系统科学作为其发展基础，符合教育规律，因此，在课程改革的大潮中又一次显示出它的生机。

由于它具有不受场地限制、避免干扰学生、操作简单快捷，以及有利于提高教师的理论素养、驾驭教材的能力和语言表达能力等优势，受到广大教师的重视，近年来被广泛应用于中小学的教学研讨、教学竞赛、教师技能考核等活动中。说课对于提高教师理论素养、推进教育改革具有很好的促进作用。

## 反思探究

### 说课的反思

杨骞　大连日报

说课作为一种教研形式广泛地被学校和教研部门采用。在现实的教学中，说课有两种情况：一种是课前说课；另一种是课后说课。课后说课常常是为了评课的需要，所以一般意义上的说课应该是指课前说课。显然，如果把说课定位为课前说课的话，那么说课与上课、评课就是三种完全不同的活动。另外，不同的说课对象，说课的内容是有区别的。通常说课的对象主要有三类：一个模块、一个章节、一个课时。最为常见的说课是以一个课时为对象，这也是本文所要讨论的内容。

对于以一个课时为对象的说课，通常认为有“四说”：说教材、说教法、说学法和说教学过程。我们认为，说课（一个课时）就是说课人向别人（通常是同行，包括专家）说明“这堂课我是怎样设计的”，阐释“我为什么这样设计”，分析“这种设计有什么特色”，以及预测“这种设计实施的效果和可能存在的问题”。当然，作为一种教研形式的说课，还包括随后的同行和专家的交流与研讨，以及说课人根据同行和专家的交流与研讨的意见重新修订教学设计。

在实际的说课中，最容易走进一个误区，那就是说教案。显然，说课如果停留在说教案上的话，那就没有任何的意义，因为教案大家都能够看到也能看懂，所以说课的最为重要的准则就是要说教案之外的东西，说在教案中看不到的东西。于是，说课时把握以下六点是最为重要的。

第一，不要只说怎么做，而要重点说为什么这样做，即这样做的依据是哪些？比如：教学目的为什么要这样来确定？为什么要这样设计教学思路和教学环节？教学重点、难点、关键点为什么是这些？为什么这样处理教材？为什么选配这样的问题、例题、习题？

第二，教师行为对学生的适应性。教学设计中最普遍存在的问题，就是教师考虑最多的是自己怎么教才能顺口、顺手，怎么做才能表现自己的才能，而较少考虑这种做法是否切合学生的实际，是否符合学生的需要。显然，只考虑教师自己怎么教而不顾及学生怎么学的教学设计，即使再好，可能都是无效的。在教学设计中，特别的重要的是“眼中要有学生”。引入课题的实际问题、知识引入的方式、例题的难易、教学进程的快慢等都必须根据学生的实际来确定。

第三，教学内容的选择和课程资源的整合。教材只是教学内容及其安排的一种可供选择的方案。选择什么内容，内容如何安排，讲到什么程度，学生达到什么水平……不是以教材为标准，而是以《课程标准》为标准。尤其是与课题相关的课程资源，说课人究竟是否收集；是否做了深入的分析；又掌握了多少……这些都会影响教学设计的深度和广度。

第四，以往的教学经验和教训。这一点容易被说课人所忽视。教学设计是否达到预期的目的；有没有失误；学生学习这一课题时有什么困难，出现过什么问题等，这些都将是新的教学设计必须借鉴和考虑的。

第五，实施中可能出现的问题的预测及其应对措施。教学设计只是对未来课堂教学的一种预设，课堂将是预设与生成的有机结合与统一。在实际的课堂上究竟会出现什么样的问题，作为说课人在思想和措施上要有充分的准备，并做好预案。

第六，设计中的不同之处和独特之处。教学设计会因不同的课程体系和不同的学生，乃至不同的教师而不同，说课人要说出自己设计中的不同之处和独特之处。可以是教材处理的不同、教学方法的不同；可以是引入课题所采用的问题不同、选择的例题不同；还可以是设计中所遵循的教育观念、学习理论的不同等。

作者简介　杨骞，辽宁师范大学附属中学校长，教授，博士生导师。荣获全国十大人气校长，全国百名优秀校长，省优秀教育工作者，省中小学教师继续教育先进个人，省新课程改革专家组成员等称号。公开发表论文180余篇，出版各种书籍10余本，主持省级以上课题12项；荣获教育部基础教育改革实验优秀成果二、三等奖各1项，省级教学、科研优秀成果二等奖各1项。

### 课例：反思·学习·改进

——市物理说课比赛后感

张小妮　龙城高级中学

#### 反　思　篇

20××年6月24号，我很幸运地参加了深圳市物理青年教师说课大赛。本来，这是个很好的锻炼和提升自己教学能力、展现自我的好机会，很多教师也对我们给予了很高的期望。但是，赛前，即使是赛前的一刹那，我还在紧张，不是为难以克制的激动，而是我很清楚地知道，我能给大家带来什么，没上台之前，我已经预感到了自己的比赛结果会是怎样。走下台后，我更是确定了这点：我失败了。但是这次，我不把它定义为“技能上的失败”、“能力上的欠缺”——因为对自己教学的基本技能、语言，甚至于表演能力，我一直比较自信——我不会比别人差，即使差，也只会差在态度上。“态度，决定成败”，这是我本次比赛的最大认识。很诚恳也很坦白地说，我对比赛的重视不够，准备不充分。

体现在选题上：我固执地选了一堂复习课。确实，在参加大赛时，新课或者实验探究课不管是在教学手段、方法、器材等的准备上或是教师的个人魅力体现上，都有很多的发挥空间，所以几乎是所有人的选择。但，我始终固执地认为，我们不能忽视复习课，它们很频繁地存在于我们的日常教学中，其重要性不可忽略。我也始终认为，只要认真研读、分析，科学、合理地归类、总结，有效地选择教学方法，复习课自然有它的精彩。

我是这样想的，但是，在具体的操作上，我并没有完全将我所想的做到极致、做到最好。

所以，内容还显单薄，教、学法还显单一，课堂教学中，创新不足、激发学生的自主性不足……

学　习　篇

“三人行，必有我师焉，择其善者而从之，其不善者而改之”。所以，我本是抱着学习的态度来参加这次比赛，我极认真地倾听每位参赛教师的讲述，为他们的精彩之处暗暗叫好。比赛亮点很多，我主要总结了以下几个方面。

1. 选题新颖

几位教师并没有严格按照教材的课题去选题。而是从物理学角度或从激发学生的兴趣出发，主要在于激励学生，培养其物理思维、物理学方法，锻炼并提升学生发现、分析、解决问题的能力。比如，《测量滑动摩擦因数》、《追寻守恒量》等。

2. 内容设计严谨、合理

多位教师给我的印象非常深刻，他们的设计非常科学且严谨，一环紧扣一环，难度上层层深入，很易于学生思维的拓展、严谨态度的培养，以及对已学知识的加深巩固。比如，一位教师的《测量滑动摩擦因数》，先从一种常规条件入手，解决后，并没有结束，而是引导学生思考：实验条件能否改变呢？在其他几种不同的条件下，又该如何测量滑动摩擦因数呢？于是，他不断地鼓励学生四次变更条件，再进行实验测定。一堂课下来，主题很鲜明，也很简单。我却觉得学到了很多，一种方法、一种思维……

3. 注重实验、以生为主，注重学生的切身体验

新课改，让我们认识到，教学的主体应该是学生，教师要以生为本，课堂要以生为主。我发现，所有教师的课堂设计都很关注学生，关注他们的参与、关注他们的体验、关注他们的收获、感悟与存在的问题。所以，教师们在备课上用了很多心血，比较典型的，就是加重了“物理情境”和“小实验”的设置。有些课上，设置了很多相关的与生活很贴近的物理情境，这样很容易激起学生的兴趣，引发学生的深入思考，而且也给了学生这样一种感觉：原来物理知识就在我们身边。从而激发他们去发现、去探究的乐趣。也有些课，设置了很多“小实验”，这些实验事先或当堂由学生动手完成，既很有真实感，增强了说服力，又让学生认识到物理实验的重要性，发现了有趣之处。孔子说：知之不如好之，好之不如乐之。引发兴趣，快乐学习，是学好知识的关键。

4. 教师人格魅力强

虽然这次参赛的是和我教龄差不多的教师，也有部分是刚毕业参加工作才一年的青年教师，但他们举手投足之间，很有教师的气质和感觉，语言精简、流畅，解说得

当、清晰,教学中不忘渗透德育教育。碧波中学的陆炜煜老师,情感丰富,语言气势磅礴、充满激情,有这样的教师,还怕学生不想学、学不好吗？这让我思考:为了学生,我们该做一名怎样的教师？

改　进　篇

心动不如行动。所有的感悟、所有的收获,只有落实到行动上才会有效。比赛回来的路上,整理反思的时候,我一直在想,我该怎样去做？怎样才能很快地提高自己、尽快地成熟起来？

体现在最平实的课堂教学上,以往是教什么,怎么教,从此处着手来备一堂课。

我认为我们在备课时,应多几点考虑。

首先,教什么——教学内容。

同时还要思考:为什么教这个？学生为什么要学这个？——通过各种引入方法,或举生活实例、设情景,或是一些生活中存在的问题、实验等,来激发学生的探究兴趣,先要达到“心动”。

其次,怎么教——教学方法、手段等。

这里要思考分析:为什么要这么教？还有没有更行之有效的方法？——科学有效的教学方法会产生不可估量的作用。同样的课,采取不同的方法,可能会有巨大的效果反差,其魔力就在于教法和学法上。对于教师,这是极为重要的备课环节,也是我一直在努力去探索、尝试、提炼、改进的环节。

总之,我很感谢类似于此的教研活动,他给了我们,尤其是年轻教师尽情展示、学习、反思、认识和提升自我的一个良好平台,也给了我们走出去、开阔视野的机会,给了我们向成就理想迈进的机会。

我崇尚教师这一职业,也深知她所肩负的社会责任之重大,所以,我一直在不懈地努力,希望无愧于这一职业,无愧于学生、家长、社会所给予的信任！

**【思考题】**

1. 说课的意义与作用是什么？
2. 说课与备课、说课与上课之间的区别与联系是怎样的？
3. 说课的方法和技巧有哪些？请联系具体的课例说明。

## 第二节　听课技能训练

### 一、品味范例

听课记录

课题:13 狼牙山五壮士(第七册)

时间:10月15日　　星期四下午第二节

学科:小学语文

听课学校:上海市教科院实验小学

班级:四年级

执教者:李倩

记录:都江堰市北街小学　　王娟

教学过程如下所述。

(一) 导入课题,检查反馈预习情况

1. 谈话,揭示课题。(读课题:狼牙山五壮士)

2. 检查反馈预习情况。

① 默写两个词语,注意执笔姿势和写字姿势。(悬崖、日寇)

② 交流资料,了解晋察冀根据地、狼牙山,牢记五壮士的名字。

(二) 从了解部分出发,学习部分合并法概括课文的主要内容

1. 出示本课需要解决的两道习题,整体了解本课学习重点

媒体出示:

习题 1　简要概括课文的主要内容;

习题 2　联系课文内容,说说为什么把这五位战士称为“壮士”?

2. 概括课文主要内容

(1) 厘清脉络

要了解故事主要讲了什么内容,就要先了解每一部分的内容,课后练习中已将文章分五个部分(打开书,在课文中做好记号),同时还举了两个例子(媒体出示)。

(2) 指导概括

1941 年秋,日寇进犯狼牙山,六班的五位战士接受了掩护群众和连队转移任务。五位战士把敌人引上狼牙山顶峰,英勇歼敌。

(3) 学生自主概括

自己先默读其余各部分,想一想五壮士分别在狼牙山上做了什么,对重要的词句进行圈划,然后用简要的语句说一说,和同桌交流一下。

第二段:五位战士把敌人引上狼牙山,并痛击敌人。

第三段:为了保护人民群众和连队主力,五个战士决定把敌人引上绝路。

第五段:胜利完成任务后,五壮士壮烈跳崖。

概括课文主要内容。

出示:

1941 年秋,日寇进犯狼牙山,六班的五位战士接受了掩护群众和连队转移任务。五位战士把敌人引上狼牙山,并痛击敌人。为了保护人民群众和连队主力,五个战士决定把敌人引上绝路。五位壮士把敌人引上狼牙山顶峰,英勇歼敌。胜利完成任务后,五壮士壮烈跳崖。

评价:一段话中相同的部分可以删去或修改,但要建立在语句通顺连贯的基础上。

小结

（三）深入课文内容，学习答题方法，感受人物品质

1. 理解“壮士”的含义

出示习题2，联系课文内容，说说为什么把这五位战士称为“壮士”？

① 要完成第二个练习，我们首先要知道“壮士”的含义。

② 字典理解：豪迈而英勇的人。（板书：豪迈）

③ 出示聂荣臻元帅的诗句帮助理解豪迈的具体表现。（指明读，理解）

④ 你可以用哪些学过的、积累过的词语来说说壮士是怎样的英雄。联系课文内容，谈谈体会。

2. 联系课文内容回答问题。

（五位战士为了抗日，为了中国人民的解放，为了正义的事业……所以我们把他们称为——）

（板书：临危不惧、视死如归、宁死不屈，所以……）

这样回答是不是就把题目答完整了？（联系课文的内容）

（1）寻找内容

自读课文，五壮士的哪些言行说明了他们临危不惧、视死如归、宁死不屈，用括号将它们标出来，再反复多读几遍，并回答问题。（板书：找内容）

（2）根据学生回答，及时点评，总结方法

要点1：解答问题最后要点题。（板书：回到问题）

要点2：不仅要找到内容，还要抓住关键的词句联系上下文进行分析，谈谈自己的感想。（谈感想）

“斩钉截铁”这一词意思是当机立断、毫不犹豫。

联系上文：五位战士已经完成了任务，他们面对了哪两条路？他们为什么毫不犹豫地选择了绝路？

联系下文：这样选择的后果是什么样的？

示范：面对两条路，五位战士毫不犹豫地选择了把敌人引上绝路，这就意味着把生的希望留给群众，而牺牲自己。五位战士不怕牺牲、视死如归，所以课文把他们称为“壮士”。

（3）小组交流

学生根据方法尝试回答问题，师点评，强化回答的规范性

① 提示第二节容易忽略的内容。

六班的五个战士接受了掩护群众和连队转移的任务，他们一边痛击敌人，一边将大批的敌人引上狼牙山。

② 点红“五个”和“大批”，提示学生抓住关键词联系上下文体会五位战士的壮举。

(4) 引读感受

(5) 小结

今天回家,我们就要联系课文内容,试着回答为什么把这五位战士称为“壮士”?

(四) 总结全文,课外拓展

通过品读课文中描写人物言行的关键语句,我们感受到五壮士的英勇壮烈。五壮士跳崖后,班长马宝玉、战士胡德林、胡福才壮烈牺牲,成为烈士。葛振林、宋学义两位战士被半山腰一棵横生树挂住,并没有牺牲,所以人们习惯称之为五壮士。为了纪念这五位英雄战士,当地人民在狼牙山上建立了纪念碑,上面还有聂容臻元帅的亲笔题词(媒体,读),相信我们也不会忘记,中国人民永远不会忘记。

板书

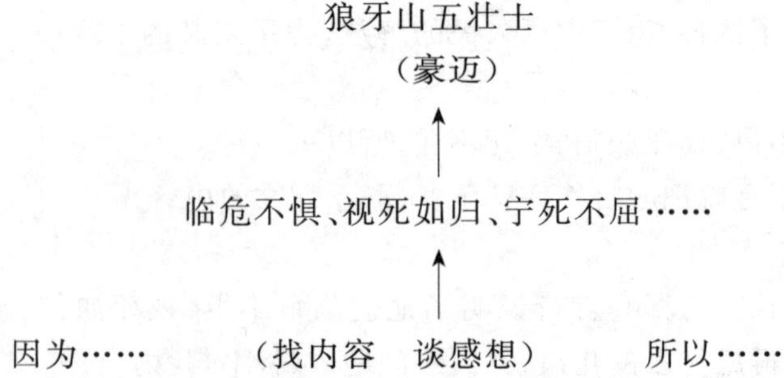


## 二、案例评析

这节训练课的目标十分明确:简要概括课文主要内容;联系课文内容,说说为什么把五位战士称为五壮士?训练的脉络清晰,教师点评和指导技巧娴熟。

教师从课题入手,引导学生找到了地点与人物之间的联系点,既厘清了文章的脉络,又概括了各段的段意。然后把这几段用连贯的语言连起来,就能把课文的主要内容大致讲清楚了。

教归纳方法。同样,在概括第一部分和第四部分时,始终没有离开“狼牙山”和“五壮士”这两个要素,而课题恰恰也是由这两部分组成的。五壮士是人物,狼牙山是地点。所以在概括的时候,注意五壮士和狼牙山之间的关系,把重点放在五壮士在狼牙山上做了什么。

## 三、知识导入

1. 什么是听课

听课是一般教师或研究者凭借眼、耳、手等自身的感官及有关的辅助工具(记录本、调查表、录音录像设备等),直接地(也有间接地)从课堂情景中获取相关的信息资料,从感性到理性的一种学习、评价及研究的教育教学方法。

2. 听课的类型

我们根据当前课程改革的要求和教学的实际情况,结合课堂教学的特点及相对稳定的共性要求，将听课划分为检查型听课、评比型听课、观摩型听课和研究型听课四种类型。这种区分不是绝对的，在实际教学研究和听课过程中有可能是交叉的，听同一节课有可能达到几种听课的功能。这就要求我们在听课中，既能做到功能的区分，又要做到有机地联系和整合。

(1) 检查型听课

检查型听课就是为了了解学校和教师教育教学工作总体、过程、某一方面或某个问题的情况而进行的听课活动。

上级教育部门对学校督导评估中听课、检查教学常规落实情况的听课、中考和高考复习调研听课、学校领导听新教师的课、新课程实施情况的调研性听课等都属于检查型听课的范围。检查型听课是上级教育部门和学校领导监督、检查教育教学工作的最普遍的一种听课形式。

通过检查型听课活动，要总结经验、发现问题、提出对策，有时候还要拿出具体的总结性意见或报告供领导决策参考。由于检查对象仅仅是一部分，这就需要我们从全局的角度进行以点带面的综合思考分析，并得出共性的定性意见，提出对全局有指导性的要求和措施。

(2) 评比型听课

评比型听课主要是为了对教师做定性评价的听课活动。如评优课、考核课及评优秀学科教师、名教师、特级教师等的听课就是属于这个范畴。

(3) 观摩型听课

观摩型听课是为了总结、推广、交流及学习教学经验和方法等而进行的听课活动。包括公开课、示范课、展示课等。

(4) 调研型听课

调研型听课是为了研究、探讨有关教育教学问题或了解教学改革实验进展情况而进行的听课活动。研讨课、实验课、调研工作中的听课等就属于这个范畴。

## 四、技能要点

听课的技能主要有以下要点。

1. 听课前要有一定的准备

准备包括理念的储备、信息的收集。理念的储备靠平时的收集，这就要求教研员在听课前对听课教师、学生等情况尽可能通过各种方式进行了解。另外，我们对教材特别是新教材的相关内容在听课前需要突击阅读，要掌握课程标准和课程实施的新要求，否则就难以知晓教师的观念是否有改变，也就难以听出教师是否取得进步，教师是否抓住了重点、难点等，听课也就缺乏针对性，评价也难以保证客观性和公正性。

2. 听课中要认真观察和记录

听课，听什么，记什么，是仁者见仁、智者见智的问题。但在新课程课堂教学评价理念下，我觉得首先要确立一个指导思想，然后依据这个指导思想再去听课或评课就不会偏离本质。这个指导思想体现在三个方面:一是促进学生的发展;二是促进教师成长;三是"以学论教",以学生的"学"来评价教师的"教"。强调以学生在课堂学习中呈现的情绪状态、交往状态、思维状态和目标达成状态为参考,来听或是评价教师教学质量的高低。听课既要看教师的教,又要看学生的学,同时要做适当的笔录。

(1) 看教师的教,主要关注以下四个维度

① 组织能力:包括教学内容的组织、教学语言的组织、教学活动的组织等,其核心是教学活动的组织能力——能抓住知识主线,层次分明,思路清晰,重点突出,有讲有练,组织严密,能根据学生学习现状实时调整教学计划。

② 调控能力:看教师能否根据课堂教学进展情况与出现的问题,采取有效措施,调整教学环节,保证课堂教学任务顺利完成。

③ 教学机智:观察教师敏捷快速地捕捉教学过程中各种信息的能力,是否能灵活利用各种教学资源,果断处理课堂突发事件,调整教学计划,重组教学结构,激活课堂教学。

④ 练习处理:看教师能否依据学生个体差异,设计具有弹性、开放性、实践性的练习题,达到巩固新知、拓展提高的目的,以满足不同类型的学生的需要。教师布置练习题的时候是做统一要求,还是根据不同层次学生布置有一定梯度的练习题,任学生自由选择。

(2) 看学生的学

课程改革的核心理念是"以学生的发展为本",因此课堂教学应该以学生的学习为中心,通过创设富有情趣的教学情感组织学生参与学习活动,激发学生的学习激情,体现学生主体,尊重学生个性和人格,鼓励学生大胆猜想和探索,主动发现与创新。我们在评课中,主要评价学生学习的四种状态。

① 参与状态:看学生是否主动参与,是否全员参与,参与的面有多大。

② 交往状态:看课堂上是否有多向联系与反馈、学生的活动时间是否充足、人际交往是否有良好的合作氛围,以及交往过程中学生的合作技能、合作的方式、合作的态度、合作的成果怎样。

③ 认知状态:看学生是否具有问题意识,敢于发现问题、提出问题、发表自己的见解;看学生提出的问题是否有价值,探究问题是否积极主动,是否具有独创性。

④ 情绪状态:看学生是否有适度的紧张和愉悦感、能否自我控调学习情绪。有时课堂的笑声会戛然而止,有时会专注地聆听,这就是一种良好的情绪状态。

3. 要适时地进行教学记录和教学评点

(1) 听课是复杂的脑力劳动,需要听课者多种感官和大脑思维的积极参与

听课者如忽略某些细节,感知就会出现断裂,影响其对教学的整体与评价。听课时要全身心地投入,积极思维,认真分析,做到前瞻性与对照性兼顾。前瞻性是指听课者的思维要先于教学进程,遵循教育教学规律进行多种合理预测,探索课堂的发展趋向,为分析评价赢得时间,变被动听课为主动听课。对照性是指在听课过程

中，将实际教学与课前预设的文案及以往经验(听过的优秀课)进行对照，以便寻找课堂教学中突出的亮点和教学中存在的问题。

(2) 同时做好听课记录也很重要

听课记录是重要的教学资料，是教学指导与评价的依据。它应全面、具体、详细，包括情境创设、教师点拨与引导、师生的双边活动、教法选择、学法运用、练习设计、教学反馈、课堂的亮点与失误等，还有听课者的评析与建议。

以上可以作为常规听课需遵循的规则。此外，我们还可以进行跟踪式听课。所谓跟踪式，就是对被听课者进行一段时间的连续听课，或这学期听了这位教师的课，下一学期调研时还继续听。跟踪听课符合发展性的原则，这学期我们听了这位教师的课后，与他一起研讨、交流，引导他进行反思，在一些需要改进的方面达成共识，并让他心甘情愿地接受意见，力图在下一次不再犯类似的错误。下学期我们听课时，有意识地注意他有没有改正上次的不足；教学水平是否提高；在新的情况下，是否又出现新的问题。在这样的跟踪听课下，教师的业务水平会有不同程度的提高。跟踪式听课一般适用于新分配来的教师及一些教学能力较弱的教师。

## 五、实战演练

课题：汽化和液化

施教者：萧红中学　姚玉玲

地　点：南昌市

时　间：2009 年 10 月

(一) 巧妙设置擂台、创设学习情境

教师：同学们，现在，我们每桌的烧杯中都装有等量的水，下面我们来进行比赛：看一看哪组同学能够采用尽可能多的方法，最快地将这些水全部变成气态？你们可以到前面来任选所需的器材进行操作。(大屏幕上以小擂台形式将其打出)

学生活动情景：

(教室内一下就沸腾起来)大部分同学用自己实验台上的仪器进行实验。有的将水倒在玻璃板上摊开、用嘴吹、用书猛煽；有的将水摊开、放在阳光下晒；有的为了加大受热面积采用大烧杯来加热；有的将水加热到沸腾；还有的把铜锅烧红后再向上浇水。也有少部分同学将器材取回来在自己的课桌上操作，还有人为了赶时间干脆就在讲台上动起手来。

[点评：巧妙、热烈、亲切]

时间分配：7 分钟。

(二) 组织学习过程

1. 汽化和液化的概念

教师：刚才，我们将水变成了气态，其实也就是使水汽化了。关于汽化和液化在小学自然课中我们就学过。那么谁还记得它们是怎样定义的？

学生活动:物质由液态变成气态叫做汽化;反之,就叫液化。

教师语言:请同学们看书,再明确一下汽化的概念。

学生活动:看书并回答"汽化"的概念。

[点评:温故知新]

2. 提问

教师语言:同学们,在刚才的小擂台中,你们为什么这样操作呢?

学生语言:在小学自然中我们学过:液体的表面积越大、液体的温度越高、液体表面上空气流动的速度越快,蒸发得越快。

教师语言:说得好。那我们怎样验证其是否正确呢?

学生齐答:用实验。

教师语言:好。实践出真知。下面同学们先在组内讨论怎么进行实验,达成共识后就可以动手进行实验了。

学生活动:讨论、交流,在此基础上合作进行实际操作。

教师活动:认真进行巡视、指导。

学生操作:有些小组的同学取用的酒精量明显不同;有些小组同学的操作中出现了其中的一滴水被增大了面积的同时又被加热了,也就是变量控制得不对……

教师调控:对不起,同学们!老师要打断一下。然后,请存在问题较明显的两组同学来谈一谈他们实验的操作过程。

[点评:及时地调控,平等的语言]

(马上出现反对意见)

学生活动:学生们开始了激烈的争论,错误被指出来了。调整好方法后继续实验。

……

教师语言:好,同学们,实验进行到这里。刚才调整之后,同学们实验的目的性、科学性加强了许多。实验中老师看到你们认真的态度、积极的动手、和谐的合作。我很高兴。下面哪组的同学肯将自己组的实验过程及说明的问题向大家作汇报呢?

学生汇报:

① 我们组用同样的两滴水分别滴到两个玻璃板上,将其一摊开。先摊开的先干,说明液体蒸发的快慢确实与其表面积有关,并且表面积越大蒸发得越快。

② 我们组用同样的两滴水分别滴到两个玻璃板上,将其一置于酒精灯上加热。发现加热的先干,说明温度越高蒸发得越快。

……

(掌声)

[点评:科学、重过程]

教师语言:我们学习知识归根结底是为了利用它们来为人类服务。那么,你知道哪些是利用蒸发的快慢,来解决生活中实际问题的实例?

学生甲:晒盐场利用很大的水池将海水尽快地蒸发掉,这里是通过增大液体的表面积的方法来促进蒸发。

学生乙：我到肯德基吃快餐时，洗手后用电热干手器将手很快就烘干了。这里既提高了液体的温度，加快了液体表面上空气流动的速度，张开手还增大了液体的表面积。

……

教师：同学们说得非常好！说明你们平时注意观察生活中的一些现象。

[点评：只有仔细地观察，才能提出有价值的问题]

教师活动：利用多媒体再介绍一些较为典型的实例，将知识进行了拓展。例如，新疆吐鲁番的坎儿井、荫房，北方的地膜覆盖技术，松树针状的叶子等。

[点评：联系生活和生产实际]

时间分配：15 分钟

3．沸腾

教师：我们都知道：汽化还有另外一种方式——沸腾。提到沸腾，大家都不觉得陌生。那么，在家中你是如何判断水已经沸腾的？

学生甲：看到壶嘴冒“白气”。

学生乙：听到壶报警了。

学生丙：老人们常说“开水不响，响水不开”，听到里面的声音变小了，水就沸腾了。

学生丁：看到壶嘴在跳动

……

教师：同学们有这么多的好方法，真是超出我的想象。说明在生活中你们都是有心人。

[点评：充分地肯定，激励学生关注生活实际，通过生活不断地丰富自己的经验]

教师：由沸腾的种种现象都表明沸腾与蒸发明显不同，它们有哪些区别呢？下面，我们通过实验，观察烧开水的过程来寻求答案。

学生活动：操作、观察、记录，交流观察到的现象，总结沸腾的特点（在准备课时教师预计到了此实验采用时间将会很长，但为了使学生的基本实验技能有所提高，获得充分的观察实验现象的机会，从而准确地概括出沸腾的特点，教师把实验进行了改进：例如，采用容积只有 50 mL 的小烧杯，里面尽可能装少量的水，给酒精灯罩上节能网等。）。

[点评：经过这样的改进，既达到充分观察的目的，又没有影响正常的学习进度。实验处理得当。对于同学们谈到的与课本不同的观点教师尽量进行了肯定，鼓励同学们在学习中要有自己独特的见解，要敢于大胆想象，甚至于异想天开。既是对学生的尊重，同时又潜移默化地进行了独特性的培养，鼓励进行大胆的想象，激发创造的火花。]

教师:同学们,通过沸腾的学习,你能够想到哪些现象或提出哪些问题?

学生甲:我明白了为什么利用酒精温度计不能测量沸水的温度。

学生乙:我曾经看到将石油分馏的资料,原来我不清楚是怎么回事,现在我知道这是利用它们的沸点不同。

学生丙:我想问为什么在炒菜时,如果不小心在滚开的油锅中滴入一滴水,会出现油滴四溅的现象?

点评:培养学生能将知识与生活实际相联系,并提出一些简单问题的能力。引导思考。

时间分配:15 分钟

(三)知识小结

教师:通过本节课的学习,你在能力、技能、方法、应用等方面有哪些收获?

学生甲:通过本节课的学习,知道以后在研究一些问题时,可以想办法创设条件利用实验来进行观察、研究。

学生乙:很早以前,我国古代劳动人民能够想办法结合实际条件解决缺水问题,这种智慧与勤劳值得我们学习。

学生丙:通过今天的学习我们进一步认识到了水资源的宝贵性,以后我们应更加注意节约用水……

[点评:小结部分,没有将目光放在知识上,而是重在方法、能力方面的引导。有全新的教育理念,将知识升华。]

时间分配:3 分钟

(四)创意空间

教师:随着我国经济的飞速发展,我国不仅解决了十几亿人口的吃粮难的问题,而且粮食有大量的剩余。但随之而来有了粮食的囤积问题,请你设计一个你想象中理想的粮仓。

学生活动:动手画,积极地争论,利用实物投影进行展示。

[点评:将他们的想象充分地表达出来,使学生的思维"展翅高飞"。]

时间分配:5 分钟

专家评课

本节课是 2002 年 10 月份,在江西南昌举行的全国物理青年教师教学大赛上黑龙江选手的参赛课。本节课中体现了超前的教育思想,全新的教育理念,也是我们区大力推广对新课标学习、研究的成果。它主要体现在以下几个方面。

1. 变"教师讲"为"学生学",把引导学生学会科学的探究放在了首位

在研究"决定蒸发快慢的因素"这一实验中,教师始终是在引导学生去动脑思考、动口解释、动手操作,相互合作想办法自己解决问题。而没有包办代替或生搬硬套地传授知识。实验中还有意淡化了实验的结论,重要的是让学生通过实验学会这种科学探究的方法,为学生的终身学习奠定坚实的基础。

2. 变“静态的课本”为“动态的生活实际”，突出了STS(science[科学]、technology[技术]、society[社会]的研究，简称为STS研究)观念的渗透

本节课中多次体现了从生活实际出发，自然过渡到物理知识上，最后延伸到生活、生产中的广泛应用。体现了“从生活到物理，从物理到社会”的理念。例如，在“蒸发”的学习中，请同学利用蒸发的快慢解释实际问题的现象。教师再进行拓展，开阔学生的视野。在“沸腾”部分的教学中，先让学生谈生活中是如何判断水已经沸腾的，再亲自做实验，最后让学生谈沸腾的利用，教师再简介工业上利用沸点进行石油的蒸馏等现象。最后又通过粮食储存仓的设计使知识的应用实现了一个飞跃。

3. 变“单纯的学知识”为“借知识培养学生的多种能力”

姚老师改进了教材中的实验，有效地进行了“观察水的沸腾现象”的分组实验，加入了书上没有的一个探究实验。让每一个同学都细致地观察到了实验的全过程，充分地动手操作了、用眼观察了、动脑分析了；提高了解学生的动手能力、观察能力、表述能力、概括总结能力。使学生收获了，说“通过本节课的学习我知道了以后有问题可利用实验来研究”。看出学生意识到了：实验对于物理学习的重要性。

4. 变“教师单方向的知识传授”为“学生间的合作、交流、评估与质疑”

姚教师多次组织学生以小组为单位进行合作、讨论，如小擂台赛、实验探究、汇报交流，质疑互动。还多次鼓励学生提出问题，如在阅读时对于不懂的问题进行置疑；通过学习这一部分知识你想到哪些需要解决的问题等。

当然，由于南北地域及使用的教材差异，过多的内容，给教学带来一些遗憾。留给学生的时间和空间还不够充分，没能使学生更充分地展示自我。

## 教学视线……

### 大张庄中学教师听课评课制度

为推进新课程改革，课堂教学是关键，管理制度是保证。上课、听课、评课是学校管理的一项重要工作。也是校本教研的一种形式。通过上课、听课、评课活动，一方面，能使学校领导直接了解教师的课堂教学情况，便于领导发现教师课堂教学优点，并进行总结推广，对教师教学存在的问题直接给予指导；另一方面，使大家互相学习，互相帮助，共同提高。现根据新课程改革精神，结合我校实际，提出如下具体要求。

(一) 教师听课要求

1. 听课节数

校长：每学期听课不少于20节，听课要覆盖所有年级和所有学科。

教导主任：每学期听课不少于20节，听课要覆盖所有年级和所有学科。

教研组长：每学期听课不少于20节，听课以本专业的学科为主。

教师：参加教学工作五年以上的教师每学期不少于18节，参加教育工作五年以内(含五年)的教师每学期不少于20节。

2. 听课形式

① 独立听课　学校的领导及教研组长可随时到班听“推门课”,教师之间独立听课可以协商进行。

② 集体听课　校级或教研组组织的公开课、观摩课、比赛课、研究课等。

③ 外出学习听课。

3. 听课要求

① 听课前,原则上应自行先调好自己的课程,如有自己解决不了的问题请教导处协调,千万不能因教师听课而耽误学生的学习。

② 教研组以上的集体听课,教研组长及所在班的班主任应协助做好听课准备工作,如时间的安排、地点的安排、电教设备、学生的准备等。

③ 听课时,教师要提前5分钟进教室,不讲话、不走动、关闭通讯工具。如没有特殊情况不得中途离场,以示对执教者的尊重。

④ 要认真做好听课记录。所有听课者均应写听课简评。

(二) 教师评课要求

① 大家要本着互相学习、取长补短的学习态度参加评课,好的方面应充分肯定,供大家学习;不足之处也要实事求是地提出来,以利改进和提高。评课既不能一团和气,又不能吹毛求疵。

② 组织听课、评课后,要做好评课记录。

③ 评课要以课程改革理念和课程标准的要求做指导,从执教者对课标的学习和理解,对教材的钻研与把握,对学生的关注与了解,对教法的选择与应用,对学法的指导与训练等方面,对课堂教学进行全面的评价,且能抓住重点,说在点子上,评在要害处。各科组可以结合每次活动的研究重点进行专项评课与研究。

④ 评课前,执教者先谈自己教学设计思路或介绍授课后的体会,然后由评课者对课堂教学情况作深入讨论分析。评完课后,教导主任、教研组长应对执教者的薄弱环节进行有针对性的指导。

2010年8月28日

课题:《平均数问题》

教学内容:浙江省编义务教材第八册(第73页至第74页)

(一) 课前谈话

师:前几天,老师接到上虞市煤气公司的通知,准备要把老师家的管道煤气改成天然气。你们知道天然气吗?请你们猜想一下,为什么煤气公司要把煤气改成天然气?

生1:天然气比较清洁,对环境的污染少。

生2:天然气比较安全。

生3:天然气燃烧比较充分,热量高。

生4:天然气比较省钱。

……

师:是啊!大家的猜测都有道理!天然气的优点很多,所以我们要充分利用它。我国的天然气储量非常丰富,但我们省没有。知道我国哪里天然气储量最大吗?新疆,特别是新疆的几个大盆地,像塔里木盆地、准噶尔盆地等。这么好的能源怎么能让它长埋于地下,所以我国现在正在大力实施西部大开发战略,西部大开发战略其中最重要的一项工程就是"西气东输"工程。你知道"西气东输"的"气"指的是什么吗?(电脑演示)

生:天然气。

(二) 新课引入

师:为了早日完成"西气东输"工程,现有一支工程队前往新疆开塔里木盆地开采天然气,地质局的工程师为他们提供了这样一条信息。

(电脑演示:塔里木盆地地下平均 400 m 深度分布有天然气)

(三) 新课展开

1. 猜测

师:根据这条信息,如果要开一口天然气井,你认为工程队至少要准备多少米长的采气管?开四口呢?(课件出示)想一想,把这四根采气管打入地下你认为能采到天然气吗?

生 1:能。

生 2:不能。

生 3:我认为可能行,可能不行。

2. 展示

师:到底谁的猜测是正确的?事实胜于雄辩,我们让事实来说话吧。请看大屏幕,你发现了什么?(电脑演示:四根井管插放地下,其中 1、2、4 号井管口有天然气出,3 号井管口没有动静)

生:3 号井没有采到天然气。

师:猜想一下是什么原因导致 3 号井没有采到天然气?

生 1:可能是 3 号井下面没有天然气。

生 2:可能是技术故障。

生 3:可能是管子不够长。

生 4:可能是下面的岩石比较硬,管子的牢度不够断了。

生 5:可能是管子被沙子堵住了。

……

3. 反思

师:是啊!大家的猜测都很有道理,有很多原因都可能导致 3 号井管采不到天然气,不过肯定有一个主要原因。想一想要了解主要原因,你认为我们应该到哪里去看一看?

生:地底下。

师:好!让我们一起到地下看一看。(电脑演示:显示四个井管的地下剖面图,图 4-1)

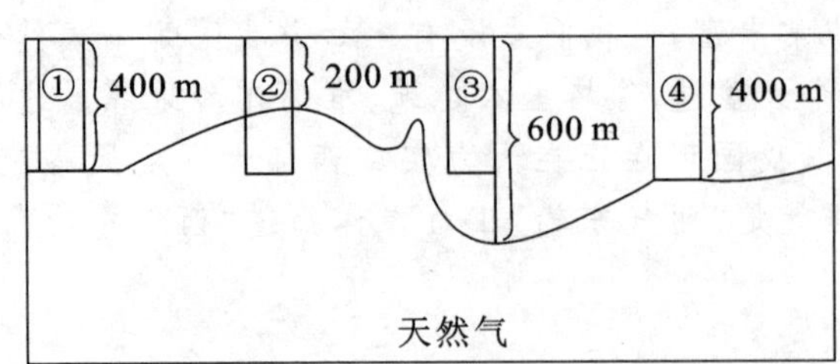


**图 4-1　四个井管的地下剖面图**

4. 质疑

师：现在你知道为什么 3 号井管没有采到天然气的原因了吗？

师：是啊！实际地底下天然气的分布是这样一个情况。（课件演示：1 号位置天然气距地面 400 m，2 号 200 m，3 号 600 m，4 号 400 m）实际情况是如此，那么地质局的工程师为什么却说平均 400 m 以下分布天然气呢？他们有没有说错？平均 400 m 是怎么得到的？

5. 探究

师：请 4 人小组合作讨论一下，“平均 400 m”是什么意思？工程师是怎么得出“平均 400 m”的？（小组活动，教师巡视，帮助有困难的小组）

[评：通过具体情境，引导学生深入思考，有意渗透了“移多补少”的思想，帮助学生更好地理解平均数的含义，且通过合作，学生能比较自然地得出求平均数的基本方法。]

6. 反馈

生 1：可以用“平均 400 m”来表示。只要把 600 m 中的 200 m 移给 200 m，这样 4 个位置都正好是 400 m，即平均是 400 m。（电脑演示移动过程，教师小结板书：移多补少）

生 2：(400＋200＋600＋400)÷4＝400（教师小结板书：总数÷总份数＝平均数）

7. 揭题

师：是啊！平均 400 m 这样的数，我们就叫它平均数。今天，我们要讨论的问题就是平均数。（板书课题）平均数问题的最基本计算公式是：总数÷总份数＝平均数。让我们一起读一遍计算公式。

[平均数是统计中的一个重要的概念，这节课的平均数是指算术平均数。通过平均数的教学，使学生正确把握平均数的意义、特点，会计算平均数，并能在具体情境中准确地运用平均数解决实际问题。平均数对学生来说虽是一个新的概念，但是，在此之前学生对“平均”的概念已有一定的认识，在生活实际中也已接触过大量的“平均数”问题。因此，教师通过课前谈话引入“西气东输”这一主题，整节课以此情境作为载体，让学生在具体的情境中探究、体会，理解平均数的真正含义，可谓匠心独具，很有创新意识。]

8. 尝试

(1) 师：给你同样长度为 400 m 的一根井管，到塔里木盆地去开第五口天然气井，你认为能采到天然气吗？请说说你的理由。(课件出示)

生：有可能采到，也有可能采不到天然气。因为“平均 400 m 有天然气”不是说每个地方都正好是 400 m 有天然气，可能有些地方超过 400 m，有些正好是 400 m，也可能有些不到 400 m 就有天然气。用正好 400 m 的管子是不一定能采到的。

师：说得真好！其他同学听懂了吗？

(2) 师：下面我们一起到新疆的另一个盆地——准噶尔盆地看一看，那儿也有天然气存在。(课件出示)准噶尔盆地上取 5 个点，每个点的测量结果分别为：A 点的天然气分布在 800 m 以下；B 点的天然气分布在 600 m 以下；C 点的天然气分布在300 m以下；D 点的天然气分布在 400 m 以下；E 点的天然气分布在 400 米以下。

① 请你用一句话来描述一下准噶尔盆地地下天然气的分布情况。

② 你是怎么得来的？

反馈：

生：平均 500 m 以下有天然气分布。

根据学生回答，课件出示：(800＋600＋300＋400＋400)÷5＝500。

(四) 巩固

1. 理解平均数

(1) 寓言中的平均数

师：知道小马过河的故事吗？谁来简要说一说。

生：有一天……

师：今天小马又来到一条小河边想要过河，已知小马身高 1.4 m，小河平均水深 1 m。如果它向我们咨询过河建议，你会跟它怎么说？(课件出示)小马身高 1.40 m，河水平均深度 1.00 m。

生 1：小马能过河。小马的身高有 1.4 m，河水的平均深度只有 1 m。

生 2：小马不能过河！小河平均水深 1 m，不是说河水深度都是 1 m，可能有的地方水很深，甚至超过 1.4 m，小马可能会淹死的。

生 3：靠纸上谈兵解决不了问题。小马可以去试一试，但一定要小心一点，因为水深的地方有可能会发生危险。

……

[评：在数学教学中，教师从学生熟悉的其他学科中选取材料，既能丰富学习内容，又能更好地激发学生对数学学习的兴趣。寓言故事《小马过河》是学生在语文课中学过的内容，是每位学生都熟悉的。教师通过“平均水深 1 m”，创设了一个问题情境，让学生理解“平均水深”的含义，使学生能对“平均数”意义有更准确地把握。]

(2) 生活中的平均数

师:老师注意到其实在生活中有很多事例也跟今天我们学习的知识有关。例如:多元世纪城商品房中心房价为每平方米2 800元。(课件出示)这条信息里有平均数吗?你是怎么理解的?

生:"2 800"就是平均数。不是说所有房子的价格都是2 800元,房子的楼层不同、朝向不同、结构不同等都会使房子的价格不同。有些房子的价格可能比2 800元高,有些可能比2 800元低,这些房子平均价格刚好是2 800元。

师:小明11岁,家中共3人。2003年人均收入:15 000元。(课件出示)这条信息里有平均数吗?你是怎么理解的?

生1:"15 000"是平均数。不是说小明家去年每人的收入正好都是15 000元,可能爸爸赚的超过15 000元,妈妈和小明不到15 000元。他们3人平均刚好是15 000元。

生2:我有意见。小明只有11岁,不会赚钱,所以,钱应该是他爸爸、妈妈赚的。

师:是啊!小明还小,正常情况下是不会赚钱的。要使小明家2003年人均收入达到15 000元,小明的爸爸、妈妈加起来去年一年至少赚多少钱?为什么?

生:45 000元。(45000÷3=15000)

师:爸爸、妈妈两个人赚的钱为什么要除以3?

生:因为人均收入是个平均数,平均数要用总数除以总份数,总数是45 000元,总份数是一家3人,而不是2人。

师:2003年,我国国民生产总值达到12万亿元人民币,位居世界第七位,英国位列第八。为什么我国还是发展中国家,而英国却是发达国家?要缩短我国与发达国家的距离,你觉得可以从哪些方面入手?

生:虽然我国的国民生产总值很高,但我国的人口数量较大,因此,人均生产总值很小。英国虽然生产总值没有我国多,但人口数量较小,因此人均生产总值反而比我国高很多。所以,英国是发达国家,我们还是发展中国家。

师:你的分析很有道理,大家同意吗?还有别的想法吗?那你觉得从哪些方面入手能缩短我国与发达国家之间的距离?

生1:继续发展经济,提高国民生产总值。

生2:搞好计划生育工作,控制人口数量。

生3:我认为我们既要提高国民生产总值,又要实行计划生育,降低人口总数。

……

(3) 知识拓展(古时候的平均数知识)

师:其实,不仅我们身边有平均数、现在在研究平均数,早在4 000多年前,我们的祖先已经对平均数有过研究,让我们一起来了解一下。(课件出示:古时候的平均数知识)

2. 应用平均数

(1) 小组合作(课件出示)

① 师:上面分别是塔里木盆地七月至九月天然气产量统计图(图 4-2)和准噶尔盆地七月至十月天然气产量统计图(图 4-3)。

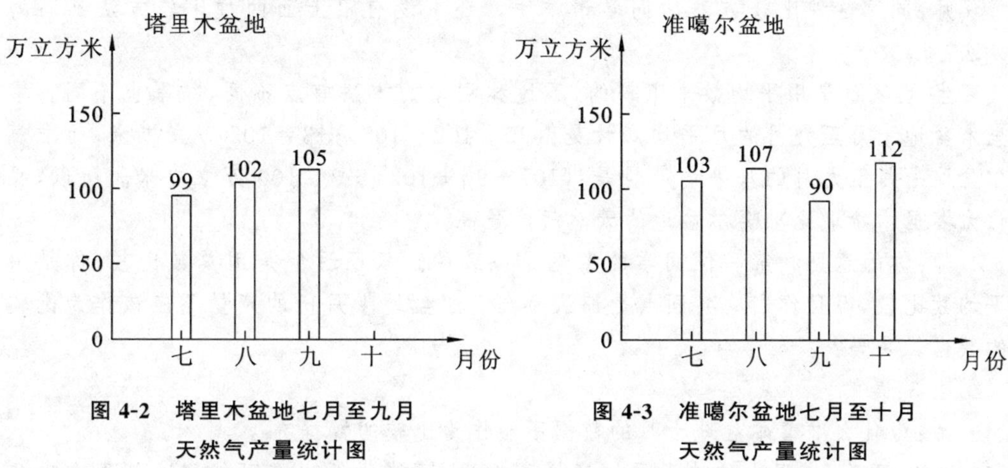


图 4-2　塔里木盆地七月至九月天然气产量统计图

图 4-3　准噶尔盆地七月至十月天然气产量统计图

师:请你分析比较一下,哪个盆地的天然气产量高?

生 1:我是通过比较总产量来确定产量高低的。塔里木盆地七月至九月总产量是:99+102+105=306 万立方米,而准噶尔盆地七月至九月总产量是:103+107+90=300 万立方米。所以,我认为塔里木盆地天然气产量比准噶尔盆地的天然气产量高。

师:同意这样比较的同学请举手。其他同学对这样比较有没有异议?

生 2:这种比较方法有一定道理,不过没有把准噶尔盆地十月份的产量计算进去,觉得不是最好。

师:(问生 1)你为什么不把准噶尔盆地十月的产量计算进去?

生 1:因为塔里木盆地十月份的产量没有告诉我们,不知道是多少,所以我认为在比较两个盆地天然气产量时,不能把准噶尔盆地十月的产量算进去。

师:有道理!(问生 2)那你认为怎样比较更合理呢?

生 2:我觉得应该通过比较两个盆地的月平均产量来确定产量的高低。塔里木盆地七月至九月的月平均产量是(99+102+105)÷3=102 万立方米,而准噶尔盆地七月至十月的月平均产量是(103+107+90+112)÷4=103 万立方米。所以,我认为准噶尔盆地比塔里木盆地的天然气产量高。

师:老师有个问题,你在计算塔里木盆地七月至九月的月平均产量时是用总量除以 3,而在计算准噶尔盆地七月至十月的月平均产量时却是用总量除以 4,为什么同样是求平均数,一个除以 3,一个却要除以 4?

生 2:因为,塔里木盆地只告诉我们 3 个月的产量,要求 3 个月的平均产量就应除以 3。而准噶尔盆地告诉我们的是 4 个月的产量,要求 4 个月的平均数就应除以 4。

师：老师还有个问题，你为什么想到要用平均数来比较两个盆地的天然气产量？

生 2：这样题目中告诉我们的每一个数量都充分用到了。而且，用平均数能够看出两个盆地天然气产量的总体情况。

师：同意这种比较方法的同学请举手。还有没有跟上面两种比较方法不同的方法？

生 3：我也是用平均数来比较的，不过和刚才的方法有点不同，结果也不同。塔里木盆地七月至九月的月平均产量是：(99＋102＋105)÷3＝102 万立方米，而准噶尔盆地七月至九月的月平均产量是：(107＋90＋103)÷3＝100 万立方米。所以，我认为塔里木盆地比准噶尔盆地的天然气产量高。

师：你的意见和第一位同学的意见是一致的。只不过他是用总数比较，你是用平均数比较，而且你们的共同点是都认为准噶尔盆地十月份的产量不应该作为比较的数据。是吗？

生 3：是的。

师：为什么准噶尔盆地十月的数据不能作为比较的数据？

生 3：因为，塔里木盆地十月的产量不知道，可能很低也有可能很高。用准噶尔盆地 4 个月产量的平均数和塔里木盆地 3 个月产量的平均数比是不公平的。

师：你说的真有道理！老师现在觉得刚才 3 位同学分析的比较方法都挺有道理，到底谁的分析是最好的，课后如果有时间我们可以继续交流。不过有一点是可以肯定的，老师认为只要你的分析有自己独到的见解，你就是成功者、胜利者！

② 师：请你预测一下，塔里木盆地十月份的产量可能是多少？

生 1：108 万立方米。

师：为什么？

生 1：塔里木盆地七月是 99 万立方米，八月是 102 万立方米，九月是 105 万立方米，每月比上月增加 3 万立方米。所以，我认为十月产量应该是 108 万立方米。

师：你的观察真仔细！确实有这个可能。其他同学有不同意见吗？

生 2：我认为可能是 102 万立方米。因为前 3 个月的平均数是 102 万立方米。

生 3：我认为不一定是 102 万立方米。十月份的产量只要在平均数 102 万立方米左右都可以。

师：大家说的都很有道理，在这个问题只要你能说出合理的理由，你就是正确的。

[评：学生熟悉的生活情境中蕴涵着深刻的科学道理，而对日常生活、生产中的问题进行处理和解决，能够激发学生创新的思维火花。教师设计了比较两个盆地天然气产量的情境，让学生在具体的问题情境中体验平均数的意义和作用。]

(2) 屏幕出示

师："西气东输"工程的形势喜人，这件事吸引了国内外的一大批专家前来考察，他们还给这项工程的建设质量打了分，请看评分结果，见表 4-2。

表 4-2 专家评分表

| 王教授 | 李工程师 | 张教授 | 吴教授 | 潘工程师 | 任工程师 | 孟教授 |
|---|---|---|---|---|---|---|
| 65 | 81 | 82 | 82 | 81 | 82 | 82 |
| 朱研究员 | 白教授 | 黄工程师 | 吕教授 | 许工程师 | 杜教授 | 金研究员 |
| 83 | 82 | 82 | 83 | 82 | 98 | 82 |

师：生活中，你遇到过类似的计算平均分的问题吗？在计算前通常要先怎么办？

生 1：我看到过，在中央电视台举办的歌手大奖赛上。往往这种情况下在算平均数时要去掉一个最高分，去掉一个最低分后，再求剩下分数的平均分。

生 2：在中央电视台举办的歌手大奖赛上是去掉两个最高分，两个最低分的。

……

师：你们都是生活中的有心人。想一想，为什么要这样做？或者说这样做有什么好处？

生 3：不知道。

生 4：我听说过。如果在计算平均数时，出现一个特别高或者特别低的分数，会对最后平均分产生比较大的影响。为了使比赛更加公平、公正，去掉最高分和最低分是一个好办法。

师：我们让电脑去掉一个最高分 98 分和一个最低分 65 分，谁能很快报出平均分是几分？

生 5：82 分。

（五）总结（略）

［评：联系生活实际，让学生体会到平均数在不同的情况下的应用，自然而恰当地拓展本节课学习的内容，更好地让课本知识与现实生活结合。］

总评：本节课的教学主要有三个明显的特点。

1. 注意数学的实际应用

新课程标准的基本理念中提到，学生的数学学习内容应当是现实的，有意义的，富有挑战性的。“平均数”对于学生来说，是前人长期积淀下来的间接经验。如何让学生获取这一经验，本节课以“西气东输”工程作为教学内容的载体，将学生学习平均数概念、平均数计算方法设计成对这些问题再发现、再解决的创新活动过程。教师借助有效的教学载体，创设生动的问题情境，这对提高学生的创造力是十分有益的。通过大量的现实的生活问题，使学生感知平均数就在我们身边，学了平均数就能解决现实的生活问题，通过求平均数就能解释生活中的一些现象，体验到统计是进行准确判断与决策的重要手段。一个人的实际活动能力是创造力的组成部分，我们需要学生具有获取知识的能力，也需要学生应用知识的能力。课的后半部分，让学生应用平均数的有关知识解决“西气东输”工程中的一系列问题，这样的活动较好地体现了数学源于生活、服务于生活的本质。

2. 注意让学生在体验中学习

通过丰富的实例,让学生理解平均数的意义。本课在新知探究的过程中,放手让学生对"能否采到天然气"展开猜想,然后电脑演示验证猜测结果,观察了有的管子能采到,有的管子不能采到的现象之后,学生自然会猜测是什么原因。当了解了地下的实际情况后,学生不禁感到困惑,有种上当的感觉,这时迎来了本节课的第一个小高潮:工程师这样说是什么意思?他的平均 400 m 是怎么求得的?提出问题后,学生自主探究,自己独立解决问题。教师还设计了每平方米的房价,小明家的人均收入等事例,让学生在具体问题情境中体验平均数的概念。通过两个油田的产量比较、我国与英国的国民生产总值比较等,让学生在不同的情境中不断加深对平均数的理解。

3. 营造民主、宽松的学习环境

课程标准中要求数学教学中学生能学会与人合作,并能与他人交流思维过程和结果。要让学生在课堂中能够积极思维,乐于合作,善于交流,必须要有良好的环境与氛围。整节课,教师创设了民主、宽松的学习环境,安排了多种形式的合作、探究的过程,形成了师生对话的良好氛围,学生们在自己独立思考的基础上,交流自己对问题的理解,介绍自己解决问题的思路与方法。如两个盆地产天然气的比较中,学生可根据不同的角度说出自己的想法。让他们各自表达自己的观点,主动地进行观察、猜测、实验与交流等活动,在获取知识的同时增长各种能力,并在学习中,享受成功的愉悦。

执教　樊曹阳　浙江省上虞市东关街道中心小学

点评　吴毅松　浙江省上虞市教育体育局教研室

[资料来源:本文发表在《中小学数学》2005 年第 8 期上]

## 反思探究 ……

美国心理学家波斯纳提出:教师成长=经验+反思,即教师的成长过程是一个总结经验、捕捉问题、反思实践的过程。

### 听课后要自我反思

一节课听完了,其优劣得失尽收眼中,其过程细节也皆记在本子上,是不是就完事了呢?我们听课的目的是为了借其长为我所用,见其短以之为鉴。因此,听课后,要重视课后反思,每次听完课以后都要对听课内容进行及时的反思。

过去听课教师重点反思的是讲课教师的内容,很少主动结合自我的教学实践进行系统反思。听课教师在撰写听课反思时,应对照新课程的理念来审视讲课教师的课堂教学,思考讲课教师的课堂教学在多大程度上体现了新课程理念的要求,还需要反思如果自己来上这节课,又将如何落实新课程的课堂教学理念。这样的反思会使得新课程的理念逐步在课堂上得到体现和落实。

进行听课反思时，并不见得只是就问题而谈问题，在对教学中存在的问题做深入思考时，需要回忆、整合原有的经验，借用某些已有的理论来分析。在反思时联系自己以往讲课的经历，并且把有关教育专家关于课堂教学的论述作为反思的基本参照，使听课反思成为联系听课教师以往经验与现有做法的桥梁，成为贯通既定理论与实践的中介。这样的反思摆脱了纯粹经验的说教，是对课堂实际行为的有效提升。听课后的反思不是事不关己的坐而论道的玄思，而是要将反思得到的启示、体会、对策转化成为听课教师改进和提高自身教学实践的具体举措。

听课教师对课堂教学的课后反思，应该着重围绕以下几个方面进行。

1. 教学目标、内容、重点、方法等的协同程度

反思教学的目标是否明确，主要看师生是否都明确各自的教与学的目标；反思教学重点是否突出，难点是否突破，是否讲清了理解知识的关键点；反思教学方法组合是否得当，主要看所采用的基本的教学方法、教学方法选择的依据等；教学目标与内容、重点、方法是否协调。

2. 课堂教学结构的适宜程度

这一方面主要是看课堂教学程序的展开是否符合学生认知的一般规律，是否符合既定学生认知的特点。

3. 师生关系中的作用是否协调

这一方面主要看教师对教材的组织，对学习任务的表达、解释与顺序安排是否适于对象；学生对教材和教师指导的理解是否透彻；学生参与教学过程的动机是否强烈；课堂上教师与学生是以一种什么样的关系出现的，师生互动是如何展开的，互动的类型有哪些；学生有没有主动发言和提问的机会，有没有表达自己情感和观点的机会等。

4. 时量分配，容量是否合理适中

这一方面主要看重点、难点的教学与教学高潮的呈现是否一致；各教学环节的时量与教学任务是否匹配；是否安排了充分的学生活动时间。容量主要看教学是否做到有张有弛；知识呈现是否有密有疏。

5. 教学手段的运用是否适当

这一方面主要看在当时当地条件下，是否充分运用了能够运用的教学手段，效果是否尽可能最好。

6. 反馈矫正的实施是否有效

这一方面主要看教师收集学生学习成效的反馈信息的意识是否强烈，教师反馈学生学习情况是否及时；矫正应尽量避免雷同，尽可能以不同的方式处理教材，从不同的方面、不同的角度，采用不同的教学方法和教学媒体，打不同的比喻，列举不同的例子，教学同一知识内容。

7. 训练是否贯穿课堂教学的始终

这一方面主要看课堂教学是否始终在进行对学生的观察能力、表达能力、操作能力、思维能力的训练。

8. 教学效果是否显著

这一方面主要看学生的学习积极性是否高涨；学生答问和练习的正确率高不高；师生的情感体验是否愉悦、欢畅。

9. 教师的基本功是否扎实

这一方面主要看教师的导入、讲解、课堂教学语言、提问、板书、变化、反应、反馈、演示、结束等教学技能是否得到充分发挥。

**【思考题】**

1. 教师听课的基本方法有哪些？
2. 听课注意的问题有哪些？
3. 听课的关注点应该在哪儿？

# 第三节　评课技能训练

## 一、品味范例

《功》的评课稿

——陈唯伟老师公开课

《功》是物理教材九年级第十一章第三节的内容。本节内容比较抽象，功的概念既与前面学得到"简单机械"知识紧密相连，又为后面学习功率、机械效率打下基础，学生只有学好功的知识，才能深化对简单机械原理的认识，才能深刻理解功率、机械效率等相关概念。

（一）教学目标

1. 知识与技能

① 知道做功的含义和做功的两个必要因素。

② 理解功的定义、计算公式和单位。

③ 知道功的原理。

2. 过程与方法

① 通过思考和讨论，判断力是否对物体做了功，学会从物理现象中归纳简单的物理规律。

② 通过实验和观察，了解功的含义，学会用科学探究的方法研究物理问题。

3. 情感、态度与价值观

① 乐于探索自然现象和物理规律，乐于参与观察、实验、探索活动。

② 有将科学技术应用于日常生活、社会实践的意识。

（二）教学重、难点

重点：功的概念的理解。

难点:判断力对物体是否做功,以及功的计算。

利用讲授法、直观法(演示实验、多媒体课件)、作图分析法、阅读指导法、讨论法、归纳法进行教学。

(三) 引入新课

教师由汉语中的"功"的含义(主要是有成效、成功、贡献的意思)出发,让学生思考力学里所说的"功"的含义。演示实验:在水平长木板用相同大小的力分别拉一木块和小车,从木块静止,小车运动,体现同样的力可以有不同的成效。在实验基础上引入本课内容。(初中的学生很难理解功的定义,因此通过对功这个词的理解,指出有成效这个意思,再通过这个演示实验,让学生了解什么样的力有成效,即"做功"。使抽象的知识形象、具体,便于学生接受。)

(四) 进行新课

1. 力学中的功和两个必要因素

① 由演示实验引导学生总结出力学中关于"功"的确切含义:如果一个力作用在物体上,并且使物体在力的方向上通过一段距离,这个力的作用就有了成效,力学里面就说这个力做了功。指出:$F$ 这个力作用在物体上,而且在这个 $F$ 力的作用下,有了通过一段距离 $S$ 的成效,那么,力和运动具有这种关系的,物理学里就说这个拉力做了功。

请同学们讨论,做功的两个必要条件是什么?可以分组讨论,教师要注意学生们讨论中的知识缺陷或错误(几个例题可以使用多媒体动画或实验的方法,让学生直观地看见力的成效,再利用作图的方法讲解习题,可以让题目变得更加一目了然,便于学生理解,培养学生观察、分析和概括的能力)。

② 实例分析,突破难点。

接下来看老师这里的几副图是否有做功的情况存在?

培养学生分析、概括和总结的能力,培养学生的思维能力和阅读理解能力,更加深对功,以及对做功的必要因素的理解。

③ 引导学生列举生活中其他的力做功和没做功的实例。

学生可能举很多的例子,如起重机吊起重物、火箭升空、升旗、举重、马拉车前进等。教师对正确的例子予以肯定,对错误的例子引导改正。(培养学生的发散思维能力,激发学生学习兴趣。)

通过以上的学习,知道了做功不能离开两个必要因素,缺一不可。

(通过以上几个步骤的层层递进,让学生不断巩固、加深对功的概念及做功的两个必要条件的理解,从而突破这个重点和难点。)

2. 功的计算

① 请学生阅读教材相关的内容,了解功的定义、计算公式及单位。

(按教师提出的问题有目的地阅读,并交流自己的观点)

② 出示例题,启发学生分析计算。

(培养学生的阅读分析能力及计算能力)

3. 功的原理

① 教师提问：使用机械对我们有什么好处？

（启发学生提出探究的话题：使用机械是否省功，培养学生的探索热情。）

② 在教师的启示下，设计实验方案，演示实验，分析、论证 W1＞W2。

（培养学生的实验能力）

③ 分析实验数据，启发学生讨论归纳出功的原理。

（培养学生的合作意识及分析和概括的能力，学会科学的探究方法。）

（五）反馈检测

教师出示题目，适时点评，给予情感激励，并和学生一起思考、分析、交流。

## 二、案例评析

整节课始终贯穿一条主线，即通过一切手段，如阅读、讨论、实验等方法让学生自主学习，在对功的理解时，通过讲解—练习—扩展，层层递进，让学生不断加深理解。总之，整堂课中，学生都能积极参与其中，一起讨论，一起思考，这堂课始终在一种生生互动、师生互动的气氛中进行。

## 三、知识导入

评课是一种说服的艺术。说服，就是求和谐、求愉快、求发展。说服是一种技巧，说服是一种智慧。善于说服别人，首先应善于说服自己。充分尊重别人是说服别人的心理基础；以理服人是让人心悦诚服的保证。评课是一门科学，也是一门技术。是科学就有规律可循，是技术就有要领可操作。评课的原则、要领、形式和技巧反映了评课的规律和技术。

评课作为一种质量分析，首先应该有一种质量标准。这就如同一种产品的质量验收，应有一定的质量标准。一节好课的评价标准，因为学科不同、年级不同、地区不同，每次评课的目的任务不同，很难有一个通用的标准。

（一）评课的原则

1. 实事求是原则

实事求是就是要求评课者能实话实说。评课对执教者和其他与会者都是一个学习借鉴的机会，只有本着客观公正、实事求是的精神，评课才有实际的意义。实话实说也应讲究方法和策略，讲究谈话的艺术。

2. 坦率诚恳原则

评课者要站在执教者与帮助促进者的角度来分析考虑问题，给执教者一个中肯的指导意见，特别是要用一种十分诚恳的态度来评课。

3. 突出重点原则

要能抓住重点部分详尽地谈，理论联系实际，哪些地方需要改进，哪些地方很有特色，使人一听有“柳暗花明又一村”的感觉。

4. 激励性原则

评课的目的之一就是要激励执教者(特别是青年教师)尽快成长,成为课堂教学乃至课程改革的中坚力量。

5. 艺术性原则

评课也要讲究艺术,要掌握心理学理,掌握"谈话"策略,不以成败论英雄。对于成功的方面要懂得赞赏,对于不足之处要从探讨、帮助、促进的角度去考虑,不能因课而议论人。

6. 差异性原则

因听课、评课的目的不同,评课也要有一定的区别和特色。如诊断型听课评课、评比型听课评课、观摩型听课评课、研究型听课评课。

(二) 评课的标准

1. 教学目的(体现目标意识)

① 教学目标全面、具体、明确,符合大纲、教材和学生实际。

② 重点和难点的提出与处理得当,抓住了关键,能以简驭繁,所教知识准确。

③ 教学目标达成意识强,贯穿教学过程始终。

2. 教学程序(体现主体意识)

① 教学思路清晰,课堂结构严谨,教学密度合理。

② 面向全体,体现差异,因材施教,全面提高学生素质。

③ 传授知识的量和训练能力的度适中,突出重点,抓住关键。

④ 给学生创造机会,让他们主动参与,主动发展。

⑤ 体现知识形成过程,结论由学生自悟与发现。

3. 教学方法(体现训练意识)

① 精讲精练,体现以思维训练为重点,落实"双基"。

② 教学方法灵活多样,符合教材和学生实际。

③ 教学信息多,交流、反馈及时,矫正奏效。

④ 从实际出发,运用现代教学手段。

4. 情感教育(体现情感意识)

① 教学民主,师生平等,课堂气氛融洽和谐,培养创造能力。

② 重学生动机、兴趣、习惯、信心等非智力因素培养。

5. 教学基本功(体现技能意识)

① 用普通话教学,语言规范简洁,生动形象。

② 教态亲切、自然、端庄、大方。

③ 板书工整、美观,言简意赅,层次清楚。

④ 能熟练运用现代化教学手段。

⑤ 灵活调控课堂的能力强。

6. 教学效果(体现效率意识)

① 教学目标达成,教学效果好。

② 学生会学，课堂气氛活跃。

③ 信息量适度，学生负担合理，短时高效。

7. 教学特色（体现特色意识）

① 教学有个性特点。

② 教师形成教学风格。

评课是教学、教研工作过程中一项经常开展的活动：有同事之间互相学习、共同研讨评课；有学校领导诊断、检查的评课；有上级专家的评课。

## 四、技能要点

1. 从教学目标上分析

教学目标是教学的出发点和归宿，它的正确制订和达成是衡量课好坏的主要尺度。所以，分析课首先要分析教学目标。

（1）从教学目标制订来看，要看是否全面、具体、适宜

依据《课程标准》，教学目标中的要求：全面是指要从知识、能力、思想感情、学习策略和文化策略等五个方面来确定教学目标；具体是指知识目标要有量化要求，能力、思想情感目标要有明确要求，体现学科特点（参见《课程标准》）；适宜是指确定的教学目标，能以大纲为指导，体现年段、年级、单元教材特点，符合学生年龄实际和认识规律，难易适度。

（2）从目标达成来看，要看教学目标是不是明确地体现在每一教学环节中，教学手段是否都紧密地围绕目标，为实现目标服务。要看课堂上是否尽快地接触重点内容，重点内容的教学时间是否得到保证，重点知识和技能是否得到巩固和强化。

2. 从处理教材上分析

评析教师一节课上得好与坏，不仅要看教学目标的制订和落实，还要看教者对教材的组织和处理。评析教师一节课时，既要看教师知识教授是否准确科学，又要注意分析教师教材处理和教法选择上是否突出了重点，突破了难点，抓住了关键。

3. 从教学程序上分析

（1）看教学思路设计

教学思路是教师上课的脉络和主线，它是根据教学内容和学生水平两个方面的实际情况设计出来的。它反映一系列教学措施怎样编排组合，怎样衔接过渡，怎样安排详略，怎样安排讲练等。

教师课堂上的教学思路设计是多种多样的。为此，评课者评教学思路：一要看教学思路设计是否符合教学内容实际，是否符合学生实际；二看教学思路的设计是否有一定的独创性，给学生以新鲜的感受；三看教学思路的层次，脉络是否清晰；四看教师在课堂上教学思路实际运作效果。

（2）看课堂结构安排

教学思路与课堂结构既有区别又有联系，教学思路侧重教材处理，反映教师课堂教学纵向教学脉络，而课堂结构侧重教学技法，反映教学横向的层次和环节。它

是指一节课的教学过程各部分的确立，以及它们之间的联系、顺序和时间分配。课堂结构也称为教学环节或步骤。

计算授课者的教学时间设计，能较好地了解授课者授课重点、结构。安排授课时间设计包括：①计算教学环节的时间分配，看教学环节时间分配和衔接是否恰当，看有无前松后紧或前紧后松现象，看讲与练时间搭配是否合理等；②计算教师活动与学生活动的时间分配，看是否与教学目的和要求一致，有无教师占用时间过多，学生活动时间过少的现象；③计算学生的个人活动时间与学生集体活动时间的分配，看学生个人活动，小组活动和全班活动时间分配是否合理，有无集体活动过多，学生个人自学、独立思考、独立完成作业时间太少的现象；④计算优差生活动时间，看优中差生活动时间分配是否合理，有无优等生占用时间过多，差等生占用时间太少的现象；⑤计算非教学时间，看教师在课堂上有无脱离教学内容，或做别的事情，浪费宝贵的课堂教学时间的现象。

4. 从教学方法和手段上分析

教学方法是指教师在教学过程中为完成教学目标、任务而采取的活动方式的总称，包括教师“教”的方式，还包括学生在教师指导下“学”的方式，是“教”的方式与“学”的方式的统一。

评析教学方法与手段包括以下几个主要内容。

(1) 看是不是量体裁衣，优选活用

教学有法，但无定法，贵在得法。教学是一种复杂多变的系统工程，不可能有一种固定不变的万能方法。一种好的教学方法总是相对而言的，它总是因课程、因学生、因教师自身特点而相应变化的。也就是说，教学方法的选择要量体裁衣，灵活运用。

(2) 看教学方法的多样化

教学方法最忌单调死板。教学活动的复杂性决定了教学方法的多样性，所以评课既要看教师是否能够面向实际恰当地选择教学方法，同时还要看教师能否在教学方法多样性上下一番工夫，使课堂教学超凡脱俗，常教常新，富有艺术性。

(3) 看教学方法的改革与创新

评析教师的教学方法既要评常规，又要看改革与创新。尤其是评析一些素质好的骨干教师的课，要看课堂上的思维训练的设计；要看创新能力的培养；要看主题活动的发挥；要看新的课堂教学模式的构建；要看教学艺术风格的形成等。

(4) 看现代化教学手段的运用

现代化教学呼唤现代教育手段。教师还要适时、适当运用投影仪、录音机、计算机、电视、电影、电脑等现代化教学手段。

5. 从教师教学基本功上分析

教学基本功是教师上好课的一个重要方面，所以评析课还要看教师的教学基本功。

(1) 看板书

设计科学合理;言简意赅;条理性强;富有艺术性;字迹工整美观;板书娴熟等。

(2) 看教态

教师课堂上的教态应该是明朗、庄重,富有感染力。仪表端庄,举止从容,态度热情,热爱学生,师生情感交融。

(3) 看语言

教学也是一种语言的艺术。教师的语言有时关系到一节课的成败。教师的课堂语言,要准确清楚、简练、生动形象、有启发性。教学语言的语调要高低适宜,快慢适度,抑扬顿挫,富于变化。

(4) 看操作

看教师运用教具,操作投影仪、录音机、微机等熟练程度。

6. 从教学效果上分析

分析一节课,既要分析教学过程和教学方法方面,又要分析教学结果方面。看课堂教学效果是评价课堂教学的重要依据。课堂效果评析包括以下几个方面。

一是教学效率高,学生思维活跃,气氛热烈。

二是学生受益面大,不同程度的学生在原有基础上都有进步。知识、能力、思想情操目标达成。

三是有效利用45分钟,学生学得轻松愉快,积极性高,当堂问题当堂解决,学生负担合理。

课堂效果的评析,有时也可以借助于测试手段,即当执教者上完课,评课者出题对学生的知识掌握情况当场做测试,而后通过统计分析来对课堂效果做出评价。

## 五、实战演练

### 评李老师《磁场》课

1. 从教学目标上分析

教学目标体现了以学生发展为本的价值追求。

2. 从处理教材上分析

教者对教材的组织和处理得当,知识传授准确科学。在教材处理和教法选择上突出了重点,突破了难点,抓住了关键。

3. 从教学程序上分析

教学思路设计,符合教学内容和学生实际;教学思路设计有一定的独创性,给学生以新鲜的感受;教学思路层次清晰;语言幽默,亲和力强,教学思路实际,运用效果明显。课堂结构严谨,环环相扣,过渡自然,时间分配合理,密度适中,效率高。

4. 从教学方法和手段上分析

教者根据课程、学生、教师的自身特点不同,对教学方法进行了活学活用。本节是概念型课,磁体周围的磁场很抽象,因此采用以学生分组实验为主的教学方法。

教学方法多样化，富有艺术性。在教学中教师引导学生将获得的新知识纳入已有知识体系中，注重了学科间的联系，提高了学生掌握和综合应用知识的能力。

教学方法有所改革创新。演示磁体周围的磁场时，教材是把铁屑放在玻璃板上，下面放条形磁铁显示磁感线分布，实验可见度差，对本实验的改革之处是把铁屑和磁体放在铁板上的蜡纸上，用酒精灯加热，使铁屑粘在蜡纸上，让学生观察，现象直观，效果明显。

5. 从教师教学基本功上分析

板书的设计科学合理、言简意赅、条理性强。教师教态庄重、明朗、富有感染力、举止从容、态度热情、热爱学生、语言准确清楚、简练、生动形象、有启发性、语调抑扬顿挫富于变化。

6. 从教学效果上分析

教学效率高，学生思维活跃，气氛热烈。学生受益面大，面向了全体学生，实行了因材施教，有效利用了课堂时间，学生学得轻松愉快，学生负担合理。

总之，本节课从三维教学目标的实现程度看，是一节较成功的课。

**评分**

课程理念与教学设计：25 分。

教师能力与教学方式：20 分。

学习环境与课堂调控：20 分。

过程评价与教学效果：25 分。

总分：90 分。

## 教学视线

课堂教学评价是教学管理的重要措施之一，具有导向、激励、调节等功能。要更好地发挥其功能，不仅要运用科学的评价技术，制定简约可行的评价标准或制订评价方案，还要有正确的指导思想和工作方法。对此，自己在多年的实际工作中不断学习、探索，形成以下几点思考。

（一）评价中的哲学思考

1. 树立整体意识

课堂教学评价要着眼于课堂教学的全过程，并要综合考虑课堂教学各构成要素的地位和作用，这就有一个局部和整体的关系问题。在评价过程中，既有对局部的分析判断，又有对整体的综合评价。对局部进行分析时要想到整体，脱离整体的局部分析是孤立、片面的；从整体上把握事物的本质须以对局部的分析为前提和依据，没有对局部的分析也无法形成对事物整体全面、深刻的综合判断。局部与整体、分析与综合是对立统一的。在课堂教学评价过程中，常见的误区是脱离整体对局部作价值判断，如孤立地评价教学手段而忽略对效果的考察，孤立地看待考试结果而忽略对教学过程的考察等，因此，应特别强调整体意识的树立。如教学目标的整体及教学目标的设计、实施与达标效果的统一；教学方法、手段与教学效果的统一；教学过程的整体及各教学环节间的相互联系；教学活动的整体及教师的主导作用与学生学习主体作用的统一；中小学不同学段、不同学科的区别及相互间的联系与统一等。

2. 要两分法

任何一堂课都兼有优点和缺点，即便是很精彩的课，也不可能完美无缺，哪怕是再糟糕的课，也不会一无是处。我们在进行分析和评价时，坚持两分法，也就是一分为二地看问题，这是最基本的。明确这一点，可防止偏激和片面性。另外，我们在分析一节课或一位教师的优缺点时，常常要进一步探讨之所以这样或那样的原因，而原因常常是多方面的，至少应分清主观原因和客观原因。忽略这点往往会使分析流于武断，不足以服人。

3. 具体问题具体分析

我们听课、评课，面对的是不同学校的不同教师所讲的不同的课，总之是一个特殊的问题。“不研究矛盾的特殊性，就无从确定一事物不同于其他事物的特殊的本质，就无从发现事物运动发展的特殊原因”。如何研究呢？就是具体问题具体分析。首先要尽可能详尽地占有材料。比如，听一节讲“三大战役”的历史课，课上连形势图也不用，课自然是讲不好，你怎么评呢？如果不了解情况，从一般常规出发，我们肯定会发怒，因为讲战争课用图是基本常识，历史教师连这点都不懂还上得好课？可进一步了解情况后你也许会发现：这是一所山沟里的学校，没有历史专任教师，学校根本就没有历史教学挂图，也没钱买，或者不知到哪里去买。了解了这些，就会少些责怪，多提些解决实际问题的建议，而这才是教学第一线最需要的。矛盾的普遍性存在于矛盾的特殊性之中。我们去一个区县进行集体视导，讲评了若干节课后，总会发现一些共性的东西。比如：基础薄弱的学校的教学环境有共性；非专任教师上课有共性；青年教师上课有共性；等等。共性问题的解决不能头痛医头、脚痛医脚，如不能给每一位非专任教师系统地讲怎样上课，可以办一个班或进行分片辅导。

4. 抓主要问题

评价一堂课不可能面面俱到，必须善于抓主要问题。比如，一节课上得死气沉沉，教师讲课无章法，学生学习没情绪，那主要问题是什么呢？是教师对教材钻研不透，还是教学方法有问题？如果是对教材钻研不透，那症结又在哪里？如果是教学方法有问题，那么，是教师主观上的认识问题，还是具体的措施不当？搞清楚这些，我们才能对症下药帮助教师解决根本问题。若是不分主次，眉毛胡子一把抓，一二三四五罗列一堆问题而不求其根源，不但让人难以接受，更重要的是不利于改进教学。

（二）注意激发评价对象的内在动机

课堂教学评价评的是课，但教师作为讲课人实际上也处在被评价的地位。在课堂教学评价过程中，评课人与讲课人形成了评与被评的关系。运用心理学的道理来处理评与被评的关系有助于发挥课堂教学评价的激励功能。

1. 激发胜任内驱力

一般来说，人们对胜任的工作会越做越感兴趣，越做越好。人在工作中时常得到赞誉与认可，就会激发起强烈的胜任内驱力，从而不断取得进步。有经验的同志告诉我们，评课时要“优点说全，缺点抓准”。优点说全，就是把优点说充分，这就合理地满足了人的赞誉需要，从而使其产生良好的自我感觉，增加做好工作的自信心。同时，也使其乐于接受善意的批评，再加上缺点抓得准，自然让人心悦诚服。

那么，遇到优点少、缺点多的课怎么办呢？优点少，可拆大为小分开说，连带表扬其认真的态度和做出的努力，总之是先让其得到适当程度的认可，好比有经验的医生给小孩打针，先揉一揉，既减轻疼痛又利于药的吸收。缺点多，可归类抓主要的说，或点出缺点的根源，好比针灸要找准关键穴位，不能左一针、右一针把人给吓跑了。

2. 鼓励自我实现

当人们在某种活动中获得成功，并引起他人特别关注的时候，往往会产生心理上的满足感，这种满足感可以起自我强化的作用，使其树立层次更高的理想目标，追求更大的成功。在课堂教学评价工作中，许多有经验的评课人都注意“点出特色”。较好的教师、较好的课一般都有与众不同的优点。点出特色，可以对教师产生特殊的激励作用，由此培养他的成就动机。事实上，许多教师会为这一与众不同的特色，花费相当多的心血，不少名教师就是由一次次与众不同的成功造就的。“点出特色”，还可唤起其他听课人特别的注意，使他们产生学习效仿的心理。

在评课过程中，肯定成绩、点出特色之后，指出努力方向也是很重要的，特别是对正在成长中的年轻教师。因为人们由成就而产生满足感之后，可以向不同的方向发展。常见的误区有：因满足而故步自封，从此很难再有长进；追求更高的目标，但目标树立得不恰当，以致中途受挫或误入歧途。教学评价要在培养教师方面发挥应有的作用，帮助教师树立自我实现的正确目标是十分必要的。特别应注意两点：第一，目标应切合他本人的实际，是经过努力可以达到的；第二，目标应有正确的思想性，不鼓励个人功利主义。

3. 调动互惠内驱力

互惠内驱力是一种重要的内在动机，指一个人具有与别人和睦共处、协同工作的需要。它与人的尊重需要相互交织，是影响人的积极性的不可忽略的因素。课堂教学评价活动会产生不可低估的后效，因此要特别注意协调与授课教师的关系，照顾教师的尊重需要，调动互惠内驱力，使我们的工作既有时效，又有良好的后效。第一，要以平等的身份和商量的口吻与教师切磋问题，而不能居高临下、指手画脚地教训别人。周恩来同志说过：“领导群众的方式和态度要使他们不感觉我们是在领导”，“领导群众的基本方法是说服而不是命令”。我们评价和指导教学也是一样的，最好不要当“判官”和领导，最好是说服而不是命令。第二，评课要看对象，要注意教师的年龄和心理承受能力。一般而言，对年长的或心理承受能力弱的教师应含蓄、客气一些，他们会因为你对他的尊重而乐于接受你的建议或意见；对年轻的或心理承受能力强的教师则可坦率、真诚地表达你的看法，这样简洁明了。第三，评课要注意场合，即一定的时间、地点、情况。从评课的效果特别是后效考虑，场合问题就不是一个小问题，尤其评一节不太成功的课，更要慎重考虑评课场合对教师的心理压力和日后对我们工作的影响。要将评课与评教师分开，讲话要注意分寸、要留有余地，不要在大庭广众之下使教师感到难堪。

（三）把握公开课的评价角度

课堂教学评价具有较强的导向功能，不同学段、不同科目、不同教学内容、不同课型、不同做课目的、不同评价场合有不同的评价角度。在对课堂教学进行宏观管理过程中，经常通过一定规模的公开课教学评价活动为教学指明方向，使之不断得到改进和提高。在这样的活动中，除遵循课堂教学评价的一般规律外，针对不同的做课目的把握不同的评价角度尤为重要，因为这直接关系活动的效果，影响也比较大。下面仅就几种常见类型的公开课试做探讨。

1. 研究课

研究课重在研究教学问题，因此无论授课、评课都要从研究的角度出发。评价研究课时，应特别注意以下几点。第一，明确交代该研究课侧重研究什么问题，以及该项研究的意义。这样做的目的是把大家的注意力吸引到核心问题上来，并调动起研究问题的积极性。第二，要创设一种探讨、切磋问题的气氛。既然是探讨，就应允许各种不同意见，鼓励大家充分发表自己的见解；既然是切磋，就应心平气和地平等地互相商量研究。主持人在引导发言的过程中要避免过早下结论，因为你的结论从你处的地位而言具有一种权威性，会使持不同意见的同志欲说又罢，导致对问题的探讨深入不下去。第三，主持人要对研究和评价情况做简洁的归纳。包括对问题的研究有什么收获和进展；大家对问题的看法主要有几种，你认为哪一种比较有代表性或比较合理，根据是什么；对此类问题的教学建议等。这实际上概括了研究课的价值所在，与一般评课的角度和标准显然有所区别。第四，研究课对授课的教师来说具有风险性，因此，不管结果如何，都应在评课现场给予精神上的鼓励，以号召更多的人开展研究。

2. 示范课

示范课重在示以规范，也就是作出可供大家学习的榜样或典范。因此，评课的立意要高，在一般要求之上还要评出一些可供学习或借鉴的东西。在组织对示范课的评价时，应特别注意的有以下几点。第一，明确交代本课要示范什么，是全课示范还是专题示范。如果是全课示范，要用课堂教学评价标准或评价方案做全面衡量和评价。如果只是做专题示范，例如，板书设计，那就告诉大家要围绕板书设计的方方面面进行评价，必要时可事先制定专项评价标准或细则。第二，请授课教师介绍教学指导思想和教学设计意图。便于评课人从总体上认识和理解这节课，并以此为前提作出正确的评价，避免无的放矢、盲目评说或在评课过程中插入过多的解释；也可让大家学到更有价值的东西，因此，优秀教师最宝贵的是他的教育思想，而不是教学过程中的一招一式。第三，主持人在做总结性发言时，要特别指出哪些优点是堪做典范值得推广的，便于大家学习。

3. 评优课

评优课的规模多有不同，但归根到底是要评出高低优劣来。一般来说有两种情况。第一种是绝对评优，即不定各等级名额，严格依据统一的评价标准或评价方案评出优秀课或分出等级。这类评优要求每一位评价者细致考察教学活动的全过程，做出有理有据的价值判断，然后在集体讨论的基础上确定评价结果。所评出的优秀课应是出类拔萃堪为楷模的，否则不如空缺，以保证评优的严肃性。第二种是相对评优，即根据参评课的情况，按一定比例评出相应的等级。这类评优最易发生意见不一致的导向失误等情况，须谨防两个问题：第一是以偏概全，只看突出的优点而忽略全课的综合考察；第二是置标准于不顾，草率分类。

（作者：北京市教科院 张桂芳）

1. 李新乡，张德启，张军明，等. 物理教学论[M]. 北京：科学出版社，2005.

2. 阎金铎，郭玉英. 中学物理教学概论[M]. 2版. 北京：高等教育出版社，2009.

3. 陈刚. 物理教学设计[M]. 上海：华东师范大学出版社，2009.

## 反思探究

叶澜教授评价一节好课的标准是：扎实、充实、丰实、平实、真实。真实的课就是有待完善的课，如果上完课心里面不存一丝遗憾，这可能不是一节课，是一个完美的话剧表演。

听课与评课后的思考

（一）上课，要凸现三种能力和一种效果。

1. 备课能力

有较强的教案设计能力，内容充分，能兼顾学生学习的特点。

2. 上课能力

教学过程合理，学生主动学习，教学形式、方法使用得当。

3. 教学技能

组织教学有方法，调控应变能力强，教态亲切，语言规范，板书有特色，现代教学技术使用恰当、熟练。

4. 教学效果

既有即时效果，又有关注学生发展的长远效果。

（二）提倡探究式课堂教学。

一堂课"探究性"的强弱，反映了上面提及的三种能力的高下。探究性强的课堂教学，我把它冠名为"探究式教学"。一般说来，它包括四个教学环节。

1. 创设情景（约1分钟，引起动机）

开始教学前，呈现让学生困惑或感兴趣的问题，引发悬念，激活探索知识的兴趣和强烈的求知欲望。

2. 探究思考（约20分钟，了解和获得）

在这个环节中，教师要通过对关键点的了解与调控，掌握全盘，就是平时常常说的"牵一发而动全身"。

调控教学的关键点是通过“分解教材”来实现的。每节课的教学内容可以把知识分解为三部分。

① 学生已知的知识　这类知识由教师提出问题让学生回答。

② 学生半知的知识　这类知识由教师引导,让学生探究得出结论。

③ 学生未知的知识　这类知识由教师深入浅出地讲清楚,通过分析教材,使讲解中有探究,探究中有讲解,促使学生运用已知的知识去分析解决疑难与矛盾。

3. 学以致用(约15分钟)

这个环节包括练习与作业两个学习要素。

教师为了让学生掌握学习方法,培养学生科学的思维方法,出一些有一定梯度的练习,反复训练,根据学生在训练中反馈回来的信息,给予评价、校正和辅导。

4. 概括强化(约4分钟)

这个环节包括概括、保持和回忆三个学习要素。

教师首先组织学生总结归纳这节课的关键点,以及它与学过的知识之间的区别与联系,目的在于把教材中的知识经过同化纳入到学生已有的知识结构中去,使所学的知识进一步条理化和系统化。接着让学生将本节课的重点知识默记1分钟,再请几个学生口头表述,进一步强化重点内容。

(三) 重点确立课堂教学的两个新概念。

1. 平等地对待学生

由于家境、遗传、身份、外貌、受教育的程度等使学生有很大的差异,特别是在学习和掌握知识的能力上表现出巨大的差异,但是教师必须认识到没有永远不变的优势,也不存在没有潜力的个性,学生只要得到尊重,只要有了自信,都能开出智慧和潜能的花朵。

教师稍有半点偏见,就会作用于学生,从而影响学生上课时的情绪。

学生想得最多的不是自己会学到点什么,而是教师除了关心我的学业,还喜欢我做什么;如果我讲错了,教师是否会责备;教师专门请××回答,是不是因为他家里有背景等。

学生是生活在社会中的人,他们通常用在家里、影视中,以及在社会上听到学到的标准衡量教师对自己的态度。

我们常说,学生是课堂学习的主人,这个主人不太好伺候,我们要平等地对待他们,才能提高他们自身的素质。随着学生年龄的增长,他们在不断得到教师的理解、支持、认同、关爱中逐步形成健康的个性。培养自尊、自信、自制、自重的人生态度,发展自我评价能力,学会把握自己的情感,学会与人相处,养成高度的责任感。

2. 关注课堂教学的生活质量

课堂是教学的场所,也是学生交友沟通、情感发展的地方,教师要站在提高课堂生活质量的高度认识自身的教学活动。

什么是高质量的课堂教学生活质量呢?

我觉得学生不仅在课堂上应参与积极,思想活跃,充满激情和责任,在教师引导下掌握知识发展能力，而且在精神上也应感到喜悦、振奋和感动，享受到学习带来的快乐。

教学能达到这样的境界，是每位教师梦寐以求的。其实说白了也很简单：一是靠教师丰富的学识和精湛的教学艺术；二是靠了解学生，尽力满足学生在课堂中的情感需求。

（四）教师在课堂教学中要活化以下八个角色定位

1. 平等的合作者

教师与学生应当是平等的合作者，彼此尊重、互相信赖。

2. 谦虚的倾听者

教师要善于倾听学生的发言。

3. 真诚的赏识者

教师关注学生成长与发展的每一点进步，帮助学生发现自己，肯定自己。

4. 资源的开发者

教师解读给定的内容，将它转化为自己的课程，把教学过程变为学生与教师共同参与课程开发的过程，变"教科书是学生的世界"为"世界是学生的教科书"。

5. 得法的组织者

教师淡化权威，参与学生的一些活动，有效地组织教学，做"平等中的首席"。

6. 有效的促进者

教师营造一种和谐的氛围，把"给学生压力"变为"给学生动力"。

7. 勤奋的学习者

教师要向名师学、向社会学、向网络学、向学生学、向书本学。

8. 扎实的研究者

教师在新课程改革中不断反思自我，提升自我，要尽快使自己从"教书匠"迈入研究者的行列。在教学过程中，以研究者的心态置身于教学情境，以研究者的眼光审视和分析教学实践的各种问题。

（五）评课要注意的几个问题

评课的目的在于增值；评课的标准趋向多元；评课的作用重在诊断；评课的成效需要教学的跟进；评课方式强调对话；评课前要认真倾听执教者的发言。

**【思考题】**

1. 评课的目的是什么？
2. 评课必须遵循的原则是什么？
3. 听课有哪些技术要求？

# 第五章 课程开发技能训练

## 内容导航 ……

❖ 校本课程设计与开发技能训练

❖ 实践活动课程设计与开发技能训练

❖ 特色课程设计与开发技能训练

## 第一节　校本课程设计与开发技能训练

### 一、品味范例

武汉市育才高中校本课程开发实施方案

（一）指导思想

以“面向全体，关注差异，培养个性全面和谐发展的人”的办学思想为指导，以“为学生的终身发展打基础”为目标，充分整合、利用我校的各种资源，开发有利于学生可持续发展的校本课程，提高学生的思维能力和思维品质，培养学生团队协作精神和社会实践的能力，促进学生个性全面和谐发展。

（二）开发目标

1. 促进学生发展

“面向全体，关注差异”“促进全体学生和谐发展”是我校办学的基本思想，也是我校的立校之本。在学生全面学习国家课程的基础上，根据学生个体发展的需要，用学生喜闻乐见的形式开发一些校本课程，促进学生个体的和谐发展的同时，彰显学生的个性、特长，对学生的终身发展负责。

2. 促进教师的发展

在学生发展需要的基础上，促使教师不断拓展和深化原有的专业水平，学习更富时代意义的新知识。让教师的个人特长、业余爱好以教育资源的形式得以呈现并升华，从侧面折射出教师的个人魅力。通过在校本课程中大胆尝试灵活多样的教育教学方法，使教师的教学能力和教学艺术得以提升，提高教学的有效性，进一步促进学生的发展，使学生受益，步入良性循环。

3. 促进学校的再发展

多年实践证明，在正确办学思想的指导下，我校取得了飞速发展。如何巩固办学成果，进一步提高办学品位，将“育高”（武汉市育才高中的简称）办成“市内一流、全省闻名、全国知名”的教育品牌，是“育高”人今后几年的光荣使命，作为学校办学最重要的亮点之一的校本课程是完成此使命的有效载体，因此，在总结和提炼近几年我校校本课程开发经验的基础上，我们要进一步完善开发机制，加强管理，稳定一批优秀课程，整合部分相近的课程，提倡校本课程的模块构建，分模块教学，形成一批拿得出、叫得响、有内涵的精品课程，让学校在具有一定高度的平台上再发展。

（三）开发原则

1. 有利于学生个性需求发展

在课程开发之前，通过座谈或问卷调查等形式了解学生的实际需要，从学生的兴趣、爱好、特长及发展需要出发，结合教师的专业和个人兴趣、特长，开发有利于学生个性发展，能促进其最近发展区得到深化或延伸的校本课程。同时要注意教育目标的整体优化，考虑影响学生持续发展的各种因素的整体协调，促进学生心理、个性、知识、技能及思维的和谐发展。

2. 有利于探究性学习

学校课程的实施过程，就是培养学生的创新精神和实践能力的过程，在学生个体发展需要的基础上，主动地实践，探求新知，激发创新的火花。

3. 有利于学校“面向全体，关注差异”的办学特色的形成和发展

面向全体学生，尊重学生的个体差异，使人才的培养模式由统一规格的教育向差异性教育转变，通过学校课程的开发实施，促进学生个体潜能和特长的发展。

4. 有利于教师专业化发展

由于校本课程教学的目标多元化，教学内容具有广泛性、即时性，教学方法灵活多样，教学形式因内容需要随时进行调整，可实现教师专长的充分发挥，也促进教师角色和工作方式的转变。

5. 校本课程不能是高考学科的延伸

校本课程是建立在学生发展需要的基础上的，它是国家课程的补充，而不是国家课程的延伸或深化：要有效地克服当前学校课程开发过程中“新瓶装旧酒”、“挂羊头卖狗肉”的实际问题，杜绝教师在高考压力下借学校课程之名，行“培优补差”之实的现象。

（四）课程类别

1. 人文与社会

人文与社会类别包括的课程有：①走进中华传统文化；②旅游地理；③大国崛起；④英美概况；⑤插花艺术；⑥中国戏剧；⑦荆楚文化（三个模块：风情篇、历史篇和人物篇）。

2. 科学与技能

科学与技能类别包括的课程有：①自然科学发展史；②趣味化学；③食品安全与化学；④生活中的物理；⑤发明与制作；⑥动画制作；⑦Office 系列；⑧汽车模拟驾驶；

⑨科学前沿(五个模块:宇宙、航天科学;国防军事技术科学;声光电信息技术科学;生命、环境与能源科学;新型材料科学)。

3. 德育与心理

德育与心理类别包括的课程有:①生活中的哲学;②健康的心理、阳光的生活;③成才之路;④人性德育(三个模块:诚信、责任、爱心);⑤专题讲座系列(法制与安全报告、考前心理辅导等)。

4. 语言与文学

语言与文学包括的课程有:①古诗词鉴赏;②演讲与交谈的艺术;③影视剧欣赏;④英语风暴(三个模块:英语电影风暴、英语小品剧和英语童谣与经典歌曲)。

5. 思维与方法

思维与方法类别包括的课程有:①初等数学与生活;②数学建模;③物理思维。

6. 体育与艺术

体育与艺术类别包括的课程有:①田径;②七彩人生;③声乐艺术;④形体与舞蹈;⑤播音主持与表演;⑥校园文体活动与阳光工程系列(多个模块:校园舞、啦啦操、太极拳、军体拳、球类运动等)。

(五) 组织制度

成立校本课程开发与管理委员会,下设课程审定小组,负责校本课程的调研、开发、审定,严格执行校本课程的准入制;设课程管理小组,负责对校本课程的教学过程进行跟踪管理,对教学质量进行监督和评价。

(六) 实施步骤

1. 学生提出课题

校本课程开发管理委员会通过问卷调查、学生座谈会等形式调查了解学生需要,收集学生提出的课题,并分类整理。

2. 审定确立课题

学生提出课题以后,由学校校本课程审定小组根据师资、学生及学校实际,审定确立符合实际的课题,拟定相应课程。经过一段时间的实践以后,课程开发与管理委员会将较为成熟的校本课程基本固定下来,合理分布在不同年级,除了原始开发教师外,还可根据实际教学需要,安排其他教师进行教学,并不断完善、拓展和深化,规范教学,形成精品,长期开设下去。每学年根据学生的愿望及实际发展需要,增减少量课程。

3. 举办课程招标会

分年级进行课程招标,由课程审定小组将拟开设的课程及课程申报审定表下发给年级教师,教师选定课程拿出课程方案,填写上交校本课程申报审定表,校本课程审定小组严格执行校本课程准入制度,最后审定确立课程及上课教师。

4. 进行选课指导

课程开发教师在假期完成课程教学的初步积累,并设计好选修指南,明确限报人数、报名条件，由班主任到班上讲解，并说明选课方式。开学第一周、第二周的星期四自习课时间，高一、高二年级分别开办“选课超市”，学生选课。具体操作由年级负责，每位学生每学期限报一门课程，并必须参加校园文体活动。采用选报单的方式，按学生投递的先后顺序由各开课教师确定选修该课程的学生名单（当场确定），并以教师签名的回执单作为选报成功的凭证。教科室、教务处协助年级组完成学生的选课。

5. 开办“课程超市”

年级组根据学生选课情况，协调各科选报学生名单，安排上课地点和时间，制成表格发给各班主任、授课教师及相关处室。每门课程（或每个模块）每周两课时，一学期共计 30 学时，另两课时参加文体活动。部分体育艺术类课程每周 4 课时，一学期共计 60 学时，每门课程（或模块）原则上限定一学期授完，实行年级走班制。第三周起全面开课，课程管理小组开始进行跟踪管理，及时处理相关问题，校本课程开发与管理委员会随机进课堂听课，保障校本课程的教学质量。

6. 考核评价

学期结束，开课教师对学生进行考核评价，并给以相应课程学分。课程学分由平时学分、考核学分和奖励学分构成。考核形式可灵活多样，如当堂考试、小论文、小制作、试卷检测、实践活动等。校本课程管理小组根据开课教师教案、上课过程管理记载、学生反馈、教学效果对教师做出相应评价。

(1) 对学生的评价

学校对学生校本课程的学习纳入学分制管理，高中三年（主要是高一、高二）每位学生至少完成 4 门校本课程的学习，并按时参加校园文体活动，合格学分为 8 学分，专业发展方向的为 10 学分。评价的主要依据是：①是否完成学时量，即出勤状况；②平时在学习过程中的表现，如积极性、参与状况等；③学习的客观效果，包括教师采取适当方式进行的考核和学生在学习过程中取得各种成绩，达到了规定的学时量，有基本的学习态度，通过考核也达到了基本的教学要求，就给予合格学分。对学习态度好，参与程度高，成绩突出，甚至发展成自己专项特长的学生，视不同情况给予 0.1～0.4 分的奖励学分。

(2) 对教师的评价

评价依据：①教师开课前应制定好课程实施纲要，上课要有规范的教案和活动的准备，开发一轮后要形成校本教材，并把这作为对教师评价的硬性指标；②教师每节课应有考勤记录，保存学生的有效作品、资料及在测试、竞赛中取得的成绩资料等；③教师应按学校整体教学计划的要求，达到规定的课时和教学目标；④校本课程开发与管理委员会通过听课、查阅资料、问卷调查等形式了解教学实际效果及受学生欢迎的程度。

校本课程开发与管理委员会综合以上各种因素，形成对课程开发者的等级评价，并记入教师业务档案。

（七）保障措施

① 校本课程开发与管理委员会具体分工，团结协作，各项工作落实到人，职责分明，保证校本课程开发的各个环节畅通到位。

② 通过对开发教师的等级评价给予教师充分的肯定，同时将此作为年度考核、“评先”、评优及对教师的综合评价的重要依据，在同等条件下负责校本开发的教师优先，校本课程评价等级达到优，充分调动开发教师的积极性，以促进教师综合素质的提高。

③ 在经费上予以保障和倾斜。在学校条件允许的情况下，对校本课程开发与建设中必需的设备、器材、经费、服务等资源，应进行合理分析和评估，统一调配，提供保障，充分利用。因校本课程开发是创造性的工作，备课量大，教师负担重，学校在课时费上予以倾斜，每课时费是国家课程课时费的两倍，同时在一年一度的学校教育教学工作会上对校本课程开发过程中成绩突出者给予表彰、奖励。

④ 在条件允许的情况下，据校本课程开发的需要，组织部分教师走出去学习和将专家或有关组织请进来的办法，进一步提升校本课程的质量。

## 二、案例评析

该校设计了一个完整的校本课程实施方案，包括校本课程开发的指导思想、开发目标、开发原则、课程内容、组织制度、实施步骤和保障措施。其指导思想紧扣“以人为本、全面实施素质教育”这一教育改革发展的战略主题。“促进学生发展、促进教师的发展、促进学校的再发展”开发目标体现了校本课程的主体性。具体来说，校本课程的主体性体现在三个方面。一是校本课程要以学生的实际需要为主导。校本课程以发展学生的个性特长为目标，因而，它就必须充分地了解和反映学生的实际，给学生以尽可能充分的选择机会。二是校本课程的开发和实施需要教师的充分参与，要充分尊重教师的意见，在课程的开发和实践中都要重视教师的主动精神。三是校本课程是以学校为主体，自主开发和发展的课程，因而必须充分体现学校的特色，没有体现出各自学校为本的特点就不能算真正意义上的校本课程。开发原则的内涵则体现出校本课程开发的科学性原则、针对性原则、区域性原则、人文性原则、互补性原则、趣味性原则、协调性原则、多样性原则、可行性原则和综合性原则。课程内容的设置丰富多彩，体现了学科知识的新进展和各学科知识间的相互渗透和融合，增强了学生的生活经验，促进了学生的全面发展。其组织制度健全，责任明确，保证了校本课程的贯彻到位、到人，确保了课程的制度化、规范化。其实施步骤能把设计、开发的校本课程计划付诸实践，可以达到预期的课程目标，也可以对设计和开发的校本课程进行改造和创新。其保障措施能够发挥对校本课程开发、实施和评价的组织领导、监督检查，巩固了校本课程的开发成果，保障了校本课程效益的发挥。

## 三、知识导入

校本课程是以学校教师为主体，在具体实施国家课程和地方课程的前提下，通过对本校学生的需求进行科学的评估,充分利用本地区和学校的课程资源,根据学校的办学思想而开发的多样性的可供学生选择的课程。校本课程的开发主要依据国家教育方针、国家或地方课程计划、学校教育哲学、学生需求评估,以及学校课程资源,强调以学校为主体和基地,充分尊重和满足学校师生的独特性和差异性,特别是使学生在国家课程和地方课程中难以满足的那部分发展需要得到更好的满足。校本课程开发是以学校为基地并基于学校而进行的突出师生特点和学校特色的课程开发策略,它首先需要与之相适应的课程决策与管理机制。

我国基础教育三级课程管理体制的确立,为中小学进行校本课程开发创造了广阔的政策空间。就学校自身而言,进行校本课程开发大体上需要具备四个方面的基本条件:一是明确的教育哲学思想和办学宗旨;二是民主开放的学校组织结构;三是体现学校教育哲学和办学宗旨的教学系统;四是自觉自律的内部评价与改进机制。校本课程开发的基本任务主要包括三个方面:一是满足学生的实际发展需要;二是培养和提高校长与教师的课程意识;三是形成和体现学校办学特色。校本课程的开发策略涉及开发校本课程的流程和模式、学校层面的校本课程开发方案和教师层面的课程方案,以及校本课程的管理措施等。

在流程和模式方面,参与开发校本课程的人员主要包括以广大的教师为主体的核心团队,以及学生、家长、教育专家等咨询团队。操作流程由于每所学校的特点和情况各不相同,因而,总结已有的课程实践,校本课程开发的操作模式主要包括六大步骤:组织建立、现状分析、目标拟定、方案编制、解释与实施、评价与修订。在学校层面的校本课程开发方面,主要是对学校关于校本课程开发的总体思路的战略性描述,包括开发校本课程的基本依据、校本课程的总体目标、校本课程的大致结构和学生选课说明。在教师层面的课程方案方面,与教学方案的编写方法大致相同,不同之处在于校本课程方案更加注重总体的课程目标,一般包括两部分内容:一是一般项目;二是具体方案。一般项目要简要地说明开课教师、教学材料、课程性质或类型、学习时限、参加对象等。具体方案包括课程目标、课程内容与活动安排、课程实施说明、考核评价说明等。在校本课程的管理措施方面,校本课程的管理既要科学化,又要符合学校的具体情况,其管理重点主要体现在四大方面:一是对课程质量的管理;二是对学生选课的管理;三是对上课常规的管理;四是对学生学业成绩的管理。

## 四、技能要点

### (一)校本课程开发的理念

校本课程的开发以全面贯彻党的教育方针、推进素质教育的顺利进行,提高学生的综合素质为宗旨,以培养学生的创新精神和实践能力为重点,以促进学生转变学习方式——变被动接受学习为主动探究式学习为突破口,强调以学校为主体和基地,增强学校办学的自主权,使教材能够根据不同地区的经济发展不均衡的特点,根据不同学校的实际情况和特殊需要,补充国家课程和地方课程的不足,整合学校的课程资源，淡化课程的学科性，尊重和满足学校师生的独特性和差异性。为创办出新型的“个性化”学校提供更大的空间，充分体现“一切为了学生，为了学生的一切”这一指导思想，这就要求校本课程的开发者必须从学生需要出发，深入了解和研究学生心理的发展规律。

（二）校本课程开发的目标

校本课程开发的目标包括主体性目标、基础性目标、发展性目标、全面性目标、实用性目标。

（三）校本课程开发的原则

校本课程开发的原则包括科学性原则、针对性原则、区域性原则、人文性原则、互补性原则、趣味性原则、协调性原则、多样性原则、可行性原则、综合性原则。

（四）校本课程开发的资源

1. 教师资源

教师由于其各自的差异性、特殊性和素质状况决定了校本课程资源的识别范围、开发和利用的程度，以及发挥效益的水平。

2. 学生资源

教师可以利用学生已有的知识储备、兴趣特长，以及现有的学习能力和潜在的学习能力，充分调动其学习新知识、培养新能力的积极性和主动性。

3. 环境资源

环境资源包括教学设施和校园环境、自然环境等。教学设施是指学校可提供的图书馆、合唱室、舞蹈室、实验室、体育馆等硬件资源。校园环境和自然环境是指可利用自然资源为校本课程的开发提供丰富的元素。

（五）校本课程开发的途径

校本课程开发的途径使用较多的为校际合作方式、专家合作方式和领导教师合作方式。

（六）校本课程开发的步骤

1. 搜集资料，明确主题、范围和领域

主题的确立一要考虑学生的内在因素，二要有确保大量的有关资料、信息的支撑。具体来说：一是资料要有一定的科学性；二是信息要有前沿性，要把与课程有关的最新研究成果和资料通过课程开发展现给学生；三是资料要有一定的广泛性，不仅要立足于国内的研究现状和研究成果，还要关注国外的研究现状和研究成果。

2. 明确构成要素

课程的构成要素一般包括课程标准、教师用书、教科书、练习册和辅导材料。学校的课程标准应根据国家和省的课程标准，结合本校的实际情况具体确定。

3. 编写方案

一般包括学校层面的开发方案和教师层面的课程方案。

教师层面的校本课程方案一般包括两个基本部分：一是一般项目；二是具体方案。其中，一般项目要简要说明开课教师、教学材料、课程性质或类型、学习时限、参加对象等。而具体方案则包括课程目标、课程内容与活动安排、课程实施说明、考核评价说明等。课程目标的阐述要具体、清楚、全面地说明课程所涉及的目标及其学习水平。课程内容与活动安排主要说明课程所选择的专题、教学内容、活动项目，以及它们之间的相互均衡与连接的关系。课程实施说明主要是说明教学的主要方法、组织形式、课时、场地、设施、班级规模等；考核与评价说明主要阐述考核方式、计分方式、成绩构成等内容。

4. 开发校本课程的基本依据

开发校本课程的基本依据：一是简介校本课程开发的政策依据，特别是三级课程管理政策在本地区的具体落实等，主要说明校本课程开发的政策空间；二是描述本校的现有资源条件，主要说明校本课程的需要空间；三是描述本校的现有资源条件，主要说明校本课程的现实基础和条件限制；四是描述学校的办学理念或思路，主要说明学校发展的导向。

## 五、实战演练

1. 一般项目

课程名称：感受楚文化

授课对象：高一年级

课程类型：人文素养类，任选课

教学材料：自编教材

授课时间：一学期（每周 1 课时，共 18 课时）

2. 具体方案

(1) 课程目标

① 感受楚文化（人物、历史、文物、歌谣、乐器等），提高人文素养。

② 经历楚文化研究步骤（选题、收集、整理、利用各种楚文化资料，形成楚文化研究成果）。

③ 选取有关楚文化的某个问题进行研究。

(2) 课程内容及活动安排

结合历史资料、留存至今的文物古迹、文化景观和学生的特点兴趣，以“感受楚文化，了解历史”为教育目的，挖掘教育资源，如民间故事、风俗习惯、编钟文化、名人风采等，开发出有关楚文化的课程资源。教师可根据自身的兴趣和特长，选取适合自己的专题、编写相应的校本课程学习材料，开展相关的课程活动。教学方式可利用小组讨论、教师点评的形式。对学习效果的评价可通过对学生成绩的考查来评价。学生成绩主要由平时成绩和课程成绩两部分构成。平时成绩包括学生出勤情况和平时作业完成情况；课程成绩分优秀、良好、合格和不合格四个等级。总之，通过各项活动的实施以此总结和探索校本课程开发的方法和途径，进一步完善校本课程计划的制订、实施和评价体系。

## 教学视线

校本课程是以学校为本位、由学校自己确定的课程，它与国家课程、地方课程相对应。按照现代课程分类理论来考察，校本课程并不是一种课程类型，而是属于课程管理方面的一个范畴，是正在形成之中的同我国三级课程管理体制相适应的基础教育新课程体系中的一个组成部分。我国的校本课程是在学校自身发展中生成的，它不仅体现了各校的办学宗旨、学生的需求特点和本校的特色优势，而且是与国家课程、地方课程紧密结合的一种具有多样性和可选择性的课程。校本课程伴随着学校教育的产生而产生，但是如今我们所论及的校本课程与传统的校本课程有所区别，它特指与国家决策课程行政体制相对应的，赋予学校进行课程决策、开发的一种课程管理模式。在具体的校本课程开发中，我们要走出校本课程只是由学校自己开发的误区。事实上，在教学实践中校本课程的开发存在两种形态：一种是“校本课程”的开发；另一种是“校本的”课程开发。前者校本课程的开发形态是国家在课程计划中预留10%～25%的余地，让学生自主地进行新的课程开发。在这里，“校本课程”是相对于“国家课程”、“地方课程”而言的一种课程板块。而后者校本课程的开发形态是学校在符合国家核心课程标准的情况下，对学校的所有课程进行校本化建设。在这里，既有对国家或地方开发的课程进行适应性改编，又有学校自主开发的课程，因此，这时的课程开发包含了对学校所有课程的一种整体开发。

## 反思探究

1. 校本课程与综合实践活动课程的区别有哪些？

由于目前的校本课程开发时间较短，主要以研究性学习和开放性学习为主，在性质和形式上与综合实践活动课非常相似，因而导致部分教育工作者产生了校本课程就是综合实践活动课、综合实践活动课就是校本课程的印象。事实上，校本课程与综合实践活动有很大的区别，主要体现在以下三个方面：一是从权限上来讲，综合实践活动课是国家规定的必修课程，校本课程则是学校自主开发设计的课程；二是从设计上来讲，综合实践活动课是达到国家规定基本教育目标的课程，特别强调学生基本学习能力的培养，校本课程虽然也考虑学生的个性发展，但更考虑学校的办学理念和学校特色；三是从设计过程上来讲，综合实践活动课是根据国情来设计的，校本课程是学校根据其办学理念与实际情况开发与设计的。此外，在实施上，综合实践活动课既依赖于学校开发，又依赖于地方管理；校本课程则主要是依赖于学校开发。

2. 校本课程给教师带来的机遇与挑战

校本课程的开发给教师提出了极具挑战性的问题。长期以来，教师的主要任务是讲授别人编写的，甚至连教学参考书也齐备的教科书，教师的专业能力发挥受到很大的限制，学校课程的开发要求教师不仅会教书，而且还要会编书。提高学校和教师课程开发意识与开发能力是校本课程开发的关键。长期以来，学校和教师完全执行指令性的课程计划，不可能也不需要具备多少课程意识和课程开发能力，教师的职前职后教育也缺少应有的课程知识和培训，因此，学校和教师课程意识与开发能力的欠缺，是校本课程开发的最大困难。实践证明，校本课程开发是提高教师专业水平、研究能力和创新能力的一条有效途径。

【思考题】

1. 什么是校本课程？
2. 校本课程的开发应当注意什么问题？

## 第二节　实践活动课程设计与开发技能

### 一、品位范例

关于"生命"主题的选题指导课实录

作者：杨海华

（一）活动背景

最近全球自然灾害和人为灾祸频频发生，例如：我国云南盈江地震；日本地震、海啸、核泄漏；多国部队攻打利比亚；我国部分省市因日本地震而引起的抢盐现象等，严重影响了人们的生命安全和社会的经济发展。面对这些，教师有意识地引导学生认识、了解这些现象的危害性，提高学生的防范意识和应对能力，同时还要引导学生关注社会、关注世界，增强社会责任感。

（二）活动目标

① 在创设问题情境中，让学生从现实情境中发现问题，增强问题意识。

② 通过同学之间的讨论、交流、协作，生成自己想研究的主题及子课题。通过活动，提高学生的合作意识与探究能力，增强面对突发事件的应对与自救能力。

③ 在活动中懂得生命的价值，学会珍爱生命。从小树立防灾、减灾意识，以正确的态度对待灾难的发生。

（三）选题过程

1. 情境引入

[投影展示蔚蓝色的地球]同学们赞叹美丽的地球，可爱的家园。

师：可最近在美丽的地球上频频发生自然灾害和人为灾祸，严重影响了人们的生命安全和社会的经济发展，可爱的家园失去了昔日的美丽。同学们说说最近地球上发生了哪些重大事件。

生1：我国盈江地区发生地震。

生2:日本因地震而发生海啸。

生3:多国部队轰炸利比亚。

生4:日本核电站发生核爆炸,导致核泄漏。

生5:日本发生地震后,我国部分省市发生了抢盐现象。

……

师:同学们知道的还真多,说明了我们时刻关心时事、关心社会。下面我们来看一组图片。(展示火灾、交通事故、日本地震、海啸的图片)看完图片后,通过这组图片的介绍,你们有什么想说的或者想问的?

**[PPT展示提供背景材料,给小学生直观的印象,激发学生提问题的兴趣。图片要注意精选,紧扣主题,切不可随意,误导学生游离于主题以外。]**

生1:日本地震死了多少人?

生2:日本地震使日本经济损失了多少?

生3:日本地震对我国经济会造成损失吗?

师:同学们能对日本地震高度关注,说明你们还是比较关注时事的,再想想能不能从其他方面提出问题。

**[面对学生所提问题大而泛,教师的发问要引导学生从自身需要研究的角度提问题。]**

生4:日本核爆炸对我们产生了核辐射吗?

师:有待我们今后去研究。

生5:中国为什么不参加轰炸利比亚?

师:我们中国一向尊重别国,不干涉别国内政。同学们真善于发现问题,你们知道吗,爱因斯坦小时候就和你们一样,能从看似简单的现象中发现问题、提出问题、思考问题。还有其他问题吗?

生6:我们的地球为什么总发生灾难?

生7:在日本发生地震前一分钟就有了警报,为什么还死了那么多人?

师:这个问题提得很有价值,还有哪位同学像他一样提出有意义的问题。

同学们继续看投影(展示日本地震前与地震后的图片,以及在地震和海啸中的死亡、失踪人数。)

**[我为本次综合实践活动创设具有代表性的、且层层递进的情景,这样学生不仅会被情景所吸引,情景所投射出来的问题也能深深震撼学生的心灵。先出示一个蔚蓝色星球的资料图片,让学生感觉地球的美好,接着出示地震、火灾、海啸的画面,让学生感受到人类辛辛苦苦建设的美好家园被灾难"付之一炬"所带来的冲击,把美好与灾难放在一起对比,让学生从心理上感受到震撼。出示的日本地震前与地震后及地震和海啸中的死亡、失踪人数的相关资料,使学生从心底感受生命的脆弱与可贵。]**

2. 确定研究课题

师:灾难给人类带来了巨大的伤害,请同学们想一想,面对这些突发的灾难,我们最关心的应是什么?

生 1:保护自己的生命。

生 2:家人是否安全。

师:那你最重要的是什么?

生 3:生命。

师:你最关心的是什么?

生 4:生命。

师:你呢?

生 5:生命。

师:你们都觉得生命最重要吗?

生(齐):是的,生命最重要。

[教师的追问是为了引导大家对生命的重视和认同,也给学生一个思考的方向、提问的方向。]

师:既然我们大家都觉得生命最重要,那我们这次综合实践活动就来研究有关“生命”的话题怎么样?

生:(一起回答)好。

师:在灾难突然到来时,我们怎样才能做到生命不受影响或受最小的影响呢?(出示投影)

生 1:想办法逃生。

生 2:想办法自救。

师:是的,当我们遇到灾难时,最想做的就是逃生,如果这时没有别人的帮助,那只能靠我们自己的力量脱离险境,只能自己救自己。(板书“自救”一词)同学们想想我们这次研究有关生命的哪个方面?

生 3:生命自救。

师:生命对每个人来说只有一次,任何时候都应该排在第一位,我们只有在平时多掌握一些应对灾难的自救方法,才能把自己的生命掌握在自己的手中,才能在关键时刻保护、挽救自己及他人的生命,只有拥有了生命,才能拥有一切。(板书“生命自救”)

生 4:生命自救的方法。

师:这位同学和刚才那位同学的意思差不多,只是对它进行了补充,也是缩小了研究的范围,便于我们更好地开展实践活动。同学们,你们能把“方法”换个词吗?

生 5:良策。

生 6:措施。

生 7:知识。

生 8:小窍门。

生 9:策略。

师:同学们看看黑板上的这些词,你喜欢哪一个?小组讨论。

生 10:我喜欢“良策”。

师:为什么?

生11:“良策”说明是有效的方法。

师:有没有不同意见?

生12:我喜欢“小窍门”。

师:为什么?

生13:因为“小窍门”很好听。

师:他觉得“小窍门”很亲切,你来说。

生14:我喜欢“小窍门”,因为在应对不同的灾难自救时是要掌握一定的技巧的,这个技巧就是窍门。

师:她说得很有道理,想想你们赞同用哪个词?

生15:小窍门。

师:你们呢?(每人回答)你们也喜欢“小窍门”吗?

生(齐):是。

师:那本次实践活动的主题就是:生命自救的小窍门。

[**这个环节看是词语的变化,实则是体现出儿童化的因素,只有学生自己感兴趣,才是实践活动取得成效的内在动力。**]

师:说一说你们为什么要研究“生命自救小窍门”?

生16:研究了生命自救,在遇到灾难时我就不怕了,就能有办法应对了。

生17:知道了自救的方法,我在别人遇到困难时可以帮助他。

生18:学习了生命自救小窍门,在遇到像地震这样的大灾难时我就知道怎么做了。

师:说得真好!如果我们掌握了一些自救的小窍门,遇到突发事件时就能沉着应对,就能抓住灾难中瞬间即逝的逃生机会,选择正确、合理的方法逃出险境。

[力求通过教师的肯定鼓励、启发引导、反问追问,让学生发现问题、提出问题,从而引导儿童发散思维,从多角度思考问题,让学生一步一步走进教师的预设情景中。]

3. 生成子课题

师:同学们想想我们身边可能会发生哪些危及我们生命的(自然、人为)灾难?

生1:火灾。

生2:交通事故。

生3:病毒(这里我记不清了)。

师:你说的也就是传染病。

生4:煤气中毒。

师:还有没有其他方面?从我国近期出现的抢盐现象想想看,有没有需要自救的方面?

生5:这说明了发生重大灾难后一些人心中的恐惧。

师:他们心里恐惧,同学们想想,如果一个人对某件事表现出过度的、不必要的恐慌,你会觉得这个人哪里出了问题?

生6:心态问题。

生7:心理有问题。

师:你说得很准。还有没有其他方面需要自救?

生8:食物中毒。

师:食物中毒可以归为中毒事故里面。

生9:溺水。

生10:地震。

生11:诱骗绑架、敲诈勒索。

师:同学们能关注到这么多生命自救的方面,我为你们高兴。大家用序号标上。(整理后有七八个方面)

4. 自由分组

师:同学们考虑一下,你对哪一方面感兴趣,就请你坐到相应的组。在自主选择前,老师有一些小小的建议。

(投影展示)自由分组温馨提示:①每组成员4～6人为最佳;②成员最好男女搭配;③选择好组后立即坐下。

**[防止学生在选组时出现:有的组人数特别多;有的组只有一两个人;有些组甚至没人等问题,在选组前出示自由分组温馨提示的内容。]**

5. 选组长,讨论小组研究课题的名称

师:各小组推选组长,并在组长的带领下讨论拟定子课题的名称。(教师巡视指导)

师:拟定好的子课题名称小组就将子课题名称写在黑板上。(学生陆续上黑板写)

① 地震逃生的办法。

② 沉着智慧脱火海。

③ 提防隐形杀手(中毒)。

④ 应对交通事故的方法。

⑤ 冷静应对绑架勒索事件。

⑥ 爱与希望守护生命。

师:同学们所拟的子课题都非常准确,老师佩服你们,你们觉得呢?

**[引导学生对子课题进行评价。对子课题名称进行互相评价既能提高学生的主体地位,又将评价变成了促进学生主动参与、自我反思、自我发展的过程,形成了积极、平等、民主的评价关系。]**

6. 小结

师:今天这节综合实践活动课我们围绕"生命"展开了讨论研究,同学们提出了不少有价值的问题,确定了研究主题和各自的子课题。老师希望通过今天的实践活动让大家对生命有新的认识,把握和珍惜好生命中的每一分、每一秒,勇敢地去创造、去探索,这样才能活出精彩,活出意义。

## 二、案例评析

实践活动目标是让学生通过实践，增强探究和创新意识，发展综合能力。要使学生对所参与的实践活动有热情，全身心地投入，关键在于学生对选题感兴趣。兴趣是维系学生实践活动的内在动力，有了兴趣，学生会不断去探索、研究、创新，从实践活动中学到更多知识，提高多种能力，生成积极的情感价值观。选择好合适的主题，学生的参与热情高涨，主动性、自主性会得到充分体现，实践活动会收到事半功倍的成效。本案例中，无论是主题的确定，还是子课题的生成，都充分尊重了学生的兴趣，让学生在自主中选择出自己喜欢的研究项目。教育即生活，生活即教育。教师要有目的、有重点地引导学生观察社会、观察生活，抓住那些有意义、学生感兴趣而又符合其身心发展规律的生活难点、社会热点，去发掘、捕捉，去提高学生的问题意识，在实践活动过程中形成积极的人生态度和价值观。这应该成为教师指导学生选题的一个重要方面，为学生开展综合实践活动确定一条明确的方向。

本次实践活动中，教师把最近地球上发生的众多的、突发的自然灾难和人为灾祸呈现在学生面前，引导学生关注身边的人、物、事，引导他们从这些现象中去探寻自己需要解决的问题，并对问题进行一些深入的研究与探索。这样学生会积极主动地走进社会，走入生活，在社会、生活这片广阔的天地中发现更多的问题，并运用已有的知识去分析问题、探索问题、解决问题，内化为自己的东西，不断地完善自我，为今后的生活打下基础，以便将来更好地走向社会，创造自己的生活。

## 三、知识导入

实践活动课程是由国家设置、地方指导和学校根据实际开发与实施的一门三级管理的课程。国家没有制定相应的课程标准，更没有提供教材和教学参考书，而是把课程开发与实施的决策权交给了学校。学校要实施该课程就需要对实践活动的课程目标、课程内容、课程实施、课程评价等进行整体规划和设计。实践活动课程的性质决定了课程内容的自主性、开放性和生成性，这就要求学校根据社区环境的具体情况，结合本校的传统和优势、学生的兴趣和需要，对课程内容的选择、课程实施的组织与管理、课程资源的开发和课程评价等方面进行整体规划和设计，并制订出科学、合理的课程实施方案。这是保证实践活动课程常态实施、有效实施的重要前提和基础。

学校要常态化实施实践活动课程，就要对课程进行整体规划，制订出一个科学、规范的实践活动课程总体实施方案，这是课程开发与实施的第一项工作。这对充分发挥综合实践活动课程的价值，对学校课程开发和建设能力的提高，对学校特色办学和教师专业发展都十分重要和必要。实践活动课程方案的编制是学校课程规划的核心，课程方案可以将学校对课程的设想和计划具体呈现出来，成为课程实施的依据和蓝图。学校综合实践活动课程方案的主要内容应包括课程设计指导思想与理论依据，课程目标设计，学校环境和资源分析，课程内容安排，课程实施计划和课程评价设计这几个方面的内容。

需要特别注意的是，要正确区分综合实践活动与校本课程的概念。实践活动课程属于国家课程，是学校必须开设的一门必修课程，是和学科课程并列的一类活动课程，它需要用校本课程开发的技术来进行设计和实施。而校本课程不是一门具体课程，它是国家三级课程管理制度中属于学校自主管理的那部分课程，是根据学校的办学理念来开设的，其内容和学习方式可以符合综合实践活动的要求，也可以不符合。可见，实践活动课程与校本课程既有区别，又有一定的联系。因此，如何把握综合实践活动与校本课程的关系，是学校在制订综合实践活动课程方案时需要特别注意的问题。

## 四、技能要点

1. 课程设计指导思想与理论依据

课程设计指导思想与理论依据是课程方案中的一项重要内容，它是课程开发和实施的基础。学校在开设综合实践活动课程之前需要先了解相关的课程理论和国家的相关政策，然后结合学校的办学思想确定学校实施综合实践活动的指导思想，并以此为基础进行课程开发。

2. 课程目标设计

学校设计的实践活动课程目标要充分体现实践活动课程的总体目标和要求，同时要结合学校的办学思想、学生的特点进行设计。具体来说，应既包括学校实施课程的总体目标，同时又包括各年级或学段实施的具体目标，或者是实践活动不同领域内容实施时的具体目标。在具体目标的设计上，要注意根据学生年龄差异体现循序渐进的特点，以及根据内容领域的差异体现针对性和适用性的特点。

3. 学校环境和资源分析

学校环境和资源是综合实践活动课程设计与实施的客观依据。学校在进行综合实践活动课程整体设计时，要认真分析学生的情况，对校内外的各种课程资源进行仔细挖掘、分析和评估，使实践活动课程的开设在最大限度地满足学生的需求的基础上，体现学校和社区的特色。

4. 课程内容安排

课程内容是实践活动课程规划的重点。实践活动课程内容的选择首先应关注学生的兴趣和需求，充分考虑学校的环境与资源特点。在课程内容的组织和安排上，要考虑四大要素的融合方式及如何有效整合，包括班团队活动在内的非指定领域的活动，再按照学生的生活经验、认知水平和能力特点，分年级或学段进行规划和设计。此外，选择的主题和内容，还应按照一定的维度或线索进行编排。例如，可以围绕人与自然、人与社会，以及人与自我三个维度进行编排。为便于教师和学生了解课程内容选择和编排的整体情况，在课程方案中最好附上活动主题一览表。

5. 课程实施计划

课程实施计划是整个课程方案的核心部分，是课程方案中对课程的具体实施最具有指导性的内容。实施计划中应包括课时的分配,活动主题的选择方式、活动组织形式、活动的流程、课程资源的管理,以及指导教师的安排、活动常规要求等诸项内容。课程实施计划不仅是教师实施课程的重要依据,又可以作为学校对实践活动的实施进行监测、管理和评价的依据。课程实施计划的制订一方面要能够体现综合实践活动的基本理念和要求,另一方面也要充分考虑学校的实际情况,使综合实践活动课程的实施能够与学校的其他工作协调一致,确保计划的可行性。

6. 课程评价设计

评价是课程建设的一部分,也是保证实践活动课程常态、有效实施的一个重要因素。在评价设计上,应坚持发展性评价的理念,采用多主体、多元评价方式,将形成性评价与总结性评价结合起来。课程方案要明确评价的原则和方法。

此外,学校还应建立自我监控和评估机制,随时对学校综合实践活动课程实施的状况进行监控和检查,以便及时发现问题并解决问题;同时还要对学校课程实施的效果进行总体评价,以确保课程的有效实施,真正实现综合实践活动的课程价值。

## 五、实战演练

### 我们的幸福实践活动系列之——我们一起“玩”游戏

作者:杨守仙

文章来源:浙江义乌市江滨小学

【幸福念想】

曾几何时,抓石子、放风筝、过家家、打水漂、抽陀螺、跳房子、捉迷藏、跳皮筋、踢花样毽子、弹瓶盖等游戏为我们的儿时生活增添了无穷的乐趣。这些游戏你还记得吗?是不是希望现在的孩子也能享受这些乐趣呢?可随着时代的发展,这些曾给我们带来无限欢乐的传统游戏正在渐渐远离现在的孩子。现在的孩子很贪玩,他们沉溺于上网游戏、打手机游戏,即使是平时课间玩的游戏也都是从网络里翻版下来的游戏,甚至出现了暴力游戏,还时不时“出口成脏”,严重影响了孩子们的身心健康,于是我想跟孩子们一起重拾回忆,让孩子们多玩玩这些充满童真、健康、有趣、有益的游戏,还可以自己创造一些新的游戏,重拾游戏的欢乐,远离不良游戏,愉悦身心。

【幸福航标】

① 教师亲身示范,孩子们亲身参与,激发孩子们玩游戏的兴趣。

② 以“抓石子”为例,层层深入,在游戏的过程中生成关于小游戏的研究主题,养成善于观察、善于发现、善于思考、善于提问的好品质。

③ 在游戏过程中提高动手操作能力,以及边游戏、边发现、边调整好习惯。

④ 引导孩子投入到游戏中,投入到整个活动中,提高孩子们倾听和合作的能力。

⑤ 让好游戏回归到孩子们的现实生活,培养孩子正确的游戏观,促进孩子脑与肢体协调发展。

⑥ 鼓励孩子们创造性地玩各种有益的游戏,能够充分利用身边资源自己制作游戏道具,既省钱又环保,既有趣又健康。

【幸福备战】

① 指导教师通过回忆、访问、查阅资料等方式用心地去挖掘整理带着乡土气息的课程资源，使传统游戏进入学生视野。

② 购买书籍，给孩子们做参考。

③ 制作精美幻灯片。

④ 了解授课班级学生的游戏情况，及时统计反馈。

⑤ 学生用的活动表格。

⑥ 小石子若干(每小组各五颗)、不同风格毽子三个、牛皮绳几根。

【幸福游戏吧】

1. 回忆——师生齐交流，游戏这点事

① 孩子们述说自己平时玩的游戏，谈谈感受。

② 教师回忆自己儿时的游戏。

2. 展示——教师露一手，回味"抓石子"

① 教师讲桌上玩"抓石子"游戏规则，并挑战高难度动作，激发学生的兴趣。

② 让孩子们说说看完后的感受。自由发表意见，允许提出问题。

3. 尝试——我们玩一玩，玩中来发现

① 分组开始尝试最简单的"抓石子"，每个人都尝试，记录下成功与失败的次数。

② 组员共同分析失败的原因。

③ 全班交流得出"抓石子"的小主题。

预设问题归类：

石子的大小与光滑——选材；

怎样轮流，怎样定输赢——规则；

抛石子的高度、石子的摆放、眼手的配合——技巧；

我们还可以这样玩——创新。

4. 生成——游戏大观园，我有我喜欢

① 课件播放长辈"儿时游戏"的图片，允许孩子们边看边讨论。

② 出示游戏选择栏，孩子们根据自己的喜好形成若干小组。

③ 临时队长、副队长负责商讨形成各项游戏的研究实践新主题。

④ 分组展示，教师点拨评价：

激励——幸福游戏吧，我们来"玩"转；

评价——赞扬，提出不足；

激励——奖励优秀小组、优秀组员(大笑脸)；

希望——把好游戏玩起来，把好游戏传开去，幸福地游戏吧；

感谢——赠送《我们儿时玩的游戏》一书给孩子们。

##  教学视线 ……

（一）实践活动课程的产生背景

实践活动的产生既适应了学生个性发展的需要，又适应了社会发展的需求。每一个学生的个性发展都具有独特性、具体性的特点。每一个学生都有自己的需要、兴趣和特长，都有自己的认知方式和学习方式，综合实践活动为每一个学生充分发展个性创造了空间。当今社会迅猛发展，产生了一系列新的问题，如环境问题、道德问题、国际理解问题、信息科技问题，等等。这些问题都具有跨学科的性质，实践活动为学生参与、探究、理解这些新的社会问题提供了机会。实践活动的产生既继承了我国基础教育的优秀传统，又体现了当前素质教育的内在要求。义务教育法颁布后推出的基础教育课程体系，积极倡导活动课程，但由于没有相应的课程指导纲要，活动课程在实施中遇到许多问题。此次，课程改革设立的实践活动是对活动课程的继承、发展与规范。当前举国上下积极推进以创新精神和实践能力为重点的素质教育，基础教育的课程体系亟待改革与创新，设置实践活动是应对这一需求的重要举措。

（二）实践活动课程的性质

实践活动课程强调实践性、突出开放性、注重自主性、具有生成性。具体来说，实践活动课程均以活动开展教学，强调学生的亲身经历，要求学生积极参与到各项活动中去，在活动中发现问题和解决问题，体验生活和感受生活，发展实践能力和创新能力，这就体现了其强调实践性的特点。同时，实践活动课程面向每一个学生的个性发展，尊重每一个学生的个性发展，面向学生的整个生活世界，不论是其强调富有个性的学习活动过程，还是关注学生在动态的学习中所收获的无可比拟的学习经验和各具特色的创新能力，无一不体现了这一课程在学习内容、学习方式、评价与结果中具有开放性。此外，实践活动课程尊重学生的兴趣爱好，注重发挥学生的自主性。学生可以自己选择学习的目标、内容、方式等，充分发挥自己的主观能动性。最后，实践活动课程具有鲜明的生成性特点。综合实践活动是由师生双方在其活动展开过程中逐步建构生成的课程，而非根据预定目标预先设计的课程。随着实践活动的不断展开，学生的认识和体验不断深化，创造性的火花不断迸发，新的活动目标和活动主题将不断生成，实践活动的课程形态随之不断完善。

## 反思探究 ……

从课程性质和课程功能上看，实践活动课程在新的基础教育课程体系中具有自己独特的功能和价值。从课程形式上来看，实践活动课程是国家课程、地方课程和学校课程综合化的具体体现。从课程内容上来看，实践活动课程是学生经验与学科知识、社会实践与书本知识紧密结合的具体体现，是各个学科课程内容综合化的具体体现，是基础教育课程体系的重大结构性突破。从课程地位与作用上来看，实践活动课程的设置是新形势下人才培养模式重大转变的突破口，是真正落实素质教育目标、培养创新人才的重要措施，是适应信息化社会发展的必然要求。从基础教育课程改革实验的实施进程看，实践课程的开发与实施已经成为课程改革实验亟待解决的重点和难点。

**【思考题】**

案例：日本一所小学三年级关于家畜、家禽饲养的综合实践活动

第一，要使学生具有家畜、家禽饲养的问题意识：家畜、家禽饲养是辛苦的；将什么样的家畜、家禽放在什么样的地方进行饲养。

第二，组织家畜、家禽饲养的学习活动，交流关于家畜饲养的知识和经验。由谁来饲养？怎样进行饲养？还要进行经济效益分析。

① 调查家畜饲养。交流调查的方法，调查的目的、区分、方法和顺序；进行实际调查；整理调查情况；对调查情况进行交流，如有多少种家畜？怎样饲养？饲养规模多大？

② 调查家畜、家禽的作用。交流调查方法；进行实际调查。

③ 关于学习家畜家禽饲养的主要内容：家畜、家禽饲养的范围、作用、劳动、经济、保健，家畜、家禽的种类、头数，饲养者；谈话的方法；统计表的制作方法；研究不同饲养规模；对养鸡场生产的鸡蛋、鸡肉、鸡粪进行用途和经济效益分析；对养牛场生产的牛肉、牛皮、牛奶、牛粪、牛尿进行用途和经济效益分析。

④ 教师指导应注意的几个要点：要注意工时；要自给饲料；可能得不到报酬；村内家畜调查对象；组建不同的学习小组；组织大家对家畜、家禽饲养学习活动进行归纳；引导学生研究家畜饲养规模和农业经营关系的作用；促进大家协力调查。

通过以上案例，思考应当怎样开展和实施实践活动课程？

## 第三节　特色课程设计与开发技能训练

### 一、品位范例

**案例 1**

小榄镇华侨中学时兴书法百人挥毫

“字乃人之衣冠。”在小榄镇华侨中学(简称“侨中”)，人人要学抓毛笔，写得出好字的学生就有近百人。传统的书法，在这里成为校园一道亮丽的风景。“书法课是小榄侨中的必修课。”任教书法的伍权枢老师介绍说，初一级学生全部都要学，每周一节。还有书法兴趣小组，是学校的第二课堂，学生可以自由报名，主要是面向有兴趣的学生。伍老师笑称说：“动不动兴趣班就满员，因为全校不错的学生就有100多人。”伍老师说，学书法首先从握笔开始，手势、坐姿都要求端正规范。其次，就是从

"永"字入手，横竖撇捺，之后主要练习楷体，还会学习隶书。伍老师就是一个书法爱好者。他从教已经40年了，虽然教的是数学，但是从小受父母的影响，坚持练笔。"书法还可以改变性格。"伍老师说，印象最深刻的是一名聋哑学生，由于身体的缺陷，成绩不好，长期被同学嘲笑，脾气一直很暴躁，上书法课时，他写的都是"摩拳擦掌"、"怒目圆瞪"等成语，从这些成语就可以看出他的愤怒。之后，伍老师主动和他交流，教他写字，还送宣纸、毛笔，鼓励他多练字。经过一年多的学习，他在镇书法比赛中拿了三等奖。伍老师说，"这个学生之前从来没有想到自己能得奖，因此建立了自信，心态平和了。现在，他已经是初三学生，尽管成绩依然一般，但人生态度转变了。"侨中的学生学习毛笔除了在个人修养上有所收获，比赛成绩也斐然。2004年，小榄镇"千人书法大赛"，初中组有20名奖励名额，小榄侨中就占了12名。2005年，一初一学生在《语文月报》杯全国书法比赛拿了三等奖。如果你问，为什么要学书法？伍老师会这样回答："书法是我们的传统文化，写字靓让你终身都受益。"

**案例2**

黄圃中学巾帼足球队不让须眉

在黄圃中学，有一支巾帼女足，全部队员都是在读的初中女学生。绿茵球场上，你可以见到她们矫健的身影，她们就是中山女子足球队。中山女子足球队成立于1997年，受中山市足协、体委和教育局的领导。最初以黄圃理工为训练基地。1999年，女子足球队训练基地转到黄圃中学。目前，中山女足有22位队员，她们日常训练和上课都在黄圃中学。刻苦训练，每天早晨6点，她们就要起床，参加训练。校长周和德介绍说，要成为优秀队员，就要比别人努力。一周训练六天，每天的训练时间不少于3小时。因此，早上6:00这些女队员就要起床，参加训练，7:30结束。下午则是分单、双日安排不同的时间训练，单日4:00到6:00，双日是4:40到6:00。"对手不好找，女足经常和男足拉练。"周校长介绍说。"以赛促练"是一贯坚持的方针。由于女子足球队不多，优秀的对手就更少，因此，男子队经常被拉过来陪练，而且经常是成人队。如黄圃中学教师队和西区中学教师队就是陪练的常客，虽然有些老师是业余水准，但是对足球的热情却一点不低。而一直关心中山女中的中山市足球协会还组织了"足协元老队"和中山女足打了一场，算是鼓励赛。今年4月份，女足还要参加黄圃镇初中男子足球赛，"没有照顾，从初赛开始，输了一样会被淘汰。""队员都有毅力、抱负，一定要踢好足球。"在队员和教练的努力下，成绩骄人。2004年，女子足球队代表中山市参加广东省第八届中学生运动会，成绩仅次于广州队，深圳队获得第三名。"足球要踢好，文化课也要学好。"周校长介绍说，目前共有22位女队员，实行"三年一贯"制，队员从初一到初三都有，为了保证队员的文化课，每个年级的队员都被安排在同一个班，班主任和任课老师定期对队员进行学业的辅导。目前，有6位队员正在读初三，她们除了要复习应付中考，每天的训练如常进行。不过，女队员也争气，早年有队员考入中山市一中、侨中的高中，更有素质好的队员被教练看中，去省体校进一步深造。"由于天天训练，风吹日晒，不少队员晒黑了，家长一开始也很担心。"周校长说，"做好家长的沟通工作，介绍女足的光荣历史，女足是市一级球队。"学校的努力得到了家长的理解。在黄圃镇,小学生踢足球十分普遍。队员的基础素质一直不错。周校长介绍说:"足球是一项兴趣,除了身体素质外,对足球的热爱也是关键,喜欢才能踢好足球。"

**案例 3**

杨仙逸小学航模班志在冲天

在杨仙逸小学的运动场上,星期一到星期五下午 4 点半,你都能看到,一群孩子为各种型号的飞机模型着迷,一次次放飞、失败、重新再来,不折不挠,直到手中的飞机模型翱翔蓝天。人小,但志气不小,人人都"志在冲天"。在 2003 年前,各年度航模比赛中,该校航模队曾蝉联中山航模比赛 11 年冠军,更拿下广东省航模通讯赛 8 年冠军,为中山争得荣誉。"兴趣是我们的第一出发点。"副校长杨健文介绍说,杨仙逸小学作为市航空模型传统项目学校,至今已经有 16 年历史。航模兴趣班是由校内各年级的学生自由报名,选拔后组成兴趣班,不仅有高年级的同学,也有刚刚入校的一年级新生。目前,航模兴趣班有 40 位同学,其中还有 30 位同学提高班的技术已经比较成熟。杨健文介绍说,学航模强调动手能力,不仅要学生自己动手装配模型、调平衡,而且还要求熟悉风向,根据实际情况调整模型。"放一次失败,再来,要试飞成功需要不断尝试,靠的就是一股冲劲和毅力。"据了解,航模主要有直升机、手掷动力、弹射动力和橡皮筋动力几类。每位学生进入兴趣班后,都会先学习简单的航模知识。例如,动力、风向、操作等。之后,还会亲自动手,制作简单的飞机模型。

今年 8 岁的马俊文小朋友,正读二年级,还在一年级的时候,他就已经是兴趣班的一位成员了。他说:"我喜欢航模,学会手掷飞机。不过,目前还不会装飞机,也不会玩直升机模型,但是有信心慢慢学会。"教练介绍说,新学期开学后,一批新同学也会加入,正常的训练也会展开。"每位加入兴趣班的同学,都会为自己的选择而骄傲。"杨健文介绍说,航模兴趣班成立于 1990 年。杨仙逸小学是为纪念追随孙中山先生革命的杨仙逸将军而命名的,他是中国航空的先行者,被誉为"中国空军之父"。而该兴趣小组的建立,就是以探究航空飞机模型为主,是另外一种形式的纪念。

## 二、案例评析

办学特色是一所学校在办学中所表现出的独特的、本质的、稳定的教育风格。它是一所学校区别于其他学校的显著标志,是一所学校积极进取的个性表现。因地制宜地确定突破口,创造性地组织教育活动,是办出特色的基础。一个学校的特色建设,应以教育教学工作为重点,处理好特色建设与其他各方面建设的关系,以特色带其他,以其他促特色,充分发挥自身优势,培养全面发展的人才。学校应首先开发课程,然后用课程作用于教学,而不是先贴上"特色标签",再谈课程开发;在课程建设上,应该先研究课堂,再研究课程结构设计,而不是先设计课程,再进入课堂教学。尊重实际,以学生发展为本特色课程建设,首要的是有特色地执行国家课程,学校绝大部分精力应该放在国家课程上,创造性地执行国家课程是特色的最大内涵。其次，特色课程要通过课堂体现，要寻找适合本校特点、学生需要的执行方式，把特色课程真正贯穿于课堂教学。学校创建特色不应降格为“贴标签”，而应该深入思考创建学校特色的价值追求，在促进学生发展的课程、教法和管理上下工夫。

## 三、知识导入

特色课程是指学校根据素质教育的要求，为本校学生开发的区别于传统课程的教学内容。它具有前瞻性、实用性和鲜明的能力特征。特色课程的开发是学校办学自主权的充分体现。在国家课程、地方课程和校本课程三级管理的课程体系下，在可持续发展教育理念的指导下，要充分利用各种课程资源，努力挖掘各类课程特色，致力于国家课程的科学落实，致力于地方课程的创新实践，致力于校本课程的特色建设，培养学生的自主学习能力，走出一条适应学生的个性发展、适应教师的专业发展、适应时代变革要求的可持续发展之路。国家课程是国家教育行政部门规定的统一课程，它体现国家意志，是专门为实现未来公民接受基础教育之后所要达到的共同素质目标而开发的课程。它是一个国家基础教育课程计划框架的主体部分，在决定一个国家基础教育质量方面起着举足轻重的作用。国家课程对教育提出的基本要求和共同的质量标准具有较强的权威性和一定的强制性。概括起来，它具备基础性、指导性、统一性、综合性、稳定性等特点。因此，要认真落实国家课程，以认真落实的科学态度，开足、开齐国家课程，努力挖掘课程特色，形成各具特色的国家课程实施体系，逐步构建基础性课程、丰富性课程和发展性课程三大板块的课程体系，突出显性课程，强化隐性课程。

新课程改革要求学校在常态教学中，实践、研究、探索现代化课堂教学，并在新课程改革背景下，以课堂教学设计为突破口，合理利用好各种教学手段和教学方法，构建和谐课堂。在教学过程中，我们注重培养每个学生的兴趣和才能，摒弃传统教学的机械性，强调学生角色的主动性，强调教学过程的社会性和情境性，强调教学目标的全面性，加强课程内容与学生生活，以及现代社会、科学发展的联系，关注学生的学习兴趣和体验。倡导学生主动参与、乐于探究、勤于动手的学习态度，培养学生交流与合作能力、获取新知识、并进行创新的能力。探索与课程实验相适应的教学模式，特别是要引导教师自觉实践“学生主动参与、乐于探究、勤于动手、注重学生学习能力培养”的教学方式，促进教学方式、方法的改革，引导学生学会学习，促进民主合作的新型师生关系的形成。

## 四、技能要点

特色课程就是本地区通过长期的教育实践和教育研究所产生的教育经验和教改理论，既运用和丰富了教育科学理论，又受到广泛的教育实践的验证，构成相对独立的、比较完整的、具有社区特色的教育理论和实践的知识体系，并根据一定的教育目的、教学对象的特点和教学法的要求所编制的教育内容。

1. 特色课程的开发内容

特色课程从开发构思到组织实施有一个过程，就其开发的程序与方式来看，可分为课程选择、课程改编、课程整合、课程补充、课程拓展、课程新编等几种；就开发的主题内容来看，主要包括德育、智育、体育、美育等几个方面。其中，德育是特色课程建设的主要内容之一；以智育为主题的特色课程主要是指与语文、数学、英语、科学等学科相关的文化知识课程；学校一般都有开展体育艺术课外活动的传统，因此，体育、艺术就可以成为学校开发特色课程的重要内容；此外，某一类别的特色课程，其内容形式和价值功能都侧重于某一方面的主题，这类综合类特色课程也是开发的主要内容之一。

2. 特色课程的开发思路

不同特色课程的开发实施，其程序步骤也不尽相同，但总体运行思路大致相同。从学校层面看，一般是"课程资源开发—师资培训—教学实施—考核评价"；从教师层面看，一般是"参与课程资源开发—组织教学活动—评价学生活动成效—反思调整提升"；从学生层面看，一般是"自主选择—活动探究(学习探讨)—展示交流"。课程资源开发不等于编写教材，也不一定需要编写教材，比如，实践基地其实就是"活教材"。当然，有些课程可以编写教材，有利于系统实施。因为特色课程需要本校大部分教师参与，加强师资培训，不可或缺。在校内师资不足的情况下，也可以聘请校外人员。

3. 特色课程的实施方式

特色课程以活动形态为主，它的组织实施，一般不采用常规的课堂教学形式"教教材"，学生的学习活动方式不应是接受式，特别策划而应是探究式、实践式、活动式。

4. 特色课程的管理评价

特色课程管理评价主要包括课程资源的管理、教师课程教学的管理评价和学生课程学习的管理评价。课程资源包括硬件资源和软件资源，对教师课程实施的评价可从过程与结果两个方面进行。过程考核主要是承担教学辅导的纪律态度、教案准备、活动方式、组织秩序等；结果考核主要以教学辅导的成果、成效为依据。同时，应提倡教师反思自评，不断改进。对学生的评价，应坚持正面引导、欣赏鼓励，可以在活动过程中随机评价，在成果展示中交流评价，在竞赛评比中示范评价。

## 五、实战演练

特色课程——在诵读、游戏和仿写中将孩子带入童诗的境界

在将童诗写作教学作为特色课程的过程中，我们做了有益的探索和实践。下面结合自己的教学，谈谈童诗写作教学四个具体的做法。

(一) 诵读——感受诗的神韵

诗需要用心去感受。大量的诵读是儿童感受、领悟诗的神韵的最佳方法。每天

早上到校，都会有一个小小的惊喜等着孩子们——小黑板上是一首经过精挑细选的小诗——圣野的《欢迎小雨点》，林武宪的《鞋》……于是，学生们就津津有味地读起来，语文课师生问好前读一遍，放学时边整理书包边念几遍，便记住了。儿童诗简单浅显，又不失童真与情趣，能带给孩子一种天然的快乐。不需要挖掘深刻的含义，也不必讲解，以保护学生们与生俱来的对美的直觉。只在必要时，引导学生去寻找发现"诗眼"，品味那"缠在舌尖的似有若无的味道"。根据学生的年龄心理特征和审美要求，决定了我们对儿童诗赏读的选择标准：节奏鲜明，语言富有音乐美；充满童趣，健康向上；意蕴优美，便于理解；古今中外，皆有涉猎。大量的诵读，让学生能清晰地感受到诗的情趣美、诗的节律美和诗的语言美，并把它化为自己的一种难以言说的美妙感觉。

（二）游戏——跨入童诗的大门

游戏是孩子们最喜闻乐见的一种学习方式。如果说大量的赏读是儿童感受、领悟诗的神韵的最佳方法，那么游戏则是学生走进诗歌大门最好的敲门砖。

1. 押韵游戏

许许多多的诗歌、儿歌都是押韵的，这样不但好听，而且读来朗朗上口，和谐流畅，具有一种音韵美。学生在欣赏诗歌时，首先引导学生发现诗歌押韵这一现象，体会这些儿歌、诗歌、顺口溜等是不是因为押韵而变得好听了呢？然后组织学生做押韵游戏。例如：教师提出一个词是"童年"，学生找到一个词，使它后面的一个字与"童年"的"年"押韵。再让学生做三个字的押韵游戏、五个字的押韵游戏、一个短句的押韵游戏。学生每次都会因冥思苦想后的豁然开朗而欢喜雀跃。

2. 接龙游戏

平时，学生们很喜欢玩词语接龙游戏。教师精心设计让学生们玩诗歌接龙游戏。从一句一句接龙，到一节一节接龙，他们常常乐此不疲。如教师出第一句："小雨沙沙沙，它在树上吹喇叭。"学生接："小雨嗒嗒嗒，它在屋檐下敲小鼓。"就这样一句一句接下去，然后选择自己最满意的几句，分行写下来。嘿！他们惊喜地发现，经过大家的努力，童诗《小雨是个音乐家》完成了，内容丰富，语言优美，富有情趣，品尝了作诗的成功与喜悦。在这样的游戏中，模仿与自由发挥结合，解决了不会写的问题，打破了写诗的神秘感。

3. 涂鸦游戏

让学生欣赏好玩的图像诗，给他们打开了一扇神奇的窗户。图像诗有趣的地方就是——利用文字的排列和主题结合，把文字当做棋子，排列在画板般的白纸上，让你看到图，也读到诗。然后就让学生边涂鸦，边写上几句，"学习园地"就成了他们涂鸦作品的展示墙。在涂鸦中，他们觉得诗歌不但美，而且还这么好玩、有趣！他们迫不及待地想要踏进这个奇妙的领域。游戏，不断地调动起学生对诗的兴趣，而且为学生写诗打下了基础。

（三）仿作——习得写诗的方法

学生们在创作初期，常常会有不知如何下笔的苦恼，借由童诗仿写，可以帮助他们习得写诗的方法，较快地品尝到成功的喜悦。

1. 改编课文学习

遇到一些意境优美的散文，我常常会教学生把它改编成一首小诗。这小小的文字游戏，学生们总是乐此不疲。如教学《乡下人家》一文时，学生们都读得津津有味，我说：乡下人家就是一首甜美的田园诗，不信，你看——

夏天的傍晚
乡下人家
把桌椅饭菜搬到门前
天高地阔地吃起来
天边的红霞
向晚的微风
头上飞过的归巢的鸟儿
都是他们的好友
它们和乡下人家
绘成了一幅自然和谐的田园风景画

孩子们一看，个个跃跃欲试。我趁势告诉大家：写诗，就是把美好的画面一句一句地分行写下来，可以是一个画面，可以是几个画面的组合。你读《乡下人家》一文后，可以选一个你最喜欢的画面改写成诗，也可以选几个画面组合写成诗。于是，孩子们有模有样地改编起诗来。渐渐地，笔者把童诗创作教学作为语文教学的一个部分，学了一首诗、一篇课文，可以拓展写诗。如学了《山中访友》，让学生改编第五自然段；学了《卖火柴的小女孩》，就让学生以诗的形式（分行）写读后感。

2. 对比诵读领悟诗味

通过对比，要让学生知道，把想写的一句一行写在纸上，那还不是诗。写诗要有诗的味道，要让人读了你的诗，觉得很美，很好玩，很有趣，很有想象力。例如，第10册第二单元的主题是难忘童年，前三篇是中外作家所写的回忆童年生活的文章。在教《儿童诗两首》前，教师布置学生写一首以童年生活为题材的儿童诗。结果，不出教师所料，学生写的都是“大白话”。在教学了《儿童诗两首》后，一比较，他们就明白了：《我想》一诗，诗人用准确而生动的语言表现了儿童惊人的想象力和对美的向往；《童年的水墨画》则是摄取了一组儿童生活的画面，表现了儿童生活的快乐。而且，这两首诗全都押韵，读起来有一种音韵美，很上口。我借机引导孩子们，写的过程中能合韵脚或基本押韵则更好。前面说到的那首改变自《乡下人家》的小诗就押在“ɑ”的韵母上，“家”、“霞”、“画”就是。童年的生活就如天上的星星数不清，如沙滩上的贝壳，拣不完。诗人就摘下了一颗最亮的星星，择取了一枚最漂亮的贝壳来赞美、来吟诵。诗是生活中每一个瞬间的捕捉。写诗要善于发现和捕捉美的画面，一次一个意念。尔后再来同题仿作，学生的笔触就贴近生活了，亲切自然了。有时，我会选不同诗人写的同题材的儿童诗让学生做比较，领悟其中的妙处；有时，我会拿学生的习作和同题材的儿童诗做比较，引导学生修改自己的诗作。久而久之，学生就懂得了：

生活中处处有诗的题材，只要你善于观察。但是，如果你只是将眼睛看到的、耳朵听到的、心里想到的，不管三七二十一全部写下来，那样的诗就少了美感，少了诗味，少了灵气。

3. 欣赏仿写内化方法

童诗常用的表现方法有以下几种：比喻法、比拟法、阅兵法、摹声法、夸张法、假设法……如何让孩子们掌握、运用写诗的基本方法呢？笔者在实践中通常分两步走：欣赏，形式的示范扶持——模仿，内容的引领提示，让学生减少创作的畏惧感，从趣味着手，开启孩子们的心智。

① 引导孩子欣赏诗人的作品，从品读、评议中感受一些写诗技法。如欣赏《树》——

春天的树
是花儿们选美的舞台
夏天的树
是蝉儿们唱歌的教室
秋天的树
是水果们睡觉的摇篮
冬天的树
是风儿们赛跑的运动场

这首诗在形式上采用了阅兵法，这是儿童诗中常见的一种技巧，学生易于模仿。

② 引领提示学生模仿，可以写风、小草、太阳等，描绘四季的不同特点。

又如：欣赏《风老师上课》（冯杰）、《荷塘》（虞运来），领悟用新鲜的比喻，生动的拟人来表现事物的方法，一首首文笔稚嫩、清新的小诗孕育而生——

影子/影子/跟在身边/怎么甩也甩不掉/怎么剪也剪不断/真是拿它没办法。《影子》

早上送你一支歌/丁零零/丁零零/你要不起来/它就一直唱。《闹钟》

原则上，一次仿作，模仿运用一种表现方式，由浅入深，循序渐进。

4. 基本技巧有机穿插

如“花——（笑了、醉了、生气了……）”、“水果的梦想”等命题就是拟人手法的运用。再如，《它们在想什么》、《如果我变成风》，题中就将提问法、假设法自然运用了。

（四）想象——为童诗创作插上翅膀

想象是诗歌的翅膀。在诗人的笔下，“报纸是世界的窗户”，“猫妈妈的舌头是灵活的手”……诗人飞扬的想象力，结出金灿灿、亮晶晶的句子。只有插上想象的翅膀，才能让孩子们自由地在诗意的天空翱翔。为此，笔者常常将一些诗歌组合在一起进行教学。比如，欣赏下面的诗歌。

云

云像一个忙碌的画家
在天空中画出了一幅又一幅的图画
云像一个贪玩的小捣蛋
常常忘了回家

风

风儿微笑
在树上荡秋千
在草原上赛跑
在院子里那树叶儿玩飞镖游戏

这两首诗都是描写事物的特点，作者对事物的刻画充满了儿童天真的想象与稚趣，读来极具情味。

(1) 想象的练习。

① 云　忙碌的画家、贪玩的捣蛋鬼、神奇的魔术师、坏脾气的小孩……

② 风　微笑、荡秋千、扯我的头发、敬礼、捣乱……

③ 雨　爱哭的孩子、音乐家、一块橡皮、和朋友们做游戏……

(2) 情趣的表达。

① 云　忙碌的画家画些什么？怎么画？贪玩的捣蛋鬼做了那些捣蛋的事？神奇的魔术师怎么变魔术的？坏脾气的小孩怎么发脾气的？……

② 风　爱和哪些朋友玩？玩了哪些游戏？谁在敬礼？谁在跳舞？给谁捣乱？……

③ 雨　为什么哭了？音乐家在哪里演奏？奏出哪些动听的音乐？

(3) 试着写写看。

(4) 交流、欣赏、鼓励。

想象给孩子们创作童诗插上了翅膀，让他们在童诗的天地里自由自在地遨游，享受着成为小诗人的乐趣。儿童与诗天然的亲近性，为童诗特色课程的开发成长提供了一方滋养的沃土。让我们引导孩子用心去关注生活，用诗去表达生活，在诗意的天空里自由翱翔吧。

## 教学视线……

### 学苑风景：我们是口算小高手

——记南宁市华强路小学特色课程口算成果展示活动

2008 年 12 月 4 日上午，南宁市华强路小学多媒体教室里座无虚席。坐在观众席上的家长和前来观摩的老师脸上流露出期待的神情，而我们的小同学则一副胜券在握的样子。原来，今天要在这里举行华强路小学特色课程口算展示活动。

8点30分，展示活动开始了。首先由二(5)班的同学给观众展示口算。只见老师依次随机抽取了20张口算卡，小同学们则迅速地在答题卡上写出答案，然后又雀跃着把答题卡高高举起。我也默默心算着，发现同学们的答案几乎都是正确的。接下来，到三(3)班的同学们上场了，他们进行的是“你追我赶”接力赛和“争分夺秒”擂台赛。“你追我赶”接力赛的比赛规则是：各组先选出一列同学，以开火车的形式比赛，每人答题时间为3秒，超过时间视为答错，由下一个选手接着答题，答对多者胜出。三年级的口算，老师出的题已经开始包含了加减乘除，有一定的难度了，但是同学们的“火车”依然开得很顺利，每一列“火车”都胜利地完成了任务。接着，主持人请出一名前来观摩学习的老师，给她出了一道数学题：“假如苹果每千克3.5元，那么，20元能买4 kg吗？”当我们和这位老师一起思考的时候，许多小同学已经开始大喊：“能！”主持人又接着问那位老师：“20元买了4 kg苹果后，还剩多少钱？”话音刚落，同学们又异口同声大喊：“还剩6元钱！”聪明伶俐的同学们几乎没有浪费一秒钟时间，而被提问的老师还在思考……这是“争分夺秒”擂台赛的前奏。我也没有在同学们喊出答案前想出答案，这时，我开始佩服这些小高手了。接下来的擂台赛，小同学们优异的表现则彻底把我打倒了。“争分夺秒”擂台赛的比赛规则是：在1分钟内，同学听老师读题，然后直接说出答案。每道题只有3秒的思考和答题时间。在1分钟内答对题多者胜出。题目由选手自选一组，老师读题，如甲、乙两人打印一份10 000字的文件，甲每分钟打115个字，乙每分钟打135个字，几分钟可以打完？兄弟两个人同时从家里到体育馆，路长1 300 m。哥哥每分步行80 m，弟弟骑自行车以每分180 m的速度到体育馆后立刻返回，途中与哥哥相遇，这时哥哥走了几分钟？

要答出这些题目，我是需要拿出计算器一步一步计算的。但是我们的小高手们，等老师读完题，略一思索，答案马上脱口而出，让我佩服得五体投地。而让我甘拜下风的是最后出场的六(2)班的同学们。这一回，老师更绝。她给坐在观众席上的每一位家长和老师都发了一张卷子。这张卷子上是六年级的40道口算题。老师要求：用2分钟时间，所有的家长、听课老师和六(2)班的同学一起答题，看谁能答得多、答得对。结果让人大吃一惊：六(2)班的48名学生，有7人全部答对，答对30～39题的有39人。而在座的老师和家长，答对30题以上的人寥寥无几……。

看来华强路小学的每一个小同学都是口算小高手哦！这些口算小高手是怎么训练出来的呢？展示活动结束后，我采访了多名小同学。三(3)班的陈卿如同学告诉我：“我从一年级起就开始接触口算，口算其实并不难。我每天都坚持口算，有时候老师没有布置口算作业，我也坚持要妈妈帮我出口算题，因为我觉得口算在日常生活中常常要用到，多练习，它会给我带来方便和快乐。”三(5)班的韩李明可说：“我其实很喜欢口算。通过口算，我发现我做数学题的速度提高了，还知道无论做什么事情，只要坚持，就一定会有收获。而且每天晚上我做口算时，妈妈总是坐在我旁边帮我计时，在我的口算成绩越来越好的同时，我也觉得很幸福。”说完，小明可略带羞涩地笑了。六(2)班的邓千叶大方地说：“经过这几年口算训练，我知道口算不仅要算得快，还要掌握一定的技巧。口算既锻炼了我的思维能力，还使我的注意力更集中了。每通过一次口算测试，得知自己的成绩又有所提高后，那种喜悦，是无法用语言来形容的。”……从小同学们自信的话语中，我总结出了他们成为口算小高手的必经之路：①每天5分钟口算；②天天坚持；③长期坚持。

亲爱的小读者，如果你也能像华强路小学的同学们那样长期坚持口算，苦练、多练，我相信，用不了多长时间，你也会成为像他们那样的口算小高手的。

1. 陆重衣. 让孩子们在诗意的天空里翱翔——对童诗写作教学列为特色课程的思考与实践[J]. 作文教学研究，2009(02).

2. 应明安. 以特色课程推进学校文化内涵建设[J]. 浙江教育科学，2011(03).

3. 陈培瑞，李卫东房彩霞，等. 让校园充满七色阳光——济南市营市东街小学特色课程开发的实验与启示[J]. 当代教育科学，2009(18).

4. 林乐光. 构建特色课程　培养自主学习能力[J]. 北京教育，2010(04).

5. 邓艳红. 课程与教学论[M]. 北京：首都师范大学出版社，2007.

6. 门秀萍. 中小学校本课程开发的理论与实践[M]. 北京：开明出版社，2003.

7. 陈鹏飞. 走向校本教研[M]. 合肥：合肥工业大学出版社，2004.

8. 王一军，吕林海. 校本课程开发：小学案例[M]. 上海：华东师范大学出版社，2009.

9. 但武刚. 活动教育的理论与方法[M]. 武汉：华中师范大学出版社，2005.

## 反思探究……

### 千姿百态的学生到底需要什么

也许是与生俱来，也许是受不同环境的影响，造就了千姿百态的生命个体，每个生命都有其独特的“构成”、独特的天性、独特的个性、独特的素质。很多孩子的智力“天幕”上，“东方不亮，西方亮”，有“高山”，也有“深谷”。生命是多姿多彩的，多彩的生命需要多种营养，更需要七色阳光。有一个场景撞进房彩霞校长的眼帘。一次休业式典礼后，房校长照例站在校门口，微笑地看着孩子们从学校走出，看着家长们接孩子的那份喜悦。猛然间，闪过一个不和谐的镜头：一个孩子见了妈妈就哭了，家长接过孩子手里的东西后问了几句后就离开了。细心的房校长不由心头一震。在与班主任的交谈中得知：这个孩子的成绩平时很优秀，因为期末考试语文成绩不理想，这次没评上三好学生。听着这番话，房校长感慨：一次考试，一张考卷，一次发挥不好，竟带给孩子这样大的失落、沮丧。这不禁让她又想起了一次听课时看到的情景：一个坐在她身边的男孩整堂课上沉默寡言，不被课堂上活跃的气氛所感染。然而在课间十分钟里，他跳绳时却身手不凡，不断地变化着跳法，同学们的喝彩声不断，令他神采飞扬，小脸因为激动而涨得通红，与课堂上的他判若两人。两件小事给了房校长深深的触动。孩子各有所长，生命多姿多彩，何不为他们搭设多种舞台，让其各得其所、各展其长？

通过以上案例，你想到了什么？在特色课程的开发过程中，教师应当充当怎样的角色？

# 第六章 信息技术运用技能训练

**内容导航**……

- ❖ 多媒体课堂教学技能训练
- ❖ 基于网络的课堂教学技能训练
- ❖ 网络主题探究设计技能训练
- ❖ 网络自主学习指导技能训练

## 第一节 多媒体课堂教学技能训练

### 一、品位范例

高中语文《沁园春 长沙》教学方案(表 6-1)

——运用多媒体课件讲授教学

**表 6-1 高中语文《沁园春 长沙》教学方案**

| 授课教师:______ 地区:______ 学校(通信地址):______ 邮编:______ 电子邮件:______ |
|---|
| 学科:语文 |
| 教材名称:高中语文第一册 |
| 教材出版社:人民教育出版社 |
| 课题:沁园春 长沙 |
| 年级:高一 |
| 学期:上学期 |
| 课型:新授课 |
| 授课环境:多媒体教室 |
| 类别:运用多媒体课件讲授教学 |

续表

| | |
|---|---|
| 教学目标 | 知识与技能<br>1. 生字：舸 gě　怅 chàng　寥 liáo　廓 kuò　遒 qiú　遏 è<br>2. 理解词牌：沁园春<br>3. 理解全文的含义与结构<br>过程与方法<br>1. 品味富有表现力的语言，体会壮阔深沉的意境<br>2. 鉴赏词在景中寓情、景中显志的艺术性<br>情感态度与价值观等教学目标<br>1. 领悟一代伟人毛泽东青少年时期的豪情壮志，感受毛泽东心忧天下的博大胸怀<br>2. 学习毛泽东的革命乐观主义精神 |
| 教学重点 | 词的鉴赏 |
| 教学思路 | 通过与《沁园春　雪》的对照，讲解《沁园春　长沙》中每一句话的含义。在写景方面，侧重引导学生分析作者的遣词造句；在言志方面，侧重介绍历史背景；在总体方面，介绍了布局谋篇。在此基础上，对照《沁园春　长沙》与《沁园春　雪》在言志方面的差异，提升学生对词的鉴赏能力 |
| 主要教学方法 | 讲授法<br>问答法<br>诵读法 |
| 教学资源 | 百度百科：http://baike.baidu.com/view/328748.htm.<br>诵读视频：http://v.ku6.com/show/d0kf7xa4KW41FY5e.html.<br>课件：《沁园春　长沙》 |

教学过程预设（分课时写）

| 课时 | 环节 | 教师活动<br>（教学内容的呈现） | 学生活动<br>（学习活动的设计） | 设计意图 |
|---|---|---|---|---|

续表

<table>
<tr>
<td rowspan="2">第一课时</td>
<td>一、导入新课<br>（2 分钟）</td>
<td>讲演<br>中国是一个诗歌历史悠久的国家。谈起中国诗歌，人们总是喜欢与诗经、楚辞、汉赋相提，与唐诗宋词元曲并论。江山代有才人出，各领风骚数百年。20 世纪的中国又造就了一位“前不见古人，后不见来者”，独领一代风骚的大诗人——毛泽东。<br>毛泽东用古典诗词形式写现代精神。他的诗词，记录了他革命人生的心路历程，反映了中国革命各个时期的现实生活，是一部中国革命的英雄史诗。他生前同意并公开发表的诗词有 39 首，其中，以“沁园春”为词牌的长调（91 字以上）只有 2 首。初中我们学习了《沁园春　雪》，今天我们要欣赏的是《沁园春　长沙》</td>
<td>听讲</td>
<td></td>
</tr>
<tr>
<td>二、回顾《沁园春　雪》并了解词牌“沁园春”<br>（5 分钟）</td>
<td>（投影）<br>呈现以下内容<br><br>沁园春 雪<br>北国风光，千里冰封，万里雪飘。<br>望长城内外，惟余莽莽；<br>大河上下，顿失滔滔。<br>山舞银蛇，原驰蜡象，欲与天公试比高。<br>须晴日，看红装素裹，分外妖娆。<br>江山如此多娇，引无数英雄竞折腰。<br>惜秦皇汉武，略输文采；<br>唐宗宋祖，稍逊风骚。<br>一代天骄，成吉思汗，只识弯弓射大雕。<br>俱往矣，数风流人物，还看今朝。<br><br>沁园春 长沙<br>独立寒秋，湘江北去，橘子洲头。<br>看万山红遍，层林尽染；<br>漫江碧透，百舸争流。<br>鹰击长空，鱼翔浅底，万类霜天竞自由。<br>怅寥廓，问苍茫大地，谁主沉浮？<br>携来百侣曾游，忆往昔峥嵘岁月稠。<br>恰同学少年，风华正茂；<br>书生意气，挥斥方遒。<br>指点江山，激扬文字，粪土当年万户侯。<br>曾记否，到中流击水，浪遏飞舟？<br><br>讲解<br>首先，我们把《沁园春　雪》《沁园春　长沙》两首词一起看看。它们有相同的词牌“沁园春”。东汉明帝有个女儿叫沁水公主，沁水公主有个园林——沁园，这是我国首个皇家园林，“沁园春”由此得名。<br>呈现以下内容<br><br>沁园春 格律<br>中仄平平，仄仄平平，仄仄仄平（韵）。<br>仄『中平中仄，中平中仄，中平中仄，中仄平平（韵）』。<br>中仄平平，中平中仄，中仄平平中仄平（韵）。<br>平平仄，仄中平中仄，中仄平平（韵）。<br>平平（增韵）中仄平平（韵），仄中仄平平中仄平（韵）。<br>仄『中平中仄，中平中仄，中平中仄，中仄平平（韵）』。<br>中仄平平，中平中仄，中仄平平中仄平（韵）。<br>平平仄，仄中平中仄，中仄平平（韵）。<br>说明：词牌符号含义如下。<br>平：填平声字。<br>仄：填仄声字（上、去或入声）。<br>中：可平可仄。<br>蓝粗体字：表示平声或仄声韵脚字。<br>红粗体字：领格字。<br>“沁园春”取名于东汉沁水公主之园苑——沁园。</td>
<td>看投影，比较两首词的布局<br><br>听讲<br><br>体会沁园春的格律</td>
<td></td>
</tr>
</table>

续表

| | | | | |
|---|---|---|---|---|
| 第一课时 | 三、介绍作品背景（3 分钟） | 讲演<br>1925 年 2 月，正是北伐战争的前一年，当时革命蓬勃发展，毛泽东直接领导了湖南农民起义，同时国共统一战线已经确立，但革命该由哪个阶级来领导，成为党内外斗争的焦点。这年深秋，毛泽东同志从上海回到韶山从事革命活动。军阀赵恒惕要逮捕毛泽东同志。在韶山人民的掩护下，毛泽东同志秘密离开韶山，准备到广州主持农民运动讲习所，经过长沙，并独自去了橘子洲头。有感而发，作了此词 | 听讲 | |
| | 四、欣赏朗诵视频（2 分钟） | 讲解：首先我们来欣赏《沁园春 长沙》的朗诵视频。<br>投影：播放（网址：http://v.ku6.com/show/d0kf7xa4KW41FY5e.html） | 欣赏朗诵，体会词的意境，以及朗诵的艺术 | |
| | 五、讲读上阕的起句（6 分钟） | 讲解<br>下面，我们来分析这首词。请一位同学先来读头三句。头三句话被称为：起句。（板书：起句）<br>提问<br>①作者在这里向我们交代了此游的哪些情况？请同学回答。②请用白话解释这三句话的意思。请同学回答。<br>请全班同学齐读这三句话 | 一名同学朗读头三句。<br>写笔记：起句。<br>答问：时间深秋；地点橘子洲头；游者独。<br>答问：在深秋时节，年轻革命家毛泽东独立于橘子洲头，深情凝望着湘江水滚流北去（心头翻腾着无尽的遐想）。<br>全班齐读起句 | |

续表

| | | | | |
|---|---|---|---|---|
| | | 讲解:学完了起句，接下来我们看后面的七行。这七行称为:铺叙。(板书:铺叙) | 记笔记。 | |
| | | 请一位同学来朗读接下来的七行。 | 一名同学朗读这七行。 | |
| | | 提问:是哪一个字统领了这七行？ | 齐答:“看”字。 | |
| | | 板书:看。 | 记笔记。 | |
| | | 提问:作者抓住了哪些典型景物来写？ | 答问:山、林、江、舸、鹰、鱼。<br>记笔记。 | |
| | | 板书:万山、层林、漫江、百舸、鹰、鱼。 | | |
| | | 提问:修饰这些景物用的“万”字、“层”字、“漫”字、“百”字体现了什么？ | 答问:数量之多，气势恢宏。<br>记笔记。<br>齐答:红遍、尽染、碧透。 | |
| | | 板书:气势恢宏。 | 记笔记。 | |
| | | 提问:作者如何描写这些景物？ | 答问:季节，色彩斑斓，秋色浓重。 | |
| | | 板书:红遍、尽染、碧透。 | 记笔记。 | |
| | | 提问:“红遍”、“尽染”、“碧透”这些词表达了什么？ | 记笔记。 | |
| | | 板书:秋色浓重。 | 是的。 | |
| | | 讲解:上面写的都是静景。 | 答问:百舸争流，鹰击长空，鱼翔浅底。 | |
| | | 板书:静景。 | | |
| | | 提问:下面写到的是不是动景呢？ | 记笔记。 | |
| 第一课时 | 六、讲读铺<br>(20分钟)<br>叙与煞尾<br>(7分钟) | 提问:写到了哪些动景呢？ | 答问:中国的形势危急，革命志士救国救民只争朝夕。“争”字表达了作者乐观积极的态度。 | |
| | | 板书:争流、击、翔。 | | |
| | | 提问:“争”字表达了什么含义？ | | |
| | | 板书:只争朝夕。 | | |
| | | 提问:“击”表达了什么含义？用“飞、划、翔”会不会更好？ | | |
| | | 板书:强劲有力。 | 答问:“击”表达出鹰的强劲与坚定。“飞、划、翔”都表达不出这种力量。 | |
| | | 提问:“翔”本来是说鸟儿在空中滑翔，表达了自由翱翔的流畅，这里却用来写鱼，有什么精妙之处？ | | |
| | | 板书:何等自由。 | 答问:翔用来写鱼，表达了鱼儿游得欢快与自由自在，“天高任鸟飞，海阔凭鱼跃。”这也表达了作者的满怀豪情。 | |
| | | 讲解:漫江碧透、百舸争流、鹰击长空、鱼翔浅底都是动景。 | | |
| | | 板书:动景。 | | |
| | | 讲解:我们再来看看做些观景的角度，万山红遍、层林尽染，这些是远望； | 记笔记。<br>记笔记。 | |
| | | 板书:远望。 | | |
| | | 讲解:作者站在橘子洲头，近处是湘江，远处岳麓山。“漫江碧透”、“百舸争流”这些是近看。 | 记笔记 | |
| | | 板书:近看 | | |

续表

<table>
<tr>
<td>第一课时</td>
<td>六、讲读铺(20 min)叙与煞尾(7 min)</td>
<td>讲解:鹰击长空是仰视。<br>板书:仰视。<br>讲解:鱼翔浅底呢?<br>板书:俯视。<br>讲解:写完了各种景物,作者来了一个小结:“万类霜天竞自由”。一个“万”字,再次表达了恢宏的气势,一个“竞”字,再一次表达了作者的豪情壮志。<br>讲解:一个“看”字,统领了这7行,给我们展示了壮丽的湘江秋景图。<br>板书:湘江秋景图。<br>讲解:下面请一位同学用白话来解释这7行的意思。<br>讲解:下面,让我们齐读这7句,一边读,一边在脑海中浮现这幅湘江秋景图。<br>讲解:面对如此多娇的山河景色,作者发出了感慨。请看上阕最后三行。这三行被称为“煞尾”。<br>板书:煞尾。<br>讲解:请一位同学来读一读上阕的煞尾部分。<br>讲解:此句提出了一个震天动地的巨大问题,突出显示了作者之胸襟。此句中的“怅”字,原意是失意,这里是由忧虑、深思而慷慨激昂的思绪。面对广阔的宇宙,作者深深思索,向苍茫的大地发问,这一切究竟由谁主宰呢?<br>板书:问谁主沉浮?<br>讲解:这一问,表达了作者的胸怀之博大、志向之高远。<br>讲解:这三句话的意思是说,感怀苍茫的宇宙,广袤的大地,谁来主宰世事兴衰呢?<br>讲解:我们学完了上阕,下面,我们把上阕齐读一遍,然后齐背一遍。<br>附:此时的板书,如下图:<br>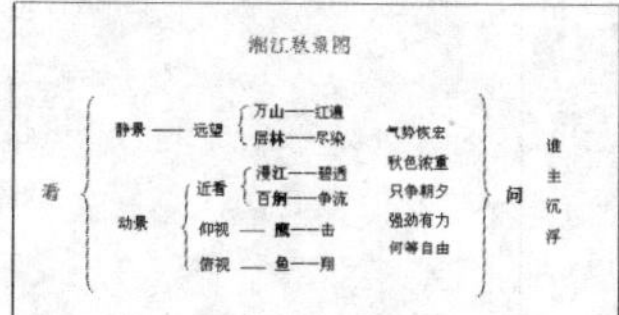<br></td>
<td>记笔记。<br>记笔记。<br>学生齐答:俯视。<br>记笔记<br>一位同学用白话解释这7行的意思。远处的山峦都呈现出秋的斑斓,枫树、槭树、乌柏、黄栌、柿树一层层的树林都火红火红的。满满的湘江之水,碧蓝碧蓝的,大小的船只,劈波斩浪,竞相远航。蓝天上雄鹰展翅高飞,湘江里鱼儿自得其乐。虽然是秋霜季节,自然界的万物却比赛似的显示出勃勃生机。<br>学生齐读:看万山红遍,层林尽染;漫江碧透,百舸争流。鹰击长空,鱼翔浅底,万类霜天竞自由。<br>记笔记。<br>一位同学朗读:“怅寥廓,问苍茫大地,谁主沉浮?”<br>记笔记。<br>齐读,齐背</td>
<td></td>
</tr>
</table>

续表

<table>
<tr>
<td>第二课时</td>
<td>一、分析下阕<br>（20分钟）</td>
<td>讲解：下阕的头两行叫“换头”。<br>板书：换头。<br>讲解：请一位同学来朗读下阕的“换头”。<br>（投影）课件呈现：<br>峥嵘岁月<br>1.1911年，18岁的毛泽东来到长沙，开始了他在此地长达13年之久的求学和革命斗争生活。<br>2.1913—1918年，他在湖南一师读书，常和同学在橘子洲一带游览。<br>3.1918年4月，与何叔衡创立了以改造中国和世界为奋斗目标的新民学会。<br>4.“五四”时期，主编《湘江评论》，发表了一系列重要论文，引起了全国进步思想界的重视。<br>5.1915年9月，毛泽东印发反袁世凯称帝的小册子。<br>6.1919年底毛泽东组织和领导湖南驱逐军阀张敬尧的运动。<br>讲解<br>1911年，18岁的毛泽东来到长沙，开始了他在此地长达13年之久的求学和革命斗争的生活。1913—1918年，他在湖南一师读书，常和同学在橘子洲一带游览；即所谓“携来百侣曾游”；1918年4月，毛泽东与何叔衡创立了以改造中国和世界为奋斗目标的新民学会；五四时期，毛泽东主编《湘江评论》，发表了一系列重要论文，引起了全国进步思想界的重视。1915年9月，毛泽东印发反袁世凯称帝的小册子；1919年底毛泽东组织和领导湖南驱逐军阀张敬尧的运动，即所谓“峥嵘岁月稠”，“稠”在这里是“多”的意思。“携”、“侣”表明人物关系亲密团结。“百侣”与上文“独立”对应，表明作者独自赏景感怀，但内心并不孤独，因为有一批志同道合的朝气蓬勃的年轻人。“峥嵘”表明时代特点，艰难时代反衬人物的奋发有为。整个下阕是对往昔峥嵘岁月的回忆。<br>板书：忆。<br>讲解<br>接下来的七行是下阕的铺叙。末尾三行诗煞尾。请同学们默读这十行，把这十行背下来。马上我将请同学来背。<br>板书：恰同学少年　风华正茂　书生意气　挥斥方遒　指点江山　激扬文字　粪土当年万户侯　曾记否　到中流击水　浪遏飞舟<br>讲解<br>请同学们齐背这十行<br>讲解<br>“恰”引起的铺叙表明人物的气质禀赋、精神状态都很好</td>
<td>记笔记。<br>一名同学朗读“携来百侣曾游，忆往昔峥嵘岁月稠”<br>看投影。<br>听讲<br>记笔记。<br>记笔记<br>默读这十行。</td>
<td></td>
</tr>
</table>

续表

| | | | | |
|---|---|---|---|---|
| 第二课时 | 一、分析下阕<br>（20 分钟） | 同学少年，风华正茂，表达了毛泽东与同学的朝气蓬勃，有的是才干和能力；书生意气，挥斥方遒，表达了革命青年意气奔放，壮志凌云，精力充沛，强劲有力。指点江山，激扬文字，指革命青年评论国家大事，写出激浊扬清的文章。指点江山，也表达了作者心忧天下的博大革命情怀。粪土当年万户侯。侯，侯爵。万户，指侯爵封地内的人户有一万户，这一万户人家都要向这个侯爵交租税、服劳役，是大侯爵。万户侯，在这里借指大军阀、大官僚。粪土，在这里当动词，即视……为粪土。视大官僚、大军阀为粪土，表达了作者敢于斗争藐视一切反动派的气魄。到中流击水，再一次挥洒豪情壮志，浪遏飞舟，一句反问，意味深长。击水，是游泳的意思，但比游泳更有力度。<br>提问：对于上阕提出的问题，在下阕是否进行了回答呢？<br>板书：答。<br>提问：那么主沉浮的是谁呢？<br>板书：同学少年。<br>讲解：如果说上阕是作者看到的湘江秋景图，那么下阕就是作者回忆的峥嵘岁月图。<br>板书：峥嵘岁月图。<br>附：下阕板书如下。<br>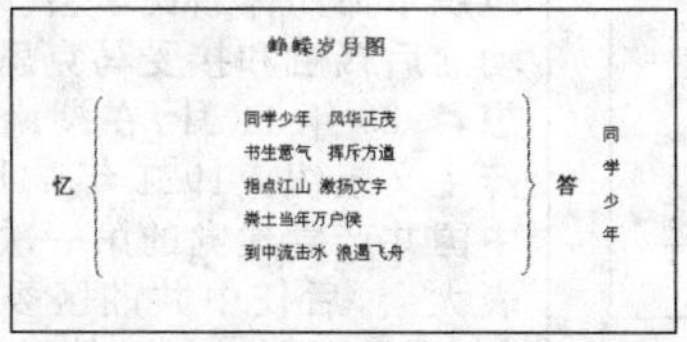<br><br>讲解：下面我们全班把这首词读一遍，背一遍。<br>投影显示： | 默读这 10 行。<br>齐背这 10 行。<br>听讲。<br>答问：回答了。<br>答问：作者　作者和同学<br>记笔记。<br>记笔记。 | |

续表

| | | | | |
|---|---|---|---|---|
| | 二、对比以往我国诗人的悲秋之词，谈谈《沁园春　长沙》与它们有何不同。<br>(10 分钟) | 讲解<br>我国很多诗人都有悲秋情节，请看投影。<br>枫桥夜泊<br>张继<br>月落乌啼霜满天，<br>江枫渔火对愁眠。<br>姑苏城外寒山寺，<br>夜半钟声到客船。<br>天净沙·秋思<br>马致远<br>枯藤老树昏鸦，<br>小桥流水人家，<br>古道西风瘦马。<br>夕阳西下，<br>断肠人在天涯。<br>七律·登高<br>杜甫<br>风急天高猿啸哀，渚清沙白鸟飞回。<br>无边落木萧萧下，不尽长江滚滚来。<br>万里悲秋常作客，百年多病独登台。<br>艰难苦恨繁霜鬓，潦倒新停浊酒杯。<br>讲解<br>这首《沁园春　长沙》的感情色彩与这些悲秋之词有什么不同呢？四人组成一个小组进行讨论，稍后发言 | 答问<br>与以往的这些悲秋之词比起来，在青年革命者毛泽东眼中的秋，呈现出一种色彩斑斓、生机勃发的美，一种催人奋进、给人力量的美。毛泽东“独立”却不孤独，“寒秋”却不寒冷；看到的是“霜天”之下“竞自由”；从自然景观过渡到天下大事，想到的是“苍茫大地谁主沉浮”，其相通之点即是以奋斗求生存。自然界中的万类尚且不畏寒冷而“竞自由”，显示自己的生命力，何况我们有思想有灵魂的人们呢？主宰大地，就是拼搏争取，就是改天换地，就是进行革命斗争。这首词显示了青年革命家毛泽东豪情满怀，以天下为己任，胸怀博大，志向高远。全词充满了乐观向上、催人奋进的情操和力量，与以往的悲秋之词完全不同 | |
| 第二课时 | 三、对比《沁园春　雪》与《沁园春　长沙》在言志上的差别。<br>(13 分钟) | 提问<br>在咏景言志方面，《沁园春　雪》与《沁园春　长沙》有什么差异呢？请结合时代背景来阐明这一问题。(投影)显示以下内容。<br>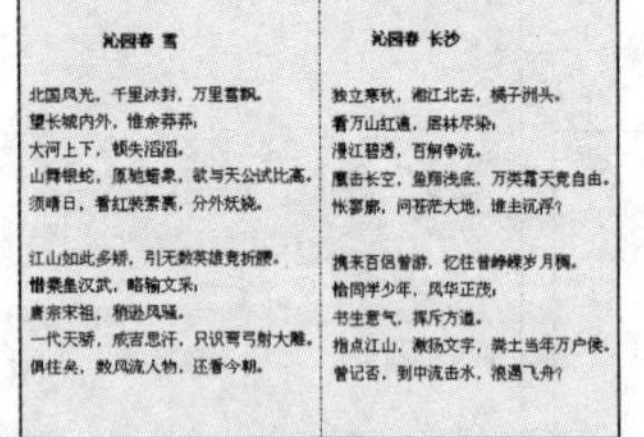<br>沁园春 雪<br>北国风光，千里冰封，万里雪飘。<br>望长城内外，惟余莽莽；<br>大河上下，顿失滔滔。<br>山舞银蛇，原驰蜡象，欲与天公试比高。<br>须晴日，看红装素裹，分外妖娆。<br>江山如此多娇，引无数英雄竞折腰。<br>惜秦皇汉武，略输文采；<br>唐宗宋祖，稍逊风骚。<br>一代天骄，成吉思汗，只识弯弓射大雕。<br>俱往矣，数风流人物，还看今朝。<br>沁园春 长沙<br>独立寒秋，湘江北去，橘子洲头。<br>看万山红遍，层林尽染；<br>漫江碧透，百舸争流。<br>鹰击长空，鱼翔浅底，万类霜天竞自由。<br>怅寥廓，问苍茫大地，谁主沉浮？<br>携来百侣曾游，忆往昔峥嵘岁月稠。<br>恰同学少年，风华正茂；<br>书生意气，挥斥方遒。<br>指点江山，激扬文字，粪土当年万户侯。<br>曾记否，到中流击水，浪遏飞舟？<br>讲解<br>请同学们结合预习时查阅的1925年前后、1936年前后的中国历史资料、毛泽东生平等资料来阐述这个问题。(先4人小组讨论，再在教师的主持下发言。) | 相比而言，《沁园春　雪》比《沁园春　长沙》描写的景观更加气势磅礴，表达的志向更加高远。<br>《沁园春　长沙》作于1925年，毛泽东32岁。让我们看看当时的背景。<br>1893年12月26日，毛泽东生于一个农民家庭。辛亥革命爆发后在起义的新军中当了半年兵。1914—1918年，在湖南第一师范学校求学。毕业前夕和蔡和森等组织革命团体新民学会。五四运动前后接触和接受马克思主义思想，1920年11月，在湖南创建共产主义组织。1921年7月，出席中国共产党建党的第一次全国代表大会，后任中共湘区委员会书记，领导长沙、安源等地工人运动。1923年6月，出席中共第三次全国代表大会，被选为中央执行委员，参加中央领导工作。1924年1月国共合作后，在国民党第一、第二次全国代表大会上都当选为候补中央执行委员，曾在广州任国民党中央宣传部代理部长，主编《政治周报》，主办第六届农民运动讲习所。1926年11月， | |

续表

| | | | | |
|---|---|---|---|---|
| 第二课时 | | | 任中共中央农民运动委员会书记。1925 年冬至 1927 年春,先后发表《中国社会各阶级的分析》、《湖南农民运动考察报告》等著作,指出农民问题在中国革命中的重要地位和无产阶级领导农民斗争的极端重要性,批评了陈独秀的右倾思想<br>可见,1925 年,中国革命事业只是刚刚起步<br>《沁园春　雪》作于 1936 年,毛泽东 43 岁。再看看 1936 年前后的时代背景。<br>1930 年 5 月,写《反对本本主义》,提出“没有调查,没有发言权”的著名论断。1930 年 8 月,红军第一方面军成立,任总政治委员。1931 年 11 月 7 日,中华苏维埃共和国临时政府在江西瑞金成立,被选为主席。1933 年 1 月,被补选为中共中央政治局委员。从 1930 年底起,同朱德领导红一方面军战胜了国民党军队的多次“围剿”。以王明为代表的“左”倾路线领导集团进入中央革命根据地以后,将毛泽东排斥于党和红军的领导之外,他们执行不同的战略和政策,导致第五次反“围剿”战争失败。1934 年 10 月,参加红一方面军长征。长征途中,1935 年 1 月中共中央政治局在贵州召开扩大会议(即遵义会议),确立了以毛泽东为代表的新的中央领导。1935 年 10 月,中共中央和红一方面军到达陕北,结束长征。1935 年 12 月,作《论反对日本帝国主义的策略》的报告,阐明了抗日民族统一战线政策。1936 年 10 月,红四方面军和红二方面军经过长征到达甘肃境内,先后同红一方面军会师。1936 年 12 月,同周恩来等促使西安事变和平解决,这成为由内战到第二次国共合作、共同抗日的时局转换的枢纽。1936 年 12 月,写《中国革命战争的战略问题》。<br>可见,1936 年,革命力量已经比较强大,毛泽东已经成为中国共产党的核心领袖。《沁园春雪》比《沁园春长沙》描写的景观更加气势磅礴,表达的志向更加高远就不难理解了。<br>(布置学生预习课文时查阅了资料) | |

续表

| | | | | |
|---|---|---|---|---|
| 第二课时 | 四、小结（2分钟） | 讲解<br>在今天的课中，我们学习了毛泽东的词《沁园春　长沙》，回顾了中国共产党在20世纪上半叶走过的风雨历程，也体悟了一代伟人毛泽东同志政治家的眼光、诗人般的情怀、书法家的才气。这首词就学到这里，全词要求背诵，所有的注释都要理解记熟。 | | |
| 课后自我反思 | | | | |
| 主要特色与创新之处 | | | | |
| 存在的问题与不足 | | | | |

## 二、案例评析

学生课前已预习课文。上课时，以一段诵读《沁园春　长沙》的视频导入，与课文意境浑然一体的画面，特别是气势恢宏的朗诵，很快就把学生带入到毛主席的伟人气场中，学生的情感与作者、与老师进入共鸣状态，为获得良好的教学效果开了一个好头。讲解完课文以后，又用多媒体投影了毛主席题写的《沁园春　长沙》手迹图片。多媒体的应用为教学增添了不少色彩。这个案例中的诵读视频用得很成功，起到了导入新课和示范朗读的双重作用。投影毛主席题写的《沁园春　长沙》手迹图片，其生动直观也是其他的方式所难以企及的，让学生再次领略到一代伟人的魅力。

## 三、知识导入

### （一）多媒体教室设备

作为学科教师，并不需要设计、安装、维修多媒体教室的多媒体设备，但必须认识这些设备，能进行简单的控制。

标准型多媒体教室结构，见图6-1。

初次使用一间多媒体教室，上课之前，教师应该到这间教室去看看多媒体教学系统的总电源插座在哪里，如何能使多媒体教学系统上电，教师还应找到多媒体教学系统总的电源开关，多数是在控制面板上，面板上一般会用文字“系统电源”或者图标⏻表示。

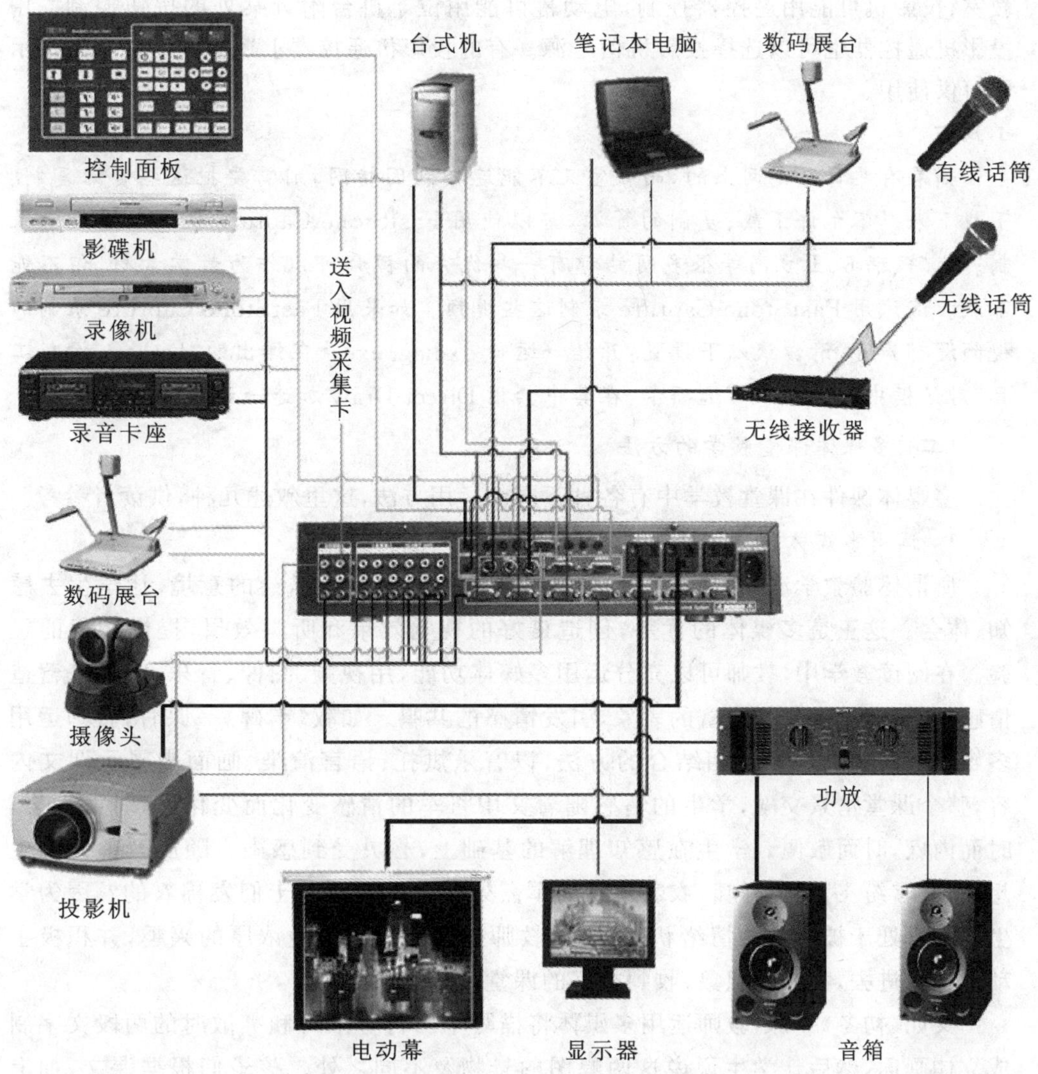


图 6-1　标准型多媒体教室结构图

在上课之前，教师还应该把上课需要演示的课件连接或拷贝到多媒体教室的电脑上。如果使用自带的笔记本电脑授课，也需要在上课之前把笔记本的信号接入多媒体教学系统。

如果是把课件拷贝或连接到多媒体教室的计算机上，还要确保这些课件在多媒体教室的电脑上能正常播放。如果不清楚，应在上课前向多媒体教室管理员请教。

投影机、电动幕的开关可能在多媒体讲台的控制面板上，一般也会有文字标志"投影机"、"电动幕"、"开"、"关"。控制面板上可以切换投影机的信号源，按"台式机"、"笔记本"或其他按钮实现选择。台式机一般指多媒体讲台内的台式计算机，笔记本指教师自带并连接到多媒体教学系统的笔记本电脑。有些不够标准的多媒体教室，投影机可能用遥控器控制，电动幕可能用位于讲台附近某处的按钮控制。用投影机遥控器也可以选择投影机信号源。有的投影机遥控器上还有 Laser 激光指示器可供使用。

**小技巧**

如果有些资源是网上的，而教室又不能连接到因特网，则需要把这些资源复制、下载下来。不允许下载、复制的资源，可以使用 FastStone Capture 软件截图或者录制。优酷、酷6、土豆网等很多网站都有一些优秀的视频可以作为教学素材，但不能下载。试试用 FastStone Capture 录制这些视频。如果用 FastStone Capture 录制的视频没有声音，请尝试以下设置：开始→运行 dxdiag.exe→在弹出的“Directx 诊断工具”对话框中选中“显示”选项卡，在其中禁用 Direct Draw 加速→退出。

（二）多媒体课堂教学的方法

多媒体课件在课堂教学中有各种不同的运用方法，这里叙述几种，供读者参考。

1. 运用多媒体设计体验教学法

所谓体验教学法，就是教师要学生去亲身体验课文所描绘的意境，让学生去感知、体会。这正是多媒体的优势，创造良好的视觉效果和听觉效果，提供替代的经验。在阅读教学中，教师可以充分运用多媒体功能，用视频、图像、音乐、朗诵来营造情感空间，让学生积累丰富的表象，引发情感的共鸣。如教《丰碑》一课时，教师运用多媒体画面和配乐朗诵相结合的方法，以音乐烘托、语言渲染、画面来展示课文内容，整个课堂情景交融，学生的情感随着文中将军的情感变化而变化着，时而愤怒，时而内疚，时而敬佩。学生在感知理解的基础上，心灵受到感染。随后教师让学生想象：大雪纷飞，狂风呼啸，衣着单薄的军需处长是怎样给战士们发棉衣的？因为学生们一直处于被感染的情绪状态中，对教师提出的要求产生浓厚的兴趣，并积极主动地投入进去，大胆地想象，收到很好的课堂效果。

又如《初冬》一课，教师运用多媒体将描写小山村雾浓时和雾散时的两段文字制成立体画面，然后让学生说说这两幅图的景物及不同之处。孩子们根据课文，加上自己的观察，多角度地描绘画面的景色，真正地做到在语言文字中进行思维训练。接着，教师把借助多媒体技术制作的春雨绵绵、大雪飞扬、大雨倾盆的情景呈现出来，再让孩子说说此时的小山村又是怎样的，学生在观察比较中，积极用脑，分析整理，区别异同，促进了知识的迁移，培养了学生的思维能力。在多媒体的帮助下，让学生的思考和迁移有可观察的对象，给了学生直观的拐杖，很适合抽象思维能力处于逐步发展阶段的学生。这样做既让学生发展了语言能力，又让学生发展了思维能力，在师生共同讨论中，学生的思维活动经过多媒体的引领和教师的评价呈螺旋上升。

2. 运用多媒体设计挫折演示教学法

有时在课堂上，教师可以把自己当成一名学生，模仿他们思考问题的方式和角度，有意“制造”出现思维受阻的现象，并借此向学生演示若干次挫折后，如何克服思维上的障碍，取得成功。例如，《爬山虎的脚》一课中有这样一个知识点：知道爬山虎的脚的位置。课文是这样表述的“爬山虎的脚长在茎上。茎上长叶柄的地方，反面伸出枝状的六七根细丝，每根细丝像蜗牛的触角。”这看似简单的几句话，学生却很容易搞不清楚。有位教师制作了一个让学生操作的课件，“在茎上长叶柄的地方，画出爬山虎的脚”，让学生先自己读懂课文，然后在电脑上操作。教师在随机抽样检查中，发现有的学生按照自己的思维在电脑上作画。

从图 6-2 中可以看出：学生对课文的表述“反面伸出……”不理解。引导学生去理解语言文字，是语文课的任务之一。此时，教师不急着给学生答案，而是把图 6-2 通过网络传送到每个学生的电脑上，创造出一种能诱导学生思维的教学气氛，让学生自己去发现问题。在引导学生看图 6-2 时，教师有意制造思维受阻的现象，让学生不断地引发自己头脑中的思想火花，去发现图画的问题，比较正面与反面，去体会理解语言文字的含义，同学们经过讨论、思考，再画出正确的图，见图 6-3。

**图 6-2 错误的理解**

**图 6-3 正确的理解**

经过这样的学习，学生就不会只是停留在听懂或记住老师讲过的问题的水平上，而是逐渐形成了灵活应变的能力。

3. 运用多媒体设计发现问题教学法

美国实用主义教育家杜威曾经说过：学校求知识的目的，不在于知识本身，而在于使学生自己获得求知识的方法。同理，教师成功地引导学生发现了什么固然也重要，但更重要的是提高学生善于发现的能力，即学生的那种积极思考、独立探究和自行发现的能力，教给他们解决问题的各种策略。人的情绪倾向表明，被动接受总是枯燥乏味、缺乏乐趣的苦差事，而主动发现则往往风光无限，其乐无穷。因此，教师要善于激发学生去体验发现的乐趣，调动他们乐于发现的内驱力。

有位老师在教《我要的是葫芦》这篇课文时，用动画课件展示“葫芦的长大靠的是根、绿叶、藤不断地输送养分才能长出雪白的小花，结出可爱的小葫芦”，然后让学生根据画面演示分别说出“根”、“藤”、“叶”和“葫芦”的关系：我们给葫芦施肥、浇水后，这些养料被根吸收了，通过藤送到葫芦的叶子上，叶子经过阳光照射后，把这些养料加工成葫芦生长需要的营养，使葫芦慢慢长大。这时，老师演示另一套课件（养分输送到叶子处，叶子上布满了蚜虫，蚜虫吃着叶子，叶子无法把养分送给葫芦），对学生说，学到这里，聪明的小朋友一定知道了为什么那么可爱的小葫芦还没长大就落地了。看着修改后的课件，引导学生去发现问题，于是学生获得了结论：因为叶子上生了蚜虫，蚜虫吃掉了葫芦的叶子，叶子不能制造葫芦生长所需要的养料，小葫芦就落了。

显然，生动的动画课件在这里发挥了重要作用，它不仅把“叶子”与“葫芦”的抽象关系形象化，而且大大增强了学生发现问题的乐趣，真正体现了学生在学习中的主体地位。由学生亲自去探索思考，发现问题的症结所在，得出结论，充分调动学生的内部动机，增强学生的自主性，使其真正成为学习的主人。其次，在阅读教学中学生发现问题的过程也是激励学生的智慧，发挥他们潜能的过程。再次，能使学生提高发现问题、分析问题和解决问题的能力，十分有益于创新精神的培养。另外，由于是学生自己发现的结论和规律，可以起到把知识系统化、结构化的作用，学得活，记得牢，并能更好地运用于实际。

教师借助多媒体指导学生选择恰当的方法去学习新知识，不是直接给学生知识的结论，而且特别注意引导学生重视认知的过程。

又如在《荷花》这一课教学中，教师引导学生反复读总领课文的一句话：如果把眼前的这一池荷花看做一幅活的画，那画家的本领可真了不起。接着让学生质疑，学生提出了这样一些问题。① 作者为什么称这是一幅“活”的画，这“活”字怎么讲？② 把“活”字去掉，句子一样通顺，同样说明画家的本领了不起，能去掉吗？

教师及时抓住这瞬间即逝的火花，抓住“活”、“画”二字大做文章。教师运用自己设计制作的多媒体教学课件向学生展示了这样一幅美丽的画面：“荷花已经开了不少了。荷叶挨挨挤挤的，像一个个碧绿的大圆盘。一阵风吹来，各种姿态的荷花摇曳着婀娜的身姿，轻轻摇摆。”让学生观察，说说这一池荷花美在哪儿。

有的说：“荷花的颜色很美，碧绿的叶子，雪白的荷花，配上嫩黄的莲蓬显得特别清秀。”有的说：“火红的朝阳给碧绿的荷叶、雪白的荷花镶上了金边。”

有的说：“荷花的姿态美，白色的荷花像亭亭玉立的少女，穿着白色的衣服，绿色的纱裙，风一吹动，像一群舞蹈演员在合着拍子跳舞。”

……

老师趁势引导：大家描绘的，不正是一幅“活”的画吗？同学们明白了：这“活”的画就是指这池荷花充满生机，那么美丽，那么迷人。如果把“活”

字去掉，效果就大不一样了。此时，同学们体会到平时要留心读书，一些看起来很平常的文字，不要轻易放过，对一些重点词句要细细品味才能体会其中的奥妙。

在这个教学环节中，老师利用多媒体把静止的课文变成一幅生动的画，让学生进行多方面、多角度的思考，在学生的头脑中打破课文的局限，训练学生摆脱思维定式的消极影响，培养了学生思维的广阔性，让学生对课文进行再创造，同时让学生在语言训练的基础上进行抽象思维训练。总之，让学生发现问题对培养学生的创新精神和实践能力具有特别重要的意义。

运用多媒体设计多种教学法辅助教学，从本质上正确处理了教与学的关系、师与生的关系、讲与练的关系。而且对教师讲这一面的定位是引导，不是满堂灌，也不是注入式；对学生练这一面的定位是发现问题、思考问题、解决问题，真正地让学生做学习的主人。

## 四、技能要点

### （一）合理使用黑板粉笔与大屏幕投影

多媒体教室有大屏幕投影，但这并不表示，教师应该放弃板书。黑板与投影有着不同的媒体特性，各有所长，教师应该发挥它们各自的优势。黑板的优势是：可以即兴书画，方便快捷；一直呈现，连续性好。多媒体投影的优势是：文字图形规范，显示信息效率高，能同时有声音，色彩和动感丰富。多媒体投影的劣势是即逝性，学生或许会觉得如过眼云烟，视觉冲击过后，什么也没进入长时记忆。这个劣势正好可以用板书来弥补。教师在多媒体教室上课，也要注意设计板书，把提纲、要点实时写在黑板上，以便学生抓住要义，学有所获，一课一得。多媒体应该用在那些特别需要的地方。所以，课件往往应该用在“刀刃上”，而板书却应该反映一整堂课的精髓。

在多媒体教室同时使用黑板和投影，投影机应有足够的亮度。如果投影机不够亮，则需要关闭窗帘和电灯，但是这样板书将无法看清。

### （二）合理使用多媒体课件

多媒体对教学内容的表示有各种不同的方式，注意合理使用多媒体。

#### 1. 应尽量避免投影大篇幅的文字

课堂上，学生的主要注意力多数时候是用在听教师的讲解上，如果既要听讲解，又要看大篇幅的文字，显然不符合注意力分配的原则。如果是让学生阅读的话，那么发印刷材料更好。

#### 2. 尽量避免滥用声音

多媒体课件中与教学内容无关的效果声，会对教师的讲解形成干扰，不宜使用。

多媒体课件中适宜使用声音的场合有：创设情境的背景音乐声，可以同时伴随教师的讲解；外语、普通话、音乐作品的示范、有声电影等，意味着教师应暂停讲解。

3. 尽量避免滥用颜色

多媒体中，不论是对文本，还是对图形，使用各种颜色是很方便的。最好将颜色控制在四种以下。每种颜色应该代表特定的教学指示意义，并最好一贯坚持这样的颜色风格，让学生一到这个教师的课堂，就能联想起来，这种颜色是表示什么意思。比如，用深蓝色表示基本教学信息，用枣红色表示重要教学信息，用橘红色表示容易混淆需要特别注意的信息等。

（三）正确使用话筒

多媒体教室上课，如果学生有 50 人以上，最好能使用话筒，既保护了教师的嗓子，又保证了全班同学都听得清。多媒体教室中常用的话筒有两种，一种是界面式话筒，通常在多媒体讲台、黑板两侧等多处都有，教师位于讲台各处讲解时，都有较好的拾音效果。界面式话筒的好处是不给教师增添任何麻烦。另一种是领夹式话筒，每次课前，教师需要向多媒体教室管理人员领取并于下课时归还。确保话筒有电，把话筒佩戴在身上。使用起来麻烦一些，好处是支持教师讲课过程中走到教室的任何位置，方便教师走下讲台来到学生中间。有些不够标准的多媒体教室，也可能使用鹅颈式话筒或手持式话筒。教师应努力适应多媒体教室的拾音设备。

（四）正确使用激光遥控笔

激光遥控笔有两种基本功能：一是激光指示；二是演示文稿翻页。教师在讲台上时，可以用鼠标在显示器上指示，或者用教鞭在大屏幕上指示，也可以用激光遥控笔来指示。教师来到学生中间时，对大屏幕伸手不及，激光遥控笔指示就更必要了。这样既可以接近学生，增强教学传播的效果，又可以精确地指示需要学生关注的焦点。

需要说明的是，即使教师在讲台上，也不提倡用鼠标或者教鞭来指示。首先说用鼠标指示的坏处。当教师用鼠标时，眼睛会看着计算机屏幕，没有看着学生，也没有和学生往一处看，在一定程度上阻碍了师生的目光交流。有的教师在显示器上寻找对象时高频率晃动鼠标，效果更糟，非指示性地晃动，会增加学生的疲劳感，降低教学信息传播的有效性。用教鞭在大屏幕上指示的坏处：一是携带教鞭比较麻烦；二是如果教鞭接触银幕的话，可能会划伤银幕，有损银幕的可视效果，缩短银幕的使用寿命；三是教鞭会有个影子落在大屏幕上，对教鞭实物产生干扰，指示效果不佳。所以，需要指示大屏幕上的对象时，提倡使用激光遥控笔。在使用激光遥控笔指示时，同样要注意指示的稳定性，避免晃动（生理性无法克服的微小晃动除外）。

激光遥控笔的另一个功能是翻页。激光遥控笔上“F5/ESC”按钮的作用是使打开的 PPT 演示文稿开始放映或结束放映。如果没有这个按钮，没有这个功能，只好直接在电脑上操作了。“下一页▼”按钮的作用与键盘上的 Page Down 键功能相同，“上一页▲”按钮的作用与键盘上的 Page Up 键功能键相同。幻灯片上如果有自定义动画的话，用激光遥控笔上的“下一页▼”、“上一页▲”按钮也可以实现逐个播放或回到上一个。“下一页▼”按钮和“上一页▲”按钮在激光遥控笔上一定有，这是激光遥控笔的基本功能。激光遥控笔大大地方便了教师在多媒体教师的授课活动，教师无须为了控制幻灯片而“离不开讲台”了。

（五）正确使用交互式电子白板

交互式电子白板是结合国际先进技术及多年的实践经验，采用了多项先进技术，以及全新材料的高科技产品，具有良好的兼容性和实用性。它集书写、记忆、储存、打印、控制、演示等功能于一体，当与计算机连接、配合任何型号的投影机使用时，即实现人机合一、人机交流，师生可以共同参与，从而创造一个交互式的教学环境，有利于培养学生的高阶思维能力。除此之外，因为其表面良好的低反光投影效果，可以作为投影仪的幕布使用；而耐热、耐磨、可擦洗的特性则满足作为传统黑板直接手写的需求。

交互式电子白板相当于计算机的一个信息输入屏，是一种能感应笔触，用屏幕上所显示的工具来完成指定工作的人机交互式输入设备，利用无线电磁笔替代了粉笔，通过投影机将计算机 VGA 信号投到白板上，即刻使该白板拥有“交互”、“实时记录”、“标注”、“远程会议”，“管理”等多种功能。

1. 交互功能

交互功能即白板在交互模式下可以控制 Windows 应用。当使用者通过投影机将 PC 或笔记本电脑的桌面投放到白板上，启动该系统的电子白板控制软件后，就可以利用电子笔在白板上的桌面影像上，进行单击、双击、右击、拖放，以及其他控制操作。教师在教学中可以在白板上随时操作计算机，当需要在白板上边书写边讲解时，无须再回过头来操作计算机键盘，避免了顾此失彼、手忙脚乱、分散学生的注意力等情况，让教师的个人魅力再次在课堂上充分展现。

2. 实时记录功能

电子白板控制软件可实时纪录教师在白板上的移动轨迹，以及白板上的所有内容，录制成电子档后就可以进行课后回放。这样，就会帮助学生省去记笔记的时间，使学生不会因为集中精力抄写笔记而忽略了重要的讲解。

3. 标注功能

标注功能是演讲、授课最实用的工作模式，这种模式下使用者用一支电子笔就可以在白板上对已有的课件进行注释，并且可以自由更换笔的颜色，任意擦写。这样就打破了教师在使用课件教学时的固定模式，使教师在教学时产生的智慧火花得以记录、保存。

4. 远程会议

利用“远程会议”的功能，再结合视频会议软件就可以很方便地进行远程教学，使多点能共享一个教学画面。远端的教室不仅可以与主教室的课程进度同步，还可以看到主教室的授课者的图像。在该系统中所有的操作都能以电子档的形式进行保存，以利于最大程度的信息共享。

5. 管理

交互式电子白板的板书内容一次可储存几百页，可以随时调出任何一页进行重复讲解、补充修改、重点强调，以加深学生印象。教师写满一板不需要保存时，只需要轻轻一敲，满板文字、图形即刻被“擦掉”，省时省力，又无任何消耗和污染，属于真正环保型的教学硬件。

### 五、实战演练

请你精心设计一堂用到多媒体的课，带着学生一起到多媒体教室去尝试或者体验多媒体教学的乐趣。

## 第二节　基于网络的课堂教学技能训练

### 一、品位范例

高中语文《雷雨》教学方案（表 6-2）

——基于资源的指导性探究学习

**表 6-2　高中语文《雷雨》教学方案**

授课教师：______　地区：______　学校（通信地址）：______　邮编：______　电子邮件：______

| |
|---|
| 学科：语文 |
| 教材名称：高中语文第四册 |
| 教材出版社：人民教育出版社 |
| 课题：雷雨 |
| 年级：高二 |
| 学期：下学期 |
| 课型：新授课 |
| 授课环境：多媒体网络教室 |
| 类别：基于资源的指导性探究学习 |

续表

| | |
|---|---|
| 教学目标 | **知识与技能**<br>1. 了解戏剧的一般常识，理解舞台说明的作用<br>2. 了解曹禺和他的《雷雨》，了解有关的情节和时代背景<br>3. 了解戏剧作品的特点：尖锐的戏剧冲突和个性化的戏剧语言<br>**过程与方法**<br>1. 理解戏剧中个性化的语言对刻画人物形象的作用<br>2. 分析《雷雨》(节选)的戏剧冲突，结构布局特点<br>**情感态度与价值观**<br>深刻认识旧社会的腐朽、黑暗和罪恶，认识中华民族自古就有勇于斗争、追求光明的光荣传统 |
| 教学重点 | 1. 戏剧冲突<br>2. 个性化的语言<br>3. 了解具有封建阶级和资产阶级两重特点的周朴园在家庭和社会上的罪恶 |
| 教学思路 | 1. 引导学生利用网络资源了解戏剧常识、作者、作品、相关背景等<br>2. 借助网络互动方式整合学生自由探究成果<br>3. 深入研读文本，利用实时网络讨论，探究教学难点<br>4. 拓展课堂，结合课文进行多元化研究性学习 |
| 主要教学方法 | 1. 品读与讨论法<br>2. 指导学生基于资源进行自学<br>3. 指导学生基于网络平台交流自学成果；相互质疑、释疑 |
| 教学资源 | 百度查找《雷雨》戏剧视频百度查找刻画心灵的戏剧大师——曹禺 |

教学过程预设(分课时写)

| 课时 | 环节 | 教师活动<br>(教学内容的呈现) | 学生活动<br>(学习活动的设计) | 设计意图 |
|---|---|---|---|---|

续表

| | | | | |
|---|---|---|---|---|
| 第一课时 | 一、教师讲述，导入（3分钟） | **讲演**<br>曾有一位年仅23岁的清华大学学生，他给沉闷的中国剧坛带来了强烈的震动，他就是我国现代著名戏剧作家曹禺。曹禺开始酝酿《雷雨》只有19岁，23岁时也就是1933年完成，一年后，当时任《文学季刊》编委的巴金在编辑部的纸堆里发现了它，阅读后感动得为它掉下了激动的眼泪。在巴金的热忱帮助下，这部剧本终于在1934年《文学季刊》第三期上发表了。从1935年4月，《雷雨》以话剧的形式在日本东京第一次演出以来，我国许多重要剧团都竞相排演，并拍成电影，茅盾形容为“当年海上惊雷雨”。可见《雷雨》的影响有多大。今天就让我们走近大师级现代作家曹禺，走进他的剧作《雷雨》。（板书：雷雨） | 听讲 | 像讲故事一样，把学生带进学习《雷雨》的情境中 |
| | 二、提供资源，指导学生自主学习（30分钟） | （投影）呈现以下信息，并广播给学生。<br>1. 百度百科：《雷雨》<br>重点关注：创作背景、主要人物、剧情介绍、人物形象解读、人物名解析、结构特色<br>2. 百度百科：话剧《雷雨》<br>重点关注：刻画人心灵的戏剧大师——曹禺<br>3. 百度百科：曹禺 | 1. 学生基于资源自主学习<br>① 通读课文，包括注释和课后练习<br>② 通过教师所提供的资源地址，了解以下主题：曹禺其人、创作背景、主要人物、结构特色、剧情介绍、内容简介、人物形象、人物名解析<br>2. 完成以下练习<br>① 判断：《雷雨》创作于九一八事变以后全国掀起抗日高潮的大背景下。（对）<br>② 填空：曹禺的代表作有《雷雨》《日出》《原野》和《北京人》 | 让学生在没有教师干扰的情况下，了解和这篇课文相关的各种知识。高中生已经具有了较强的文本阅读能力，读懂这些文字，比听教师讲解获得信息的速率更快，培养学生浏览、归纳信息的能力 |

续表

| | | | | |
|---|---|---|---|---|
| 第一课时 | 三、提示学生分析人物之间的关系（12 分钟） | （投影）用 word 文档呈现以下信息。<br>请学生完成以下任务，并交流<br>画出周朴园、鲁侍萍、蘩漪、鲁贵、周萍、周冲、鲁大海、鲁四凤这些人物之间的关系图<br>将这个 word 文档分发给学生<br>要求学生画图 | 学生在自己的电脑上画出这些人物之间的关系图，图里要表示出谁和谁之间有爱情纠葛；谁和谁是夫妻关系；谁和谁生了哪个或哪些孩子；孩子跟谁在一起生活，是什么角色。画图的过程中可以查阅资料。所画图形中使用的线条或符号要加以注释说明，以便其他人可以看懂。（6 分钟）<br>画完以后，四人组成一小组进行讨论。每组推荐一名代表参与全班讨论。所画图形将呈现给全班同学，并由画图学生讲解（6 分钟） | 让学生理解剧中主要人物之间的关系，以便理解剧情 |
| 第二课时 | 一、看《雷雨》视频（23 分钟） | 投影，并广播视频。<br>1. 观看话剧《雷雨》视频（75:00—93:10）<br>2. 思考：这一幕中有哪些矛盾 | 学生欣赏视频，这部分视频与课文对应，可以对照课文一起看 | 学生欣赏视频，对课文的印象更加形象具体化，同时领略到话剧演员的语言表现艺术。并在欣赏话剧情节的过程中思考推动剧情发展的矛盾所在 |
| | 二、引导学生理解剧情（10 分钟） | 提问<br>① 这幕戏可分为哪两场？<br>② 每场中主要有什么情节 | 四人组成一小组讨论后，在教师的主持下学生发言。（10 分钟）<br>第一场——周朴园与鲁侍萍的冲突——三十年生死恩怨（爱情纠葛）<br>第二场——周朴园与鲁大海的冲突——资本家与工人之间的矛盾 | 引导学生理解剧情 |
| | 三、引导学生分析戏剧语言如何塑造人物形象（12 分钟） | 提问<br>周朴园知道梅萍（鲁侍萍）就在自己眼前时他有什么表现？请根据课文寻找答案 | 学生浏览课文，列出答案。小组讨论。再在教师的主持下发言。（10 分钟）<br>1. 厉声责问<br>〔（忽然严厉地）你来干什么？〕<br>2. 用缓和的语调稳住<br>〔你可以冷静点。现在你我都是有子女的人。〕<br>3. 用感情软化<br>〔你的生日——四月十八——每年我总记得。一切都照着你是正式嫁过周家的人看，甚至于你因为生萍儿，受了病，总要关窗户，这些习惯我都保留着，为的是不忘你，弥补我的罪过。〕<br>4. 想用金钱收买打发<br>〔（忽然）好！痛痛快快的！你现在要多少钱吧！并开出支票〕 | 引导学生分析人物语言，从中分析戏剧对人物的塑造 |

续表

<table>
<tr><td rowspan="2">第三课时</td><td>一、进一步引导学生分析戏剧语言的特点（15分钟）</td><td>提问<br>看课本92页，讨论第二题</td><td>从课文中找出这些句子所在的位置，练习上下文对整个剧情的理解，解释这些台词包含的潜台词。（10分钟）<br>1. 鲁侍萍<br>可是她不是小姐，她也不贤惠，并且听说是不大规矩。<br>课文中鲁侍萍几次说到这样意思的话，表现了她的不满，她觉得周朴园对她并没有拿她当“高贵美好”的人对待。<br>2. 周朴园<br>（忽然）好！痛痛快快的！你现在要多少钱吧？<br>鲁侍萍什么？<br>鲁侍萍的反问，变现了她心中一直持有的态度，毫不含糊地拒绝周朴园的“好意”，表达了她对周朴园的轻蔑。<br>3. 周朴园<br>什么？鲁大海？他！我的儿子？<br>这四个短句表达的意思可以说成“鲁大海原来是我的儿子”，但原文中的说法语气更强烈，更表达了周朴园的意外、震惊、不满、愤怒。<br>4. 鲁侍萍<br>（大哭）这真是一群强盗！（走到周萍面前）你是萍，凭——凭什么打我的儿子？<br>第一句说明鲁侍萍看透了周朴园等人的本质，站在鲁大海一边，斥责周朴园等人掠夺无产阶级的财富。第二句，表达了鲁侍萍见到了自己的儿子周萍却不能相认的心痛，利用谐音，巧妙地移开了话锋</td><td>理解戏剧中人物语言的特点，进一步领悟人物的语言对人物形象的塑造。</td></tr>
<tr><td>二、辩论（20分钟）</td><td>组织辩论<br>正方：周朴园对鲁侍萍有感情<br>反方：周朴园对鲁侍萍没有感情</td><td>已布置学生事先准备辩论。<br>一名学生当辩论主席；正、反方各4名辩手，男、女生分别2名；支持正、反方的拉拉队。辩论包括正、反方辩手顺序发言（8分钟）、自由辩论（6分钟）、拉拉队发言（3分钟）、总结陈词（3分钟）</td><td>通过辩论，进一步理解周朴园的人物特征</td></tr>
</table>

续表

| | | | | |
|---|---|---|---|---|
| 第三课时 | 三、小结与练习（10 分钟） | 教师引导学生小结本课内容，并分发测验题（word 文档）。<br>① 周朴园和鲁侍萍重逢时，周朴园向鲁侍萍打听无锡“梅家的一个年轻小姐”时，说她“很贤惠，也很规矩”，对周朴园的这番话应如何理解？<br>② 鲁侍萍在听到周朴园上述话后的反应是什么？有什么目的？<br>③ 当周朴园得知姓“梅”的小姐（即鲁侍萍）还活着时，一脸惊愕，这说明了他什么心态 | 学生在 word 文档中回答这些问题 | 学生通过课后习题，进一步理解课程内容 |
| 自我反思 | | 时间安排得有些紧。上课时节奏要严格把握才能完成 | | |
| 主要特色与创新之处 | | 通过提供资源，引导学生自主学习，拓展学生的知识面<br>通过引导学生讨论，辩论，培养学生分析问题的能力<br>通过教师引导，促进学生获得较一致的学习结果，应对考试 | | |
| 存在的问题与不足 | | | | |

## 二、案例评析

在网络教室，教学的组织形式又有所不同，信息资源更加丰富，师生之间、学生与学生之间的信息交换更加通达。比如，在网络教室进行高中语文《雷雨》基于资源的指导性探究学习，可以用大屏幕投影全班同步欣赏《雷雨》戏剧视频，可以用大屏幕投影资源网址和任务，并分发给学生，让学生自主访问并完成任务，锻炼学生迅速浏览信息，去粗存精、归纳整理，表达信息的能力。当学生在各自的电脑上完成了任务，画出了图形或写出了答案，教师还可以把学生的答案广播到全班，加强学生之间的交流，提升学生学习的积极性。

## 三、知识导入

### （一）网络教室的基本构成

多媒体网络教室主要包括三大部分：计算机网络系统、网络教学支持系统和教学信息资源系统。

1. 计算机网络系统

网络教室中的计算机网络系统一般是教室范围内的局域网，有 Internet 接口，以便存取互联网上的信息资源。网络物理上的连接可采用星形、总线型等多种拓扑结构。在这个网络系统中，服务器主要用于存放本地教学资源，提供 WWW、FTP、Email 等 Internet 网络应用服务。教师机主要用于教师对所有学生机的控制和教学信息的传递。

2. 网络教学支持系统

教学支持系统是指基于计算机网络的为网络教学提供支持的控制支持系统。教学支持系统包括核心控制系统和教学管理系统两大类。

(1) 核心控制系统

核心控制系统是以计算机网络系统为基础，在教师机和学生机上增加了相应的硬件控制和软件控制，使网络教室的基本功能得以实现。核心控制系统只是为教学活动的开展提供许多基本控制功能，其本身并不涉及具体的教学活动。核心控制系统大致分为纯硬件型、纯软件型和软硬件结合型。不论是哪种类型，其涉及的核心技术都是相同的，即影视品是信号和控制信息的传输技术。

(2) 教学管理系统

网络教学管理系统直接支持网络教室的教学活动，如网络考试系统、集成学习系统等。

网络考试系统包括试卷的自动生成、自动发卷收卷、计算机自动阅卷、考试成绩统计等功能，教师在考试过程中可对学生进行灵活有效的控制。网络考试系统使教师从传统的人工命题组卷、人工批阅试卷等烦琐的劳动中解放出来，使教师有更多的精力放在教学上，加强对结果的反馈，提高了教学效率。

集成学习系统使个别教学模式的典型应用，它提供一到多门功课的成套课件，能够提供个别指导、操练与练习，以及联机测试等功能。此外，集成学习系统还配有计算机辅助教学管理系统，提供个别化学习管理，如分配学习任务、监测学生学习进程、为教师提供学生情况分析数据等。

3. 教学信息资源系统

教学信息资源系统是计算机网络教室系统不可或缺的组成部分之一。按功能可分为三部分：辅助备课资料库、学习资源库和资源搜索工具等。

(1) 辅助备课资料库

辅助备课资料库包括多媒体教学资源库和微教学单元库。多媒体教学资料库主要由文、图、声、像等资料组成，是以知识点为基础、按一定检索和分类规则组织的素材材料。微教学单元库是由许多微教学单组组成，每个教学单元又包含一定的过程和结构。教师在教学准备过程中，借助备课资料库进行备课，制作多媒体课件。同时利用系统信息传输的双向性，教师制作的多媒体课件可以随时存入辅助备课资料库中，以供教学时使用。

(2) 网上学习资源库

网上学习资源库主要是供学生在自主学习、探究学习、研究性学习时使用。学生利用交互式的多媒体教学终端，不仅可以进行查询、自学、复习，而且还可以利用各学科专用软件配上相应的设备开辟个性化学习空间，进行教学模式模拟仿真训练，提高了学生分析问题和解决问题的能力。若该网络与校园网络、Internet 相连，学生可以登录到校园网、Internet,访问或下载相关资源。

(3)资源搜索工具

无论是教师查询教学资料库,还是学生访问网上学习资源库,都需要一种方便、快捷的搜索工具。

网络教室硬件连接示意图如图 6-4 所示。

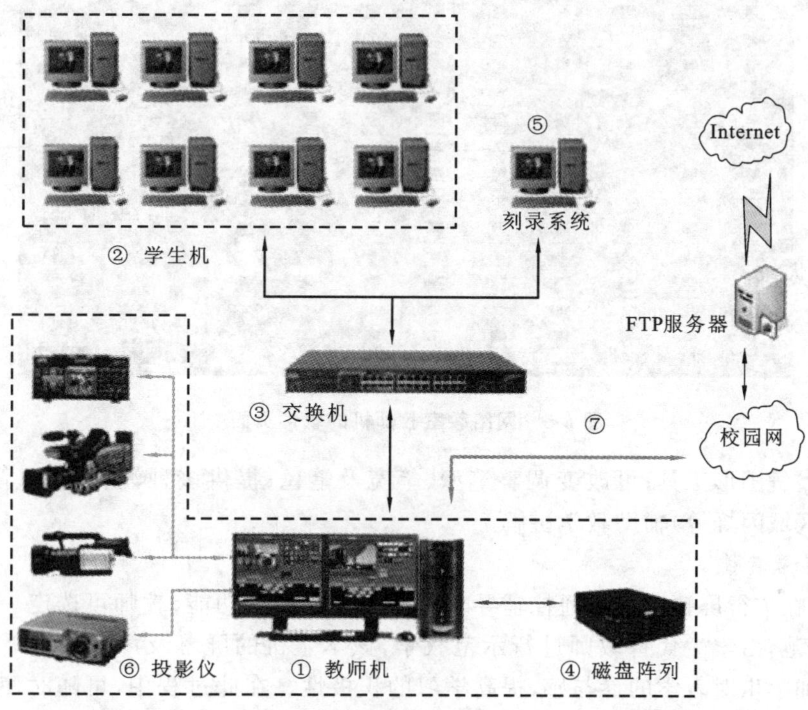


图 6-4 网络教室的基本构成

(二)网络教室的基本功能

图 6-5 是网络教室教师机的软件页面,反映了网络教室教学组织功能。

网络教室的功能有很多,包括:屏幕广播、屏幕转播、屏幕监看、遥控辅导、语音广播、语音对讲、视频对讲、屏幕录放、网络考试、课堂讨论、网络影院、文件分发、作业上传、远程命令、电子抢答、电子白板、网上消息、电子点名、远程配置、系统锁定、课件发布、系统设置。下面介绍一些常用的、与教学组织形式相关的功能。

1. 屏幕广播

屏幕广播功能可将教师机的电脑屏幕画面和语音等多媒体信息(如教学课件等)实时广播给全体、群组或单个学生。可对单一、部分、全部学生广播。使用电子教鞭功能、教师对任何应用软件进行注释和讲解,达到辅助教学及加强学生学习的目的。电子教鞭同时提供存储功能,教师可以存储所有讲解的画面,通过课件制作工具输出独立的多媒体产品。并随时调用该产品独立运行或分发给学生。提供电子黑板和电子白板功能,教师可实现在普通黑板上的全部功能:提供文本输入、编

图 6-5 网络教室教师机的软件页面

辑；提供大量图形工具；可改变调整笔型、笔宽及笔色；提供多种注释方法(箭头、注释模板、区域闪烁等)辅助教学讲解。

2. 屏幕转播

教师在进行屏幕监视和遥控辅导时可使用转播教学功能，教师可选定一个学生机作为示范，由学生代替教师进行示范教学，该学生机的屏幕及声音可转播给其他学生，增加学生对教学的参与感，提高学习的积极性。在此过程中，可随时使用电子教鞭功能进行教学示范。

3. 屏幕监看

教师可实时监视每个学生的电脑屏幕，观察学生的学习情况，这样教师不用离开座位便可在机上观看学生对计算机的操作情况。可对单一、群组或全体学生进行多画面和单一循环监视。

4. 遥控辅导

教师可远程接管选定的学生机，控制学生机的键盘和鼠标，对学生远程遥控，辅导学生完成学习操作，进行“手把手”式交互式辅导教学，在此过程中，教师可随时锁定或允许学生操作计算机的键盘和鼠标。教师在遥控辅导教学中可实时监视被遥控的学生的电脑屏幕，教师在遥控辅导教学中可与被遥控学生进行双向交谈，遥控辅导同时可用电子教鞭功能。

5. 语音广播

可将教师机的语音实时广播给全体、群组或单个学生。可对单一、部分、全体学生广播。当教师在口述讲解，无须学生看屏幕时，为了不让学生因看屏幕而影响听讲，在必要时，可强制学生机黑屏，使学生能够集中精力听讲。

6. 语音对讲

教师可与任意指定的学生进行实时双向交谈，教师可以选择是否允许其他学生旁听。

7. 视频对讲

教师可与任意指定的学生进行实时双向交谈，并相互看到对方的视频。

8. 屏幕录放

教室可以把屏幕上演示内容录制下来，作为学习资源保存，供学生随时访问。

9. 网络考试

网络考场是传统考场的延伸，它可以利用网络的无限广阔空间，随时随地对学生进行考试，加上数据库技术的利用，大大简化了传统考试的过程。服务器端对数据库进行管理，客户端通过浏览器登录网络考场。它基于题库操作，能够实现智能自动组卷、自动阅卷和自动分析，大大缩短了考试周期。

10. 课堂讨论

课堂讨论功能类似于聊天室，使老师和全班同学可以参与讨论，自由发言。

11. 文件分发

文件分发功能支持教师把学习资料分发到每台学生机上。

12. 作业上传

作业上传功能支持学生把自己的作业上传到网络教师服务器，供教师集中评阅，也可以供其他同学浏览交流。

13. 远程命令

远程命令功能允许教师远程运行、关闭学生计算机的应用软件。

14. 电子抢答

教师在电子抢答组中使用电子论坛、电子白板提出抢答题目，组织学生进行抢答，抢答过程受教师控制组织。

（三）网络教室环境下的教学的基本特点

为了充分体现和发挥网络教室的优势，网络教室环境下的教学应具有四个特点。

1. 在学习活动的安排上，以学生的自主—合作—探究活动为主

多媒体网络教室环境能够提供丰富的学习资源和各种交流平台，支持学生的自主—合作—探究活动。丰富的学习资源为学生提供广阔的探究空间。通过网络，学生可以根据需要快捷方便的查找知识与资料，进行拓展性学习。各种交流平台能够加强学生之间的合作交流，扩展交流的对象。

2. 在教师的作用发挥上，突出引导与参与的功能

在多媒体网络教学环境下的教学中，教师的角色从传统的知识传授者与灌输者转变为学习活动的引导者和参与者。在自主—合作—探究活动中，学生大部分时间进行的个别化学习，需要教师的点拨与指导。

3. 在学习内容的组织上，以单元学习和综合学习为主

在网络教室环境中，利用网络可以方便地重组知识、扩展学习资源。网络教室

环境下的学习一般是以单元为单位的综合内容。

4. 在技术知识教学过程上，充分发挥网络的功能

在网络教室中开展教学活动，应充分发挥网络的资源共享、交流协作的功能。利用网络资源的丰富性和共享性、支持学生自主学习；利用网络的交流功能，组织讨论与协作学习活动。

网络教室集体教学与自主学习可以协调组织网络教室为创造学生自主学习和个别化学习的环境提供便利。教师可以利用网络的广播功能，通过多媒体教学信息的呈现，完成班级集体授课。在广播模式下，所有学生的键盘被封锁，学生自主操作被暂时中断，教师通过网络教学软件将自己屏幕上的教学信息实时地传递到各个学生机，学生机屏幕上的内容与教师机同步。这样方便教师的讲解，解除电脑对学生注意力的分散。也可以通过点对点的操作与学生交流，针对不同程度的学生布置不同的学习任务，并且实施有针对性的辅导。还可以通过告知不同的学习资源，为不同程度的学习者提供网上学习支持。

## 四、技能要点

在网络教室上课之前，教师要了解网络教室可以提供的各种教学组织形式，在设计教学方式时就要规划好，合理地运用它们。下面介绍在网络中最常用的四种教学组织形式。

1. 投影教学

网络教室也可以装有投影机和银幕。教师可以用教师机播放或演示教学内容，并同时用大屏幕投影，供全班同学观看。尤其适用于需要学生一边观看大屏幕，一边在自己电脑上操作的情况。比如，教授软件的操作使用时，这种模式使学生学习效率增高。

2. 广播教学

网络教室里，不仅能把教师机显示输出的东西同时输送到投影机，而且能同步输送到每一台学生机，这在网络教室被称为广播教学。广播时，学生机的屏幕播放与教师屏幕完全一样的东西，而且学生只能观看，无法进行任何操作，鼠标键盘被锁定。这种模式，限制了学生的自主操作，特别适合强制学生观摩的情况。学生近距离地看显示器，比看大屏幕效果好。教师在广播之前，应该和学生打好招呼，提示学生马上就要广播了；在广播教学结束时，要记得及时解除广播，便于学生操作自己的电脑。

3. 转播教学

在网络教室，不仅可以把教师机的显示输出广播到投影机和学生机，也可以把某一台学生机的显示输出广播到教师机、投影机和其他所有同学的显示器，这种广播功能类似于传统教学中的学生演示，特别适合当堂展示学生的作业或操作过程，能显著加深学生对课堂学习活动的投入程度。

4. 自主学习

在网络教室,学生可以方便地获得教学资源,对一些高阶的学习内容可以组织自主学习,教师指定学系的内容和目标,每个学生依据自己的学习能力,自定步调,开展学习,并提倡师生之间的交流。

## 五、实战演练

请你设计一个在网络教室授课的方案,带领你的学生到网络教室去体验各种教学组织方式带来的乐趣。

# 第三节　网络主题探究设计技能训练

## 一、品位范例

身边的行程问题

小学四年级以上年级适用　　数学

情境 | 任务 | 过程 | 资源 | 评价 | 结论

---

**情境**

五一节即将来临,同学们可以结伴出游杭州、桂林、昆明。你必须为你的假日旅行做出一个计划。

**任务**

学习者通过单元活动,制订出自己的假日旅行路线和旅行计划,并说出理由。

通过本活动使得学习者:①能利用"速度、时间、路程"的关系,解决日常生活中遇到的问题,感受数学与现实生活的密切联系;②在活动中能用适当的方式提出数学问题,并利用计算机、网络等多种方式探索解决问题的方法;③能把活动的过程及结果用恰当的方式表达出来,充分培养学生应用数学知识,解决实际问题的能力,并培养学生互相协作的品质。

**过程**

1. 选择地点

展示地图及三个城市的图片资料,也可以通过网站对这三个城市的景点进行介绍,让学生对所到之地的方位及特点有一个感性了解。

2. 计划行程

组织讨论出行前要明确的问题。如去杭州、桂林、昆明各有多远?坐火车去还是坐飞机去?车票是多少?路上要花多少时间?多少路费?

3. 分工准备

请你用合适的方式对整个活动的过程及结果进行简要的整理。学生分组进行网络环境下的协作学习。学习中学生自行分工,有人查询路程,有人查询时刻表及票价,有人记录数据,有人进行数据整理和数据比较,并计算结果。选择经济、舒适,又适合自己的出行方式。同组同学互相交流意见,了解本组同学查询到的各种信息,利用这些信息可以计算出什么,运用哪个数量关系?然后同组同学之间讨论解决本活动提出的三个问题。

小组汇总活动中发现的问题(可以在提供的软件中完成)。

4. 行程方案

一份对本活动提出的三个问题的解决方案;一份对此次出游的目的及过程的简单描述;一份填满各种发现及问题的文件。

全班学生进行交流汇总。学生在小组内探索、交流、思考后,提出了很多方案及想法:去南京的学生说为了节省时间可以走高速公路;去北京的学生说为了省钱可以乘火车;去杭州的学生则说可以乘轮船,一路上可以领略京杭大运河的美景。学生分析得颇有见地,也较为合理。

5. 延伸

在这个活动过程中你还存在什么问题,或有什么发现想进一步进行探索研究的,请你(或和你的同学一起)继续完成。

**资源**

1. 软件

电子表格、绘图软件、文字处理软件、PowerPoint 等。

2. 网站

(1) 火车时刻、票价查询

http://www.china-holiday.com/asp/search/train.htm

http://www.shtlfj.com/?f

(2) 飞机时刻、票价查询

http://fights.ctrip.com/

3. 搜索引擎

(1) 搜狗

http://123.sohu.com/

(2) 新浪搜索

http://search.sina.com.cn/

(3) 中文雅虎

http://cn.yahoo.com/

到旅行社咨询,以获得更加具体的信息。

**评价**

学生根据要解决的问题上网查询信息,最终利用信息解决实际问题,体现了学生的主体地位,培养了学生的创新思维。因而,对这个实践活动的评价可以从以下几个方面着手。

① 分析问题,提出解决问题的初步设想,形成解决方案的能力。

② 运用各种途径(特别是多媒体网络)获得所必需的信息的能力。

③ 对信息进行整理、分析的能力(包括数学计算的能力)。

④ 随时发现数学问题、使用各种方式解决问题的能力。

⑤ 综合汇总、比较、评估的能力。

**结论**

伟大的旅行家,你的假日旅行开始了吗?

## 二、案例评析

这是一个 WebQuest。这样的学习符合“学习即生活”的教育理念,使学生的学习不再是纯粹操练的苦差事。把算术问题置于丰富多彩的生活情境中,不仅丰富了学生的生活情趣,增长了见识,而且让学生体验到了算术的重要性。

## 三、知识导入

### (一) 什么是 WebQuest

WebQuest 是 1995 年由美国圣地亚哥州立大学教育技术系伯尼·道格和汤姆·马奇创立的一种学案模式,译成中文,我们把它称为“网络主题探究”。WebQuest 是一种以探究为取向的学习活动,每一个 WebQuest 的核心是一个开放性问题,WebQuest 关注的重点是信息的使用,用海量的信息来支持学生的分析、综合、评价高阶思维活动。

### (二) WebQuest 的结构

一个标准的 WebQuest 必须包括介绍、任务、过程、资源、学习建议、评估、结论等七个部分(关键属性)。除此之外,还可以有如小组活动、学习者角色扮演、跨学科等非关键属性。

#### 1. 介绍(或者绪言)

介绍部分的目的主要有两个方面:给学习者指定方向;通过各种手段提升学习者的兴趣。

为做到这一点,可以使主题看起来显得:

① 与学习者过去的经验相关;

② 与学习者未来的目标相关;

③ 充满吸引力,生动有趣;

④ 重要,因为具有全球性意义;

⑤ 紧迫,因为需要及时的解决方案;

⑥ 有趣,因为学习者将进行充实而有意义的角色扮演。

#### 2. 任务

WebQuest 的任务模块对学习者通过练习将完成的所有事项进行描述。在这一部分中,教师应该清晰地描述学习者行为的最终结果将是什么。在 WebQuest 中涉及的任务可以是:一系列必须解答或解决的问题;对所创建的事物进行总结;阐明并为自己的立场辩护;具有创意的工作;任何需要学习者对自己所收集的信息进行加工和转化的事情等。

完成 WebQuest 的任务，并不仅仅是让学生回答问题，而是要求学生通过更高级的思维技能来解决问题或做出决策，这些高级思维技能包括创造性、分析、综合、判断和问题解决等。

3. 过程

在 WebQuest 的过程模块中，教师将完成任务的过程分解成循序渐进的若干步骤，并就每个步骤向学习者提出了短小而清晰的建议。其中，包括将总任务分成若干子任务的策略，对每个学习者要扮演的角色或所要采用的视角进行描绘等。指导者还可在这一部分提供学习建议及人际关系建议，如如何组织头脑风暴活动等。整个过程描述部分应当相对简短而清晰。

4. 资源

这里说的"资源"是指能够帮助学习者完成任务的信息资源。通常，许多资源是"嵌入"在 WebQuest 文档中通过超链接指向万维网上的信息，作为问题探究的"抛锚点"。学生使用的所有链接都由设计者预先设定是 WebQuest 区别于其他网络活动的又一特征，所以，也可以这样说，相对于信息的搜索，WebQuest 更侧重于信息的使用。

5. 学习建议

在此处，教师要为学生提供一些建议，以帮助他们组织所收集到的信息。建议可以包括使用流程图、总结表、概念地图或其他组织结构，也可以采用由复选框组成的问卷形式，其中的问题旨在分析信息或提醒对要考虑事物的注意。如果将学习建议这部分嵌入到"过程"部分中，可能效果会更好。不过当建议很多，或者数据的收集和分析过程不是几步就可以完成的事情，那么，还是将这两个部分分开为好。

6. 评估

评估是 WebQuest 中的新增模块。显然，如果我们要证明用网络来学习的花费是值得的，我们需要能够测评学习结果。网络探究学习是一种较高水平的学习，在布卢姆教育目标分类学(知识、领会、运用、分析、综合、评价)中，处于最高的位置。因此，难以用多项选择测试题来测量，需要有一个评价量规来考查学生作品的不同方面(包括过程、结果、态度、情感等)。根据给予学习者的任务的不同，评价量规可以有不同的形式。评价人员可以是教师，也可以是家长和同学。另外，根据任务的差异，评价的对象可表现为书面作业、学生的作品、创作的网页或其他内容。

7. 结论

WebQuest 的结论部分提供机会总结经验，鼓励对整个学习过程进行反思，拓展和概括所学知识，鼓励学习者在其他领域拓展其经验。这一部分并不特别重要，但能进一步解释、说明文档，提示读者这是文章的结束。结论部分还可以给教师提供许多问题，这些问题在全班讨论时可能会用得到。

## 四、技能要点

要组织网络主题探究学习活动，教师必须事先准备好 WebQuest 学案。下面介绍如何选择一个较好的 WebQuest 主题，如何建立一个 WebQuest 站点。

（一）选择一个 WebQuest 主题

选择一个 WebQuest 探究主题是一个耗时的、具有挑战性的工作。以下四点是 WebQuest 选题必须遵守的原则：

所选的题目必须符合当地的或国家的课程标准；

把那些用其他教学方式获得的教学效果不满意的课尝试用 WebQuest；

充分利用 Internet 资源和 Web 网页；

WebQuest 给学生的任务要稍微超过现在学生所掌握的知识范围。

1. 课程标准

实践证明，在教学中应用技术手段是能够提高教学效果和教学效率的，但是我们不能过分地迷恋技术的作用，这样会陷入技术决定论的哲学泥坑。虽然技术的先进已经给我们带来了许多意想不到的惊喜和帮助，但是任何事物都应该有自己的标准，对于 WebQuest 也是这样，我们设计的 WebQuest 必须遵守本课程的课程标准。

中学语文课本中有很多鲁迅的作品，如《药》、《祝福》、《故乡》、《阿 Q 正传》、《孔乙己》等。鲁迅是我国伟大的作家，在中国文学史上占有重要地位，语文教师很容易想到选择鲁迅的作品做一个 WebQuest 来教授鲁迅的课文。而且互联网上关于鲁迅的资料也很多，语文教师可以选择鲁迅的一篇选入中学语文课本的文章作为切入点，详细而深刻地介绍鲁迅及其作品，这是符合中学语文大纲要求的。但是如果语文教师选择未入选课本的鲁迅的其他文章，如小说集《彷徨》中的《肥皂》、《长明灯》，就不能算是合格的 WebQuest，学生也不容易接受，就不符合课程标准要求。

2. 选择不满意的科目

做第一个 WebQuest 的时候意味着教师要花费大量的时间和精力。以后就可以依照这个模版而省去许多时间。建议教师选择那些以前曾经教过但是对自己的教法并不是很满意的内容。把它做成一个 WebQuest，所做的 WebQuest 要在自己原有的经验基础上有所提高和发展，而不是还是按照以前的教学方法和顺序放到网络上。

如对高中数学中《坐标变换与点变换》这一课的讲解就没有必要用 WebQuest 的方式，用传统的教学方式足可以让学生彻底理解这一概念的含义。而在讲解《数学发展史》《圆周率 π》，或者《哥德巴赫猜想》《四色问题》《运动场上的数学》《数学中的美学》《动物中的数学天才》等的时候完全可以做成 WebQuest，让学生获得更多的数学知识，更能够深刻理解这些数学概念的含义。

3. 充分运用 Web

把 Web 作为唯一的在 WebQuest 中的教学维度，把它作为首要的教学资源，所有的教学中所需要的东西尽可能地在 Web 中获取。Web 会提供最新的信息，有图片、声音、动画等。在选择 WebQuest 主题时，不应该选择那些仅仅用一种媒体材料就能完全表示和说明白的题目。要选择那些不使用 Web 网页就不能完全讲解清楚的主题。

在做 WebQuest 的时候如果不能提供足够多的 Web 资源链接，那这个

WebQuest 可以说是不成功的，如果 Internet 中没有很多的关于这一主题的资源，这一主题的选择就是失败的，因为这并不能使学生得到探究的资源环境。但是就目前的 Internet 的发展来看，其信息量越来越大，几乎每一个学科每一个主题在互联网中都存在一定数量的资料。所以教师要做的就是花费一定的时间用一定的技术手段去寻找他们，等拥有了足够多的 Web 资源的时候再做 WebQuest 也不为迟。

4. 理解

要选择那些需要学生深刻而且透彻的理解的主题，但是并不是我们所教的课都要求学生深刻地理解。有许多知识可以直接告诉学生，让他们记住，因为对于这些知识没有空间可供你去创造、去分析、去论述和去判断。比如：列出 WTO 的成员国；中国有多少个民族；英语中的不规则动词的讲解等，这些都不适合用 WebQuest 表示。

选择那些有创造和创新余地的主题，这些主题或者有许多复杂的层面可供理解和分析，或者有各种各样的不统一的说法，或者应用前景非常广泛，但是现在还没有完全开发利用。比如，《关于鲁迅的研究》《中国数学的发展史》《恐怖主义分析》《中国如何适应经济全球化》等都是能够细细探究并能在探究中出一定的结论，在探究过程中获得知识和能力的选题。总之，选择那些学生通过探究可以得到自己的结论并能深刻理解的主题。WebQuest 选题过程如图 6-6 所示。

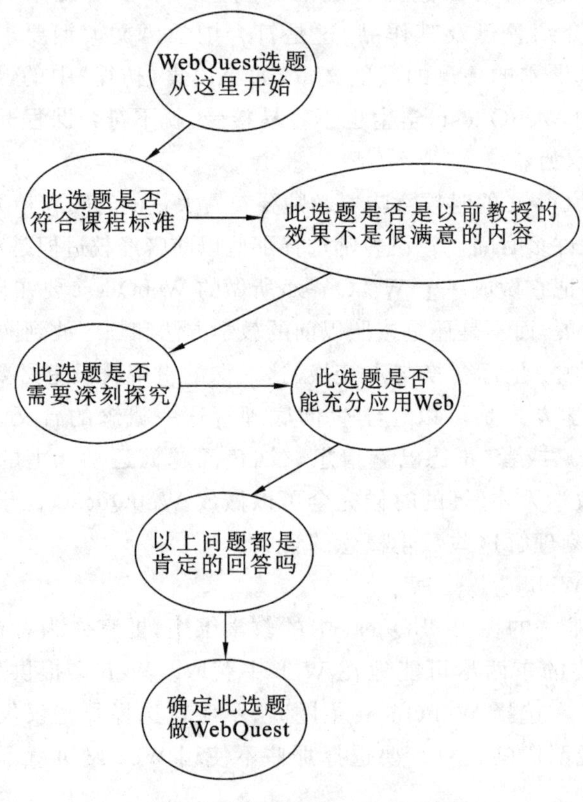


**图 6-6 WebQuest 选题过程图**

（二）建立一个 WebQuest 学习站点

完成了 WebQuest 学习方案设计，接下来将要创建一个 WebQuest 学习网站。下面结合《地震研究》学习网站的设计实例，来学习利用 WebQuest 学习网站的设计。

1. 设计 WebQuest 学习网站的基本步骤

WebQuest 学习网站是根据探究型学习的教学模式而设计的一个主题学习网站，是为学生基于网络资源的探究提供的一个平台。要想成功地开发一个 WebQuest，必须在 WebQuest 学习方案设计的基础上，进一步按网站开发方法来进行设计和开发 WebQuest 学习网站，设计开发过程一般包括：确定主题、设计 WebQuest 学习方案、网站结构设计、网站文件夹设计、网站链接设计、网站页面设计、网站制作和网站发布等八个步骤，如图 6-7 所示。

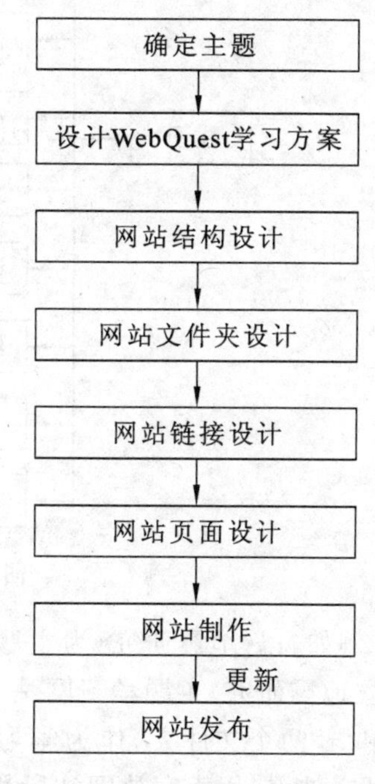


**图 6-7　WebQuest 学习网站设计步骤**

WebQuest 学习网站有单页和多页两种模式。单页 WebQuest 是指把 WebQuest 各个模块的内容写在一个页面中，制作简单。多页 WebQuest 网站通常包括教师教学指南和学生学习活动两大版块，每一版块中包含的 WebQuest 各个组成模块的内容独立为一个页面。下面的学习以多页 WebQuest 网站设计为例。

2. 设计 WebQuest 学习网站

我们以《地震研究》为案例，学习 WebQuest 学习网站的设计。

（1）确定主题

根据教学需要分析，确定要探究的主题。

（2）设计 WebQuest 学习方案

根据 WebQuest 设计模板，对导言、任务、过程、资源、评估、结论等模块的内容进行设计。

（3）网站结构设计

为了确保开发出的 WebQuest 学习网站能够导航清晰、维护方便，适合自己的教学需要，首先需要制作一个网站结构图。网站结构图（图 6-8）是网站设计的基础。所谓网站结构图就是将网站的架构利用图表的形式表现出来，它可以清楚地指导以后的网站开发工作。

（4）网站文件夹设计

有了网站结构图以后，我们就可以按照它的结构对站点服务器上的文件夹进行设计置，在服务器上按照网站结构为每一个信息块建立单独的文件夹。

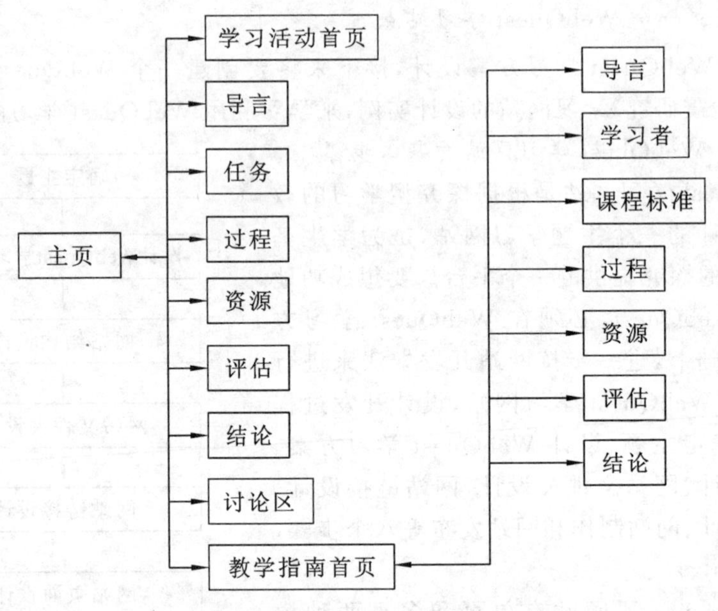


图 6-8　WebQuest 网站结构图

例如,以《地震研究》为主题,在服务器硬盘上建立网站文件夹"Earthquake",这就是《地震研究》主题学习网站主文件夹的名称。在"Earthquake"文件夹下分别建立"s"和"t"两个文件夹,作为学习活动、教学指南两个版块的文件夹,另外,建立一个"pic"文件夹,用于存放网站所用到的所有图片。学习活动主页上的栏目分别为:导言、任务、过程、资源、评价、结论、讨论区,所对应的文件全部放在"s"文件夹下。教学指南主页上的栏目分别为:导言、学习者、课程标准、过程、资源、评价、结论,所对应的文件全部放在"t"文件夹下。网站所用图片全部存于"pic"文件夹下。网站主页 index. htm 或 index. asp 放在"Earthquake"文件夹下。

(5) 网站链接设计

有了上面的网站结构图和目录结构图,网站结构已经十分清楚了。为了确保学习者(浏览者)在你的网站中自由地跳转,提高网站资源的利用率和网站访问质量,网站中的各个页面必须建立正确的链接关系。常见的页面关系组织方式有:顺序、树形、矩阵和网状结构。《地震研究》学习网站主要页面的链接关系实际上已经在网站结构图中标明,图中线条表示链接关系。

(6) 网站页面设计

网站的每个页面是学习者与教学网站之间传递信息的媒介。网站页面的设计一般包括页面大小、页面布局和页面风格设计等。网站页面设计除了追求屏幕的美观、形象、生动之外,还要求屏幕呈现的内容具有较强的教学性。

① 确定页面的大小。

在进行页面设计之前,必须先确定页面的大小,必须确保当页面出现在浏览器中时,浏览器下方不会出现水平滚动条,同时还要充分利用屏幕画面。由于不同显

的任务，并登录系统检查评价学生的作业即可。没有专业的团队开发自主学习课程，学科教师也可以使用 Moodle 等课程管理系统自行建构网络自主学习课程。

## 一、品位范例

**案例 1**

鞍山一中周卫峰老师的《谈吃》一课就是基于 Moodle 教学平台设计，设置课前训练营、小测验，以及生词词汇表等，解决了学生阅读文章的生僻词汇问题；设置相关问题充分应用全局、群组论坛开展教学讨论，并大胆采用 Wiki 共笔系统建立学习探究小组进行网上探究，发挥每个成员的智慧共同完成本组任务。使学生真正体会到网络协作学习的乐趣，很好地体现了新课程的要求，即教学资源活动设计的多样性和学生学习的积极参与性，使课堂教学获得成功。

同样采用网络教学方式，张达丽老师的《个性标志设计》美术课也应用魔灯平台进行教学设计。首先利用魔灯的数据库功能建立个性标志数据库，设定数据库标准：如标志名称、标志图片、图片来源、标志说明等项目。老师和学生通过网络共同搜索查找建立标志数据库。同时设置网上作业，要求学生上传自己设计的个性标志，并开展自评与彼此互评，最后由老师评分。整节课学生积极参与搜索、设计、制作和评价等环节；老师通过网络进行指导，真正体现了学生的积极参与性。魔灯数据库和作业功能的应用使全体同学都感到十足的荣誉感，因为这节课的教学资源有自己的一分贡献。魔灯平台使学生获得了学习的成就感。

## 二、案例评析

Moodle 是目前世界上最流行的课程管理系统之一，其具有网站管理、学习管理和课程管理三大功能。其中，课程管理具有强大的课程开发功能，如教学资源设计、教学活动设计、教学测验设计、教学评价设计等；其丰富的课程活动功能如论坛、测验、资源、投票、问卷调查、作业、聊天室、Blog、WiKi 等。其模块化的动态学习环境可以轻轻松松让教师成为信息化课程设计者，其开放的理念也使得老师可以参与到 Moodle 系统的开发设计中。

## 三、知识导入

Moodle 是由澳大利亚教师 Martin Dougiamas 基于建构主义教育理论而开发的课程管理系统，是一个免费的开放源代码的软件，目前在各国已广泛应用。“Moodle”这个词是“Modular Object-Oriented Dynamic Learning Environment”，即模块化面向对象的动态学习环境的缩写，是一个用来建设基于 Internet 的课程和网站的软件包。Moodle 平台依据社会建构主义的教学思想，即教育者（教师）和学习者

(学生)都是平等的主体,在教学活动中,他们互相协作,并根据自己已有的经验共同建构知识。

Moodle平台页面简单、精巧。使用者可以根据需要随时调整页面,增减内容。课程列表显示了服务器上每门课程的描述,包括是否允许访客使用,访问者可以对课程进行分类和搜索,按自己的需要学习课程。

Moodle平台还具有兼容和易用性,可以几乎在任何支持PHP的平台上安装,安装过程简单,只需要一个数据库(并且可以共享)。它具有全面的数据库抽象层,几乎支持所有的主流数据库(除了初始表定义)。利用Moodle,现在主要的媒体文件都可以进行传送,这使可以利用的资源极大。在对媒体资源进行编辑时,利用的是用所见即所得的编辑器,这使得使用者无须经过专业培训,就能掌握Moodle的基本操作与编辑功能。Moodle注重全面的安全性,所有的表单都被检查,数据都被校验,Cookie是被加密的。用户注册时,通过电子邮件进行首次登陆,且同一个邮件地址不能在同一门课程中进行重复注册,所有这些,都使得Moodle的安全性得到了加强。目前,Moodle项目仍然在不断地开发与完善中。

## 四、技能要点

在Windows系列操作系统中,Moodle的安装和设置十分简便,非常适合中小学网络自主学习平台的搭建。步骤如下。

1. 下载并安装最新版的Moodle

下载并运行easyphp2_setup.exe(EasyPHP套件),安装好Apache、MySQL和PHP。

进入Moodle官方网站http://www.moodle.org/,下载最新版的Moodle压缩包,并将其解压安装到EasyPHP目录下的www文件夹中。

在Moodle官方网站http://www.moodle.org/,下载zh_cn.zip(支持简体中文的语言包),解压后放在Moodle/lang/下。

运行EasyPHP2.0,确保Apache和MySQL正常运行(绿灯)。

进入http://localhost/moodle/install.php,安装和配置好Moodle。

进入http://localhost/phpmadmin/,创建和管理MySQL数据库。

进入http://localhost/moodle/admin/,配置页面风格并选择语言(简体中文)。

2. 创建课程

通过http://localhost/moodle/进入Moodle主页面,注册一个“课程创建者”账号并登录,选定课程或主题,创建一门课。

打开这门课程的编辑状态,添加子主题。

在编辑状态下,点击子主题后的“添加一个资源”,根据课程需要添加网页、PPT演示文稿、Word文档、rar压缩文件等各类教学资源。

在编辑状态下,点击子主题后的“添加一个活动”,根据课程需要,添加交互式活动,如Wiki、专题讨论、作业、投票、测验、聊天、讨论区、问卷调查等。

注册一个学生账号，登录进去，试用一下，若有必要，对资源和活动进行调整。

## 五、实战演练

请你选择一个主题，借助 Moodle 创建一个网络自主学习平台，并邀请你的学生去体验一下。

## 教学视线 ……

1. 雷体南，王锋. 现代教育技术教程. 华中科技大学出版社. 2010.

2. 张增全. 如何选择一个 WebQuest 主题. 网址：http://www. being. org. cn/webquest/wct. htm.

3. WebQuest 的组合部分及设计要点. 网址：http://www. doc88. com/p-99627150723. html.

4. WebQuest 学习网站设计. 网址：http://jpkc. wzu. edu. cn/xdjyjs/shownews. aspx? zid=1332.

5. 身边的行程问题. http://www. being. org. cn/webquest/journey/journey. htm.

6. 戴蓓. 运用多媒体引导学生创新学习的教学方法和策略. 网址：http://www. etc. edu. cn/sijiehe/outcome/chongqing2001/liluntansuo/yunyong. htm.

## 反思探究 ……

1. 在多媒体教室上课，教师应注意哪些技能要点？

2. 在网络教室上课，教师应如何组织学生充分利用网络环境？

3. 什么样的教学内容适合采用网络主题探究的教学方式？

# 第七章 教学评价与反思技能训练

## 内容导航 ……

- 教学评价的含义与特点
- 教学评价的类型与方法
- 课堂教学评价技能
- 反思性教学的含义与特点
- 反思性教学的类型与方法
- 反思性教学对教师的要求

## 第一节 教学评价的含义与特点

在教育事业不断发展的今天，教学评价在引导中小学教育落实新课程标准方面，起着指挥和定向作用。我们要落实新课程标准，实施素质教育，就必须了解教学评价的含义及特点，使学校、教师和学生的评价科学合理，才能起到正确的引导方向，才能使素质教育实施贯彻，使新课程理念深入落实。

### 一、教学评价的含义

教学评价是通过系统地收集信息，对教育目标及实现目标的教学活动进行优缺点和价值判断的过程。尽管目前教学评价理论界对教学评价的概念界定有许多种说法，但"教学评价是……价值判断的过程"已达成共识。确切地说，教学评价是建立在事实判断基础上的价值评判。一切教育活动都是为了发现教育价值，合规律、合目的地创造教育价值，通过有效的教学活动实现教育价值，以满足人和社会的需要。换句话说，教育是通过各种教学活动去促进每一个人的全面发展，使每个人日臻完善。教学活动不仅仅是知识授受过程，对于教师而言，如果一个教师一辈子从事教学工作，就意味着他生命中大量的时间、精力是在教学活动中和为了教学工作而付出的，并且教师个体是带着自己全部身心和已有经验、状态进入教室，他的心理状态、内心体验直接影响他教学的热情、对学生的态度、处理问题的方式、宽容度、耐心、机智，以及对职业的态度、专业水平的发展、生命意义的领悟。可以说，每一堂课都是他教学生涯的最基本的构成部分、生命活动的一部分，教学活动是实现其生命价值的重要领域；对学生而言，教学活动是其学校生活的最基本构成部分，它的质量、效果、程度直接影响其当前及今后多方面的发展和成长，可以说，教学是其"生长”的过程。一言以蔽之，教学活动是师生人生中一段重要的经历，是他们生命中有意义的构成部分，对于参与者具有个体生命的价值。因此，作为评价教学活动价值的教学评价应走向教师、走向学生，让教师与学生共同置身于其中的教学活动，才能全面体现教学过程中生命的丰富、个性的张扬、人格的主动、多元的价值，而不是局限于单一、片面的知识的传授、认知的发展、量化的鉴定。

教学质量是学校生命线的观念已成为各级各类学校的共识，正确认识及应用教学评价对于推动教师改进教学、提高教育质量有着十分重要的意义。为了全面认识教学评价，需要注意以下几方面。

1. 教学评价要体现教学改革的精神

在当前的教学内容和课程体系改革的背景下，除了强调教师的敬业精神、负责态度、传授知识的准确性和学生的课堂纪律以外，侧重点应放在课堂上的信息量、多媒体等教学手段的运用、知识的深广度和启发学生思维等项目上。在课程门类增加、内容增多、学时减少的情况下，只能加大课堂的信息量，只能借用现代化的教学手段，只能讲思路，而不能照本宣科，因此，课堂教学质量评价要体现教学改革的精神。

2. 教学评价要体现学生的全面和谐发展

现代教育思想强调对学生进行素质教育，促进学生的全面发展。我们国家对学生的教育经历了从知识本位到能力本位，再到人格和谐发展三次转折，而人格和谐发展则是现代教学评价的价值取向。就课堂教学这一具体评价来说，评价指标要体现素质教育思想，指向学生的全面发展，因此，构建课堂教学评价指标体系必须要遵循三个基本原则，即以学生为主体、注重学生人格的和谐发展、重视学生综合素质及创新能力培养。

3. 教学评价要体现教师的专业发展

课堂教学评价的过程也是教师学习的过程，通过具体的评价，可以转变教师的课堂教学行为，实现教学观念的更新。教师教学质量评价目前主要有奖惩性评价和发展性评价。奖惩性教师评价是以奖惩为最终目的的终结性评价，这种评价制度被视为管理控制教师的手段；发展性教师评价是以促进教师发展为目的的形成性评价，评价注重促进教师积极参与、增强责任心和发挥主体性。奖惩性评价在教师教学活动中发挥了重要的影响和作用，但它过分强调教学评价的激励和奖惩功能，导致一系列过细的量化评价指标，忽视了教师劳动的特殊性，影响了教师教学特色的形成和发展。而发展性教师评价突出教师个体的自我评价与自我主动提高，由于其标准较模糊、目的性较差，使得评价的实施并未达到预期的效果。因此，将奖惩性评价与发展性评价结合起来运用，既承认教师的贡献，为教师评优、聘岗、职称晋升提供重要依据，使评价的结果产生最大的影响，又能充分发挥教师本人在评价过程中的主动参与，积极完善和提高自身的教学水平、教学积极性与责任心，使自身价值与学校价值趋于一致。

## 二、教学评价的特点

教学评价涉及教师、学生、教学活动等方面，在教育事业发展的同时教学评价的发展又进入了一个崭新的时代，教学评价的理论和实践出现了新气象，并呈现出以下特点。

1. 在评价的指导思想和根本目的上，现代教学评价致力于促进学生个性的全面发展和弘扬学生人格的主动精神

传统的教学评价是以知识为标准的单一、片面的价值取向，而现代教学评价则强调将完整的、有血有肉的情感、有个性的人当做评价的对象，并通过评价促使受教育者个性的充分发展，包括知识、技能、创造力、兴趣、爱好、情感、态度、意志、品格等方面。现代教学评价主张从每个受教者的内在需要和实际状况出发，评价他们各自的发展进程，并通过评价促使他们向着更高、更远大的目标迈进。传统的教学评价由教师或教育行政人员执行，而且常常带有强制性和贬损性，造成了对学生人格的践踏，导致了强烈的师生冲突和对抗现象，从而给学生带来焦虑、抵触和消极情感；现代教学评价的民主性和激励性，则充分体现了对学生人格的尊重、能力的信任、发展的关心。现代教学评价主张学生成为教学评价的积极参与者，主张通过学生的自我评价发展学生的评价能力，所以，现代教学评价有助于弘扬学生人格的主动精神，并使学生享受到成功的欢乐、进步的喜悦。

2. 在评价的功能上，现代教学评价注意发挥评价的教育功能

教学评价的功能是多样的，但从根本上说是两大功能：教育功能和管理功能。所谓教育功能是指通过教学评价，激发学生的学习积极性和主动性，提高教育质量，促进学生的全面发展；所谓管理功能是指用教学评价鉴定质量，区别优劣，选择淘汰。在传统教学评价中，人们强调评价的管理功能，以促进学生的发展。现代教学评价更加重视教学评价的教育功能，但不是要抛弃教学评价的管理功能，管理功能对社会和教育的发展也是不可缺少的。但我们必须牢固树立这样的观念：教学评价的根本功能是教育功能，评价的管理功能只有建立在教育功能的基础上才能产生积极的作用，否则将对人才培养起消极作用。

3. 在评价的方法上，现代教学评价注重采用绝对评价法

绝对评价是以教学要达到的客观要求作标准所进行的评价，相对评价是通过学习者之间的互相比较而进行的评价。在20世纪60年代以前，西方各国多采用相对评价法对学生学业成绩进行评定，这种评价人为地对学生进行划等级、分类和排名次。正如布卢姆所指出的，“这种划分的结果，使一些学生确认他们是有能力的、良好的、合乎要求的；同时，也使一些学生认为他们能力不足，是差的、不合乎要求的。这种不断贴标记的做法对个人的教育不可能带来益处，它对于许多学生的自我观念则可能具有不利的影响。身体上(以及法律上)被学校体系束缚了很多年，并在此期间反复得到消极的等级，这必然对人格与性格发展造成严重的不利影响。”教学评价的目的不是为了给学生分类、分等，而是为了让学生了解自己和客观要求之间的距

离,激励他们努力向客观要求靠近,因此,现代教学评价注重采用绝对评价法。

4. 在评价的类型上,现代教学评价注重实施形成性评价

传统教学评价注重实施终结性评价,这种评价是在教学结束后进行的,它被排除在教学过程之外,不能有效反馈信息以调节教学和学习过程;而现代教学评价则注意实施形成性评价,这种评价是在教学过程中进行的,它是教学过程的有机组成部分。通过实施形成性评价,教学的信息能够得到及时的反馈,从而使教学活动能够得到及时的调节和改进,以实现教学目的,提高教学质量。形成性评价体现了教学评价的教育功能。

5. 在对待分数的态度上,现代教学评价要求树立新的分数观

世界大多数教学评价专家认为,对传统分数观的批评,不应该导致对分数采取轻率和虚无主义的取消态度,理由是:分数可以强有力地促进教师工作和学生学习,没有它,教师就可能会变得拖拖拉拉,对工作和学习敷衍了事。所以,不要盲目地取消分数的评价作用,而应该积极去探讨克服它的局限性的方法,重新确认它的评价作用。力求使每个分数都具有教育意义,使它成为学生前进的一种动力,这便是现代崭新的分数观,也是我们对分数所应采取的唯一正确的态度。

新课改的实施,为教师在教学的各个领域和环节提供了创新的土壤和空间。以考试评价为例,将学生的学业成绩以分数的形式呈现是我们在教学中最常用的方法,如果我们对这个平常的分数能加以创造性的利用,给它一个表现的机会,就能在教学的平淡之中见精彩,闪现出创造的光辉和人性的魅力。

**案例 1**

题目要求写 300 字以上的时事小论文,一个学生只写了 150 多个字,而且字迹潦草,别字较多,但内容还算新颖。按惯例,这样的小论文打个 60 分就差不多了,可这样有可能太打击孩子的积极性,而且埋没了他新颖的题材。于是,教师给他打了这样一个分数:“90－20－10”,并就每个分数作了解释:90 分(题材新颖)减 20 分(内容不具体)减 10 分(字迹太潦草,还有别字)。同是 60 分,但这个带着减号的等式化的 60 分,比单一的 60 分更具有激励性、针对性和指向性。它不但极大地肯定了学生的创新精神,还较为具体地指出了存在的问题,形象而生动。学生在这个分数中,不仅看到了教师对他的信任,了解了自己对所学知识的掌握程度,知道了好在何方,差在何处,这样容易找到今后努力的方向和前进的动力,从而树立学习的信心。这样的分数虽不是号角,但足以鼓舞学生。

**案例 2**

一个学生只考了 59 分,于是他来找老师:“能不能加我 1 分,就 1 分,求您了。”如果给他加,那是一种施舍,可能会让他产生投机和依赖心理;如果不给他加,对他是种打击,怎么办?教师这样说:“加分不行,不过可以先借给你 1 分,期末要还,连本带

利借1分还5分，而且下次考70分以上才有资格还。你愿意吗?""行，行。"学生急不可待。期末，学生考了76分，扣掉5分，还有71分。为什么下次考70分以上才有资格还？教师说如果不这样，还掉5分后，剩下的分数就不多了，而将目标定在还5分，因为这是一个学生跳一跳能摘到的"果子"。此案例中，教师履行了一个为师者的职责——既让考试成绩真实地反映学生的学习情况，又不"棒杀"学生的积极性。这样的做法既体现了分数的真实性，又考虑了学生的可接受性。这里，"借分"是一种理解，教师"借"给学生的是一种信任、一种自信、一种鼓励；"借分"是一种期待，教师给学生"借分"，其实就是播下期待的种子，收获美好的希望。"借分"是一种宽容，学生想加分，说明他有上进心，当教师"违规"满足了他的要求时，他能不感动后加倍努力吗?

## 第二节　教学评价的类型与方法

为了适应新课程的改革，以及促进素质教育的发展，深入地认识教学评价，了解其相关的知识至关重要。本节就教学评价的类型及应用的相关方法进行详细的分析。

### 一、教学评价的类型

依据不同的分类标准，可以对教学评价种类做不同的划分。按评价基准的不同，可分为相对评价和绝对评价；按评价功能的不同，可分为诊断性评价、形成性评价和总结性评价；按照评价方法的不同，还可分为定性评价与定量评价。

#### (一) 相对评价与绝对评价

1. 相对评价

相对评价是在被评价对象的群体中建立基准(通常是以该群体的平均水平作为这一基准)，然后把该群体中的各个对象逐一与基准进行比较，以判断该群体中每一成员的相对优劣。为相对评价而进行的测验一般称为"常模参照测验"，它的试题取样范围广泛，测验成绩主要表明学生学业成绩或能力的相对等级。由于常模参照测验近似学生群体的平均水平，所以这种测验的成绩往往形成正态分布。利用相对评价可以了解学生之间的差异，便于比较个体学习成绩的优劣，这是其优点；不足之处是，基准会随群体的不同而变化，评价标准不能反映教学目标的要求，因而不能为改进教学提供依据。

2. 绝对评价

绝对评价是将教学评价的基准建立在被评价对象的群体之外(通常是以教学大纲规定的教学目标为依据来制定这一基准)，再把该群体中每一成员的某方面的知识或能力与基准进行比较，从而判定其优劣。为绝对评价而进行的测验一般称为

"标准参照测验"。它的试题取样范围较窄——大纲规定的教学目标所要求的内容，测验成绩直接反映达到教学目标的程度。绝对评价的优点是可以直接鉴别各项教学目标的完成情况，使每个被评价者清楚地看到自己与教学目标要求之间的差距，因而可为改进教学指出明确方向；缺点是不易分辨出学生之间在学习方面的真实差异。

（二）诊断性评价、形成性评价和总结性评价

1. 诊断性评价

诊断性评价又称"教学前评价"，一般是指在某项教学活动开始之前对学生的知识、技能，以及情感等状况进行的预测。通过这种预测了解学生的知识基础和准备状况，以判断他们是否具备实现当前教学目标所要求的条件，为实现因材施教提供依据。

2. 形成性评价

形成性评价是在某项教学活动过程中，为了能更好地达到教学目标的要求，取得更佳的效果而不断进行的评价。它能及时了解阶段教学的结果和学生学习的进展情况、存在问题，因而，可据此及时调整和改进教学工作。形成性评价在教学过程中用得最频繁，一节课或一个知识点之后的小测验就是一种形成性评价。从形成性评价采用的基准上看，它属于绝对评价，即用于判断前一段教学工作是否达到了教学目标的要求。课堂教学过程中和课件脚本开发过程中进行的评价主要是形成性评价。对于提高教学质量来说，重视形成性评价比重视总结性评价更有实际意义。

3. 总结性评价

总结性评价又称"事后评价"，一般是在教学活动告一段落后，为了解教学活动的最终效果而进行的评价。学期末或学年末进行的各科考试、考核都属于这种评价，其目的是检验学生的学业是否最终达到了各科教学目标的要求。总结性评价重视的是结果，借以对被评价者作出全面鉴定，区分出等级并对整个教学活动的效果作出评定。

（三）定性评价与定量评价

1. 定性评价

定性评价是对评价材料作质的分析，运用的是分析、综合、比较、分类、演绎、归纳等逻辑分析方法，分析结果是一种没有量化的描述性资料。

2. 定量评价

定量评价则是对评价材料作量的分析，运用的是数理统计、多元分析等数学方法，从纷繁复杂的评价数据中提取出规律性的结论来。由于定量评价的方向、范围必须由定性评价来确定，所以定性评价与定量评价二者必须结合起来，互相补充，不可偏废。

## 二、教学评价的方法

(一) 品味范例

同学们,在今天上课前,我们来做一个游戏,愿意吗?嘘,别急,先听张老师说游戏规则。这个游戏叫:石头·剪刀·布(课件出示游戏图)。两名同学为一组,一边进行游戏,一边用画"正"字的方法记录自己赢的次数,听明白了吗?做好准备,游戏时间30秒,预备——开始。(配乐)学生开始游戏,教师下位巡视。

好,时间到,谁来说说你赢了几次?我来了解一下,有赢2次的吗?3次的呢?有赢5次的吗?

请同学们注意,赢1次我们就计5分。

下面请大家算一算你可以得多少分?谁愿意说一说?(随机在电脑上打入数据,见表7-1)

表7-1 游戏次数和得分

| 赢的次数 | | | | | | | | |
|---|---|---|---|---|---|---|---|---|
| 得分 | | | | | | | | |

(如果学生没说次数和分数,教师以提问的形式问:如果赢了×次,那么得了多少分呢;如果得了×分,那么赢了几次呢?)

同学们,你们看,从这张表中你知道了什么?(让学生回答)

噢,看来游戏当中还有很多的数学知识哦。

(二) 案例评析

正比例意义内容比较抽象,学生难以掌握,教师运用游戏的方法将学生带入轻松愉快的学习环境,创设了良好的教学情境,学生及时进入状态,手脑并用,课堂气氛十分活跃。通过这种方式达到了以下效果。

1. 使学生掌握正比例的意义及字母表达式,会正确判断两个量是不是成正比例关系。

2. 通过对比、观察、归纳、培养学生良好的数学学习习惯。

3. 感受数学与生活的联系,渗透"事物是普遍联系的"这一辩证唯物主义思想。

(三) 知识导入

传统的教学评价是一种以知识本位为核心理念的文化价值观。那么,顺应创新教育、素质教育的改革洪流,现代的教学评价则应是一种以能力本位为核心理念的文化价值观。

(四) 技能分解

1. 学生小结性自评

教学评价是双向的活动,随着评价理论的发展,评价越来越多地吸收被评价者的参与。但在现实教学评价活动中，教学活动的主体——学生却常常处于被动的，甚至是被忽略的地位。教学评价成为管理者的“专利”活动，其作用可想而知。教学过程的实质就是学生主体参与的过程，教学评价应该让学生主体参与，经过一段时间的教学活动后，教师要引导学生进行小结性自评，让他们自己评价自己，找出优缺点，想出扬长避短的方法。随着年龄的增长，学生的心智日趋成熟，具有一定的明辨是非的能力，初步形成了一定的审美观、价值观。多吸收学生的意见作为评价的参照，一方面可以让学生觉得教师对自己的重视和信任，另一方面也可以让他们审视自己、总结自己。一个人进步最主要的因素是能够正确认识自己、提高自己、超越自己。教师在学生自评这一过程中要注重引导学生学会如何正确对待自己，逐步培养科学的人生观、价值观。

2. 学生客观性互评

学生在学校里交往最多的是同学，朋友也大多在同学中产生。在一个班集体中，每个学生既是相对独立的个体，又是相互联系、相互影响着的社会人。他们每天大部分的时间生活在一起，同窗学习，共同游戏，彼此间有所了解。学生在教师、家长、同学面前的表现是不一样的，在同龄人面前，他们往往会表现出自己真实的一面，且容易显露个性。虽说现在一直提倡师生间的平等地位，但因传统观念的惯性，学生只有在同龄人面前才能真正感到平等和较小的压力，才能全面释放自我。同样的一项活动，教师在场与不在场，学生的表现是不一样的。所以，要想真正准确地评价学生，教师还应让同学之间互相评价。评价前，教师要引导学生从思想上提高认识，在引导他们进行客观性互评的同时，也培养他们形成正确的评价观。被评价者如有不同意见或觉得有失公允，允许他们提出自己的观点和意见，真正达到客观评价的目的。教师也可在这个过程中更多更好地了解每一个学生。

3. 家长动态性参评

学校、家庭是联系着学生的两头。如果说学校教育的形态对学生来说是大同小异，那么家庭教育对每个孩子来说则是千差万别的。学生生长的环境相对稳定，教师虽然基本了解其在校表现，但对他们的家庭背景却不甚了解。要想真正了解学生的个性，还必须去了解他的家庭，这就要求家长经常性地参与学生评价工作。家庭中任何小小的变故，都可能对学生产生较大的影响。学生年龄小，社会阅历浅，心理素质较弱，承受不了太大的波动，有时甚至小小的挫折都会影响他们正常的学习和生活。学生亲身经历的家庭的悲欢离合，教师却不甚明白，就容易造成师生沟通和理解上的误差。所以，经常性、动态性地让家长参与到对其子女的评价过程，既能让教师更好地了解学生，也可让家长更好地了解孩子。许多看似复杂的问题，当解开其中某一症结时就会豁然开朗，复杂的问题也因此变得简单。当教师和家长共同解决孩子某一问题时，会综合各方面的因素，既能还学生一个公道，又能找到行之有效的方法。如果家庭学校脱离联系，双方都是“瞎子摸鱼”，最后两头落空，会严重影响学生的正常成长。教师要定期或不定期地请家长来校参与孩子的评价活动，不能等到发现问题才和家长沟通。家长则要有主动参与评价的意识，经常性、动态性地与教师保持联系，主动了解孩子的学习情况，做到心中有数。这样才能构筑一座家校合作、全面进步的桥梁，才能较好地帮助学生健康成长。

4. 教师概括性总评

教师评价是不可或缺的教学行为，教师要充分发挥评价中概括总结的作用。教师一直和学生打交道，对每个学生都有着不同程度的了解及其特定的评价。教师不仅要在教学活动中起到主导作用，在教学评价这一环节也要身体力行。每个学生的大脑如同他们的指纹一样独特，从没有两个学生用相同的方法处理信息和思考问题。只有当学生用各自的方式去思考、学习和工作时，才能充分发挥各自的才华和特长。教师的主导作用在于评价过程中把握学生的差异性，要发现他们的长处，让他们有机会依照自己擅长的方式获取知识和技能，并且对他们的学习方式表示肯定和欣赏，引导他们发挥自身学习方式的优势进行学习。班主任尤其要多方听取其他任课教师、学生及家长的意见，全面而客观地去评价学生，得出较为权威的意见，以便交流。教师面对学生既要有整体观点，又要充分照顾个体。教师对每个学生的评价虽只是简要、概括性的几句话，但对每个学生来说，短短数语就是对他的自身价值的判定，甚至有时教师无心的话语都可能在学生的心里激起不小的浪花。因此，教师在对学生进行概括性总评时，要不吝惜语言，从大力肯定学生最微小的闪光点做起，让他们感觉到自身的价值，激发他们学习的积极性，促使他们个性全面、良性地发展。

（五）实战演练

现在，很多学校都在开展科技节活动，我们学校有很多同学参加了这项活动，其中有一项是电脑技能操作竞赛。经过一段时间的训练，同学们的水平得到了大幅度的提高，李华就是这次活动的优胜者。今天，老师把他的打字时间和打字总数情况也带来了（课件出示打字时间和打字总数的统计表），请大家结合这些问题想一想、说一说、算一算、议一议，同学们开始吧！刚才我们分析的是有具体的量，如果没有给出具体的量呢？现在请大家看屏幕，应该怎样判断？请同学们带着这个问题到书上去找答案，然后在组里说一说，看看书上是按照几个步骤进行的。最后，反馈自学成果、课件出示过程和学生发言。

## 教学视线

### 教师评价要富有鼓励性

对于一组习题，教师在练习前后的引导和评价方式的不同，对唤起学生的兴趣和激情的效果是迥异的。

如：选词填空题。

公　工

A. 我爸爸在(　　)厂里做(　　)，妈妈常带我去(　　)园玩。

自　字

B. 小红的(　　)写得很好。小青(　　)己去上学。

这类题应该说本身并无趣味，但如果教师提出：比一比，看谁做得又快又好，并奖给红五角星，学生都会争先恐后，饶有兴味。在教学中教师采用各种手段激发起学生的兴趣以后，教师所要做好的关键在于尽力维持学生的这种兴趣，精心地呵护这种兴趣。

## 反思探究

教学评价是教学活动中的一个重要环节，所以教学评价本身就是一种教学活动。在这种活动中，它使学生对先前学过的内容进行复习、强化、巩固和整合，也有利于教师整合调控自己的教学进度和选择教学内容。那么，在一堂课的教学设计中如何进行教学评价呢？

就教学评价的主体而言，学生和教师都是不可忽视的主体。教师要在教学前对学生的课前知识的习得状况和情感、态度、价值观的群体取向做出评价，即我们通常意义的备课中备学生的环节。教师要在教学过程中针对学生的表现和发言中潜在的能力和闪光点给予及时适中的肯定，还要针对学生之间进行的中肯的、积极的评价进行评价。课堂教学后，教师还要对自己的教学策略、教学问题和课程的理解和开发情况，以及对学生的发展优势和存在的问题加以评价，以形成反馈、监控和调整教学安排的科学性。

# 第三节　课堂教学评价技能

## 一、品味范例

**案例 1**

在课堂上，教师手中拿着奖励学生的小红花，只要学生举手发言，其所在的小组就能得到一朵小红花；教师在黑板上设计了小组得奖的统计表，学生每发言一次，教师就匆忙赶回黑板前贴一个红花。整堂课中，教师异常忙碌，学生也心急火燎，因为他们要得到一次发言的机会，就必须等教师给“获奖者”贴完红花。也有教师或许是感到自己贴红花太麻烦，但又不想舍弃这种评价方式，于是指定一位学生站在黑板旁，专门负责给各组贴小红花。这样，教师的负担确实减轻了，学生发言的机会也多了，似乎是两全其美，但这位专门负责贴小红花的同学在这节课上忙碌无比，却学无所得。

**案例 2**

一年级《统计》(播放课件)

师：刚才的小动物各有几只呢？

生 1：小动物太多了，我没记下来。

生 2：老师您刚才放得太快，我来不及记。

师:请你想个好办法,能把小动物又快又准确地记下来。

生3:老师您放慢一些,就能记下来了。

师:不可以。

(沉默片刻)

生4:可以用打"√"的方法记,出来一个小动物,就在纸上画一个"√",这样很快。

师(表情麻木):你真聪明,大家表扬他。

(教室顷刻一片热闹)

生齐声:棒、棒、你真棒!

生5:还可以用画三角形的方法。

师:你真聪明。

生齐声附和:棒、棒、你真棒!

**案例3**

(吴正宪《平移和旋转》)

师:譬如说这样的运动方式,你能用自己的话给它取个名字吗?取什么名字都可以。好,这位同学。

生:我给弹射塔取个名字叫……叫……叫……

师:我看得出来你在思考,没关系,再等等你!

……

师:这节课上完了,你有什么收获,你最想说的,你的最深刻的感受能用一句话、两句话来说说吗?有没有想说的,(有人举手)好!你最想说什么?

生:老师们,希望我们有缘再相见!

师:呀!你总是这么温情,你想说什么?

生:这节课我懂得了平移和旋转,相信这些知识可以用到我的生活中。

师:你的体会挺深刻的,你又想说什么?

生:这节课一生难忘!

师:快把手伸出来吧,吴老师要好好拉拉你的手,你叫什么名字?(教师伸手)

生:徐放。

师:我也很难忘记呀!能给你这么深的印象,谢谢你,(两人握手)徐放同学。(转向另外同学)你还想说。

生:老师您辛苦了!

多温暖、多感人的课堂呀!当一位学生举手回答道:"我给弹射塔取个名字叫……叫……叫……"一时没有回答出来时,吴老师没有直接叫他坐下,而是很真诚地说道:"我看得出来你在思考,没关系,再等等你!"这样的评价有效保护了这位学生的学习积极性和自信心。正是这样的一个个细节,感动了孩子,吸引了孩子,使课堂真正绽放了每一位孩子的心灵。

## 二、案例评析

教学评价是课程改革的重要组成部分。《课程标准》指出:“评价的主要目的是为了全面了解学生的数学学习历程,激励学生的学习和改进教师的教学;应建立评价目标多元、评价方法多样的评价体系。对数学学习的评价要关注学生学习的结果,更关注他们学习的过程;要关注学生数学学习的水平,更要关注他们在数学活动中所表现出来的情感与态度,帮助学生认识自我,建立信心。”

课堂教学中的即时评价又是教学评价的重要组成部分,它存在于任何时期、任何地区的课堂教学中。所谓课堂教学中的即时评价就是教师运用语言对学生在课堂上的学习态度、方法、过程、效果等方面进行即兴点评的过程,有着反馈、激励、调控、导向的作用。它是整个课程改革评价中最益于开展和实施的部分,是贯彻评价改革的切入口。

## 三、知识导入

课堂教学评价一直是教师评价中的重要组成部分。一直以来,课堂教学评价的关注点都是以教师为主,即主要关注教师的课堂行为。新课标一再强调,教育的根本目的是为了每一位学生的发展。关注学生在课堂教学中的表现应成为课堂教学评价的主要内容,包括学生在课堂师生互动、自主学习、同伴合作中的行为表现、参与热情、情感体验和探究、思考的过程等。因此,新课标提出了“以学论教、教为了促进学”的响亮口号。课堂教学评价具有促进学生发展和教师专业成长的双重功能,本节就对其相关的技能进行详尽的分析。

## 四、技能分解

### (一)明确评课目的

进行评课前,应该根据教研活动的目的或听课者的听课目的确定评课目的。一般情况下,教研活动、听课活动都是围绕一定目的进行的,具有针对性。评课过程中,要根据授课教师提供的课堂教学实例,交流教学思想,总结教学经验,探讨教学方法,帮助、指导授课教师和参与听课活动的教师提高教学能力。通过评课,使参与活动的全体教师从对课堂教学实例的剖析中吸取长处,学习教学方法,改进不足,以达到共同提高教学水平的目的。

### (二)把握评课内容

评课评什么,这是个至关重要的问题。从目前新课程改革的要求来看,评课应围绕以下内容进行。

1. 评教学思想

从教学思想这一角度出发,依据课堂教学活动的实例,评议教学思想在课堂教学中的体现。其中包括:授课教师面向全体学生的思想、培养学生能力和发展学生整体素质的思想、运用现代教育理念的思想、尊重学生主体地位的思想等。

2. 评教学目标

教学目标又称教学目的，这一要素主要有：授课教师的教学目标是否符合课程标准、教材要求；所确定的教学目标、要求是否明确、具体，是否符合学生实际；是否体现知识与能力，过程与方法，情感、态度与价值观“三维”目标；课堂教学是否围绕既定的目标进行。

3. 评教学内容

教学内容主要看：教课教师对教材中的概念、原理（理论）、观点、结论的讲授及运用是否准确、完整；知识讲解的逻辑性是否严密，条理是否清晰，层次是否分明，是否做到深入浅出；知识重点、难点的确定及讲解是否恰当，重点是否突出，难点是否突破；理论联系实际的事例、材料是否准确、科学、典型，是否贴近社会和学生的现实生活，是否具有说服力；教学内容、分量安排是否适当。

4. 评课堂结构及教学组织

课堂结构及教学组织主要看：课堂结构中各环节是否完整、合理，时间安排是否恰当；课堂教学组织是否严密、紧凑，过渡是否自然；课堂上是否注意学生的学习纪律和信息反馈，师生互动是否良好，课堂气氛是否活跃。

5. 评教学方法及教学手段

教学方法和教学手段主要看：教法是否得当，是否符合学生的认知规律，是否灵活且有实效；是否面向全体学生，是否能激发学生的学习兴趣，是否启迪学生思维；是否注重学法指导及培养学生学会学习的能力；是否正确、有效地使用现代多媒体教学手段。

6. 评教学效果

教学效果主要看：授课教师是否按时、按量、按质完成了教学任务和目标；学生是否掌握、理解了所学的知识，学生的能力是否有所提高；课堂渗透德育是否自然有实效；整个课堂教学是否有特色。

7. 评教师的基本素质

教师教学的基本素质由教学语言、教态、板书、教案、学科专业知识等几个部分组成。

教学语言主要看：运用普通话是否标准、流利；语速是否适中，声音是否洪亮；语言是否准确、简明、生动，过渡是否自然，有无口误；是否使用学科专业术语。

教态主要看：仪表是否端庄、整洁；教态是否自然、亲切、大方；有无爱护、信任学生的表情。

板书主要看：“三笔字”功底怎样（特别是粉笔字）；板书格式是否规范、清晰；板书设计是否合理、美观；有无错别字。

教案主要看：“三笔字”中的钢笔字功底如何；教案书写是否规范，项目是否完整，内容是否适用。

学科专业知识主要看：教师学科知识功底是否深厚；讲解是否准确，有无知识性错误。

(三) 讲究评课技巧

评课效果如何，这是个方法问题。方法得当，效果就好。否则就会使评课失去意义，起不到应有的作用。评课时应注意以下几个方面。

1. 要抓住主要矛盾

一节再好的课，也不可能尽善尽美。评课时，也不可能面面俱到。应根据课的课型，根据听课的目的和要解决的主要问题，抓住课堂教学中的主要问题进行评论。如这节课的目的是探讨如何在课堂教学中培养学生分析问题和解决问题的能力，评课时就应该把重点放在培养学生分析问题和解决问题的能力的成功经验和存在的问题上，其他方面只作次要问题略提即可，切不可“冲淡”中心。

2. 要采用多种形式

评课要根据范围、规模、任务等不同情况，采用不同形式。对于检查评估性听课、指导帮助性听课、经验总结性听课，应采用单独形式评课，即由听课者与执教者单独交换意见。这种形式灵活机动，可随时进行，并且能解决在公开场合不容易、不方便解决的问题。对于观摩示范性、经验推广性的群体听课活动，应采用集体公开形式评课，通过集体讨论、评议，对示范课例进行分析评论，形成对课堂教学的共同评价，以达到推广经验的目的。

3. 要坚持激励原则

任何形式的评课都必须坚持激励性原则。通过评课活动，调动教师开展教学研究的积极性。因此，评课过程中，既要解决必须解决的问题，又要注意语言的技巧、发言的分寸、评价的方法和火候，以便发挥评课的最佳效益和功能，起到推动教学工作健康发展的作用。

4. 要重视规律和经验的总结

评课的目的不能停留在某堂课是好还是差的结论上，最终的目的应该是总结出成功的经验和失败的教训，探索课堂教学的科学规律，从而进一步提高教学质量。

## 五、实战演练

评价一节课是不是好课，虽然由于着眼的角度不同、课型分类的差异、评价项目的区别等原因，会有各种各样的表述，但合理、有效是必须具备的两点。努力使每一节课堂教学都合理、有效，是所有教师的共同追求。而善于在教学过程中充分发挥评价的作用，则是实现这一愿望的重要条件。那么，评价究竟能够在课堂教学的哪些方面发挥作用呢？我认为，只要我们根据课文的自身特点和学生的实际情况，在课堂教学中适时恰当地运用评价来引领、指导、点拨启发学生，帮助他们准确把握课文精髓，积极参与实践，适度展开思维想象，就能获取课堂教学的最大效益，所以现在请你根据自己负责的学科精心地设计一次教学评价。

## 教学视线 ……

发展性的课堂教学评价是针对传统课堂教学评价而提出的一种新的评价思想和理念。它是指随着课堂教学评价实践的深入，人们对于传统课堂教学评价过分关注教师教学的等级评定，忽略对教师个体自身教学水平和教学能力的提高，忽视评价的激励、改进功能而提出的一种以促进评价对象发展为根本目的，重过程、重评价对象主体性的教学评价。从某种意义上说，发展性的课堂教学评价关注的重点不是评价，而是教师教学技能和水平的发展，对于教师课堂教学的评价往往只是作为其中的一个组成部分或者阶段出现。发展性的课堂教学评价可利用多种技术进行，如临床指导评价技术、时动分析法评价技术和案例分析评价技术。

## 反思探究 ……

从世界各国的教育教学改革的趋势来看，评价的功能和评价的技术等方面都有了本质性的变革。课堂教学评价不再仅仅是甄别和选拔学生，而更多的是为了促进学生的发展，促进学生潜能、个性和创新能力的发挥，使得每一个学生具有学习和发展的自信和能力。这就要求我们用动态的、发展的眼光去看待评价，在新课改确立的新的课堂教学评价理念的指导下去实施评价，保证评价不偏离其根本目的，即促进学生发展、教师素质提高和改进课堂教学实践。请结合自己的实际情况，想想我们在教学评价中存在的不足，思考自己在以后的工作中怎样改进和完善教学评价。

# 第四节　反思性教学的含义与特点

## 一、品味范例

**案例 1**

这节课是讲授进位加法和退位减法。教学中用实际钱币引入，让学生提出问题，学生能够理解进位，但是也出现了如 1.7＋3.8＝4.15 这样的结果。学生进位了，但是十分位还是进在十分位，这一点是因为没有理解小数的意义。另外，学生对于一个整数加(减)去一个小数，知道在整数后添上小数点和零再去加(减)，但是在进位(退位)时忘记向整数部分进位(退位)。

小学数学的加减法对三年级学生来讲，并没有一定的难度。换句话说，如果这节新课不上，学生照样会做。所以，上完这节课后我思考了两个问题：一是如何在学生已知答案的情况下很好地去组织教学，这点在这节课上把握地不是很好；二是在层次上没有考虑得很周到，让学生在后面的练习中感觉没有什么难度，缺乏像前面一样的探索精神。

我想这节课,作为教师如果更加注重培养和训练学生的估算意识和能力,让学生在计算之前,先估计计算结果,然后再让学生计算,可能比较有效地避免计算的错误。还有,让学生感受估算在现实生活中是非常普遍和实用的。

在今后的教学中,要注意从以下几个方面加强教学:①进一步理解小数的意义,加强估算;②让学生自主总结在计算时应注意的问题,并要求学生在做题时,能自我提醒必须注意的问题;③适当增加辨错题,并让学生说出对或错的原因。

## 二、案例评析

心理学告诉我们,兴趣是人们对客观事物的选择性态度,是积极认识某种事物或参加某种活动的心理倾向。它是学生积极主动地获取知识,形成智能的重要动力。这节课的重点是让学生掌握进位加法和退位减法的原理,从而进行熟练地计算。因此,教学中教师首先要注意激发学生对学习内容产生浓厚的兴趣,唤起学生的求知欲。其次,结合学生的年龄特点和教材内容,精心组织课堂练习。注重边讲边练、讲练结合,使讲中有练、练中有讲,充分发挥练习形式和评价形式多样化的优势,最大限度地激发学生的学习兴趣,提高学生发挥主体作用的程度。再次,教学中要善于围绕知识的内在联系,设置学生认识的矛盾,引起学生思考,激发学生研究探讨解决矛盾的兴趣,引导学生通过知识的迁移,使矛盾得以解决。在教学中,最好是通过直观教学让学生动手操作,引导学生逐步掌握正确的计算方法。本案例中的这位教师用实际钱币引起学生的注意,并善于及时地进行教学反思和总结,他的做法值得我们学习和借鉴。

## 三、知识导入

反思是教师以自己的教育教学活动为思考对象,对自己所做出的工作行为、决策及由此产生的结果进行审视和分析。反思是一个主动思考的过程,是一个批评和行动的过程,是一个孕育变革和创造的过程,也是一个提高自律学习能力的有力工具。真正优质的教学是在反思中进步和发展的,善于进行反思性教学既是教师教学的基本功,又是教师的基本学习力。

反思性教学是一种有益的思维活动和再学习活动,也是回顾教学—分析成败—查找原因—寻求对策—以利后行的过程。一个优秀教师的成长离不开不断的教学反思,它把教师的教学与研究有机地融为一体,是教师由“教书匠”转变为教育家的前提条件,是教师提升教学实践合理性的关键,也是教师持续进步的重要基础。

## 四、技能分解

### (一)反思性教学的含义

反思性教学思想的渊源可以追溯到美国教育家杜威和萧恩等人对反思活动的论述。杜威将反思概括为一种特殊的思维形式,认为反思起源于主体在活动情景过程中所产生的怀疑或困惑，是引发有目的的探究行为和解决情景问题的有效手段，强调教学活动本质上具有反思性质。萧恩则将反思分为对行动的反思和在行动中反思两种。在教学中，对行动的反思或发生在课前对课堂教学的思考和计划上，或发生在课后对课堂发生的一切的思考中。同时，反思也可能发生在教学行动过程中，即在行动中反思，在教学过程中，教师通常会有与情境的反思性对话，碰到出乎意料的反应和知觉，教师必须考虑这些反应以调整自己的教学。

华东师范大学教育科学学院熊川武教授采撷西方有关反思性教学理论的众说之长，认为反思性教学是指教学主体借助行动研究不断探究与解决自身和教学目的，以及教学工具等方面的问题，将“学会教学”与“学会学习”统一起来，努力提升教学实践合理性，使自己成为学者型教师的过程。本书认同并采用他的这一观点。

在理解和把握反思性教学的含义时，需要注意以下三个问题。

1. 反思性教学以探究和解决教学问题为基本立足点

反思性教学具有较强的科学研究性质，它不是机械地按照教材和教学大纲要求来组织教学，而是在领会教材和教学大纲的基础上，重点探究和解决教学过程中教学主体、教学目的、教学工具等方面存在的问题。在解决问题的过程中，使教学过程更优化，使教材更好地为学生的学习和发展服务，从而取得更好的教学效益。

2. 反思性教学以“两个学会”为目的

即教师如何学会“教”，学生如何学会“学”，中心目的是教学生如何学会学习，为了学会教学，教师不得不从学生的学会学习的角度去思考，最终实现两个学会的统一。作为教学主体的教师，在教学实践中正视反思，积极开展反思性教学法，这有利于促进教师全面发展。

3. 反思性教学以提升教学实践合理性为动力

对教学实践合理性的永无止境的追求是反思性教学的使命。反思的目的是提升教学实践合理性，教学实践合理性主要包括两个方面。

(1) 合目的性

教学活动总是有一定的目标，教学活动必须围绕实现教学目标而进行，教学目标必须与国家所规定的教育目的一致，必须有利于国家教育目的的实现。

(2) 合规律性

教学规律是客观存在于教学活动中的，它需要人们不断地探索才能获得，反思性教学强调将教和学的成败过程记录下来进行分析研究，从中找出规律，更好地指导教学实践。

(二) 反思性教学的特点

与传统教学相比，反思性教学具有实践性、问题性、批判性、研究性和创造性等特点。理解这些特点，既有利于教师更好地把握反思性教学的含义，又有利于教师在教学实践中更好地运用教学反思，优化教学过程，提高教学质量。

1. 实践性

反思性教学的实践性主要体现在两个方面。

(1) 问题的真实情境性

反思性教学立足于教学实践行动中客观存在着的真实问题，是对教学实践中的问题进行反思性研究。反思性教学基于教学实践，能使教学理论与教学实践联系起来，从而直接指导教学实践，使得特定情境中的教学实践者能够对自己的教学情境有真正的理解。因此，反思性教学通过行动研究的运用，更加重视教学的实践操作性。

(2) 反思后的新教学假设、新的教学改进要经过实践检验

反思性教学中的反思不只是内隐的思维活动，而且还是外显的实践行为，反思的结果或改进的措施要得到实践的检验，以确保反思性教学越来越具有合理性。那种不能保证教学实践活动愈加合理的教学反思，不属于真正意义上的反思性教学。

2. 问题性

反思性教学的问题性主要表现为两个方面。

(1) 反思性教学源于教学实践中所存在的真实问题

反思性教学的一般程序是发现问题—思考、分析问题—寻找解决问题的方案—实际验证。由此可以看到，反思起源于问题情境，问题是反思的原料，反思性教学是教师对教学过程中所存在问题的反思。

(2) 反思性教学的问题是基于教师对教学实践合理性永无止境的追求

善于反思的教师不只是满足于完成教学任务，而且总是千方百计地追求更好地完成任务。反思型教师不仅关心自己的教学结果，而且更关心"为什么会出现这种教学结果？还有哪些问题？"这种对教学结果的追问，能够帮助教师增强问题意识，永不停歇地追求教学更高层次的合理性和有效性，使教学不断达到更高的境界。

3. 批判性

反思性教学的反思意识往往和一个教师是否具有批判意识和批判精神紧密相关。这种批判意识或批判精神是一种自我批判，属于自我教育和自我提高。教学反思在本质上是教师的一种批判性的学习思维方式，通过这种反思，教师自觉地对自身已有的教学活动，以及教学活动中所涉及的相关因素(如教学情境、教学观念、师生关系、教学方法、备课情况等)进行持续的批判性的审视、思考、探究和改进，从而调节并改善自身的师德品质，更加熟悉和把握教学内容，不断提高教学能力和教学质量。

4. 研究性

反思性教学的研究性主要表现在四个方面。

第一，反思性教学的主体必须是研究者。这里的研究本身意味着一种关注的行为，包括对教学实践过程中所出现问题的积极关注，对学生学习状况的研究和关心，对教学内容与教学方法之间匹配关系的研究，对教学内容、教学方法与学生接受能力之间匹配关系的关注和把握等。

第二，反思性教学的教师应以一种开放的视野积极关注当今教育思潮的发展动向，审视自己教学过程中理念运用的正确与否，并及时调整和修正自己的教学行为，

使之跟上时代的步伐和教育发展的要求。

第三,从反思的实质来看,反思本身就是一种反向的思维和研究活动。

第四,从教师的行动研究所蕴涵的两个基本理念,即"在实践中学习"和"实践者成为研究者"也可表明反思性教学所体现的研究性特征。

反思性教学作为研究性活动,既包括个体的研究性活动,即教师个体对自己教学情况的"回头看"、"查问题"、"找对策"、"再实验",又包括教师群体的研究性活动,即教师行动研究小组借助群体反思开展的研究性活动。

5. 创造性

教育发生在极具复杂性的社会情境之中,它既有特定的社会历史背景,又指向我们理想的某种未来;它既关乎个人发展的问题,又是一种能够产生社会后果的社会性活动。教育的这些特性使得教育实践不可能被简化为简单的技术控制过程,教师也不可能仅仅是一个技术操作工作,更何况反思性教学由于所反思的问题来源于教学实际,通常没有现成的答案,其解决办法往往需要一定的创造性。因此,善于反思的教师绝对不会是千篇一律地遵循既定的规则,他们都有各自的个性,并在具体的、特定的教学情境中发挥他们的创造性。

## 五、实战演练

1. 任选一节课进行教学反思,反思这节课中的优点、存在的问题及改进的方法。
2. 观看 3~5 位教学名师的教学视频,然后对比自己的教学过程进行教学反思。

## 教学视线 ……

熊川武. 反思性教学[M]. 上海:华东师范大学出版社,1999.

## 反思探究 ……

前几天我布置了一道思考题:用 16、17、18、19 这四个数(每个数用一次),编一道加减混合算式。第二天,我让学生说出自己各自的想法。

生 1:"把 16、17、18、19 看成 6、7、8、9 来做,6+9=15,15-7=8。"

生 2:"我也赞成他的说法,只是我加上符号,看得更加清楚,你看:6、7、8、9,这样很明显,中间相加等于头尾相加,16、17、18、19,这样有很多答案,如 16+19-18=17,19+16-17=18,19+16-18=17。"

生 3:"我知道有 8 种答案,因为 16 和 19,17 和 18 交换位置都可以。这样 16、19 在前面有四种,17、18 在前面也有四种,所以共有 8 种答案。

这些我都给予积极的肯定,正当我要鸣金收兵时,出现了如下一幕。

周昀浩同学突然站起来:"老师,我的办法最好,最容易做。"我打量了一下他,用怀疑的口吻问:"真的?"同学们也嘀咕开:他会有更好的方法?周昀浩同学干脆跑到讲台上，拿起粉笔说："我把16、17、18、19看做①、②、③、④，16就成了①，17就成了②，18就是③，19就是④。你看，1＋4－2＝3，我们没有一个不会，所以16＋19－17＝18。"顿时，教室里掌声经久不息，我也大为感叹。我赶忙说："这想法太好了，把本来复杂的问题简单化了，这是解决问题的好办法。可是老师却没想到这么好的方法，你能告诉我你为什么会这样想呢？"他大方地说："我住过医院，里面没有按①、②、③、④排列，而是301、302、303、304，我就把它看成①、②、③、④，这样我就记住了，不会忘记，不会走错。"

课后，我反复琢磨这个教学片段，在为学生有着如此丰富的想象力和巨大的创造力而感叹的同时，更为自己平时没有"蹲下身子"欣赏学生而感到愧疚，为自己平时的主观武断而感到不妥。为什么会发生这种情况？有什么办法可以克服吗？细细想来有以下三点。一是我们经过长期的工作，已经形成太多的思维定式，以至于难以摆脱自以为是的常规思维的束缚。今后，在教学中，我一定不迷信于传统的经验，要使自己的思维放开，富于创造，发现创新的苗子，培养创新的苗子。二是要"蹲下身子"欣赏学生。我不应以自身的眼光看待学生，应以儿童的眼光去欣赏学生，接纳学生的不同意见，尤其应耐心倾听，积极肯定，小心呵护。试想，若我不让周昀浩同学说出来，那该多可惜啊？三是在今后的课堂中，我应真诚地多问几个"为什么"、"你是怎么知道的"，或许，学生富有个性化的火花就会随之迸发出来。

看来，"蹲下身子"欣赏学生确实有好处，只有这样我们才会发现学生的创造潜能是难以估量的，而课堂也因学生丰富多彩的答案而变得更加精彩。

思考：教师如何真正做到"蹲下身子"欣赏学生？

## 第五节 反思性教学的类型和方法

### 一、品味范例

**案例1**

之前教授《力的合成》一课，通过教师演示实验得出平行四边形定则，发现学生的积极性不高；后来备课时就改为学生分组实验探究，实践证明这样做是成功的，既调动了学生的积极性，又培养了学生的动手能力和科学探究的精神。

**案例2**

在教授《自由落体运动》一课时，当讲到用打点计时器测自由落体运动的加速度，打好纸带后让学生思考怎样计算加速度时，因认为学生基础较差，只设计了一种方法，请一位学生回答，结果他却说出了另外一种出人意料的方法。后来，我经过很短暂的反思后，立刻表扬了他，并让学生思考：有没有其他方法？如果有，哪一种最好？这时，课堂气氛也变得活跃起来，结果学生们想出了四种方法，通过比较，确定出一种最好的方法，计算出了自由落体加速度。这样，不但完成了任务，而且复习了前面的知识，调动了学生的学习兴趣，收到了意想不到的效果。

## 二、案例评析

根据教学反思时间的前后，反思教学可分为课前反思、课中反思、课后反思。教学实践活动前的反思（课前反思）是对备课效果的反思，主要思考的是学什么。教学实践活动中的反思（课中反思）是对教学过程的监控和调节，主要思考的是怎么学好。课中有效的反思，往往会收到意想不到的教学效果。本案例中教师正是灵活地运用了课中反思收获了理想的教学效果。教学实践活动后的反思（课后反思）主要是教师在课后对整个课堂教学行为过程进行思考性回忆，包括对自己的教学观念和教学行为、学生的表现、教学的成功与失败进行理性的分析等。例如：当课堂气氛沉闷时，你是如何进行有效的调控；哪些教学环节的工作没有按计划进行，为什么？在授课过程中，是否出现了令你惊喜的"亮点"环节？这个"亮点"环节产生的原因是什么？假如你再教这个内容，教学设计方案还可以做怎样的更改？课后反思是教师提高教学水平最有效的方法之一。

## 三、知识导入

不同的人有不同的教学反思，依据不同分类标准和研究视角，反思性教学的类型不同，方法也不同。了解不同的教学反思类型，有利于教师积极开展教学反思活动，为教学质量的提高提供坚实的基础。

## 四、技能分解

### （一）反思性教学的类型

1. 按教学反思时间的前后，反思性教学可分为课前反思、课中反思和课后反思

（1）课前反思

课前反思又称为前瞻性反思，主要是指教师在备课过程中的反思，是较为普遍的反思形式。课前反思包括新学期开始时对所讲授课程教学目标的确立、对课程教学计划安排的反复考虑和琢磨，以及自我试讲后的思量、修正。同时，也包括上课前经过再三查证而对教学资源的选择和使用，对学生参与程度的预测，对课堂上有可能出现问题的估计等。这种教学反思，实际上是对教学的起始环节——备课效果的反思，能够使教师的教学实践成为一种自觉的行为，使教学具有前瞻性，避免教学失误，并能提高教师的教学预测能力和教学分析能力。

（2）课中反思

课中反思又称为同步反思，是指教师在教学过程中对自我讲授情况、课堂教学中学生听课情况，以及教学氛围的整体进行的监控和调节，是最具难度的反思形式。善于进行课中反思的教师往往边讲课边听自己所说话的意思，同时，用眼神、手势、语调来控制课堂气氛。一旦发现问题或感觉不对，便及时调整教学进程，把握教学节奏，照顾每一个学生的感觉和听课效果。

(3) 课后反思

课后反思又称为回顾性反思，是指教师上完某节课之后对整个教学过程的总体反思。从课程教学理念、课堂教学过程、课中出现的值得探讨的事件、学生的组织管理和听课纪律到课堂教学效果、学生究竟学习了什么、还有哪些遗留问题要改进等都是课后反思的内容。课后反思是比较全面的：既有失败教训的总结，又有成功经验的总结；既有教学的得失总结，又有学生的学习得失总结；既要随时写反思总结，又要及时填写反思日志。因此，课后反思既是有具体文字落实的反思方式，又是最有价值的教学反思方式。

2. 按教学反思的内容，反思性教学可分为课后备课、反思日记、观察分析和行动研究

(1) 课后备课

课后备课是教师在上课之后，通过对教学过程中各种情况的观察和分析，及时调整和充实备课内容，重写或增删课时教学计划，修改或补正教学课件，使教学内容和教学方法更加符合教学目标要求和学生的接受能力的一种教学反思方式。课后备课需要反思和求证的内容很丰富，包括：教学目标预设是否具有合理性；知识讲解是否符合学生的接受水平；某种做人的道理是否讲到了学生的心坎里；学生的学习情绪是否高涨；整个教学氛围是否和谐等。在课后备课的过程中，一旦发现异常情况，如教学目标预设过高或过低而缺乏层次性，教学内容过难或过易而缺乏合理性，教学方法过于单调或过于繁杂而缺乏适应性，举例过多或过少缺乏典型性，课件过于花哨或过于简单而缺乏直观性等，都需要及时在教案中和课件中改进和修正，这是课后备课最应该关注的问题。

(2) 反思日记

反思日记也称为反思札记，是教师在课后反观自照的基础上，对自己在教学过程中的整体表现所做总结反思的及时记录，是教师课堂教学自我反馈的一种较好形式。反思日记要求教师对每节课的教学经历做书面的记录与反馈，并对课程的主要特征、富有意义的教学环节进行有条理的记录，如教学中成功的做法、失败之处、教学机智、学生的问题、学生的见解、自己的体会等。通过撰写反思日记，有利于教师准确地认识和重新审视自己的教学理念和教学行为，发现教学实践中的问题并求得改进的方法。

(3) 观察分析

观察分析分为三种情况：一是教师自己对自己教学片断的分析；二是教师自己的教学片断被同行或专家观察分析；三是教师观察分析他人的教学片断或教学录像。无论教师是观察自己的教学片断，还是观察他人的教学片断，都是为了诊断自我教学的得与失，学习他人教学的先进之处，促进教学水平的提高，促进自我的成长与发展。

(4) 行动研究

行动研究并不是一种具体的研究方法，而是一种研究工作方式。反思性教学的最终目的是教会学生学习，因此，在教学过程中，教师可通过定期的调查问卷和不定

期的访问、谈话等方式及时了解学生的情况，如学生对待学习的态度、情感，学生的学习动机，学生的学习能力，学生有关方面的知识基础，学生的学习习惯与方法等，及时调整自己的教学过程，正确引导学生学习，培养和提升学生的学习能力，使教学活动更有针对性、更为有效，使自己成为真正的研究者，从而促进教学的发展和自身的提高。

3. 按教学反思主体的多少，反思性教学可分为个体反思和群体反思

(1) 个体反思

个体反思是教师个体对自己教学过程和教学结果的自我反思和主动改善的过程。个体反思是反思性教学的主要类型。

(2) 群体反思

群体反思是借助教师与同事之间的相互观察、切磋及批判性对话与讨论而不断提高教学水平的一种教学反思类型。教学反思并不只是闭门思过，与外界的沟通交流也是进行教学反思的重要途径。因为，教师个体的自我反思虽然是较为经常的教学反思，但由于每个人视域所限，在反思自己的教学实践时往往难以发现真正存在的问题和缺陷，而运用群体反思，通过同事之间的观摩和讨论，广开言路，可以为教师反思个人的教学实践提供新的思路和借鉴。教师教学行为的真正转变和质的飞跃，需要同事的帮助。集体的教学智慧是教师专业成长的重要因素。有条件时，还应邀请教学名师、教育专家和学科专家共同指导和帮助自己进行教学反思，这样的教学反思本身就是一种质变的学习方式。

此外，也有研究者按照教学反思的不同目的，将反思性教学划分为阶段性反思、个案性反思和实验性反思；按照教学环节的全过程，将反思性教学划分为教学内容的反思、教学态度的反思、教学过程的反思和教学情境的反思等。了解认识反思性教学的类型，有助于从多角度把握反思性教学，有助于反思性教学在教学实践中得到广泛而有效的运用。

(二) 反思性教学的方法

从教学反思主体主要是教师个人的角度来看，反思性教学有以下几种方法。

1. 陈述式反思

陈述性反思是指教师在教学行为结束后，对教学过程中自己的行为进行全景式的自我回顾，包括：备课是否充分；课堂教学中的语言运用是否恰当；表情动作是否合适到位；问题和提问是否在当问之时；板书是否直观达意；学生反馈是否满意等。教师站在旁观者的角度，跳出课堂教学再反观课堂教学，从而对课堂教学的合理性与有效性进行审视，分析教学设计，以及具体教学行为哪些是合理的，哪些是不合理的，哪些符合学生的正当要求，哪些背离学生的正当需要，怎样才能使教学的各个环节更加合理，更能符合学生的身心发展水平。同时，这种反思方式还有利于教师认真地分析自己的教学理念及教学目标设计是否正确、得当，学生是否满意，从而找到更好的教学方式和教学路径。

2. 对比式反思

相对于陈述性反思而言，对比式反思是一种主动与其他教师，尤其是专家型教师的课加以对比之后进行的教学反思方式。陈述性反思一般属于自我反思，是教师上完一节课或一个单元的课程之后，根据自己的预期目标和现实目标、预期教学任务完成情况和现实教学任务完成情况、预期学生反映情况和现实学生反映情况等的对比，反思得失，分析原因，使好更好、不好变好的一种教学反思方式。反思主体一般只是教师个体，不涉及他人。

对比式反思是在一种较为开放理念指引下的教学反思。这种教学反思，需要教师拿自己的课与优于自己教学效果的教师的课或专家型教师的课做对比；需要教师有敢于承认自己的教学尚存有某种不足或需要有所改进的教学勇气；需要教师有虚心求教的态度和恭谨的行为，主动观摩其他教师或同门课教师的教学情况，并全程式记录观摩教师的课堂教学行为与学生的反应，然后与自己的教学过程进行对比。不仅可以在校内观摩其他教师的课，也可以通过网络课堂观摩其他优秀教师的课，还可以"走出去"到校外观摩名师的课堂教学。通过观摩、对比，从而发现双方比自己优越的地方，吸取优秀经验，摒弃不足，主动借鉴，真正达到"相观而善"的目的。

3. 讨论式反思

讨论式反思是一种群体式反思，是教师在教学反思尤其是对比式反思的过程中，对带有普遍性的共同的教学问题与其他教师进行教学交流，共同探讨解决问题的方法的教学反思方式。讨论式反思有助于教师开阔教学视野，有助于不同教师之间的教学思想、教学方法的相互碰撞和交流，有助于教师在讨论的过程中日渐明朗对教育教学的正确认识，形成正确的教学观、学生观，有助于教师建构正确的教学目标，更好地为学生服务。运用讨论式反思，要求教师要敞开心扉，彼此尊重，平等交流；要树立资源共享的意识，挖掘和充分利用教学资源，相互学习，共同发展。

4. 课题式反思

课题式反思是指教师针对自己课堂教学中出现的较为集中的、突出的问题，以研究课题的形式而进行的深入细致的教学反思方式。许多大中小学的教学改革实验就属于这种方式。课题式反思中的"课题"可大可小、可深可浅，关键是在教学活动之中或经过教学活动之后而进行教学反思时所发现的真实的教学问题，是在教学行动之中开展的教学研究，是旨在促进教学改善、教师进步和学生发展而进行的教学研究。因此，课题式反思能够帮助教师聚焦教学问题，并对之进行深入的研究，有助于教师对教学、对教师自己和学生获得清晰全面的认识，也有助于丰富教师的教学研究经验，提高教学研究能力，促进教师实现成为学者型或专家型教师的愿望。

5. 模拟式反思

模拟式反思是指教师在分析课堂教学得与失的基础上，借鉴其他优化的教学方案，对本节课的教学方案进行重新设计，并在头脑中按设计的教学方案，模拟课堂教学情境进行假设式教学的一种教学反思方式。模拟式反思是在每一节课后及时进行的教学反思，具有明显的时效性。若反思及时，医治教学问题的针对性很强，能充分利用教师上完课后的反省心理，“没有最好，只有更好”的精益求精的精神，趁热打铁，查缺补漏，追求卓越。模拟式反思进行得好，既有利于教师在课堂教学中吸收自己教学的得意之处，并使之发扬光大，又有利于避免再犯类似的错误，减少教学遗憾，尤其是能够改进重复课，使之不再犯同样的错误，从而提高每一节课的教学效果，达到上好每一节课的目的。同时，模拟式反思也有利于提高教师在教学过程中的自我监控能力、自我批评能力和自我提高能力。

6. 微格教学反思

微格教学是指以少数学生为对象，在这个时间内有侧重地进行尝试教学，拍成录像，课后观看和分析，教师在其中既是演员又是评论员。微格教学使教师能重新听到和看到自己在教学中的行为具有哪些明显的特点，还可以与其他人一起对话交流，共同探讨。这种方法有助于教师自我评估能力和观察能力，改变自己在教学中的行为，增强教学的针对性。

### 五、实战演练

1. 在自己所在的学校做一次调查研究并用叙事研究的方式撰写调查研究报告，或者在自己的课堂教学中开展一次行动研究并用叙事研究的方式撰写调查研究报告。

2. 结合自己的科研经历，反思在研究成果表述方面存在的不足。

### 教学视线 ……

1. 石兆胜，刘力. 如何实施反思性教学[J]. 当代教育科学，2005(19).

2. 洪明，黄宇星. 美国学者对“反思性教学”的分类及其启示[J]. 教育评论，2002(05).

### 反思探究 ……

分别运用陈述式反思、对比式反思、讨论式反思等方法对同一个教学行为进行教学反思，并比较这些教学反思方法的异同。

## 第六节　反思性教学对教师的要求

### 一、品味范例

**案例 1**

上课铃响后，我发现坐在靠墙的同学还在交头接耳，便立刻点名批评了他们。在接下来的课堂学习中，我发现刚才被我批评的那个女同学一直含着眼泪。为了不影响课堂教学，我没有过去问，一直等到下课，我把她叫到我办公室想问清原因。起初，她耷拉着脑袋一声不吭，在我的一再追问下，她才说出原因。其实，上课铃响时，她的同桌没有做好准备工作还在讲闲话，她是在提醒他，可正巧被我瞧见了，我不分青红皂白地给了她一顿批评，所以她感觉挺委屈。我才知道是我错怪了她，连忙向她道歉。可是，之后几天她心里一直有这个阴影，没有露出过笑脸。

都说眼见为实，可我亲眼所见也不一定是真实的情况，并且因此还错怪了学生，这是深刻的教训。孩子的心是稚嫩而脆弱的，伤害了就很不容易愈合。我们作为教师，每当批评学生之前，一定要先问问自己，事情搞清楚了没有？事实是这样吗？我批评得有理有据吗？千万不能凭主观想象就草率从事。

## 二、案例评析

课堂教学不是一个线性、封闭的系统，而是一个非线性、开放的系统，它有着丰富复杂的特性。如果我们只注重眼见为实的教育表面现象，那么，就等于忽视或忘记课堂教学复杂的特性。这不利于取得良好的教育教学效果。通过反思性教学，该教师意识到，“我们作为教师，每当批评学生之前，一定要先问问自己，事情搞清楚了没有？事实是这样吗？我批评得有理有据吗？”这一系列的反问，改变了该教师对课堂教学性质的看法，引发了其课堂教学观的变化。在教育教学中，类似这样的教学案例举不胜举，只要教师善于观察、思考和反思，并把观察、思考和反思的结果转变为切实的教育行为，他们的教育信念就会不断得到修正和完善，就越有利于教育教学工作。

## 三、知识导入

在传统的教学活动中，教师容易满足于以往的教学经验，固守某些特定条件下形成的结论，机械地按决策行事，对教学中出现的新情况、新问题缺乏敏锐及时的应变能力，忽视了各种教学情景的独特性，从而影响到解决实际教学问题的有效性。

反思性教学无疑为教育教学的改革提供了一种新的思路。反思性教学作为一个在教学过程中不断发现问题、总结经验、重新概括和积极验证的复杂过程，不是任意一位教师都可以持续做得到或做得好的。反思性教学实际上对教师提出了新的要求。

## 四、技能分解

反思性教学对教师提出的新要求主要体现在以下几个方面。

1. 反思性教学要求教师不断提高自身的职业道德素养

尽管教师的职业道德素养并不能代替直接从事教学的学科知识技能和教学能力，但师德水准高的教师教学责任感强，能够正视自己的教学理论水平、知识技能，促进教师不断反思自我，查找不足，勇往直前。大量优质教学的实践证明：真正支撑教师进行反思性教学的并不是教师的学科知识和教学能力，而是教师的职业道德感或职业良心。无数教学名师的成功实践经验也表明：具有良好师德水准的教师往往能自觉地进行教学反思，主动追求教学实践的合理性。相反，没有较高的职业道德水准的教师，除非因教学上的失误而迫于外界压力，否则，不会自觉反思或较少反思自己的教学行为。

因此，在多数情况下，对于拥有合格师资的学校来说，要进一步提高教学质量，增强教师的道德感似乎比继续提高教师的文化水平和教学技能更为重要。所以，必须激励教师积极主动地去思考正在做的活动和为什么这么做。重视教师职业道德水平的提高，是促进教师加强教学反思，不断提高教学水平的根源性因素。

2. 反思性教学要求教师善于进行元认知

反思其实是对思维的思维，是一种元认知活动。元认知即“思考关于思考”或者是关于对自己的思维和行为进行自我评价和自我约束的认识。元认知包括元认知知识、元认知体验和元认知监控三个方面。元认知对个体学习和发展的作用也正是通过这三个方面，以及它们之间的相互作用来有效地计划、监控和调节的。

根据元认知理论来分析和认识教师的教学活动，每一位教师的教学过程都是基于自己特定的关于教学的观念和规则的前提假设而进行的，每一位教师都首先是教学活动的“理论家”，都有自己对教学过程的独特认识，正是这种独特认识决定了他们的课堂行为和对其行为进行什么样的自我调节和自我监控。在元认知过程中，教师把自己的教学活动本身作为认识对象，对其进行监控和调节，这就是一种有效的教学反思。同时，教师的教学反思不只是针对教学行为，而是重在对教学行为背后起指导作用的教学理念、对自己的思考过程和思想方法进行反思。

3. 反思性教学要求教师不断丰富自己的教育理念

理念是人们对于某一事物或现象的理性认识、理想追求及其观念体系。它经过人们长期的理性思考与实践而形成，具有相对稳定性、延续性和指向性特点。理念是行动的先导，教学质量的高低与教育理念的恰当与否紧密相连。

教育理念是一个庞大的观念体系，包括教育观、课程观、教学观、德育观、教师观、学生观、关系观等。掌握教育理念，不仅包括领会教育学、心理学和教学法的理论，还要了解当今世界教育思潮的发展动向，以面向现代化、面向世界和面向未来的境界对待每一堂课的教学。如终身教育思潮、被压迫者教育学思潮、教育个性化思潮、全民教育思潮，以及教育的民主化思潮等。要认识不同教育思潮背后的不同的教育观念和教育方法论，力求贯彻和渗透于课堂教学的反思之中。教师运用教育理念能够增强教学实践和教学改革的自觉性和主动性，能够引导和推动教师主动进行教学反思，不断促进课堂教学的改革和教学质量的提高。

4. 反思性教学要求教师养成良好的教学研究习惯

教学反思是教师的一种教学研究行为。教学反思作为教师的一种研究行为，有的是对非常明确具体的教学情境进行反思，注意的焦点放在当时教学活动的表现上；有的是对一段时间范围内的教学活动进行反思，比如，哪一天或哪一学期，反思的对象是这段时间内的某个突出的教学事件。

其实,教学研究就是教师对教学进行的深刻反思,把教学的合理性、科学性和艺术性作为自己的目标,运用自我省察、观察分析、谈话、讨论、测验、调查问卷、查阅文献资料等多种手段,持续地研究和关注教学实践。教师要想进行有效的教学反思,就必须形成良好的教学研究习惯,综合考虑各种情境因素,具体细致地分析和研究自己在较长一段时间内的变化,从纵向的角度感受和体验教学理念的更新、教学内容的创新和教学方法的变革所带来的教学成效。

5. 反思性教学要求教师不断提高教学反思力

好教师不仅要促使每个学生充分发挥各自的潜能,成为自律的学习者,而且自身也要不断地释放自己的潜能和创造性。而教学反思正是激励教师思考自己的经历,通过对自己教学的努力程度和教学成效进行反思,从中查找教学成败的原因,进而思考提高教学效果的方法,激发自己的创造潜力。

教师要提高教学反思力应当做到以下三点。

(1) 教师要对反思、教学反思和反思性教学等概念有深刻的理解和认识

要真正领悟教学反思的重要性和特性,掌握反思性教学的方法,能够本着对教学工作、教师自身和全体学生负责的精神,积极反思教学过程,不断提高教学质量。

(2) 教师要善于进行自我评价,持续地进行自我调整

善于进行教学反思的教师,往往能够通过观察学生的学习行为和自己的教学行为而进行经常性的自我评价。这样的教师尤其在课堂上对学生的行为观察得非常仔细认真,能够根据学生的课堂反应,反思自己的教学过程,将学生的反应、理解程度和学习效果视为自己教学成效的日常评价标尺,以此为自己设定经常性的改进目标,对自我及教学进程进行不断地调整。

(3) 教师要坚持写教学日志

优质教学实践证明:善于进行教学反思的教师往往是写教学日志并能坚持不懈地努力去做的教师。这样的教师总能坚持记录自己每天都进行了哪些教学活动,主动查找教学问题,不断给自己提出一些需要研究的课题。所以,这种方式能够促使教师认真地审视和思考教学情境,澄清自己的教学思路,解决很多教学过程中的实际问题。

6. 反思性教学要求教师有坚持不懈的学习精神

反思力在某种程度上是质变性的学习力。教师对教学过程进行反思,是基于新近学习和领悟的教育教学理论知识、学科前沿知识与已有的教学观、教学经验和学科知识进行碰撞、整合、修正从而提高的以新驱旧的过程。而新理念、新知识是需要不断学习的。同时,教师要培养学生终身学习的意识和能力,自己应首先成为终身学习的榜样。因此,教师应当重视自我导向的学习,通过这种学习,不断反思和诊断自己的学习需求,拟定新的学习目标,选择并实施适合自己的学习策略,同时自我评价学习成果。教师要想搞好反思性教学,必须在学习上付出更多的努力和更多的时间,需要时时、处处、事事学习。

## 五、实战演练

1. 写一份观看教学录像的感受,包括赞成的或反对的一至三个观点,并阐述这三个观点。

2. 写一份描述自己从教以来关于成长故事的文章。

## 教学视线 ……

1. 仲秀英,周先进.教师专业发展:反思性教学的视角[J].中国教育学刊,2006(11):67-69.

2. 张丽娟.反思性教学对教师成长的作用及其实现策略[J].山西教育,2007(12):38-39.

## 反思探究 ……

关注三至五个中外近现代教育史中的著名教育家,并重点阅读他们的教育传记(或教育家评传),归纳总结他们的共同特点。

# 第八章 教学研究能力训练[①]

## 内容导航……

- 教学研究概述
- 教学研究的基本类型
- 教学研究的基本方法
- 教学研究成果的外化

美国教育哲学家乔治·奈勒说过:“那些不用哲学去思考教育问题的教育工作必然是肤浅的——好的好不到哪里去,坏的则每况愈下。”

教学研究似乎是一个既久远又现代的概念。说其久远,是因为自从有了教师行业以来,教学研究就天然地存在于教学活动之中。正如《学记》所言:“学然后知不足,教然后知困。知不足,然后能自反也;知困,然后能自强也。故曰:教学相长也。”可见,从教中知困,从困中学教,是每位教师成长的必由之路。而促进学、教互动的要素,自然是教师的反思与研究。因此,从这个意义上讲,“教学相长”已经蕴涵着教学的研究本性。但是,自从专门从事教学研究的专业人员出现后,研究便逐步远离了教师,成了这一特定群体的“专业”,失去了研究的教师开始沦为专门的行动者和执行者。直至1975年,劳伦斯·斯腾豪斯终于发出了“教师成为研究者”的第一声呐喊,从这个意义上讲,教学研究是一个现代的概念。

教师进行教学研究作为一项运动,起源于英国学校委员会和拉菲尔德基金会联合发起的“人文课程计划”(HCP)(1967—1972)。它强调把实验课程和课程研发的概念重建作为课程研究的基础,鼓励教师对教学采取一种不偏不倚、批判性反思的态度。该计划对20世纪70年代英国的各学校教学产生了深远的影响。在“人文课程计划”之后,约翰·艾立特和克莱姆·阿德尔曼实施了“福特教学计划”(1972—1975),他们吸收了40名中小学教师开展行动研究,其研究成果既可与其他老师分享,又可用于提高自己的教学实践。1975年,主持“人文课程计划”的斯滕豪斯在其颇有影响的《课程研究和研制导论》一书中,提出了“教师即研究者”这一主题,从而进一步普及了这一概念。由于劳伦斯·斯腾豪斯对课程教学理论与实践的重大影

---

① 本章所指的教学研究主要是教师为了提高教学水平和改进教学实践而进行的探索,也可称为“教师的教学研究”或“教师研究”。

响，以及"福特教学计划"的普及和宣传，教师研究运动蓬勃开展起来。不仅英国、澳大利亚、美国和加拿大的教师研究小组数量迅速增加，斯堪的纳维亚半岛、法国、智利，以及其他许多国家也出现了诸多教师研究团体。尽管在20世纪60年代末期，教师研究已不再是一个全新的概念，但正是从那时起它才成为一个"有标志"的运动。[①]

自新课程改革以来，这一思想开始进入我国，并且受到了广泛的关注。因此，本章将对教师教学研究的意义、本质和所应遵循的共同原则进行逐一阐述，并对其基本类型、实施方法和表达方式等进行具体介绍，以帮助一线教师拓展视野和提高教学研究能力。

## 第一节　教学研究概述

### 一、教师教学研究的意义

#### （一）教学研究能力是教师胜任新时代教学工作的必备能力

从世界范围来看，当今的信息化和知识爆炸给教师带来了巨大的挑战。更加重要的是，在此背景下，整个学校的培养目标正在急剧变化。2012年4月，经济合作与发展组织发表了《为21世纪培育教师提高学校领导力：来自世界的经验》的报告。在此报告中，"21世纪技能评估与教学项目组"汇集了来自世界各地60多个研究机构的250多名研究者的意见，指出21世纪学生必须掌握以下四个方面的技能。①思维方式：创造性，批判性思维，问题解决，决策和学习能力。②工作方式：沟通和合作能力。③工作工具：信息技术和信息处理能力。④生活技能：公民、生活和职业，以及个人和社会责任。显然，这些教育目标已经大大超出了教师传统的教学范围，它需要教师根据新的目标，去研究所面临的挑战，去积极地更新自己的知识和技能。其中最重要的，就是更新自己的教学态度和工作角色，即形成研究性教学的态度，并转变为教学的研究者。21世纪的公共教育必须成功地服务于95%的在校学生。为了做到这一点，必须使教学体制以3个"P"为导向：一是personalization（个性化），即注重每个学生的独特需要；二是precision（精确化），即使教学体制适时而明确地指向学生需要的方式；三是professional learning（专业学习）。但是，"除非每个教师每天都在学习与其他教师进行真正的合作学习，否则前面两个'P'就不可能实现"。也许正是意识到在新形势下教师研究的重要性，各国都对教师的发展提出了相应的要求。如美国全国专业教学标准委员会制定的标准中提出了五项具体要求，其中第四项、第五项分别是：教师要对其实践进行系统反思，并从其经验中学习；教师要成为学习共同体的成员。英国也在其"合格教师的标准"中指出，任何教师要"反思和提高自身的实

① （英）大卫·霍普金斯著，杨晓琼译：《教师课堂研究指南》（第三版），华东师范大学出版社2009年版，第1～2页。

践，在确认和满足自身的专业需要方面承担起责任”。

从国内教学背景来看，由于新课程改革的推行，教师所面临的生态环境已经发生了很大的改变。过去，统一的内容、统一的考试、统一的教材教参和统一的标准使课程与教学相对稳定，教学往往尽在教师的掌握之中。但是，新课程增加了教学中本来就已经存在的那些不确定性。一方面，对过程与方法的追求，使教学过程呈现出非结构性和开放性的特点，从而通过互动和生成使教学过程滑向教师难以控制的边缘。于是，“忽然变得不会教书”成为众多老师们的感叹。另一方面，对于情感态度和价值观的强调，进一步凸显了教育对象的动态复杂性，同时也使培养目标越来越多元化。相应地，教师的角色正在发生急剧的变化，即从知识的占有者到学习活动的组织者，从知识的传授者到学习的引导者，从课程的执行者到课程的开发者……而所有这些角色的转变，都有赖于另一个角色的转变，即从执行指令的教书匠转变为自主实践的研究者和终身学习者。有的学者甚至预言：“新世纪中国课改中的教师职业，将是 21 世纪中国社会上最具变化的职业”。①

### （二）教学研究是教师获得职业尊严的必要方式

劳伦斯·斯腾豪斯认为，“教师即研究者”这一概念是专为教师解放而提出的。所谓“教师解放”，是“指通过进行专业判断把自尊还给教师，把他们从否认个体尊严的教育体系中解放出来”②。教师常常是领导、顾问、研究人员、教科书、课程开发者、考试委员会或者教育管理部门的“奴仆”，他们总是发现自己处于被控制和服从命令的尴尬境地。通过采取研究的态度，教师正在逐步把自己从这种被动的教学中解脱出来。斯滕豪斯这样描述教师所应扮演的理想角色：好教师必定能独立进行专业判断，他们不需要别人告诉他们该做什么。在专业上，他们既不依附于研究人员或教育督导员，也不依附于教育革新者或是学科督导员。这并不意味着他们不愿接受他人提出的观点，也不是他们拒绝别人的建议、不征求他人意见或不接受帮助。但老师们确实明白那些教育理念和那些人起不了多大真正的作用，除非老师可以消化理解并做出自己的判断。③ 换言之，理想的教师应该是有能力自主进行专业判断的教师。课堂之外的任何理论或指导帮助等，只有通过教师自主的专业判断，才能进行内化和转化，才有可能变成促进其教学实践提升的营养。教师也只有通过自主的专业判断，来摆脱执行外在指令的傀儡角色，找回自己的专业创造和自尊。“这样做主要是使老师更能主宰他们自己的职业生活。正因为不愿让别人告诉自己该做什么，也不愿连自己正在做的到底是什么都搞不清楚，所以进行研究的老师们才注重培养自己的专业判断能力，朝着解放自己和捍卫自己的专业自主权的方向不断迈进。”④ 也就是说，这种自主进行专业判断的能力的形成，靠的就是教师自身的研究。

---

① 钟启泉、崔允漷、张华主编：《为了中华民族的复兴　为了每位学生的发展：基础教育课程改革纲要（试行）解读》，华东师范大学出版社 2001 年版。

②③④ （英）大卫·霍普金斯著，杨晓琼译：《教师课堂研究指南》（第三版），华东师范大学出版社 2009 年版。

（三）教学研究是教师自身成长的必由之路

在促进教师成长方面，传统的方式一直是把教师“拉出去”培训。近年来，随着人们对于教师发展的进一步重视，包括国培计划等在内的各种培训项目如雨后春笋般发展起来。但是，其效果并不尽如人意。事实上，国外也曾经走过这种类似的历程，其命运也基本类似。富兰指出：“这种单纯依靠外部知识来影响课堂和学校变革的观念是这种行动理论的根本毛病……这些活动不是没有作用，而是不够有力，不够具体，不够持久，以至于无法改变课堂和学校的文化。”他还指出：“专业学习并不就是研讨会和课程学习，甚至也不就是获得达到更高的标准和资格。如果这些做得好，他们全都是教师很重要的收获。但是，这些东西只能解决一部分问题，我们认为只有30%。另外的70%则涉及教师是否每天在学习，他们是否在一起不断地提高自己的水平。学习习惯只有在他们日复一日地进行学习时才可能出现。”富兰的话，反映了当前教师发展的一种重要趋势，即从单纯的校外培训，转向对于教师在职场学习与研究的重视。2008年6月，美国《教师教育杂志》发表了知名学者安·利伯曼等给美国新任总统的一封信，要求总统帮助改革教师发展的传统，创设有利于教师学习的环境。在这封题为“教师学习：教育改革的关键”的信中，利伯曼指出：“尽管专业发展的意图很好，但在教师们看来，专业发展是零散的、不连贯的，并且与课堂教学的现实问题相脱节。”这里所说的专业发展，就是我们当下青睐的培训，而教师学习则主要指教师在日常工作中所进行的研究性学习。

当然，人们可能会问，既然有专门的学者进行教学研究，为什么还要教师来进行研究？对于这个问题，英国学者霍普金斯进行了详细的阐述。他认为这种教学研究对于教学的影响微乎其微，“主要的原因是大多数诸如此类的研究尤其是来自一流教育界专家的研究，是从理论的角度解释教学，这与老师思考教学工作的视角是互不相容的。换言之，关于如何将教学过程概念化，研究人员和学校的老师采纳的是大相径庭的设想。结果，许多对教学进行正式研究所得出的结论似乎与实施课堂教学的老师毫无关系——这并不一定是结论不对，只是不太合理或者是不很实用而已。如果研究人员归纳对可能影响课堂教学实践的知识，他们必须按照与老师的视角更相符的方式来理解他们的探究活动”[①]。事实上，纵观国际的发展趋势可知，教学研究正在经历如下一个发展过程：对教师进行研究→在教师中进行研究→与老师一起进行研究→由教师进行的，与其他教师、学生和其他人一起进行研究。由此可见，通过教师自身的研究促进其自主成长，是教师发展的不二法门。

① （英）大卫·霍普金斯著，杨晓琼译：《教师课堂研究指南》（第三版），华东师范大学出版社2009年版，第30页。

## 二、教师教学研究的本质

### （一）教师教学研究本质上是行动研究

教师的教学研究到底属于什么研究？这首先要从教育研究的分类说起。根据研究所要达到的目的或目标的不同，教育研究大致可分为以下三类。①

1. 基础研究

基础研究的指向具有普遍性，其目的是为现有的学科知识体系增添新的东西。比如，在实验室条件下研究学习行为如何发生，研究素质教育的基本含义与原理，研究教育的基本要素、教育与社会及经济等的关系等。基础研究不一定要有当下的、实际的用处，尽管并不排除这种可能性。当然，如果基础研究的确产生了实用价值，那也是附带的，并非它的初衷。

2. 应用研究

应用研究主要是运用原理和理论来产生一定的实践结果。比如，研究各大学习理论如何应用、研究多元智能如何应用等。应用研究更关心将理论直接应用于真实的人和事。

3. 行动研究

行动研究可视为应用研究的一种，它通常是教师、管理者和其他教育专业人员为解决具体的问题，或为基层决策提供信息而使用的方法。相对于基础研究而言，行动研究强调对基层的日常问题的解决，它很少关心研究结果是否对其他教育情境具有普遍适应性，它研究的人群常常也很小（如一所中学的上生物课的班级）。假如一名初中自然科学的教师要考察在模拟实验中，是按计划布置练习册的作业还是应该布置附加作业，那他进行的行动研究只涉及上自然科学课的学生，以此来判定这两种方法的相对效果和效率。相对于一般的应用研究而言，行动研究尽管也要依据一定的原理，但它的目的并不是为了应用原理，其出发点不在于原理上，而在于解决实践情景中的问题。

从教师研究的指向来看，教师的研究通常应该是行动研究，而不是基础研究或一般的应用研究。霍普金斯虽然不赞成行动研究这种说法，但是，他所说的教师研究，其实仍然也是行动研究。他说："我在这里所说的课堂研究，是指教师采取的一种行动，其目的是提高自己或同事的教学水平，并在实践中检验教育理念假设，或者是作为评价和实施学校优先发展项目的一种手段。"②之所以说教师的研究应该是行

---

① （美）威廉·维尔斯马，斯蒂芬·G. 于尔斯著，袁振国等译：《教育研究方法导论》，教育科学出版社 2010 年版，第 13～14 页。

② （英）大卫·霍普金斯著，杨晓琼译：《教师课堂研究指南》（第三版），华东师范大学出版社 2009 年版。

动研究,原因在于以下几点。其一,基础研究主要是专业研究者的"专利"。它需要专门的严格的研究方法的训练、非常深厚的理论功底(如哲学、心理学、社会学等方面的知识)和大量的相关资料。一线教师通常不具有这些能力、时间和条件,也难以达到基础研究所应具有的要求,更难以实质性地改进其自身的教学实践。其二,一般的应用研究通常是从原理出发,所要回答的是一个理论到底有多大价值的问题。就教师而言,教师们只需要关心自己的情形,考虑自己的问题可以借助哪些理论来解决。因此,教师所要回答的问题是"我的问题如何解决",而不是某个研究是否具有实用价值。在方案设计和方法论方面,行动研究被指责不如其他教育研究要求严格,但是行动研究具有较高质量,提供的本土化信息对于当地读者来说非常可信。其三,将教师的研究定位于行动研究,也是对于教师应有角色的一种回归。正如斯滕豪斯所言,教师的行动与研究是不可分离的。"所有的工作都是建立在课堂研究的基础上的,这在很大程度上依赖于教师的工作。教师是其实践的最后也是最佳的裁决者。"[1]

行动研究是由地方教育工作者为解决一个特定问题而进行的研究,并不是一种像问卷或者实验那样独立的研究方法。确切地讲,行动研究更是一种态度。行动研究的概念可以向外延伸,它既可以是各种力量的合作研究,如地方教育和大学教师之间或者和一些地区教育试点单位的合作,也可以是一个人进行的研究,如一位教师在一个班级内进行的研究,还可以是几个人进行的研究。

### (二) 行动研究的含义及特点

行动研究这一理念的发展通常归因于库尔特·勒温,他把行动研究作为干预和研究当代主要社会问题的方法。库尔特·勒温认为,通过行动研究也许可以同时获得理论上的发展和所需的社会变革。按照库尔特·勒温的说法,行动研究就是"进行分析、实情调查、概念化、计划实施、进一步实情调查或是评价;然后重复这一整套活动;事实上就是螺旋式的循环过程"。库尔特·勒温关于行动研究的观点不仅广泛地应用于社会科学,而且几乎马上应用于教育研究。[2] 如今,在英国、美国、澳大利亚等世界各地,遍布着行动研究的组织。他们不断地组织讨论,提供支持,进行合作,共同推进着行动研究的发展。

#### 1. 有关行动研究的已有思想

以下是历史上曾经对于行动研究的兴起与发展作出过重要贡献的学者,查看他们的思想,或许有利于我们澄清行动研究的内涵。

表 8-1 所示为行动研究的铺路人及其贡献。

---

① 郑金洲:《素质教育与教师行动研究》,载《教育研究与实践》,1997 年第 3 期。

② (英)大卫·霍普金斯著,杨晓琼译:《教师课堂研究指南》(第三版),华东师范大学出版社 2009 年版,第 39 页。

表 8-1　行动研究的铺路人及其贡献

| 著名的贡献者 | 身　份 | 对于行动研究的贡献 |
| --- | --- | --- |
| 约翰·杜威 | 教育哲学家，进步主义者 | 他通过批判性反思将理论与实践相联系起来——教师必须研究他们行动的结果。将教学当做是一个伦理和道德的事业，在这种事业中，教师要教育学生成为负责任的公民 |
| 库尔特·勒温 | 社会心理学家 | 他将行动研究当做是由学者和实践者共同进行的研究，其目的是提高其社会境遇。参与者必须客观地审视他们的偏见。他把行动研究看做是用来描绘社会情境中的专业发展的方法 |
| 斯蒂芬·科锐 | 课程理论家 | 他将行动研究应用于教育，将其当做教师重构课程的手段，以便实现从有效模型（相信自上而下是达到目的的最好方式）到教师开发课程的转变。其目的是提升人们对社会中权力影响进行批判的意识 |
| 约瑟夫·斯瓦布 | 课程理论家 | 他强调教师开发课程中团队进行共同思考的重要性。其基础有二：一是相信教育的过程比结果更重要；二是认为课程行动可以使事物变“正确” |
| 劳伦斯·斯腾豪斯 | “人文课程计划”主任 | 他强调教学应该建立在教师进行的研究的基础上，而不是专家进行的研究的基础上；教学由于教师对于其行为的有效性进行研究而得以提高 |
| 约翰·艾立特 | “福特教学计划”主任和合作性行动研究团体的创始人 | 他相信教育研究是一种道德的努力，其目的是在实践中实现价值。教师在教学的过程中发展理论。他开发了行动研究过程的模型，其间包括一个行动和一个反思的系列环路 |

2. 行动研究的内涵

根据上面的各种观点，不难发现，理解行动研究，还是要着眼于两个关键词：“行动”和“研究”。就“行动”而言，约翰·艾立特曾引用哲学家海纳·阿任德特（1958）的研究，进行了阐述。他认为人类活动有三种基本模式：①劳动，它是人为了维持生计而反复进行的活动；②工作，它主要是设计和创造可供使用的客体或物品，而不仅仅是像在劳动中一样满足基本需求；③行动，是一种可以通过模仿某种新的东西，来改变一个人所处境遇的活动。因此，行动始于一种感觉——挫折或者可能创新行动的感觉，和以不同方式行事的热忱，其目的是使其实践符合其价值观和愿望。据此，行动研究包括对情境的不断调整和从行动出发的理论化。就“研究”而言，历来存在一些争议。有的学者会以专业研究者的态度去审视这一研究。如埃巴特认为：“如果行动研究要被合法承认为研究的话，行动研究的参与者，在我看来，必须拿出他们活动的书面研究报告。而且那些报告还要接受某种形式的公众批判。我甚至敢说，如果达不到这一条件，那么，从个人和专业的角度来看，无论他们参与的活动多么有价值，都不是行动研究。”[①]霍普金斯则对此表示反对，他引用迈克尔·阿姆斯特朗的观点说：“我对‘研究’这一概念已经变得不能‘容忍’了。在教育研究的背景下，它的内涵太狭隘，尤其是在严谨、证据，以及效度的标准方面更是如此。我更喜欢‘探究’这个词……我考虑到的探究形式是以教学体验为基础，尤其是以与良好教学密不可分的持续性观察为基础……”迈克尔·阿姆斯特朗似乎是在说：“让我们把它称之为‘探究’且仅限于课堂，这样我们就不必为到底什么可以算作‘研究’而争论不休了。”因此，综合视之，行动研究之研究，应当从教师的实际能力与兴趣出发，将其定位于探究。

3. 行动研究的基本特点

行动研究是由个体或小组从事的研究。它建立的基础包括四个方面：一是积极地作出伦理的贡献，即努力提高他人的生活质量；二是批判地反思事物的本质和结果；三是与所从事的行动所能影响到的人进行合作；四是公开行动结果。

(1) 伦理性

任何行动研究的基础都是每个人都积极地作出伦理的贡献，即努力提升他人的生活质量。提升意味着走向更加民主的学习共同体，这需要创造条件来确保个体在共同体中的参与和发展。

(2) 反思性

在许多研究中，我们遵循的是这样一道程序：计划（设计），搜集信息（我们将数据进行分类整理），分析数据，撰写结果。在行动研究中，这个过程包括试行我们的想法、观察和记录我们的行动，以及这些行动的结果。随着这个过程的进行，我们会试行其他的想法，并继续这个“行动→观察→反思”的循环。

(3) 合作性

尽管行动研究可以是个人的行动，但是，有效的行动研究往往要借助他人的资源。而且，教师工作的性质（如处于同一个教研组中或负责同一个班级的教学），在很大程度上决定了这种研究难以脱离他人而单独进行。

(4) 公开性

斯腾豪斯认为，既然是研究，就必须与他人分享。将探究公开，使研究者能够从两个方面受益：一是通过将探究以公开的形式表达出来，研究者可以从这种外化过程中进行学习；二是通过将探究公开，研究者可以从他人的反馈中学习。同时，重要

① (英)大卫·霍普金斯著，杨晓琼译：《教师课堂研究指南》(第三版)，华东师范大学出版社2009年版，第33页。

的是，它能提供一个记录，为持续的专业对话作出贡献。

## 三、教师教学研究的过程与原则

### （一）教师教学研究的过程

“行动研究者就是……干预者！他们是探究他们自己经历的探寻者。他们干预他们以前不曾质疑的地方。当他们试着采用不同的行动时，他们就颠覆了过去的常规。”根据斯腾豪斯的观点，行动研究始于好奇。据此，国外有学者将其历程以连续体的形式进行描绘，如图 8-1 所示。

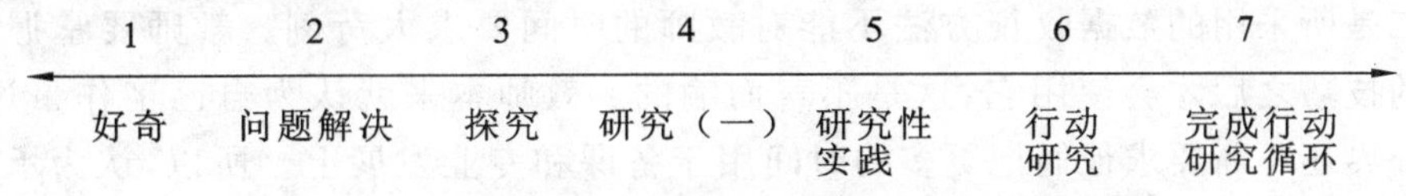


**图 8-1　教师教学研究的过程**

1. 好奇

提出一个问题并且思考，如“我想知道我为什么害怕星期一”。

2. 问题解决

“下一周开始，我要注意当我感到沮丧时，到底发生了什么事情。这样，我也许可以改变它。”

3. 探究

决定一个可以找出问题答案的策略：“我要记一个流水账，连续记两个星期，看看我能否找出在周一时到底发生了什么不寻常的事情”。

4. 研究（一）

搜集信息（数据），并采取一些行动——这就是研究（一）。我对星期一知道多少？它在哪些方面不同于其他几天？我想知道其他老师是否也有这种感觉。每一次我感到害怕和沮丧时，我就从两个方面做记录：第一，我仔细地描写当时发生的事情；第二，我写下我的感受、想法和行动。然后，我会把这些信息放在一起，分析它们，看看我能发现什么。

5. 研究性实践

“我要吸收我在研究（一）中所学到的东西，设计并实施一个研究，以查看我先前的发现是否有根据。”

6. 行动研究

“我要拓展我的研究，使之包括我自己和我的学生。我会系统地进行研究，采用多种方式收集和分析数据，使之帮助我证实我先前的发现。我要与他人一起合作，并与他们分享该研究。比如，我会与我的学生及两个同事一起研究我的教学，重点集中在周一的课堂上。我的同事会研究他们的课堂，并包括他们的学生。然后，我们会聚在一起，对比这些数据。我们在发现问题点时，就进行讨论，并聚拢数据，并采用不同的方法来实践，同时记录之，以看有什么情况发生。我们进入一个循环之中，试行我们的想法，并看是什么在起作用。”

7. 完成行动研究循环

我们已经从我们的实验中进行了学习和反思，并打算开始下一个循环或计划。

（二）教师教学研究的原则

霍普金斯提出了教师课堂研究的六条原则①。

一是教师的主要任务是教学，所以任何研究方法都不应该妨碍或扰乱教学工作。但是，在有些情况下，采取新的、几乎还未内化的教学策略，开始可能还不如遵循原先的教学方式有效，这种情况是无法避免的。

二是所采用的数据收集方法不能对教师的时间要求太苛刻。教师要掌握数据收集的技巧之后才会使用它，这是不言而喻的。教师本来就认为自己工作量过大，而且外界还不断要求他们把更多的时间用于备课和专业发展上。所以，认为承担研究的责任不会影响教师的私人时间简直是太天真了。不过，明智地运用数据采集技巧和利用便于分析的诊断方法，是可以减少所需时间的。

三是所采用的方法必须非常可靠，以使教师可以充满自信地构建假设，制订适合于其课堂情境的教学策略。

四是教师承担的应该是他愿意全力以赴的研究课题。这虽然听起来不言而喻，但是考虑到教师的时间压力，要让教师保持对一项研究项目的精力的持续投入还是很难的，即使项目本身是有趣的，对教师的专业活动也很重要。如果教师的选题太复杂或是无明确的目标，那么挫败感和失望感就会随之而来。

五是教师研究者要密切注意与他们的工作有关的道德程序。

六是课堂研究采取的视角应该尽可能地“超越课堂”。学校共同体的所有成员都积极建构共同愿景，并为实现这一共同愿景而努力。现在，通过运用课堂观察技巧，老师们把课堂研究活动中教和学的核心内容与整个学校的首要发展目标联系起来。

## 第二节　教学研究的基本类型

### 一、反思型教学研究

从历史上看，最早提出反思这一概念的是杜威。杜威在《我们怎样思维》(1910，1933)中描述了反思行动。他解释道，反思思维是一个过程，它的目的是通过探究来寻找结论。对于反思的这个界定突破了我们常见的想法，即反思只是思考问题。其实，思考问题只是反思的第一步。诺兰德·凯斯和里根进一步强调了杜威的反思定

① (英)大卫·霍普金斯著，杨晓琼译：《教师课堂研究指南》(第三版)，华东师范大学出版社2009年版，第47～48页。

义中问题解决的本质，他们认为，在杜威看来，真正的反思只会出现在个体面临问题，并且承认该问题，然后试图去理性地解决它的时候。

斯巴克斯·兰格和科尔顿(1991)在对于反思的相关研究进行综述后指出，尽管杜威在20世纪早期就已经提到反思，但是，在20世纪80年代，肖恩发表其有关反思实践的著作以前，很少有教育者欣赏这个概念。即使在今天，反思实践虽然已经耳熟能详，但事实上，"反思已经成了一个空洞的口号，它不包含任何内容，除了'努力地思考'所做的事情及从事该事情的原因之外"。

### (一) 反思的切入点

古人云：以铜为镜，可以正衣冠；以史为镜，可以知兴替；以人为镜，可以明得失。从教学反思的角度看，反思必须有可供参照的"镜子"。那么，教学反思的"镜子"从何而来？《批判反思型教师ABC》提供的四面"镜子"可供借鉴[①]。

1. 我们作为教师和学习者的自传

查阅自己作为学习者的自传，就会让我们充当起"别人"的角色。这样，以"别人"为镜子来看自己的实践，我们就会本能地和学生们在教学中的经历联系起来。审查我们作为教师的自传，常常是踏入批判之路的第一步。通过个人的自我反思，我们开始了解模式假定和本能的推理，这些假定和推理是我们工作的框架。当我们知道了这些假定和推理是什么的时候，通过与学生、同事或书本的交流，我们便开始检验它们的准确性和合理性。

2. 我们学生的眼睛

就像学生观察我们一样来观察我们自己，可以让我们了解自己的行动和假定，这些行动和假定要么确证课堂上已经存在的权力关系，要么对此提出挑战。学生的眼睛还帮助我们检查他们是否从我们的教学实践中得到了我们所期望的意义。

3. 我们同事的感受

邀请同事来观察我们的实践，或与他们进行批判性的对话，我们可以注意到实践中那些在正常情况下隐藏起来的某些方面。当他们对我们面临的情形说出他们的理解和回答时，我们就可以用新的眼光来看待自己的实践。

4. 理论文献

理论文献可以对一些熟悉但不容易理解的情况给出多种阐释。理论文献可以帮助我们用不同的方式识别我们的经历，可以阐明那些我们经历中的一般方面，从而有助于我们更好地理解这些经历。

### (二) 反思的类型与方法

1. 反思日记

反思日记是对教育、教学工作的总结与分析。它既包括自己的工作总结与体

---

① Stephen D. Brookfield著，张伟译：《批判反思型教师ABC》，中国轻工业出版社2002年版，第37～38页。

会，也包括对教学工作，甚至自身教育理念中出现的问题所进行的分析与解决对策。

(1) 反思日记的基本技巧

① 尽可能快地写下信息。你并不总是有可能停下你正在做的事情来写你的日记，但是，只要你停下来休息就可以写下几行笔记，这样，当你在其后有更多时间来思考、反思和撰写的时候，这些笔记可以帮助你回忆。

② 霍布森(2001)建议，快速地在笔记本上写下有关上课计划的笔记。即使写一两个字，也可能帮助你记住重要的事情、思想或所关心的事情。

③ 每天腾出一点时间来回顾当天匆匆记下的笔记。当你回顾这些笔记时，可以增补一些细节。

④ 记住情境是行动研究的关键。在你的日记中，要包含必要的情境信息。比如，不要写“几位老师走上前来，他们对于学校新的出勤政策很生气”，而是要提供这样的信息：“那几位气呼呼的老师好几次来到我的办公室，抱怨我这个校长对于学校的管理。在上周和今天他们进来时，我都感觉这些老师对他们所认为的‘自上而下’的管理很敏感。J女士是这个冲突的领头人，她今天说：‘我们讨厌被这种我们没有发言权而制定的政策的管制。’然而，在教职工大会上，教师们对于建立和实施学校政策都是发过言的。但是，J女士在过去的五次大会上，有三次没有参加”。

⑤ 在你的日记条目中要包括你想采取的行动和你希望得到的结果。在前面这个例子中，这样的方式写进了自己的行动和结果：“我需要与这群老师进行更好的交流，尤其是与J女士。也许我需要与J女士单独聊聊，解释我的管理风格和学校发展的目标，并请她说出作为一个老师，她所使用的管理风格、她所希望校长采取的管理风格、以前她所认为的学校发展目标(行动)。我希望这个学校有一种以教师和学生为本的立场和氛围，我也想使老师们感觉受到了尊重(结果)”。

⑥ 常常回顾你的日志。不要只是不断地往前记日志，而不回顾你曾经记下的东西。回顾你的日志，能使你发现那些重要的主题和模式。为了发现发展的模式，你要进行概括，并从反思中提出假设。

(2) 反思日记中的自由畅写

自由畅写是反思日记中的最主要的原则之一，意即自由地写出所感与所想。大部分反思日记都是生长型的。在写作时，不要有意识地推进写作的过程，而是让你的手指尽可能快地写或打字。当你的手指在运行时，不要告诉它们该如何做，这样只会阻止他们。要让他们告诉你，直接把你的感觉写在纸上，然后再来看你所说的话。让你的思想从你的指尖自然地流畅出来，然后再去看你到底说了什么。或许当你看到你所写的话时，你才真正知道你到底在想什么。设定一个时限，不断地写，直到你达到这个时限为止。你也许想从5分钟或10分钟开始，然后，拓展到15、20、30分钟或者更多。在这种畅写中，你也许发现有的地方写得不太好，但那不要紧。重要的是，你在行动之中，你是在任由你的创造之流自由地溢出。不要担心标点、拼写和语法，你写的东西可以是全国最糟糕的垃圾，但是，从你手尖中流出的是你最真实的想法，它给予你机会，使你可以反思和质疑自身。

2. 教师学习审计

很多教师在工作中什么也不学，一年又一年，事情总是保持原样。然而，如果设计一些问题用来审查过去一年中的教学变化，那么，通过自己的回答，他们会惊奇地发现，在他们的身上居然发生了那么多的事情。教师学习审计是一种反思工具，它特别注重鼓励教师把自己看做成人学习者，审计自己在过去一段时期内的学习，以达到提高的目的。教师学习审计一般以一个学期或一个学年为基础来完成。利用教师学习审计，能帮助老师识别近来获得的技能、知识和洞察力。以下是老师学习审计整理指南[①]。

请回顾过去一学期（年）里你的教师生活，尽量诚实地完成以下句子。

参照过去的一学期（年），现在我知道……

参照过去的一学期（年），现在我能够……

参照过去的一学期（年），现在我能够教给同事如何去……

在过去一学期（年）里，我从学生那里学到的最重要的事情是……

在过去一学期（年）里，我学到的关于教学的最重要的事情是……

3. 发展规划

如果说反思日记和教学审计主要是针对过去的事件的反思的话，那么，教师专业发展规划则主要是在反思的基础上，确立和把握自己未来的前进方向。这种规划应该注意：一是与学生的发展相联系；二是与学校的发展相联系。

教师以发展规划为导向的反思见表 8-2。

**表 8-2　教师以发展规划为导向的反思**

姓名：　　学校：　　年份：

探究的目的：　　　　探究的问题：

探究与学校发展规划之间的联系：

| 孩子的需要 | 目标 | 达到这些目标所需要的活动和资源 | 数据资源（你怎样知道什么时候目标达成了？） | 完成的时间 |
| --- | --- | --- | --- | --- |
| | | | | |
| | | | | |
| | | | | |

（三）反思的深化

反思是教师学习的重要形式，但在当前的实践中尚存在许多问题，其中一个较明显的问题在于，它通常只囿于“思”，没有行为跟进，缺乏一个不断地重建实践行为

① Stephen D. Brookfield 著，张伟译：《批判反思型教师 ABC》，中国轻工业出版社 2002 年版，第 94 页。

的过程。但事实上,“反思不只是自我认识的提高,还具有重建实践的价值”①。要发挥反思的实践价值,教师必须具有行动研究的态度。一方面使反思具有研究性,即积极主动地寻找资源来提升自己理解和回应情境问题的能力,而不只是想一想;另一方面使反思具有行动性,使反思和研究直接指向实践行为的不断重建。前者有利于打破反思的封闭性,后者有利于增强反思的发展价值。

那么,这种学习方式到底如何展开?它要遵循的内在逻辑是什么?以下通过分析一个案例来阐明这一点。

**案例 1**

初中作文教学之行动研究

本研究实施之初,笔者所教的班级为初一新生班。经过一段时间的观察与了解,我发现语文教学中作文教学存在的问题最大。虽然学生在小学阶段已初步掌握了记叙文和简单应用文的写作方法,但无论是学习成绩优良的学生,还是学习成绩稍差的学生,作文中存在着一些通病:害怕作文,写作时思路不够开阔,常常找不到词汇表达自己的意思;作文的篇幅短、容量小,容易出现辞藻堆砌,结构和句式变化不多,缺乏创意,不能表达自己的见解,而且不会修改作文。这些通病,部分是学生身心发展局限所致,部分是缺少有效的作文指导造成。笔者决定以作文教学作为研究起点,通过行动研究,探索更为有效的指导方式和技巧,使大部分学生在初中三年里基本上能解决作文问题,为他们以后进一步学习和走向社会奠定必需的语文基础能力。确定研究起点之后,从初一第一学期期中开始,笔者有规律地撰写研究日志。一般每周记录一到两次,并注意收集本班学生的作文文献资料,如试卷、作文作业、校刊或征文作品、手抄报作品、演讲发言稿等,作为制订行动策略和考查行动效果的依据。

为了让学生的作文能力提高得更快一些,使每一次作文都能成为学生写作进步的台阶,我决定进行让学生参与作文评改的探索。布置作文,写作前的指导果然很重要,比如审题、立意、选材、布局谋篇等,教师不妨多一些指点,即使打不开他们的思路,至少给学生有路可走的感觉。但我觉得作文的评改更重要。既然作文本上的评语作用不大,那么干脆就“权力下放”,把作文批改放进课堂,设法引起学生对修改作文的兴趣。我设计了作文讲评课的四个步骤:①复习写作基础知识,回忆作文训练目标和作文指导要点;②习作展示;③学生讨论,指导优点,并提出修改意见;④作文修改。第一步可使学生既温习了写作知识,又明确了评价标准,使评价有据可依。第二步通过优秀习作展示,巩固其写作自信心,提高了写作兴趣。第三步是学生主动参与评价,提高他们的评判能力、审美能力。在这个过程中进一步明确写作要求,为修改作文做准备。第四步是作者根据同学意见修改作文,其他同学按讨论过程中提出的要求修改作文。

---

① 叶澜著:《“新基础教育”论——关于当代中国学校变革的探究与认识》,教育科学出版社2006年版,第363页。

尝试结果:学生反应热烈。他们讨论中发现了不少优缺点,并能针对作文的不足提出许多较有价值的修改意见。被展示的习作通过修改,出色了许多。但经过几次讲评讨论课后,我发现多数同学能积极参与讨论,但自己的作文,除了订正错别字之外,基本上不做改动。其中主要原因是,除了被展示的习作之外,大多数同学没有书面记录,离开课堂后,就忘了修改要求,难以下笔修改。

为此,我调整了作文讲评课的操作要求,让学生把对展示习作的意见用书面形式记录下来,并对照自己的作文,及时记录课堂上提出的可供自己修改作文时参考的意见。被展示作文的习作者针对别人的评判,可以做自我辩护或说明为什么这样写作。让学生在争论之中明确写作要领。指导策略的调整在一些学生身上奏效,但还有不少同学的作文修改只是做了稍稍的改动,改观不大。究其原因,是学生对照写作要求,觉得相距甚远,修改等于重写,太麻烦。

确实,对写作基础较差的学生,写一次已是不容易,重写更是头痛。为此,我开始强调写作前要精思,编好写作提纲。我了解到,大部分学生作文前没有计划,提笔就写,一气呵成,写到哪里算哪里。凭感觉写出来的作文,能勉强凑足篇幅,但很难符合作文要求。起初,学生虽然编写了写作提纲,但作文的随意性还是很强。原因是多数学生写作提纲是为了应付老师。为此,我把提纲的讲评与修改引入课堂。要求学生在课堂内修改作文提纲,检查提纲与题目是否吻合,并把提纲写具体。教师巡视,挑出较好的提纲作示范。经过几次训练,学生作文偏题情况大大减少,作文讲评讨论后的“修改工程量”大为减轻,学生变得乐于动手修改作文了。从学生参与作文后的讲评讨论到参与作文前的写作提纲讲评讨论,不仅提高了学生的作文水平,也发展了学生的审美能力和评判能力。渐渐地,大多数学生都能写出一篇作品的一两句比较符合实际的评语。[①]

为了更清晰地察看反思的机制,我们可将上述案例简化为下列模式(见图8-2)。从中不难发现,要使反思学习更加有效,教师必须充分认识到以下几点。第一,反思并不只是冥思,而本身是一种探究性的学习,它需要观察和撰写日志,收集资料等。第二,从反思的过程机制来看,它以问题为起点,并且将问题贯彻在整个探究的过程中(见中间的线条)。反思不只是理解(上部线条),还是行动(下部线条),两者围绕不断发展的问题而处于不断发展变化之中。其基本模式是“问题—理解(提出实践模型)—行动(试行实践模型)—发现新问题—理解(提出新的实践模型)—新的行动……”。因此,这个过程实际上是一个通过行动研究不断重建实践模型的过程。第三,反思所要解决的问题不是现成的,也不只是一个问题,而是在探究的过程中不断生成的一连串问题(中间线条)。因此,反思始终是一种创造性的探究活动。第四,所要解决的问题没有现成的答案,也没有可以利用的现成方法,它必须由教师在情境中通过研究来达成。

---

① 李萍:《初中作文教学之行动研究》,载《山东教育科研》,2001年第Z1期。

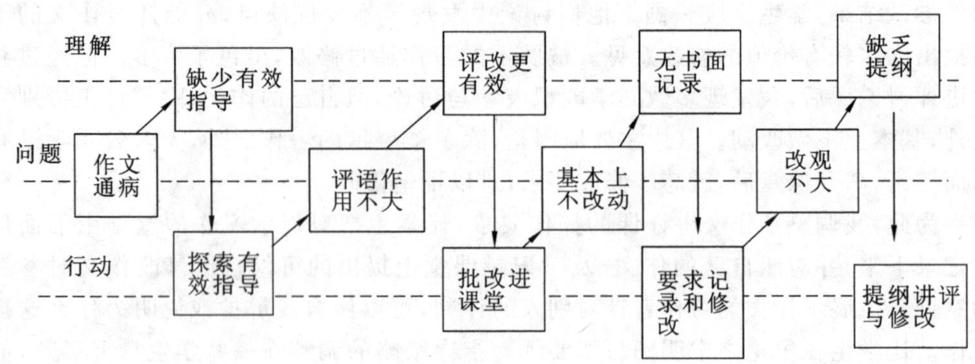


图 8-2 反思案例简化模式

## 二、研讨型教学研究

研讨主要是以团队的方式进行的。从理论上讲，研讨可以发生在任何两个人或多个人之间，但由于教师的研究主要发生在学科内，因此，研讨型教学研究通常以教研组活动的方式进行。根据我国学者陈桂生的考察①，教研组其实是“某一学科教学研究组织”的简称。1952 年，在教育部颁布的《中学暂行规程（草案）》中就规定，“中学各学科设教学研究组，由各科教员分别组织之，以研究改进教学工作为目的”。后于 1957 年将这种教学研究组织统一命名为“教研组”。几十年来，教研组被视为我国传统的教师学习的形式，在促进教师的学习与发展方面发挥了非常重要的作用。当然，如果从教学研究的角度来，还有一些值得改进的地方。

### （一）教研活动的研讨重心

尽管我国的教研组是仿效苏联的教学研究指导组或各科教学研究指导组而来的，其名称也是为教学研究而设的，但我国的教研组并没有继承苏联的教学研究之精神，实质上只是备课组。换言之，教研活动主要以集体备课为主，常常为停留在经验层面的集体备课、听课和评课。当然，如果集体备课真正能触及到教学背后的深层原理，那么它是具有研究性的。但是，就目前一般的集体备课而言，“除了泛泛的学习以外，一般以备课为主……而缺乏教学法指导的备课，只同具体的教材与班级情况直接相关。其中虽少不了动动脑筋，总不免带有就事论事的性质。至于现在很多的‘教学法’，大都属于个人经验或看法，与普适性的‘教学法’实无多大干系”②。“‘教学法’之‘法’，容易被误解为教学的‘方法’。其实，它指的是教学的‘法则’。”“即教学的原则——规则体系”。③ 在以下案例中（案例 2），我们就可以发现教师们多半是在以自己的经验评判别人的经验（这一点在他们的话语方式里均有体现，如

---

① 陈桂生：《“中国的教研组现象”平议》，载《南通大学学报（教育科学版）》，2006 年第 04 期。

② 陈桂生：《“中国的教研组现象”平议》，载《南通大学学报（教育科学版）》，2006 年第 04 期。

③ 陈桂生：《教学法的命运》，载《全球教育展望》，2007 年第 04 期。

“我上课的时候……”、“我喜欢……”、“如果是我,我不会这样写”等)。这当然无可厚非,但如果仅停留于此,而没有理论的提升,那么这样的学习形式就很难有质的提升。

**案例 2**

教师教研中局限于经验层面的表现

主持人(教研主任):刚才听了 W 老师的课,对于她的导入,各位老师有什么看法?

教师 1:我想也许花哨了点,也离题了点。我上课的时候,从来都没有这样冗繁的导入,我也没有觉得欠缺些什么,事实上,我的教学效果也还不错。

教师 2:我喜欢简洁的导入,或者特别让人眼前一亮的导入,让学生振奋精神,而且,我上次看到一个特级教师的导入,非常简洁,效果也很好。

教师 3:我的带教老师告诉我:导入要吸引学生的眼球,让学生“动”起来。我在自己的教学实践中确实发现了这一点。W 老师的导入确实做到了这一点,课堂热闹但不嘈杂,我觉得这是我努力的方向。

教师 4:如果是我,我不会这样写。我觉得应该继续让学生谈下去,或者顺着学生的思路上下去。

教师 5:我并不认为导入有多么重要! 就我个人而言,我甚至觉得有很多课不必“导”。①

……

事实上,教师从经验中总结出来的基本原理具有非常重要的作用。正如一位外国学者所言:“在对核心的信仰、价值观和假定做出困难的抉择时,这种批判的基本原理成为我们的根基……一位教师能够清楚地表达自己所坚持的事情,以及为何认为这些事情如此重要的能力,是在学生中树立可信度的关键因素。即使完全不同意教师基本原理的学生,也能从教师的阐述中获得自信。”另外,没有基本原理,“我们就会被任何当时盛行的政治之风或教育之风吹得摇摆不定。而此时的基本原理就会成为一个方法上和道德上的叩门石,为我们提供一个基本的参照点……我们可以把它们作为向导,在不可预测的情势下指导我们的行动”②。

(二) 研讨型教学研究中的经验共享

在教研组活动中,常常缺乏充分利用集体知识的意识。有的教研组和备课组可能通过共同“磨课”的形式打造出了精品课,或者通过集体研讨形成了论文。但是,当这个时期的任务完成后,在随后的研讨中,他们常常无意识地将这些“荣誉”束之高阁,继续按照以前的模式来研讨,即没有在这些集体成果上继续深入探索,而是又

① 池春燕:《切磋:教师如何做教研》,中国人民大学出版社 2008 年版,第 173 页。

② (美)Stephen D. Brookfield 著,张伟译:《批判反思型教师 ABC》,中国轻工业出版社 2002 年版,第 27～28 页。

回到了从前的状态，从而丧失了个体在与集体层面的互动中学习的机会。因而，必须努力建立以探究、共享为特点的教研组文化。这种研究文化主要包括以下四个核心成分。

1. 庆祝的氛围

所有的分享都应该以庆祝的心态来进行。教研组要像举行仪式一样组织庆祝，以凸显个体和集体在工作中所取得的成功。庆祝能够给教育者提供机会，使他们既能聚集在一起庆祝所取得的成就，又能使该成就得以广泛传播。同时，庆祝有助于传达教师学习的愿景。许多教研组会通过组织会议、颁发证书、邀请当事人作演讲等方式，来强化这种庆祝。

2. 共同体精神

共同体可以界定为一群具有共同背景的、志趣相投的人。然而，就分享而言，共同体也意味着形成组内成员相互信任和相互联结的感觉，意味着创造一个使小组成员均对所完成的工作具有良好感觉的空间，从而使小组成员能够具有共同的志向、信念、有用的资源，能够了解个体和集体的偏好，以及共同体的需要。共同体不只是将一群具有共同背景和兴趣的人聚拢在一块，它还意味着教研组要形成一种共同体精神。其特点就是，共同体中的个体能够展示相互之间的关心，能够表现出属于小组和小组工作的感情。

3. 同事间对话

同事间的对话是批判性的。这种对话出现时，教师们集中注意力于教学上，对话的参与者感觉被迫相互询问一些质疑性的问题，大家从多个不同的角度审视实践，共同建构新的意义。尽管创造庆祝的氛围和共同体精神非常重要，但是，仅仅专注于此，会存在使其变得“同质”而不是“同事”的危险。分享应该促进同事间的质疑和对话，而不只是诸如“嗯、很好”之类的同质性评论。

4. 彼此联系

共同体要组织好，以使具有同样想法和共同兴趣的成员能够相互形成网络和进行联系。通过把他们的工作彼此联系起来，参与者就能产生本土化的、共享的知识，而不是形成一堆零散的教师研究。同时，也要使教师的研究与学校情境之间建立起内在的和外在的联系。

### （三）微格教研的内容与方法

微格教研是信息化背景下值得采用的一种教研方式，它是微格教学的变化和发展。微格教研诞生于美国斯坦福大学，20 世纪 60 年代首先由 W. 爱伦博士用以培训师范生中的实习教师。其特点是提炼教学流程中若干关键环节，采取摄录像进行局限的（微）定格（格）的研究。

1. 微格教研的基本内容

① 基本教学技能，包括教学语言、板书板图、讲解、教态变化、教学演示、提问等技能。

② 调控教学过程技能，包括导入、强化、组织教学、试误、结束等技能。

③ 与课堂教学相关的其他问题，包括媒体的选择和现代化教育技术的运用、师生相互作用研究、组织合作、评价和反馈、教案编写等。

2. 微格教研的实施方法

① 确定研究内容，由教研组共同研究决定近期需要重要解决的问题，指定专人准备。

② 公开教学，由主讲人就准备的专题内容进行公开教学，可以是现场实录式，也可以是模拟训练式。

③ 课后及时反馈评价，教研组全体人员一起研讨，要求每位参加者都发表意见。

④ 自我观察反省，主讲人对教研组同仁的意见谈谈自己的看法，也可以讲讲自己对该内容的设计思想。

⑤ 重审相应的理论，将学到的微格教学理论及其他理论用于这一特定的研究内容。

⑥ 修改、创新和再现，主讲人修改教案后就同一研究内容进行再教学。

(四) 教研共同体的建设

良好的共同体是有效研讨的前提。什么样的共同体才有助于研讨的有效进行呢？通常以下列十个基本要素来指导其建设。

① 建立和维持教师们工作的愿景。

② 建立共同体成员之间的信任。

③ 注意权力影响共同体动力机制的方式。

④ 理解和信奉合作。

⑤ 鼓励、承认和欣赏共同体内部的多样性。

⑥ 促进批判性朋友的形成。

⑦ 共同体对成员的学习负责，并记录他们的学习情况。

⑧ 理解变革，并承认变革可能给某些成员所带来的不适。

⑨ 综合地看待构成数据的成分，愿意对共同体工作过程中的各种类型和各种形式的数据予以考虑。

⑩ 与他们的行政管理人员一起工作。

(五) 教研活动的系统推进

正如杜威所认为的，思维应该具有连续性，研讨型教学研究也应该注重研究的系统性和连贯性，以深度推进这种研究。请看案例 3。

**案例 3**

“新基础教育”的研讨型教研模式

在实践的过程中，我们将校本研训的重心全面下移到教研组层面，以组内的研究课题为引领，通过“前移后续”的教研活动方式，全面、深入、扎实地推进每一个教研组日常的专题性教研活动，以此促进组内每一位教师日常实实在在的专业成长与发展。

所谓“前移后续”的教研活动方式，就是指我们在开展日常的校内或校际的专题性教研活动时，在内容上各教研组以学年或学期的研究课题为核心，每一次都有相应的主题。在方式上,每次专题性教研活动前后,教研组内教师分别围绕主题内容进行的“前移性”和“后续性”的学习、反思与研讨。在“前移”的过程中,我们主要让所有参与的教师围绕每次研讨活动的主题,就相应的理论进行先行的学习,并共同参与相关研讨课教材的前期分析,以及分组与合作的教学设计等。这样一种“前移性”的对研讨内容的先行学习研究,可以让所有学科组教师提前介入整个专题性研讨活动,并对整个研讨活动形成从理论到具体内容的一种非常充分的前期准备。专题研讨前组内教师对相关的理论进行了学习,对教材进行了或独立或小组的分析与思考,尤其是组内一些骨干教师的教学设计等,使原本仅有某一位教师享有的研究资源产生了横向的群体生成效应,这些都构成每位教师参与研讨的基础性资源。因此,每次具体研讨时,教师们理念的碰撞与实践的感受都特别丰富,不同梯队的教师都显得特别有话说。

在“后续”的过程中,我们主要以教研组为单位,针对整个专题性研讨活动中具体的研讨课,结合组内的研究课题,以及每位教师自己的学习和日常工作,再次进行后续的研讨与反思,力争充分用好整个研讨资源,让每一位组内教师能有所收获。在后续的“一案多课”中,执教老师尝试重建后的教案设计教学,通过对比,改进先前教案的不足。同一年级的其他教师也尝试同一教案,进一步体会优秀教学设计的精妙之处。后续对新教师尤为具有促进意义,在完成后续课后,新教师能明显感受到自己在课堂把握、学生调动、师生互动上的变化,进而有意识地改进自己的教学行为。在后续的研讨活动中,我们把先进的教育理念与实际的课堂教学紧密结合,赋予理念以实践,让广大的教师深入了解,与“二期”课改和“新基础教育”的话语系统产生共鸣。①

“新基础教育”的研讨型教研模式如图 8-3 所示。

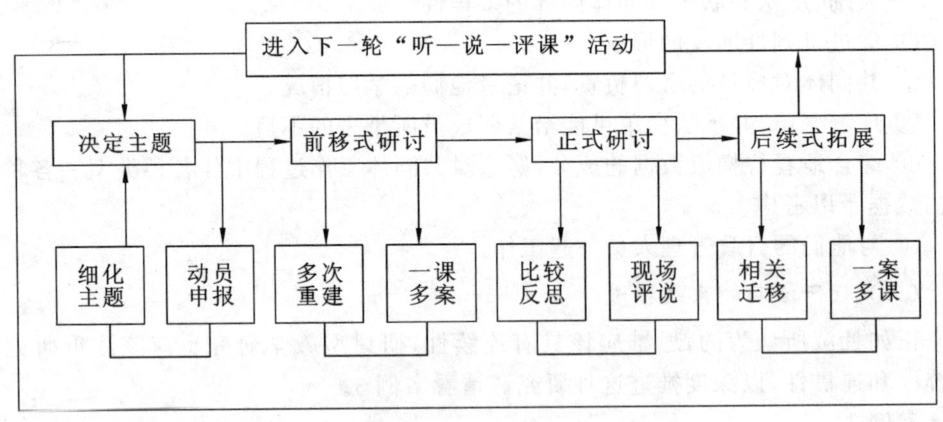


**图 8-3 “新基础教育”的研讨型教研模式**

## 三、课题型教学研究

随着“教师作为研究者”的理念越来越流行,课题研究专属于大学研究者的局面

---

① 案例文字引自何学锋:《教研活动方式的变革尝试》,载《基础教育》,2006 年第 03 期。

逐渐被打破，中小学校教师以课题组的形式进行教学研究的现象开始变得普遍起来。据悉，有的地方教师们一年所承担的区级课题就达六七百个。[①] 针对当前课题型研究中存在的一些突出问题，在此拟重点阐述以下几点。

（一）确定课题研究的问题

确定课题研究的问题是课题型教学研究的第一步，主要涉及两个方面：一是研究的问题从哪里来；二是研究的问题应该符合哪些要求。

1. 教师研究问题的来源

① 从教育教学的疑难中寻找问题。

② 从具体的教学场景中捕捉问题。

③ 从理论学习和阅读中发现问题。

④ 从与同事的交流中发现问题。

⑤ 从差异中寻找问题。

⑥ 从学校和学科发展中确定问题。

⑦ 从教育政策实践中发现问题。

2. 确定研究问题的原则

① 不要处理你根本就无能为力的那些问题。比如，在中短期要改变学校的分班制度或能力分组制度，或是更改正在使用的教材，也许是不可能的。因为这些问题根本不是你所能改变的，所以要么就回避这个问题，要么就换一个可以解决问题的方式提出这些问题。因此，尽管你不能改变教科书，但在自己课堂上巧用不同的方式来使用教材还是可能的。

② 只承担一些小型的、难度相对不大的课题，至少刚开始时是这样的。在成功的基础上再深入探究是很重要的，在短时间之内出色地完成的小课题有利于增加成就感，鼓舞人心。

③ 选择一个对于你或你的学生而言是很重要的问题，或者在正常的学校活动中你无论如何都得了解的问题。你所关注的主题，其本身必须是能调动人的积极性的。不然的话，在最初的一阵热情过后，当困难开始增多的时候，你就会发现积极性也开始降低了。

④ 尽可能地试着与他人协作，共同致力于课堂研究的重点。建立专业合作伙伴关系是促进老师发展和获取个人支持的一种强有力的形式。它也是改变某些教师孤军奋战的局面的一种方式。

⑤ 把你的课堂研究工作、教与学和学校发展计划的重点或学校的目标联系起来。尽管它们之间不需要有直接的联系，但是，把个人的专业探究与整个学校的重大行动和学校的发展方向联系起来还是很重要的。

（二）课题研究的行动模型

作为行动研究的一种，教师的课题研究，必须以促进其教学实践的改进为目的。

---

① 陈桂生，李政涛，李忠等：《寻找教师的研究方式》，载《上海教育科研》，2007 年第 05 期。

在一定意义上，这种探究的过程，就是一个建构新的实践模型的过程。从这个角度来看，其展开的过程通常会遵循行动研究的基本逻辑，如图 8-4 所示。

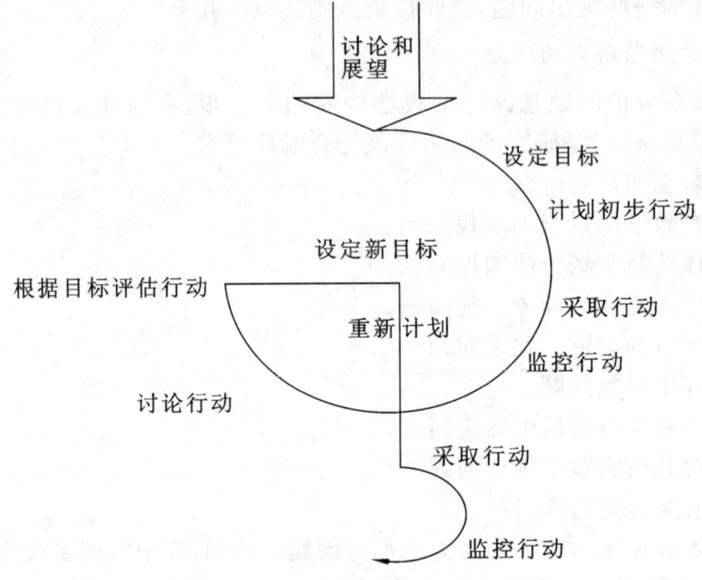


**图 8-4　行动研究的基本过程模型图**

根据这个行动研究的基本过程模型图，我们可以将实践模型的反复建构过程划分为五个阶段。第一阶段，计划模型。在这一阶段，教师会根据自己通过讨论、观察、阅读和展望等形成的个人理论来设定目标和计划初步行动，即形成初步的实践模型。由于这一模型还只是照着个人理论凭空设计而出的，而且此时的个人理论尚不成熟，所以总体而言，这个模型还比较粗糙。第二阶段，试行模型。在这一阶段，教师会根据这个行动方案采取行动，并密切监控行动。第三阶段，反思模型。通过与他人一起讨论行动和根据目标评估行动，调整个人理论。第四阶段，重建模型。根据新的个人理论设定新目标和重新计划，制定新的行为模型。第五阶段，重试模型。重新采取行动，尝试实行新的行为模型，并监控行动。事实上，到此为止，该模型的建构已经进入新一轮更高阶段的循环之中，从而构成了课题研究所应遵循的基本路径。

# 第三节　教学研究的基本方法

## 一、教育观察法

### （一）观察提纲的设计

通常，观察提纲主要涉及下面六个方面的内容。[①]

① 陈向明：《质的研究方法与社会科学研究》，教育科学出版社 2000 年版，第 238 页。

1. 观察谁

有谁在场？他们是什么人？他们的角色、地位和身份是什么？有多少人在场？这是一个什么样的群体？在场的这些人在群体中各自扮演什么角色？谁是群体的负责人？

2. 观察什么

发生了什么事情？在场的人有什么行为表现？他们说话、做事时使用了什么样的语调和动作？他们相互之间的互动是怎么开始的？哪些行为是平时的常规？哪些是特殊表现？不同的人在行为上有什么差异？在观察期间他们的行为是否有所变化？

3. 何时观察

有关的行为或事件是什么时候发生的？这些行为或事件持续了多久？事件或行为出现的频率是什么？

4. 何地观察

这个行为或事件是在哪里发生的？这个地点有什么特色？其他场合是否也发生过类似的行为或事件？它们与别的场合发生的行为或事件有何不同？

5. 为什么观察

为什么这些事情会发生？对于这些事情，人们有什么不同的看法？人们行为的目的、动机和态度是什么？（显然，这个问题需要经过一定的推论，而不能完全通过观察回答。）

（二）观察的基本方式

1. 时间取样法

时间取样法指以时间为选择标准，专门观察和记录在特定时间内所发生的行为，主要记录行为呈现与否、呈现频率及其持续时间。例如，有研究者对小学低年级学生上课时注意力集中时间和程度进行了观察研究，其结果见表 8-3。

**表 8-3　记一次 25 分钟的语文字词抄写作业**

| 时　　间 | 行为记录 | 百分比(%) |
|---|---|---|
| 0～5 分钟 | 全班学生踏实认真书写，没有任何声音动作 | 100 |
| 5～6 分钟 | 3 人开始看别人的作业，并提出别人的书写毛病 | 7.89 |
| 6～10 分钟 | 7 人开始还有动作，或开始发愣，有的玩铅笔、橡皮等学习用具 | 18.42 |
| 10～13 分钟 | 20 人开始有动作、发愣，有的开始发出声音 | 52.63 |
| 13～20 分钟 | 6 人完成作业 | 15.79 |
| 20～25 分钟 | 14 人完成作业(24 人未完成作业) | 36.84 |
| 25 分钟后 | 30 人完成作业(8 人未完成作业) | 78.95 |

初步分析：一年级学生在完成一些重复性记忆作业（如字词抄写等）时，最佳时

间为10～15分钟。这段时间内，学生有较集中的注意力，以认真的态度完成作业，按照这一特点布置作业，能达到较理想的效果。

2. 行为核对法

行为核对法，也称为清单法、查核清单法。其方法是将要观察的行为项目排列成清单式的表格，在这些行为项目旁边标明是否出现这两种选择，然后通过观察、检查核对这些行为项目是否呈现，只要其中某项行为出现，就立刻标记。行为核对表的编制示例见表8-4。

**表8-4 学生参与和准备语文讨论的行为核对表**

学生________　　日期________　　Y＝是，N＝否

带了材料来课堂

参与了讨论

合作学习

完成了作业

记了笔记

运用推测理解文意

使用上下文理解文意

3. 等级评定法

等级评定法要求观察者在一段特定的时间内注意观察对象的表现。这段时间可以短到只有5分钟，长至60分钟。在观察结束时，观察者对于在该期间需要研究的行为表现作出评估，按照一个等级标准进行评定。等级评定法的示例如表8-5所示。

**表8-5 总的情感——态度气氛：课堂整体记分**

| 1. 按下列评定为教师对班级的态度打分 | | | | |
|---|---|---|---|---|
| 非常好 | 大部分时间很好 | 不好不坏 | 偶尔不好 | 很不好 |
| 5 | 4 | 3 | 2 | 1 |
| 例如：如果你感到老师对班级态度非常好，就应该打5分。 | | | | |
| 2. 按下列评定为班级学生打分 | | | | |
| 班级学生非常高兴或满意 | 大多数学生在大多数情况下感到高兴或满意 | 约半数学生在多数情况下感到高兴或满意 | 学生偶尔感到高兴或满意 | 班级学生很不高兴或满意 |
| 5 | 4 | 3 | 2 | 1 |
| 例如：如果你认为班级学生在大部分时间里感到满意，但不总是这样，你应该打4分。 | | | | |

再如，中小学教育中普遍应用的评课表就采用了类似的方式。如一份听课评价表中就有这样的一部分内容（见表8-6）。

表 8-6　小学数学新授课堂教学评价表(部分)[①]

| 评价项目 | 权重 | 评 价 内 容 | 评 价 标 准 | 评　分 |
|---|---|---|---|---|
| 组织与准备 | 5% | 迅速组织学生进入学习状态；<br>精心设计和组织复习内容；<br>学生学习积极主动，参与率高；<br>时间控制在3～5分钟 | 优：4.5～5分<br>良：4～4.4分<br>中：3～3.9分<br>差：0～2.9分 | |

4. 影子观察法

影子观察法首先由劳恩斯伯里和克拉克(1990)在对中学生进行观察时开发出来。该方法采用一个简单的观察表，记录在教育环境中某个孩子的日常行动。影子观察法是一种很好的聚焦我们观察的行动研究法。它有助于我们获得第一手的资料，并从中发现问题。当我们沉浸在另一个人的生活之中时，我们就会形成对他如何理解学校、如何理解知识的理解。有许多办法可以进行影子观察，以下是一些策略。

选择一个学校经历与你大不相同的学生，从家长那里获得书面同意，从学生那里获得口头同意，然后花一整天的时间来跟着这个学生。

记录有关这个学生的可观察和可获取的信息，比如年级、性别、种族等。每隔5～7分钟，记录该学生所进行的特定行为。在其他不同的栏中，记录有关课堂、学习室、走廊等环境的信息，记录你对所发生事情的印象、感受。

在一天的某个点上，对该学生进行一个非正式的访谈，以检查所想到的假设，或获取进一步的理解。比如你可以问：你最喜欢的是什么课？你最不喜欢的课是什么呢？你最喜欢/最不喜欢学校的什么地方？

对乔的影子的观察见表8-7。

表 8-7　对乔的影子的观察(节选)

| 学生化名：乔<br>年级：11年级<br>年龄：16岁<br>性别：男<br>民/种族：高加索人<br>学生类别：职校<br>日期：11月19日<br>开始日间：上午7:50<br>结束时间：下午2:45 |
|---|

① 杨小微等编：《教育研究的理论与方法》，北京师范大学出版社2008年版，第110～111页。

续表

| 时间 | 特定的学生行为(以5～7分钟为一个间隔) | 环境(在课堂上、学习室里发生了什么？老师、活动、房间安排、声音……) | 研究者的印象、直觉、想法 |
|---|---|---|---|
| 上午7:50 | 坐立不安，前后左右张望 | 第一节课社会学。年长的男老师，白种人。测验美西战争。26个学生排排坐 | 学生忘记了在大厅里与我见面。我自己进入了教室。他的身体语言告诉我，他不知道答案 |
| 上午7:55 | 举手告诉老师，他第二天只能上10分钟的课，因为他要参加比赛 | 老师在年级本上做了记录，然后打开灯，开始放映美西战争 | |
| 上午8:00 | 抬头看电影 | 老师在评卷。一些学生看起来昏昏欲睡。电影听起来似乎是从隔壁房间里传出来的 | “印第安人再也不会起义了……”有关与本地人进行的冲突的暴力卡通版本太单纯了 |
| 上午8:05 | 看电影，抬头 | 老师在评卷。老师插上一句话，“记住这些信息”。学生们昏昏欲睡 | “有像罗斯福一样的领导，我们不得不寻找新的世界来征服”，这是一个帝国主义的观点——这部电影令我生厌 |
| 上午8:10 | 看电影，抬头，打哈欠 | 8个学生把头趴在桌子上 | 在电影放映期间，学生没有机会进行学习，电影似乎远离了他们的经验 |
| …… | | | |
| 上午10:28 | 在学校的饭馆里收银。排队、打电话，与学生和老师一起开玩笑 | 第四节课，烹饪术。老师不在，所以饭馆没有开门，只有外卖。订餐电话响个不停 | 忙碌的气氛，但乔似乎很喜欢。如果我做这样的事情，我也会很兴奋的。从早到晚，在我读大学预科高中时，我没有这种经历 |
| …… | …… | …… | …… |

(三) 观察笔记的撰写

1. 观察笔记应包括的内容①

(1) 对现场情况的描述

要具体写清楚发生了什么事、何时发生的、有些什么言行、谁说(做)的和向谁说

① 杨小微:《教育研究的理论与方法》，北京师范大学出版社2008年版，第120～121页。

(做)的,以及周围环境伴随着发生了什么变化。

(2) 原先忘记而现在又记起的情况

这方面的情况主要有两种:一种是原来就认为很重要却未及时记下的信息;另一种情况是,某些早先发生的、在当时似乎不够重要因而认为不值得记录的事情,借助于新发生的事件而显示出进一步重要的后果,因而现在才被认为很重要。例如,一位老师听到一名学生讲到附近某地方很好玩,这在当时并未引起这位教师的特别关注。可是,紧接着下午这名学生与他的两个要好的同学却旷课了,这位老师意识到上午所听到的那句话的重要性,并推想这几位学生可能到那个地方去了。

(3) 分析意见

这是在观察研究过程中,观察人员所进行的对所发现的资料的分析和推论,包括对观察到的行为或事件的重要性的估计,对资料的组织、分类及其理由等。

(4) 个人印象和感觉

观察者的主观因素会引导观察者去理解被观察者的真实思想感情,从而影响观察者对所观察行为的分析和解释。因此,他的感想和行为本身就是资料的组成部分。所以,观察人员应将他在观察过程中,以及观察之后的感觉和思想感情记录下来,并且,个人思想感情的笔记应该始终同其他观察得来的资料分开记录。要求观察记录他自己的个人印象和感觉,还有一个重要的考虑,即观察研究人员应学会分析自己的思想感情并对可能产生的偏见作出预防,以利于提高他本人的科研能力。

(5) 关于进一步研究所需的信息的笔记

这部分包括待做的事情,例如,有待于进一步了解的情况和其他有待于观察的对象的资料记载。

2. 观察人员的注意事项

① 观察过后尽可能快地记笔记,因为在短时间内被遗忘的信息数量很少,而随着时间的流逝越来越多的信息会被忘掉。

② 将现场笔记尽快予以整理并打印成文。这样做,既可以较迅速地得到正式的现场记录,又较宜于阅读,而且当研究工作需要较多份数的记录时,这种方法比手写更为可取。

③ 现场笔记至少制成两份。一份记录打印成文以便复制,而原始现场笔记应该全面、具体,足以使观察者本人和其他研究人员在一段时间之后,能根据这些笔记将被描述的事件重新描绘成一幅尽可能真实、生动的画面。

## 二、教育调查法

### (一) 问卷调查法

1. 卷首语的设计

卷首语的主要内容通常包括:调查者的身份;本调查的重要意义;调查对象客观

回答问题的重要性;向被调查者保证回答无所谓对错,他们的身份、姓名不会被透露,以及调查原始资料的处理是秘密的。

为了能引起被调查者的重视和兴趣,争取他们的合作和支持,卷首语的语气要谦虚、诚恳、平易近人,文字要简明、通俗、有可读性。卷首语一般放在问卷第一页的上面,也可单独作为一封信放在问卷的前面。

2. 问题的设计

问题的设计要注意以下一些方面。

① 尽可能使问卷简短。除了少数几个要求提供学生班级、性别等背景的题目外,其余题目都要与研究问题和研究假设直接相关。

② 问题越短越通俗越简略越好。不要使用调查对象可能不理解的术语、行话或复杂的措词。由于填答问卷的人基本上是中小学生,因此,题目表达一定要清晰,千万不要使用一些学生看不懂的术语或行话,避免学生产生误解。比如,当你要在学生中调查学生学业负担的情况时,就不要在问题中直接出现“学业负担”,而是把它转化成“上课时间”、“作业量”等学生都能看得懂的词语来表达。另外,对于小学低年级的学生来讲,像“成就感”之类的语言可能不会被学生所理解,因而可以改成“成功的感觉”等。

③ 避免使用“问卷”或“清单”之类的措词,许多人对这类术语持有偏见。

④ 问卷中的每一道题目都只问一个问题,不可同时问两个或两个以上的问题。比如,“你通常在家做作业,并且有父母的辅导吗”等,这种题目不符合问卷设计的要求,可以将其拆成两个问题。

⑤ 不要在问题中表露出编制者的个人喜好或倾向性。比如,“你赞同在学校放松管理,甚至认为管理会损害青少年的道德发展吗?

⑥ 避免使用像“几个”、“大约”及“通常”之类意思不明确的词语。关于数量性的问题,最好不要使用平均数。比如,“你父母外出打工时,平均每周给你打多少次电话?”而如果把它改成“上一周,你父母给你打了几次电话?”这样就比较便于学生回答。否则,如果经过平均计算,调查的数字就有了“水分”。

⑦ 用一些有趣但不带威胁性的问题作开头。当论题转换时,用上个转折句,以帮助调查对象转换思路。

⑧ 把难题放在问卷末尾,不要把重要的项目放在较长的问卷的末尾。

⑨ 对那些可能会搞错或难以理解的题目,要举例说明。

⑩ 当一般性问题和相关的具体问题一起提问时,倾向于先问一般性问题。如果先问具体问题,再回答一般问题,就有可能限制调查对象的视野。

⑪ 问问题时,最好不要使用否定或双重否定。比如,“你不喜欢下面的哪一种活动?”

⑫ 避免带有偏见的或引导性的问题。如果就回答类型给调查对象以某种类似答案的暗示,那么就有可能出现与暗示一致的答复。

⑬ 问题的答案选项应该是可以穷尽的,选项之间应该避免重复和交叉。如果答

案无法全部列举出来，那么在列出了主要答案后，可以写上“其他”作为一个选项。比如下面这个例子。

你放学后的主要活动是（　）。

A. 做作业　　B. 上网　　C. 看电视

D. 参加体育活动　　E. 其他

⑭ 使问题条理化，使之便于阅读或完成。问卷按逻辑顺序排列。例如，你可以把内容相同或答案相同的选择项目放在一起。

⑮给问卷编上页码，题目编上数码。

3. 问题的表现形式

问卷中的问题一般以下面几种形式出现。

(1) 填空式

比如，你最喜欢的老师是______。

(2) 是否式

比如，上个学期，我每天都记日记，从未间断过。

A. 是　　B. 否

(3) 多项单选式

比如，你最喜欢的球类运动是（　　）。

A. 篮球　　B. 足球　　C. 乒乓球

D. 羽毛球　　E. 网球　　F. 其他

(4) 多项限选式

比如，从下面的选项中选出两个答案。

当你学习上遇到困难时，你通常会向谁求助？

A. 同学　　B. 老师　　C. 父母　　D. 其他

(5) 排序式

请将下面所列的电视节目，按照你喜欢的程度进行排序，将序号写在前面的括号内。

（　　）人与自然　（　　）科学探索　（　　）动画片　（　　）电视剧

（　　）广告　（　　）心理访谈　（　　）道德观察

(6) 表格式

下面是一些题目，请在最符合实际情况的答案下划上“√”。

| 题号 | 题　目 | 非常符合 | 比较符合 | 比较不符合 | 非常不符合 |
|---|---|---|---|---|---|
| 1 | 当我没有答对问题时，老师也会鼓励我 | | | | |
| 2 | 老师总是看不到我的进步 | | | | |
| 3 | …… | | | | |

4. 试测

试测是问卷设计的最后一道环节。在此之前所做的一切都只是设计出了一张问卷的初样。通过试测，才能发现问卷的不足之处，以便加以修改和完善。试测用的问卷的容量应比正式的问卷稍大一些，以便为参加试测者提出有关问卷的意见留个余地。例如，关于问题的措辞、次序和多余的或令人误解的问题，以及不合适、不充分、多余或不清楚的答案等方面的意见，总之，关于问卷设计方面的各种意见均可写在上面。为达此目的，调查者还可以特意邀请回答者提出宝贵意见。

（二）访谈调查法

1. 访谈的基本步骤

（1）确定访谈的目的

想一想访谈所得到的数据怎样帮助你回答你最初的或随后的研究问题。

（2）确定你要访谈的对象

如果你是一名老师，你要对班上的学生进行访谈，那么你也许不能对所有的学生进行访谈，因为时间有限。相反，如果你只是访谈部分学生，那么你就必须确定哪些人是合适的访谈对象。你是随机地从整个班级中抽取一些学生呢，还是系统地选择一些学生（比如，部分成绩好的学生、部分成绩一般的学生和部分成绩差的学生，或者，选择部分对于干预能积极反应的学生和部分对于干预反应不积极的学生），以便能获得多种视角，一定要仔细地选择访谈对象，记住，多种视角也许有助于你找到有意义的答案。

（3）确定访谈的类型

访谈可以分为结构性访谈、非结构性访谈和半结构性访谈。结构性访谈也可称为正式访谈，在此访谈中，研究者会事先列出一些特定的问题，用来引导整个访谈过程。非结构性访谈也称为非正式访谈，在此访谈中，研究者问一些宽泛的问题，然后任由访谈自然进行。半结构性访谈是首先问一些计划好的问题，然后再允许参与者谈论一些相关的重要问题。

确定你是要进行结构性访谈，还是半结构性或非结构性访谈。要做出正确的决定，你要考虑你在研究中访谈的目的。比如，如果你是一位教师，你希望让学生说出他们对于你所采用的新的教学策略的观点和有效性的看法，采用半结构性访谈就是一个很好的选择。你可以先问一些特定的问题，如在小组中进行合作学习是怎样影响你的学习的？你是喜欢独自学习、听老师讲课呢，还是在小组中进行的合作学习？在小组中进行的合作学习与其他的学习方式有何不同？随后，你可以再问一些开放性的问题。如当学生回答合作学习有帮助时，你可以说，“告诉我，为什么你认为在小组中的合作学习对你有帮助？我怎样做才能进一步改善小组合作学习？”在整个半结构性访谈中，你要根据学生的回答来进一步提出问题。

非结构性访谈是最好的收集信息的方法。尤其是在行动研究过程的早期，当你正在收集信息，或者想制订你的干预计划时使用参与者的反馈信息，或者想知道参与者对干预的态度时，半结构性访谈非常合适。比如，一位校长对调查教师研究组的使用感兴趣，他也许会选择首先对教师进行访谈，询问他们对研究组的看法。所收集到的信息对他计划如何组织研究组非常有帮助。比如，大部分受访教师认为，老师应该自愿参与研究组，而不是被迫参与。那么，在开始阶段，如果校长问哪些老师愿意参与则是明智之举。当自愿的研究组建立起来后，校长可以问一些比较宽泛的问题，如“以什么样的方式参与研究组会有利于提高你的课堂教学”，这些反馈可以为研究组的会议的进一步展开提供有用的信息。

结构性访谈不利于获得行动研究所需要的深度的反馈和信息。事实上，如果访谈过于结构化，比如，只是要求受访者回答一些“是”或“否”方面的问题，那么，它与调查就没有多大差别了。但是有时候，结构性访谈也是有用的。比如，一位幼儿园的老师想确定学生对于写作的态度。在访谈中，他就问了一些问题，如“你们喜欢写作吗”，“你们喜欢在我的写作中心学习吗”，“为什么人们要写作”等，这些信息在教师采取干预之前，是非常有帮助的。它可以用来进行干预前后的态度对比，也可以用来指导他的干预工作。

2. 访谈的内容示例①

以下是迈克尔·罗西有关研究“数学教师管理人员”的个案，即那些在数学专门学院学习过的教师回到他们的学区起骨干带头作用并改进数学课的教学。迈克尔·罗西对这些管理人员的策略和技巧，以及他们取得的成果很感兴趣。她收集信息的方法是访问各位管理人员、管理人员的上司及那些和管理人员一起共事的教师们。以下是对曾与教师管理人员共事过的教师的访谈内容。

**案例 1**

如何访问曾与教师管理人员共事过的教师

1. 背景

① 姓名。

② 职位名称(或角色)。

③ 简要介绍你的工作、你是干什么、和谁一起工作。

④ 你教书教了多久?

⑤ 你在这个学校待了多久?

2. 我对学校的特色或氛围感兴趣

① 你能用三至四个形容词描述一下吗?

② 你能回顾一下贵校何时首次开始参与数学的教学活动的?

a. 何时?

b. 学校为何参与?

---

① (美)威廉·维尔斯马，斯蒂芬·G. 于尔斯著，袁振国等译:《教育研究方法导论》，教育科学出版社 2010 年版，第 248 页。

c. 你期盼着什么？

d. 你认为教师管理人员期盼着什么？

③ 你能简要介绍一下目前贵校数学教学的任何改变吗？

a. 教师个人参与吗？

b. 多少人参与？

c. 校长起何作用？他支持改变吗？或者是阻挠？

d. 变化的目的是什么？

e. 遵照什么程序和标准，使用什么方法？

f. 教师管理人员干些什么？

3. 描述你参与的情况

① 你和其余参与者的接触情况（特别是联络、合作、同级辅导方向的探索）。

② 你能确定参与改变的步骤或阶段吗？贵校的参与情况如何？

4. 一般来说，你认为教师管理人员主要起什么作用

① 他对贵校的教学计划的主要贡献是什么？

② 你能用几个形容词描述一下他的做事风格、他与人共事的方法吗？

③ 你认为他的特殊力量是什么？

④ 你能用一件特殊事件说明吗？

a. 他做了什么？

b. 为什么你认为这对你帮助很大？

c. 这些情况下你看到他使用了什么技巧？

⑤ 现在让我们再谈谈另一件事

a. 具体地说，他做了什么？

b. 你为什么认为此事很有帮助？

c. 这些情况下你看见他使用了些什么技巧？

⑥ 你认为他的技巧和实力自你与他相识以来有变化吗？（举例说明）

5. 我对计划的结果感兴趣

它对你、其他老师们和学生们：

a. 产生什么结果？

b. 你为何认为会产生这些结果？

c. 在你看来对这些结果的产生与你有什么关系？

6. 对此类项目的反思

a. 你认为此类项目成功的必要因素是什么？

b. 对管理人员参加数学项目的工作有何特别建议？谁可以选入该项目？

7. 你还有什么要补充吗

3. 访谈时要注意的事项

(1) 一般访谈中要注意的事项

① 多听少说。认真听受访者所说的话，确信你理解了它。

② 根据受访者所言，进一步追问。当你在一个非结构性访谈中提出一些问题时，要确保这些问题与参与者先前所说过的话有联系。就你所不理解的方面请求对方进一步澄清，请他讲故事或举例子来阐述其观点。

③ 避免问引导性问题。不要使用一些暗示正确答案的语词或语气。比如，不要说“为什么小组学习比单独学习更有趣”，而可以说“跟我谈谈小组学习吧”。

④ 使访谈聚焦，以获取特定的细节。如果访谈者离题了，要引导他回到正题上来。通过提问获得与实验有关的具体的细节。如“请描述一下你在小组合作练习期间所从事的活动”。

⑤ 不要强化受访者的反应。同意或者不同意受访者的反应都暗示着你的问题具有正确的和不正确的答案，这也许会影响到他对后续问题的回答。

（2）小组访谈中要注意的事项

小组访谈用来对一群人进行访谈，其优势在于：第一，小组访谈可以一次性对多个参与者进行访谈，可以节省时间；第二，小组访谈中，一个人的回答可能会有助于其他参与者回忆起重要的信息。因此，参与者的反应建立在其他人的反应的基础上，这能使访谈者获得更丰富的数据。

小组访谈应该注意的事项有：①不要允许一个人或一小部分人控制了整个讨论；②鼓励沉默的小组成员参与进来；③从受访小组的所有成员那里获得反馈；④ 既对小组进行调控，也询问结构性的问题，以使问题可以生成，同时也允许小组成员互动。

## 三、教育实验法

### （一）教师进行教育实验的特征

“实验”一词在现代社会被广泛运用，因此，它的含义很广泛，并为人们所熟悉，例如，我们经常谈论的实验方案或者药品实验。这些实验通过一种新的手段或程序，或加入新的成果来观察将要产生的效果。当尝试去验证什么时，我们就称其为一个实验或实验过程。在教育研究中，针对实验我们会用到一个相同的基本概念，即我们会尝试操控某种东西以决定实验效果，这种被操控的东西就被称做自变量。自变量可以有一个或多个，通过操控自变量可以决定实验效果；在实验中，这种可操控的自变量就叫实验变量。实验是一种研究情境，在此情境中至少涉及一个自变量，即实验变量，它会受到研究者的精心操控或改变。

教师的教育实验通常是准实验，即在实验中，使用原始组作为被试，而不是随机安排被试接受实验处理，因为教师的研究通常是行动研究，而在实验法中如果包含行动研究，那么从本质上来说，这个研究基本上是一个准实验研究。在准实验中，教师和管理者基本上不对被试进行随机抽样或者随机分配被试的选择，因此，行动研究的被试具有典型的“自我选择”参加研究的特征，而不是随机分配的。

### （二）教师进行教育实验的方法

教育实验的类型较多，但是教师经常涉及且有能力从事的实验，大致包括如下两类。

1. 以一个班级为单位进行的实验前后对比研究

基本程序如下：

第一步，选择某个班级为实验对象；

第二步，进行前测；

第三步，控制实验环境，实施干预措施；

第四步，一段时间后，进行后测；

第五步，比较后测与前测的差异；

第六步，归纳研究结论。

2. 以两个班级为研究对象的实验对比研究

基本程序如下：

第一步，以班级为单位，将一个班级作为实验组，另一个班级作为控制组；

第二步，对两个班级实施前测；

第三步，作为实验组的班级接受实验处理，而作为控制组的班级则不进行实验处理。

第四步，实验处理后，两组进行后测，比较两组前后测的差异；

第五步，归纳研究结论。

（三）教师进行教育实验的案例

**案例 2**

关于历史课中使用多媒体的实验研究①

问题：在历史课上使用多媒体的教学效果分析。

研究假设：在历史课上使用多媒体教学比不使用多媒体教学更能激发学生的学习兴趣，更有利于学生记忆历史事件。

确定自变量：教学手段，即是否使用多媒体。

取样并确定实验单位：随机从两个教学班中抽取相等数量的学生，以每一个学生为实验单位。

确定因变量：学生学习兴趣和对历史事件的记忆。

实验控制：

① 随机抽取两个班级中的学生组成两个组，确定一个为实验组，另一个为控制组；

② 使两组男女生比例相等；

③ 两组的教学内容相同；

④ 两组由同一个教师教学；

⑤ 老师在同一时间段教学；

---

① 鲍传友：《做研究型教师》，教育科学出版社 2009 年版，第 136 页。

⑥ 布置相同的作业量,课堂和课下练习时间相等;

⑦ 实验设计类型:等组前后测实验设计。对两个组实行前测,记录成绩;对实验组运用多媒体教学,而在控制组不使用多媒体;教学后对两组实行后测;分别比较两组实验前后的差异;从记录的数据中验证假设。

# 第四节　教学研究成果的外化

## 一、教育案例

### (一) 案例的含义与特征

"案例研讨"始于科普兰于20世纪早期在哈佛大学工商学院的案例讨论研究,后运用于法学界和医学界,在教育界尤其是教师教育中的倡导,则大致发生在20世纪70年代。如今,"案例研讨"这个名词在教师发展中已不再陌生。但对于什么是"案例",众说纷纭,莫衷一是。其实,所谓"案例",即"案"和"例"之组合。就"例"而言,它表明案例是具有一定代表性的事物,能够代表一些难以言表的情况。比如,在遇到难以解释的问题时,我们总习惯于说:"这个问题很难说清楚,我跟你举个例子吧。"可见,"例"具有典型性。就"案"而言,这个词在英文中就是指"案例",即"case"。"case"在英语世界通常也指"情况",比如,"在这种情况下(in the case)"。可见,它强调的是事物所具有的情境性。事实上,"案例"之所以在法学界、医学界等兴起,原因就在于这些领域充满了难以界定的复杂情境。在无法将事物抽象出来之时,将其连泥带土地"和盘托出"不失为一个理想的选择。因此,综合视之,"案例"具有以下三个基本特征。

1. 真实性

案例是真实发生的事件。案例虽然展示的是一个饶有趣味的故事,但案例与故事的区别就在于,后者可以杜撰,而前者必须真实。

2. 典型性

作为案例的事件需要具有一定的典型性,要能够从这个事件的解决当中说明、诠释类似事件,要能够带来这样或那样的启示、体会。

3. 情境性

案例是含有问题或疑难情境在内的事件。单纯的事件还只是案例的基本素材,要成为案例,必须包含问题情境及其解决的方法。

### (二) 案例的基本构成

一般来说,案例的结构主要由三大部分构成:案例背景、案例过程和分析反思。其中,过程是案例的主要部分。当然,在不同的案例中,这三个部分内容的表现形式及各自所占的比例是不同的。

1. 背景

案例的背景主要是反映事件是在怎样的情况下发生的，说明事件发生的起因、场合及相关条件等。背景既可以是政策性背景、有关教育教学改革的趋势、教育研究动态等宏观背景，又可以是事件发生时的具体情景等。

2. 过程

案例的过程是指记叙事件发生发展的经过及其结果，表现事件发展的主要情节和种种细节。案例所记叙的应该是一个相对完整的事件，要把事情的主要情节表达清楚。

3. 反思

反思是对案例所描述的事件所进行的分析与思考，是叙事者对事件的评论，或阐述通过这一事件所得到的感受和启示等。

(三) 案例的基本形式

1. 教学课例

当案例的主要内容为教师所进行的课堂时，就可称之为“教学课例”。课例可以是完整的，也可以是片段性的，还可以是几个相关片断的串接。但是，不管采用哪种形式，课例都是用来揭示某个基本的教学原理。因此，课例的长短和数量并不是最重要的，关键是课例自身是否具有说服力。而这种点睛之笔，往往就在于课例后的反思之中。

**案例 1**

激发兴趣，学以致用——《燕子》教学片段赏析（有删节）①

师：（出示填空）一身羽毛，一对翅膀，加上尾巴，凑成了（　　）。

生：（异口同声）燕子。

师：填“鸽子”不对吗？

（生一愣）

甲：还可填“麻雀”。

乙：填“乌鸦”。

丙：填“黄鹂”。

……

师：为什么那么多的答案都可以？

生：（讨论归纳）出示的条件是鸟类的共同特征，只要是鸟类，都可以填。

师：若填“燕子”，该怎样写才形象生动？

生：一身乌黑光亮的羽毛，一对俊俏轻快的翅膀，加上剪刀似的尾巴，凑成了活泼可爱的小燕子。（轻而易举地回答了郑振铎笔下的燕子）

（师生一起欣赏作者语言的精妙生动）

① 姚金萍：《激发兴趣，学以致用》，载《人民教育》2002 年第 5 期。

师：同学们，你们喜欢鸟吗？

生：喜欢。

师：你们能学郑振铎爷爷那样，把你喜欢的鸟的外形特点写生动吗？

生：能。

师：那就请你们动笔写一写，然后读给同学们听。请大家猜猜你写的是什么，猜对了，说明你抓住了特征，写得很精彩。

（学生练笔，然后交流）

**评析**

兴趣是最好的老师。这节课，老师就在“兴趣”上做文章。①反问激发兴趣。一句“填鸽子不行吗”，唤醒了学生的求异思维，让学生感悟了鸟类的共同特征，很好地体味了郑振铎笔下的燕子的特点，体味了作者语言的精妙，为尝试写作作了铺垫。②写自己喜欢的鸟儿，能提高学生写作的兴趣。学生对熟悉的、喜爱的事物都抱有好感，平时观察就格外仔细，积累的认识相对来说就多一点，表达的难度降低了，写作的兴趣也就提高了。③“猜一猜”的评价形式让学生兴趣盎然。猜，要体现自己的写作水平，因而小作者都竭尽全力来发挥；猜，又可体现学生的评价能力及知识积累，因而评价时“小老师”都格外专注。

2. 教育案例

严格地讲，教学课例也是教育案例的一种，只不过这种案例所记述的内容主要是上课的内容。但在教育实践中，教学之外的很多教育事件也都具有研究和学习的价值，因而也都可以归入教育案例之中。如案例 2 即为有关班会教育案例。

**案例 2**

一堂“生成”班会的启示（节选）①

一、“生成”叙事

下午第二节课是练习课，同学们都在认真地做作业。我默默地看着他们，不禁又陷入了深思：怎么样帮这个刚接手的班级走上正轨呢？才开学几天班上就有几起纷争上报，得找时机开个班会“拨乱反正”。正想着，忽然，教室中央“哗”的一声炸开了锅。原来，一个叫刘静的女同学不知怎地，突然呕吐了。一时间，教室里乱作一团，同学们纷纷掩鼻而逃，尖叫声、责备声、桌椅的挪动声不绝于耳。我隐约感觉到，一个很好的主题班会正在生成。于是，我决定站在原地不动——我想让同学们好好地体验一下这个真实的情景。教室里很快静了下来，同学们开始把眼光投向了我。几个掩着鼻子的同学下意识地把手放了下来，低下头，还不时地瞟了瞟我。刘静一个人怔怔地站在远离人群的教室中央，不知如何是好。时间一点一滴地过去，终于，有两个女同学碰了碰肘，默默地走到刘静身旁，带她到医务室去了。大部分的同学也坐了下来。“出事地点”的几位同学仍愣在旁边，显得很为难的样子。我默默地走

① 袁慎彬，张燕：《一堂“生成”班会的启示》，载《班主任》，2006 年第 3 期。

到墙角拿起了扫帚。等我倒完垃圾再次回到教室时，教室里异常安静，几个洗去了身上污秽物的同学也回到了座位上。我看看表，郑重地宣布：今天的练习课到此结束，这节课剩下的时间和课外活动开班会，大家现在每四人一组通过讨论提出一个合适的主题。这时，下课铃响了。我借机走出了教室，教室里一下子就热闹了起来——我知道他们已经开始讨论了。

等我再跨进教室时，班长和副班长已经站到了讲台上，同学们主动开始了讨论。我示意他们继续，自己则在后边坐了下来。很快主题确定下来了：新学期我们班最需要什么？大家一致认为应该是"团结、友爱"。于是，围绕着"为什么最需要"和"我们该怎么办"两个分议题展开讨论。上节课所发生的事情水到渠成地成了一个最具有说服力的典型事例。大家开始争先恐后地发言，被弄脏了衣服的同学自我检讨说："我不应该责备刘静，其实我知道她那个时候是最需要理解和帮助的。我记得去年有一次，在拥挤的公交车上，我一个受伤的手指突然流血了，血迹不小心弄在了一位阿姨的衬衫上。但她只是笑了笑还递给了我纸巾……"接着很多同学都谈到了自己在困境中的经历和心情。这时，刘静已经从医务室回来了……后来，讨论的议题进一步扩大，几个前几天起纷争的同学都纷纷自我检讨，表示要改掉以前的个人中心主义，多向他人伸出友爱之手，汇入集体的大家庭。从同学们严肃的表情、感人的言语，我可以体会到他们每个人的心灵都有所触动，每个人都在思考该怎样关爱他人……

二、启示

① 真正对学生有教育意义的班会是"生成"的。(具体阐述略)

② 班会的组织形式也要生成。(具体阐述略)

③ 教师要给学生"留白"。(具体阐述略)

④ 教师要善于捕捉、判断和编织信息。(具体阐述略)

总之，班会并不是教师行"政"(政治教育)的特区，而是师生之间、生生之间生命沟通和对话的平台。班会只有重视"生成"，才能焕发出生命的活力；只有重视"生成"，才能对人的精神生命产生深刻的影响。

### (四) 良好案例的标准

什么样的案例才是一个适宜的、好的案例？美国的一些学者通过调查，提出了下列标准[①]。

一个好的案例应该讲述一个故事。像所有好故事的标准一样，一个好的案例必须要有有趣的情节。要能把事件发生的时间、地点、人物等按一定结构展示出来，当然在这其中，对事件的叙述和评点也是必要的组成部分。

一个好的案例要把注意力集中在一个中心论题上，要突出一个主题。如果是多个主题的话，叙述就会显得杂乱无章，难以把握住事件发生的主线。

---

① 郑金洲：《教师如何做研究》，华东师范大学出版社 2005 年版，第 162～163 页。

一个好的案例可以使读者有身临其境的感觉，对案例所涉及的人产生移情的作用。

一个好的案例应包括从案例反映的对象那里引述的材料。例如，反映某个学校或某个班级的案例，可引述一些口头或书面的、正确的或非正式的材料，以增强案例的真实感。

一个好的案例需要对面临的疑难问题提出解决的方法。

一个好的案例需要对已经作出的解决问题的决策进行评价。也就是说，一个好的案例不仅要提供问题及问题解决的方法，而且也有对这种解决问题方法的评价，以便为新的决策提供参照点。

一个好的案例要有一个从开始到结束的完整情节，要包括一个引起戏剧性的冲突。

一个好的案例的叙述要具体、特殊，也就是案例不应是对事物大体如何的笼统描述，也不应是对事物的总体特征所作的抽象化的、概括化的说明。

一个好的案例要把事件置于一个时空框架之中，也就是要说明事件发生的时间、地点等。

一个好的案例要能反映教师工作的复杂性，揭示出人物的内心世界，如态度、动机、需要等。

## 二、教育叙事

### （一）教育叙事的特点

教育叙事的基本特点是研究者以叙事、讲故事的方式表达对教育的理解和解释。主要具有如下特点[①]。

1. 叙述的故事是已经过去或正在发生的教育事件

它所报告的内容是实际发生的教育事件，而不是教师的主观想象。它十分重视教师个人的处境和地位，尤其肯定教师的个人生活史和个人生活实践的重要意义。在教育叙事研究中，教师既是说故事的人，也是他们自己故事里或别人故事中的角色。

2. 叙述的故事中包含与事件密切相关的具体人物

教育叙事研究特别关注教师的亲身经历，不仅把教师自己置身于事件的场景之中，而且注重对老师个人或学生的行为作出解释和合理说明。

3. 叙述的故事具有一定的情节

叙事谈论的是特别的人和特别的冲突、问题，或使生活变得复杂的任何东西，所以叙事不是记流水账，而是记述有情节、有意义的相对完整的故事。

① 郑金洲：《教师如何做研究》，华东师范大学出版社 2005 年版，第 134～135 页。

（二）教育叙事的基本要求

1. 客观真实

教育叙事必须展示研究者真实的自我，通过其独特的、生动过程来引起他人的共鸣。只有真实的故事描述和真实的情感流露才能激发他人相应的感情。以下案例中，研究者在面对问题学生时所袒露出的内心世界，能在很大程度上引起具有共同经历的教师的共鸣，从而唤起他们与研究者一起思考解决策略的热情。

**案例 3**

案例的真实性

护送学生放学的路上，袁润又一次走出队伍，伸手将同伴推倒在马路上。我怒气冲冲地走过去，他却装出一副冤屈的样子抽泣起来。我喝道："快把嘴巴闭起来！"没有用，反而转号啕大哭，引来校长、家长、同学的注意。我不得不压住心中的怒火，可也不可能一下子变得和蔼可亲。我帮他擦泪，骑虎难下。而就在这时，袁润的妈妈赶过来。我仿佛得到了救星似的，说："袁润，你自己跟你妈妈说吧。"连忙摆脱了这个烦人的家伙，继续护送。对于袁润，我感到无能为力，通常的哄骗、威吓、利诱等，使用了几次都失败了，而他还是那副老样子，该怎么着还怎么着，全凭自己高兴，不断惹是生非。找家长，家长说：在家里更不听话，还是拜托老师多管教。天哪，我的头都大了。家长你只有一个孩子，而我要对六十六个孩子负责呢？[①]

2. 突出主题

叙事尽管不说理，但却是以事说理。而这个"事"能否说出这个"理"，关键在于事件的叙述是否围绕一个明确的主题展示。比如，在下列案例中，体现的是培养学生个性化的教学理念，所有事件材料的取舍也是从个化性学习这一主题出发的。

**案例 4**

"0"还可以是别的吗？[②]

"数一数与乘法"这一单元的第一课时"数一数"中有这样一个例题：有多少个 0？

0 0 0 0 0 0

0 0 0 0 0 0

0 0 0 0 0 0

0 0 0 0 0 0

显然，题意是要求学生能通过观察从不同的角度独立思考，用现有的知识数出有多少个 0。大多数学生都用下面的语言描述两种数法：横着看，每排有 6 个 0，有 4 排，列式 6＋6＋6＋6＝24；竖着看，每列有 4 个 0，有 6 列，列式 4＋4＋4＋4＋4＋4＝24。

---

① 柳夕浪：《教师叙事研究三题》，载《上海教育科研》，2003 年第 11 期。

② 刘翠鸿等编：《解读校本：校本教研教育叙事研究》，首都师范大学出版社 2004 年版，第 58～59 页。

正当我要用大家肯定的数法予以小结时，平时调皮捣蛋的小平站了起来："还可以这样说：桌子上摆了 4 排弹珠，每排 6 粒，列式也是 6＋6＋6＋6＝24。"

"图上画的是 0，怎么能说成弹珠呢？"

"嘿，还真像弹珠。他的想象力真棒！"

本来沉寂的教室一下子热闹起来。那些本无精打采的孩子一下子好像找到了表现自己的天地，都争着用自己想象的事物来描述这道题。

"有 6 列苹果，每列 4 个，一共有多少个？"

"老师做了 4 排红花，每排 6 朵，一共有多少朵？"

"小兔子种了四排萝卜，每排 6 个，一共有多少个？"

……

孩子为什么会把"0"想象成弹珠？可能是他心里不喜欢这个枯燥的、经常可见的"0"，而乐意将之想象成五彩的弹珠，并且希望这就是弹珠。是的，这才是生活中的数学，这才是孩子们心目中的数学。

孩子为什么认为不可以把"0"说成弹珠？为什么有的孩子会质问把"0"说成弹珠的孩子？我们在教数学的同时就应反思，不能将孩子们带入我们成人设置的种种有棱有角的框框中，使孩子们缺乏创造，缺乏想象，就如一只只坐井观天的青蛙，脱离实际，远离生活。

这样的片段提醒了我们，尊重我们的孩子，他们懂得感受、体悟真正的生活，他们懂得创造生活中的数学。

每个学生都有着不同于他人的观察、思考和解决问题的方式，也就是说学生有自己独特的个性。新课程提倡转变学生的学习方式，实际上就是尊重学生的个性和差异。一石激起千层浪，一位同学的发现使得同学们兴趣盎然，探索的喜悦溢于言表。老师应该鼓励孩子独特的见解，他们期待老师、同学的欣赏。

3. 注意细节

教育叙事是以"事"来给人以启示的，因而，撰写教育叙事必须时刻注意回到事件本身，用事件本身来说话。因为，教育叙事就是通过作者自己的"事"去激发他人的思维，为他们提供生成意义的材料，而这些材料的基本内容就是叙事的细节。因此，叙事必须注重细节，尤其是注重写出那些包含重要意义的细节(如案例 5)。

**案例 5**

一袋喉片①

当教师就是这样，就连平时以喉咙好而自居的我居然也嗓子哑了，孩子们也真算懂事，课堂上我轻轻地说话，他们也静静地倾听，轻轻地回答，就连我做一个小小的手势，他们也能很快地领会其中的含义。两天下来，我的喉咙还是哑的，无法将我激情的语音脱口而出，无法让孩子们听到我往日铿锵的声音，真有点烦！

---

① 刘翠鸿等编：《解读校本：校本教研教育叙事研究》，首都师范大学出版社 2004 年版，第 108 页。

今天的数学课堂上，总觉昔日乖巧聪明的陈金龙老两只手不知捏着什么，东张西望的，我有点生气，这个时候，小家伙居然还跟我烦上加烦！

“陈金龙，你给我站起来！”我破着嗓子，忍不住激动地喝一声，孩子们刷地转向他，他的脸顿时涨得通红。

“你，你在干吗？为什么不认真听课？老师都已经这样了，你还不听话，你在玩什么？”我不管三七二十一，劈头盖脸地将他数落一番，只见他支支吾吾：“我……我……”半天才把左手展开，“喉片！”我心里咯噔一下。

“老师，昨天我和妈妈一起去买的，给您的！”陈金龙鼓起勇气说出了心里话，“本来下课时要给您的，可在办公室里没有看到您！你讲课的内容我都听懂了。”

我感觉脸上一阵火辣。众目睽睽之下将怎样收回刚才的愤怒接受这片美好的心意呢？我接过喉片，转过身来，在黑板上写了七个字：“谢谢，老师爱你们！”接下来的课又是在热烈而有序的情境中进行的，那认真听讲的一双双明亮的眼睛是最好的祝福。

感谢孩子们在我生活中留下了这样一个小片断，平时对他们的爱心教育在我的身上得到了收获。同时，我也反思，评价一个孩子的行为不能根据老师的心情而定，要给孩子制造一个良好的教育环境，教师的言行切忌在了解学生不充分的情况下就下定论。正如德国教育家第斯多惠要求的“教师只有当你不断地致力于自我教育的时候，你才能教育别人”。

## 三、研究报告

### （一）调查报告

调查报告一般由标题和正文两部分组成。

1. 标题

标题可以有两种写法。一种是规范化的标题格式，即“发文主题”加“文种”，基本格式为“××关于××××的调查报告”、“关于××××的调查报告”、“××××调查”等。另一种是自由式标题，包括陈述式、提问式和正副题结合使用三种。

2. 正文

正文一般分前言、主体、结尾三部分。

（1）前言

有几种写法：第一种是写明调查的起因或目的、时间和地点、对象或范围、经过与方法，以及人员组成等调查本身的情况，从中引出中心问题或基本结论来；第二种是写明调查对象的历史背景、大致发展经过、现实状况、主要成绩、突出问题等基本情况，进而提出中心问题或主要观点来；第三种是开门见山，直接概括出调查的结果，如肯定做法、指出问题、提示影响、说明中心内容等。前言起到画龙点睛的作用，要精练概括，直切主题。

(2) 主体

这是调查报告最主要的部分，这部分详述调查研究的基本情况、做法、经验，以及分析调查研究所得材料中得出的各种具体认识、观点和基本结论。

(3) 结尾

结尾的写法也比较多，可以提出解决问题的方法、对策或下一步改进工作的建议，或总结全文的主要观点，进一步深化主题，或提出问题，引发人们的进一步思考，或展望前景，发出鼓舞和号召。

**案例 6**

高一新生英语学习需求分析

——来自宁波一所普通高中的调查报告(有改动)①

需求分析对我们普通高中教学有重要意义，是我们制订计划的前提条件。高中英语要求学生在义务教育阶段英语学习的基础上，进一步明确英语学习的目的，发展自主学习和合作学习的能力，进行因材施教。因此，英语老师在设计教学内容和改进教学方法之前，必须明确学生的需求。

一、理论依据(略)

二、调查设计及结果分析

本调查通过问卷或访谈的形式，对浙江宁波北仑明港中学的高一的学生进行调查，旨在了解和分析学生对英语教师、学习策略、课内学习环境等相关因素的需求情况，并检验不同的学生(男、女)的学习需求是否存在显著差异。

本次调查的对象是四个班级的高一学生，共计 198 名学生。学生刚刚进入高中学习，调查表的发放选择了新学期的第一节英语课。问卷参考程晓堂对英语学习策略的分类，包括 41 个调查项目，涉及学生对英语教学的需求、学生使用英语学习元认知策略调查和学生对课堂环境的需求等几个方面。问卷采用里克特量表确定。很同意＝1，同意＝2，基本同意＝3，不同意＝4，很不同意＝5。随机发放问卷 200 份，回收有效问卷 198 份。此外，还对部分高一学生进行了访谈。调查后采用 SPSS 11.0 对问卷的数据进行了统计分析。

1. 学生对英语教学的需求

外语老师的业务能力，如教学方法、口语能力、指导学生有效学习方法等，都是学生要求教师所具备的。另外，教师对于学生的积极情感也是大多数学生所希望的。对学生犯错时老师要不要批评学生，学生的意见比较分散。另外，对于作业量的多少，学生的态度也各不一样。

2. 学生使用英语学习元认知策略调查

对学习策略的调查使用了“高一学生英语元认知学习策略问卷调查表”，采用文秋芳的英语元认知策略调查表，并结合 Oxford，O'Malley 元认知策略的分类，参考黄

① 钟海霞：《高一新生英语学习需求分析——来自宁波一所普通高中的调查报告》，载《上海教育科研》，2010 年第 4 期。

水美学习策略调查分析表，并做了相应改动。问卷包括24个关于元认知策略描述的句子，1～6题调查的是元认知知识，7～16题为元认知体验，17～24题为元认知技能。采用里克特量表计分。每个句子后面都有5个选项：A. 完全不符合我的实际情况；B. 基本上不符合我的实际情况；C. 有点符合我的实际情况；D. 大部分符合我的实际情况；E. 完全符合我的实际情况。采用SPSS 11.0进行数据录入，采用描述统计分析高一学生使用元认知策略的现状。显示结果见表8-8。

**表8-8　元认知英语学习策略各因素平均值与标准差**

| | 人数 | 平均值(N) | 标准差(SD) | 理论中值 |
|---|---|---|---|---|
| 元认知知识 | 198 | 3.31 | 0.89 | 3 |
| 元认知体验 | 198 | 2.81 | 0.73 | 3 |
| 元认知技能 | 198 | 2.83 | 0.75 | 3 |
| 元认知总均分 | 198 | 3 | 0.79 | 3 |

依据统计分析的既定参考值，把得分高于3.5看做学生具有某方面的特点，把得分低于2.5看做学生不具备某些特点。那么此次调查表明，高一新生在元认知知识方面相对不错，而在元认知体验和元认知技能方面普遍偏低。

3. 学生对课堂环境的需求

课堂是我们教学和学生发展英语学习能力的主阵地，所以针对课堂环境也做了相应的问卷分析。设计见表8-9。

**表8-9　学生对课堂环境的需求的问卷**

| 学生对课堂环境的要求 | 很同意/(%) | 较同意/(%) | 基本同意/(%) | 不同意/(%) | 很不同意/(%) |
|---|---|---|---|---|---|
| 讨厌课堂气氛沉闷 | 67.2 | 24.3 | 8.5 | 0 | 0 |
| 同学之间合作学习 | 15.2 | 29.8 | 47.5 | 3.5 | 4 |
| 教学活动有明确任务 | 22.7 | 23.7 | 48.5 | 4 | 1.1 |
| 经常有展示自己的机会 | 21.7 | 26.3 | 33.8 | 17.1 | 1.1 |
| 喜欢参与老师安排的教学活动 | 14.6 | 22.2 | 49 | 13.1 | 1.1 |
| 有多媒体辅助教学 | 33.8 | 22.7 | 34.3 | 6.6 | 2.6 |

由表8-9可知，学生对课堂的最基本要求是教师的授课应该生动有活力，教学活动的安排既要丰富多样，又要符合他们的兴趣，使他们有足够展示的机会。表中显示80%以上的同学希望在课堂上积极参与并展示自己，但是还有部分学生在课堂上采取回避态度，可能是因为对自己的语言表达不太自信而更愿意做个倾听者。

4. 高一男女生在各个方面的学习需求差异分析(T-检验)(见表 8-10)

表 8-10　高一男女生在五个方面的学习需求差异分析表

| 需求种类 | 性别 | 均值 | 标准差 | T 值 | P 值(2-tailed) |
|---|---|---|---|---|---|
| 英语教师 | 男 | 2.104 5 | .377 23 | 1.873 | .165 |
| | 女 | 2.108 7 | .453 23 | | |
| 元认知策略 | 男 | 2.938 4 | .810 21 | 2.98 | .004 |
| | 女 | 3.110 4 | .762 03 | | |
| 课堂环境 | 男 | 2.945 3 | .621 01 | .264 | .931 |
| | 女 | 3.132 5 | .633 06 | | |

表 8-10 显示，学生在元认知策略上 P 值＝0.004<0.05，说明高一男女生在使用元认知策略上存在着明显差异，男生使用学习策略比女生要低得多。这同他们的英语考绩所显示的总体学习水平相一致，而在对英语教师和课堂环境的需求上，高一学生都没有显示显著差异。

三、结论与建议

通过这次调查，我们了解了高一新生在高中起始阶段的各方面需求。他们对我们的教学环境和教师的授课质量都充满了期待。但是很明显，虽然经过了三年初中阶段的英语学习，很多同学还不善于使用相应的学习策略来帮助提高自己的学习效率，甚至有部分同学都不具备策略意识，在学习上表现得极为被动。所以针对以上分析，作出如下几点应对建议。

① 教师应重视指导学生总结最适合自己的学习方法。

② 教师要经常走近学生，了解学生的学习需求，在高中学习初期不断激发学生的学习兴趣，培养学生自主学习的能力，同时教师自身要提高自己的教学业务水平，实现英语教师专业发展。

③ 教师要随时注意男女生在英语学习方面的差异，使学生的英语学习持续稳定进行。

（二）实验报告

实验报告是以书面形式反映教育实验过程和结果的一种方法。一份完整的实验报告一般包括以下内容。

1. 题目

研究题目要简洁，题目应明确地表达研究的内容。如“小学语文快速阅读法的实验研究”等。

2. 问题的提出与研究的假设

说明为什么研究这个课题，即课题的理论意义和实践价值；现有的科研成果和研究中存在的问题；所研究问题的性质、实验的范围；实验研究的基本假设及其主要理论依据等。

3. 实验的方法与步骤

实验的方法与步骤包括实验的设计与组织、主要概念的定义与阐述、资料的收集与处理、实验设备与条件等。

4. 实验结果

实验结果主要是表述实验取得的数据和统计分析的结果。在展示实验结果的各项统计数字之后,要对统计数字所说明的问题进行分类和分析。

5. 实验结论与讨论

其一,说明结论与研究者所提出的假设是否相关;其二,提出一些值得研究和讨论的问题。

6. 参考文献和附录

实验研究中所用的主要参考文献,特别是研究报告中引用的参考文献,都应列在研究报告之后。

**案例 7**

初中英语"活动单导学"课堂教学模式实验报告(有改动)①

一、前言

1. 问题的提出

随着课堂教学改革的不断深入,英语课堂教学也有了令人欢欣鼓舞的改革突破。"满堂灌"、"填鸭式"、"一言堂"模式开始被逐一淘汰,以学生为中心的各种教学方法如雨后春笋般层出不穷,全国各地英语水平测试情况表明教学效果有了明显提高,但不可否认英语教学与其他学校课程相比,仍然存在着费时多、学生负担大、效率较低的状况。

为了让教师和学生从沉重的课程负担中走出困境,我校初一、初二分别选出5个班级在当地教育局教研室的领导下,开展了以"活动单导学"为模式的第一轮教学实验。该模式以"活动单"为载体让学生课前预习,课中小组合作,学生之间不断竞争展示,收到比较明显的教学效果。

2. 兄弟学校类似教学实验研究综述(略)

3. 实验的基本理论依据(略)

二、实验设计

1. 实验对象

初一、初二年级各选5个班级试行采用"活动单导学"模式上课,开始是几堂课用一次"活动单",后来逐步过渡到每堂课都用"活动单"。其他班沿用传统的教学方法。

2. 实验目的

① 让学生养成良好的学习习惯,掌握一定的自学技巧和方法,化学生被动学为

① 石维东:《初中英语"活动单导学"课堂教学模式实验报告》,载《教学与管理》2011年第5期。

主动学。

② 改革传统的教为主导的课堂教学模式，把课堂真正交给学生，建立新型的课堂模式，切实解决学生课余负担的问题。

③ 检验该教学模式在初中英语教学中的实效性和可行性，为本市英语教学改革提供可靠的理论数据和实践经验。

3．实验过程

(1)“活动单”的制定与完善

在学校领导的大力支持下，每周三进行以教研为单位的备课、上课实践实验活动。每次活动有两个议程：第一个议程，对上周活动单使用情况进行研讨并由主备人上研究课，然后集体分析课堂成败得失；第二个议程，以下周上研讨课的老师为主讲，与教研组成员一起讨论教材中的重点、难点并拿出下周每一节课活动单的初步方案、提出“活动单”制作过程中个人所遇到的困难。

(2)“活动单”的班级要求

为了让学生在课堂上进行有效的小组合作讨论学习，使用“活动单”的班级必须对该班学生进行调位、分组、编号，即依据英语学习水平分别把每班分成 6～8 个小组，每组 6～8 人，让学生“餐桌式”面面而坐，尽可能让每组学生的英语水平相当，并把每组学生进行编号。这样便于教师、学生在课堂中活动，如教师在课堂上可以让每个组的任何同一个号码的学生展示课堂成果，让小组与小组之间进行评比，对成绩优秀的进行加分奖励，每课都评出“本课之星组”、“最佳活动小组”、“全员参加小组”等。

(3)“活动单”基本结构

“活动单”通常分为预习案、学习案和检测案三部分。(具体解释略)

三、实验结果综述

通过一学年的实验，实验班级的学生在学习习惯、学习能力、学习兴趣、学习水平等方面明显高于非实验班级，且课余负担明显低于非实验班级。以初一学年笔试水平测试为例，1 班至 5 班实验班级成绩优于 6 班至 10 班非实验班级，详见表 8-11、表 8-12(因涉及班级成绩不准排名，班级实际序号已做调整)。

**表 8-11　实验班级笔试水平测试成绩**

| 班级 | 1 | 2 | 3 | 4 | 5 |
|---|---|---|---|---|---|
| 人数 | 56 | 58 | 56 | 57 | 55 |
| 90 分以上 | 15 | 16 | 14 | 12 | 17 |
| 80 分以上 | 42 | 39 | 44 | 41 | 41 |
| 均分 | 88.8 | 89.1 | 88.7 | 85.2 | 89.9 |

表 8-12 非实验班级笔试水平测试成绩

| 班级 | 6 | 7 | 8 | 9 | 10 |
|---|---|---|---|---|---|
| 人数 | 57 | 59 | 58 | 56 | 55 |
| 90 分以上 | 8 | 11 | 13 | 10 | 12 |
| 80 分以上 | 35 | 34 | 33 | 32 | 39 |
| 均分 | 82.6 | 80.4 | 84.3 | 79.5 | 86.1 |

从实验的整体情况看,初中英语教学中实施“活动单导学”模式,可以大面积提高学生的英语学习水平,培养学生的自主学习能力。但实验发现,“活动单导学”模式教学对老师提出了更高的要求。

1. 精神准备活动单(具体阐述略)

2. 设计丰富多彩的活动形式(具体阐述略)

3. 适时评价,不断激励(具体阐述略)

4. 转换角色,协调关系(具体阐述略)

参考文献(略)

## 四、科研论文

教育科研论文是教育研究的一种重要的表达形式,它可以以会议论文的方式参与交流,也可以通过正式的期刊发表,参与更大范围的交流。一般而言,科研论文主要包括以下几个部分。

1. 题名

题名,即题目、标题,是“以最恰当、最简明的词语反映报告、论文中最重要的特定内容的逻辑组合”。可见,论文标题是全文的窗口,它集中了全文的精髓,是论文内容最集中、最高度的概括。一般来说,标题以 20 个以内的汉字为宜。

2. 作者名及其简况

作者名一般只写真实姓名,不用笔名。同时,还要注明作者的性别、出生年月、工作单位、邮政编码、专业职称、电子信箱等。这些内容,一方面便于读者与作者联系,另一方面也便于文献检索。

3. 内容提要

内容提要也称摘要,是“报告、论文的内容不加注释和评论的简短陈述”。摘要包括论文的研究对象、内容、方法、结论等,字数通常在 200 字左右。内容提要应置于题名与作者名之后、正文之前。

4. 引言

引言也称前言、导言等,在学位论文或篇幅较长的论文中一般称为结论、引论。引言是论文的开头语,其内容应包括:① 前人有关本课题研究的进展情况及其评价,现在的空白点与有待解决的问题;② 本课题的缘起、目的和意义;③ 本课题所要解决问题与研究任务的范围、研究方法和理论依据；④ 简要说明本课题研究所获得的结论及其价值。

5. 正文

正文又称本论，是论文的核心和主体。它起着逻辑严密地表述作者的研究成果、体现论文学术水平和价值的重要作用，因而是论文中篇幅最长、分量最重的部分。本论的内容，是对引言中提出的问题进行多角度、多方面的分析、论证和阐释。本论可依各分支论点再分为若干段落，以增加页面的清晰感，便于阅读，例如"一、××××××××"、"二、××××××××"；若篇幅较短，也可仅在各段落之前标上"一"、"二"……以示分段。

6. 结论

结论是全文研究结果的总体判断、总体评价，是本论部分分析论证的必然结果。结论的内容主要包括：阐述研究结果说明了什么问题，该问题对本学科的理论或实践而言有何意义；如果论文所论问题不宜作结论，也可以没有结论，但要提出对本课题研究的展望。一方面要阐述本文研究的不足或遗留的问题，另一方面还要提出问题，留待后人继续研究。结论在行文上要严谨、精当、简练，一般只用一个逻辑关系的自然段即可。如果内容较多，也可分成若干条，按序号列出。

7. 注释与参考文献

注释是指在撰写学术论文的过程中，对被引用文献进行标注的一种格式。在学术论文中，引用文献有两种情况：一种是直接引用，即直接引用别人的原话。在行文中，被引用部分必须用引号注明，同时，还须在引文结束处的右上方用方括号按序号标注。另一种是间接引用，即不直接引用别人的原话，但引用的是别人的观点，只是用自己的话来表述而已，这种情况，也应按序号标注。注释一般采用篇末注，即把引用文献按正文中所编序号在文后列出，其著录格式分两种：论文为作者名、题名、期刊名、出版年份、期号、页码；专著为作者名、书名、出版者、出版年份、页码。

参考文献是指被作者参阅过并对其论文写作有一定支持作用，但没有直接引用其原文或观点的文献。参考文献与注释中的引用文献的区别在于其不是直接引用，但这类文献所提供的研究现状等信息，则是该论文作者的研究起点。参考文献一般置于文后，著录格式同注释，只是可不注明页码。

# 第九章 教育管理学生的技能训练

## 内容导航

- ❖ 了解、认识学生的技能训练
- ❖ 评价学生行为的技能训练
- ❖ 指导学生行为的技能训练
- ❖ 管理、教导学生的技能训练

这里讨论教育管理学生的技能，我们取它的狭义概念，就是指教师在日常师生互动中对学生进行的针对性的思想道德教育或规范学生言行的活动。它具有零散性、及时性、就事论事性的特点。它有别于主题性的教育，有别于班主任对全班的集中教育，是针对课堂内外的具体学生的具体言行的及时性的教育管理行为，是指作为一名教师在教书的同时进行的育人行为。

新老师站上讲台之前，一定是满脑子的教学方法、教学内容等，但是，等你来到教室，却发现你面对的不是想象中安静的教室、求知若渴的眼神，而是人声鼎沸、嘈杂的，甚至混乱的教室，几十名生龙活虎、性格各异的学生穿梭其中，说不定还有一只纸飞机飞过来……在教师的教学技能得到检验之前，他管理学生的技能便先受此考验了。

教师在教学的同时对学生的教育管理行为，正是学生思想道德培养及行为养成的不可或缺的环节。反过来，教育管理学生技能的缺乏也必然导致教师对学生影响力的缺乏，从而无法从真正意义上开展良好的互动交流的教学活动。可以说，教育管理学生的技能和教学技能是教师必须同时具备、相互依赖、缺一不可的能力。很多教师或未来的教师们觉得教学技能来得直接、具体、实用，而忽视教育管理学生的技能。事实上，教育管理学生技能的缺乏恰恰是新教师从教之初的畏难情绪的最直接来源，也是教师到达教学工作完美境界的主要障碍之一。

没有教育管理学生的所谓教学是不完整的，仅仅知识的传授绝不是真正的教育，也是不可能成功的。当今所谓的“教育是服务”的口号，十分清晰地反映出对育人的忽视，把学生作为顾客，把顾客作为“上帝”，无条件地服从学生要求，反映出对知识片面的追求，而忽视了培养人的重要性。要知道，学生作为成长中的人，其世界观、人生观、价值观、道德观等都没有完全确立。教师、家长和社会的共同教育管理对确立其正确的思想道德观念是非常必需的。对学生的思想道德教育、行为规范、习惯养成不是可以从知识教育中剥离出来的。在社会培训机构中，我们可以看到脱离对学生思想道德教育和养成的单纯的知识传授有多么可怕！在培训机构，要求授课教师不要得罪学生，确保学生不流失是最高原则。对学生的教育则退居次席，甚至末席，极力迁就学生，把学生“哄到头”就是成功。还有的大学生做家教的遭遇也是如此。补课学生要求家教老师陪着自己关在房间里玩，倘若不答应就告诉父母家教老师不好。没有育人的教书必定会毁掉受教育者和教育本身。

教师是学生健康成长的指导者和引路人，教师教育管理学生能力直接影响学生思想道德水平及行为养成。教师教育管理学生所需的能力要求比起教师的学科教学能力要求更为多元，要求教师必须有足够的知识积累、灵活的为人处世策略、较强的语言能力和较高的教育智慧，才能形成自己的教书育人的实践能力。这些能力主要包括了解、认识学生的技能，评价学生行为的技能，指导学生行为的技能和管理、教导学生的技能。

## 第一节　了解、认识学生的技能训练

### 一、品味范例

某校八年级升九年级的学生被重新分配编班。其中一个班主任得知本班学生中有一名女生被原班班主任称为“一号头痛女生”，于是特意留心观察、了解这个学生的行为举止和性格特点。这天下晚自习后，这位班主任想到本班寝室去查看一下。结果，正好遇上“一号头痛女生”与室友大吵大闹，表现得非常自我，一副不可理喻的样子。这位班主任当时站在暗处观察着，并没有让那位女生看到他，后来也没有提起这件事，当做没发生一样。不久，要调换座位了。班主任对全班同学说：“同学们来自不同的班级，我这里只有同学们的姓名，去掉了同学们的分班成绩，因为我不想僵化了对同学们的看法。我希望通过同学们的表现来认识大家！”安排座位时，这位班主任把“一号头痛女生”放在第三排正中间。班主任观察到这位女生似乎很不习惯，但是，也许就是因为老师对她没有表现出任何成见，她开始改变了。她可以和老师心平气和地对话了，再也没和同学吵架了。虽然成绩一直很一般，但是，感觉那个不可理喻的“一号头痛女生”不见了。这位班主任还就此总结出“第三排效应”。

### 二、案例评析

**案例1**

一则在教师中广为传播的故事是这样的：

每当教师给一个新的班级的学生点名，遇到名字中有不认识的字，老师们就会把其他学生名字都点到了，再问，还有谁没有被点到名啊？你叫什么？于是那位同学就把自己的名字说了一遍，老师就暗自学会念这个名字了。看似巧妙，但也表明教师对学生的了解太缺乏了。

还有一则网络上流传的更离谱的故事——

一位老师分发试卷，多次喊“林蛋大”的名字，没人答应。老师很奇怪。于是问谁没有分到试卷。这时，一位同学站起来。老师问他叫什么名字。同学回答说“我叫楚中天”。原来“楚中天”三个字竖排写被老师认成了“林蛋大”。这都是不了解学生惹出的大笑话，对学生造成的伤害是显而易见的。反观中国国家足球队新任主帅卡马乔，头天请队长杜威介绍了一遍队员，第二天就能准确喊出每个队员的名字，而且中文发音也很准确，一下子就和队员们拉近了距离。其实，背地里他下了很多工夫。

当我们接受一批新的学生时，首要任务就是了解、认识他们。所谓“知己知彼”。这样教育才有针对性和实效性。上文案例中的班主任抹去分数，重新认识学生，也给所有学生一次重新塑造自我的机会。在教育“一号头痛女生”时，没有匆忙着手，更没有贸然对该女生下定论，而是从多方面充分了解学生，观察该生的行为特点，认识其行为背后的原因。试想，如果老师就事论事，势必再次引起恶性循环。这位班主任把握好师生交往的起点，公正对待该生，利用安排座位来体现老师对她没有任何成见，从而形成了良性循环。而且，没有在她大骂室友的表现最恶劣的时候出现，却仍然以一个对待“好学生”的态度来对待她、要求她、期待她，从而使她自己要求自己，自己教育自己。可见，只有了解、认识了不同学生的不同特点和具体情况，才有真正教育管理好学生的前提与可能，才能收到实效。

## 三、知识导入

教师的工作对象就是学生。一个班级就是个小社会，学生个性千差万别，而且，这些个性还在继续发展、变化之中，这些都必然决定教师工作的复杂性。因此，了解、认识学生的技能显得更加必要。它是我们教育教学工作的前提和基础。苏霍姆林斯基的《给教师的100条建议》中，第一条就是“请记住：没有也不可能有抽象的学生”。把一个个抽象的名字变成活生生的人，是我们开展教学工作的第一步。苏霍姆林斯基还说：“不了解孩子，不深刻注意发生在他们内心深处的复杂活动，我们的教育就是盲目的，因此也就是没有意义的。”

任小艾在她的学生日记中看到了学生这样描写他们在初中三年的心理状态：“初中一年级，好像一下子长大了许多，对新的学校充满了新鲜的占有欲，再也不怕小学的班主任，甚至敢趾高气扬地走到他面前像对同辈人一样对他说，怎么样了，近来你好些了吗？课上老实得像只猫，课下什么都忘了，有时爱掉眼泪，说话的声音小得像蚊子，但是对于周围的事却从来没有在乎过。初中二年级时才觉得过去的事有些荒唐，偶然间又会否掉一个曾经坚信不疑的真理。仿佛才开始凝望世界，呆呆地却觉得比过去懂得多了。初中三年级时最讨厌别人对你说，小孩子，你今年十几了？再也不习惯大人摸自己的头，却总希望握握别人的手。仿佛仍摆脱不了孩子的模样，于是总琢磨着怎么样使自己看上去更大一些。只要愿意，什么事都做得出来。从来没有过的心理，不愿意承认错误，哪怕是认识到了这个错误也要装出一副满不在乎的样子，背地里偷偷地去改”。

了解、认识学生指的是小到能迅速记住学生的姓名、性别、爱好、特长、性格特点、学习情况，大到对学生的成长背景、经历等的了解。了解、认识学生既要针对学生既往的、静态的情况，又要针对学生当前的，甚至未来的动态的发展；既要了解学生个人的情况，又要了解学生集体的情况。以了解认识学生的学习情况为例，它要求我们了解学生智力状况、学习基础、学习习惯、学习方式等多方面因素。所谓因材施教，必须是以充分了解、认识学生为基础的。

## 四、技能要点

认识、了解学生有很多途径，下面我们对一些最基本的方法进行介绍。当然，很多时候这些方法是相互支持的，不是割裂的。

1. 研究学生档案记录、既往的表现、成绩、评语等静态资料

目的是还原学生“是个什么样的人”，就像看到每一个学生这一路是怎么走来的，充分地去还原他的生活、学习情境，从而更接近真实的他。

2. 设计新同学自我介绍与他人介绍的环节，来认识、了解新同学

自我介绍既可以帮助老师、同学了解彼此，也可以帮助介绍人自己反省自己，重新认识自己。而他人介绍则体现出别人眼中的自己，所谓旁观者清，从新的角度看一个人，无论是对老师了解学生，还是对学生本人了解自己都是一个不错的办法。

3. 在活动中观察学生，了解、认识学生

通过学生在活动中的表现来发现每个同学的特点。活动就像一个舞台，同学们不知不觉地被置于老师的“聚光灯”下。同学们会自然表现出各自的特点。如有的同学很有亲和力，把气氛搞得很热烈；有的同学吃苦耐劳；有的同学很有组织能力……有的同学默不作声地干到最后一个；负责讲台卫生的女生连抹布都叠得那么整齐……在学校生活中可以充分地了解学生的态度、观点、个性、为人处世、待人接物，等等，与学生谈话、聊天、读学生作文、走进学生的 QQ 群、贴吧，等等，是最真切接触学生思想动态、走进学生世界的有效途径。

4. 进行家访，与家长交流也是了解、认识学生的一个渠道

从某种意义上来说，只有了解学生家庭，才会真正了解学生本人。但是，家访也要慎重，并不是每个学生都欢迎教师家访的。如有的家庭贫困的学生不愿意教师到自己家，有的家庭富有的学生喜欢炫富并产生一种优越感，等等。从某种意义上来讲，家长也是第一次“当家长”，教育孩子、管理孩子也是需要学习的。教师家访包括了解家长的教育观。必要时，教师作为教育专业人员还应与家长沟通、及时指导其促进学生进步。

5. 通过与学生的广泛接触，了解班级状态

学生中也会形成“小社会”，班级的热门话题、典故、逸事等都是班级文化的一部分。了解学生中存在的思潮、观念、诉求班级舆论，使教师的教育引导做到心中有数，有的放矢。学生中小团体的心理特征都有待教师去了解，从而给予正确的引导。赞科夫在《和教师的谈话》一书中指出，人性的发展，在孤独和隔绝中是不可能的，只有儿童集体的丰

富多彩、生气蓬勃的生活，才是使每一个学生的才能开花结果的条件。认为只要对学生进行个别工作就能使他得到多方面的发展，这是一种很大的误解。

### 五、实战演练

1. 向学生介绍胆汁质、多血质、黏液质和抑郁质性格的界定，请学生判断自己的性格类型。

2. 让学生谈一谈自己的偶像，喜欢他或她的什么？

3. 每一个问题生都是一系列复杂事件的产物。尝试了解一个问题生。

## 教学视线 ……

（苏）瓦·阿·苏霍姆林斯基著，杜殿坤编译，《给教师的建议》，教育科学出版社1984年6月出版。

## 反思探究 ……

一个人的内心，一个人的生活空间，就是一个世界。如何走入孩子的世界？

去年9月，董老师接了一个新的一年级，黄秋钰在这群孩子中间显得很特别。“我就发现孩子们不愿意和她玩儿，连座位也隔得很远……”这就是2011年引起关注“捉虫养小鸡，生蛋送老师”的那则报道。如果是你，该怎样去走近这个孩子呢？

“走访后才晓得，这个娃娃真的很可怜。”小秋钰出生在一个非婚家庭里，妈妈在她6个月大的时候，嫌弃家里穷，离家出走后再没有回来；而爸爸之前又因为偷了村里的耕牛，被司法机关劳教，解除劳教后经常不回家。

小秋钰的懂事，在附近的乡邻间都是出了名的。“恁个小个娃儿，插秧子比她奶奶都得行。”邻居说，从小没有妈，爸爸又不管事，4岁开始小秋钰就知道捡废品，回家堆起来存着卖钱；5岁的时候，把裤脚挽到大腿上，到水田里面去插秧苗，在水田里面不晓得摔了多少次，每次还喊她奶奶：“奶，你看我插了恁个多了。”黄家养的一头小黄牛，爷爷正在教它犁田。因为还没有拴惯鼻子，邻居们经常会看到小秋钰在坡上，扯着牛鼻子上的绳子和小黄牛对拉的情景。“经常遭拉哭，又好笑又伤心……”

# 第二节　评价学生行为的技能训练

### 一、品味范例

**案例1**

某校高一语文教师发现本班有两位同学的数理化成绩很好，语文成绩非常差，认为他们既然可以学好数理化，语文应该不至于很差，一定很有学习潜力的。于是对这两位同学额外关注，严格要求。这一天，老师发现这两位同学的语文练习又是只字未动，不禁大为生气，说："为什么又没做，像这样怎么能学好语文？"其中一个学生答道："我都学了，就是没学语文。"老师当即被噎得说不出话来，又恼又气。老师忍了忍，没跟学生计较。第二天早自习下课前，老师在班上再谈到这件事，夸张地说："我昨天一直在思考，甚至坐公汽差点过站了。我在想为什么我这么想帮助同学们学习薄弱学科，而同学们却是这样的态度？"结果，这两位同学中的一个主动安慰老师说："他确实很偏科，我比他好点儿。"同学们都笑了，有同学七嘴八舌地介绍他俩的情况。另外那位同学不好意思地低下头说："我只喜欢理科，学不好语文和英语。"后来，这两位学生虽说语文成绩没有变得特别优秀，但是却跟老师成了好朋友。

## 二、案例评析

站在教师的角度评价学生行为，不能就事论事。评价他的言行应该想想"为什么会这样"、"怎样才更好"，而不能以某一言行就认定学生好坏。卢梭《爱弥儿》一书中写道：要尊重儿童，不要急于对他作出或好或坏的评判。苏霍姆林斯基认为，只有那些始终不忘自己也曾经是个孩子的人，才能成为真正的教师。客观看待孩子成长的过程是正确评价学生行为的前提。马克思曾指出：人不是一件东西，他是置身于不断发展过程中的生命体。在生命的每一时刻，他都正在成为，却又永远尚未完成他能够成为的那个人。处于青少年阶段的学生，缺乏成熟的思想和负责任的言行，更需要教师加以引导，促使其健康成长和发展。

上述案例中，教师的好心和负责任的态度竟然被学生"以怨报德"，完全是不懂事、不明事理的愣头青行为。这种情形是教师们经常遇到的情形之一。很多教师会气愤地说"再也不管你了。不知好歹！"作为教师，如何评价案例中学生的表现呢？学生其实是说了大实话，只是言语极不中听，这与其个性和个人家庭教育环境不无关系，同时也与学生不成熟、"不会说话"有关。另外，学生简单地把老师的批评当做对立面，加以对抗，根本没有考虑什么是不是为他好，才会"出言不逊"。如果此时老师跟学生针锋相对，理论出个青红皂白来，未必能解决问题，反而可能把学生真正逼到对立面。教师的境界必须高于学生，才能更客观、科学地看待学生的言行。案例中的老师没有跟学生一般见识，第二天心平气和、开诚布公地跟学生讨论这件事情，学生此时已经"还原"到一个明事理的状态了。

学生的外在表现是"标"，学生的思想、心理状态是"本"。教师在看待"标"的时候更应该琢磨"本"。教师是成年人，是具有教育学、心理学专业知识的人，因此，必须对学生的成长过程及其表现有理性的认识和评价，并给予相应的指导。正如苏霍姆林斯基所要求的，"要记住，你不仅是教课的教师，也是学生的教育者、生活的导师和道德的引路人"。

作家叶倾城回忆她 14 岁那年，由于冻得受不了，她和另一个女伴离开学校欢迎某国领导人的队伍，一起逃回了学校。班主任发现后，以为她们是忘记了参加活动，就说你们该不会忘记自己的名字吧，于是罚她们把自己的名字大声喊 100 遍，每一遍喊声都引起同学们的哄笑。结果,她的那个女伴当晚自杀了。台湾作家三毛曾经写到她念书时数学不太好。但是,她发现老师考试的题目往往都是课本上的。于是有一次考试前,她就认真准备,结果考得很好。但是数学老师不相信她,另外用题目来考她,结果她做得很糟,老师就狠狠地挖苦讽刺了她一顿。第二天,她很不情愿地往学校走去,越到学校门前,她越恐惧,终于一头晕倒在地。

正如叶倾城所感叹的:年少的我们,仿佛新出窑的瓷器,晶莹无痕,却无比脆弱,稍一碰撞,就在顷刻间粉身碎骨,再也不能修复了。教师对学生行为的评价对学生的意义重大,有时超出了我们自己的想象,因此需要教师用心来注意。

## 三、知识导入

行为是思想的外在表现形式,行为反映人的思想。在学生的身体、心理、思想成长过程中,会有各种外在的表现。教师的正确的引导和激励有助于学生人格的形成和健康的成长。

学生在不同的成长过程中的年龄特征决定了他们不同的心理特征、情绪特点和行为方式。学生行为只是一个“片段”,要了解其前因后果,才能有客观的评价。不要把成长中的学生的行为当做绝对的、静态的、终极的行为。学生行为评价既有对学生的阶段总体评价,又有对学生具体行为表现的评价。这些表现能否得到及时的评价和反馈,决定了学生接下来的行为养成。这需要教师对其行为有正确的认识和评价。苏霍姆林斯基说过,“每一个决心献身教育的人,应当容忍儿童的弱点”。“奉劝年轻的教师和少先队辅导员:不要急于处罚学生,要好好想一想,是什么促使他犯这种或那种过失的。要是设身处地为孩子们想一想,那么就可相信他们会通过自身的努力来改正错误的”。

学生行为评价既有对学生的阶段总体评价,又有对学生具体行为表现的评价。这些表现能否得到及时、正确的评价和反馈,决定了学生接下来的行为养成。例如,如何评价儿童撒谎。我们不能根据这个行为定义学生是个“坏”学生。我们要正确地认识这个行为的发生,才能正确地评价和引导这个行为。美国教育学家霍尔在《论儿童的撒谎现象》一书中,就表示不赞成用成人观念和道德偏见看待儿童行为。他在讨论儿童的诚实问题时指出,不应简单地把撒谎视为一种错误,而应把它看做一种复杂的行为方式,其含义随儿童发育阶段的不同而有所差异。霍尔认为撒谎是儿童“创造神话”的能力,儿童寻求“摆脱那种必须每时每地、不折不扣地保持诚实的令人讨厌的责任感”。

因此,教师了解学生成长规律,掌握心理学相关知识,才能给予正确评价和有效指导。学生行为评价就可以成为一种教育手段。

## 四、技能要点

1. 对学生“毛病”的行为评价

学生会有这样或那样的毛病,这是学生成长过程中的普遍问题,不能因此就把学生“看扁”了，也不能因为一时一事就给学生下定论。没有谁天生就符合社会的要求和众人的期望。教师的教导是不可或缺的，尤其对偏离了正常轨道的学生。

评价有“毛病”的学生的行为：第一，不要一棒子打死，而是要加倍耐心，用更细致有效的方法来引导、转化他；第二，他们的行为出现了偏差，需要加以矫正和指导，就如一棵小树在种植之初不能直立，需要绑在树桩上一样，等树长大了，能独自抵抗风雨了，就不必束缚它了。这是一个发现问题和解决问题的教育过程。

针对学生身心发展需要，从成长中的人的角度对待他们。对有“毛病”的学生的行为评价，一定要站在“以生为本”的立场上加以教化，不可以唯成绩论，把什么都和成绩挂钩，以分数区分学生的优劣。同样一个行为，如做鬼脸，如果是来自一个有“毛病”的学生，教师可能认为真可恶；而如果发生在一位优秀生身上，教师可能认为真可爱。教师看待学生的行为，其结果是如此天壤之别。获得诺贝尔奖的莫言曾经在文章中回忆道，他读书时年龄小，自理能力差，一直穿着开裆裤，有一次由于裤带松了，在全校大会上背课文时裤子掉下来，被教师凶过，还被教师告到家长那里去了。但是后来，他的作文写得好，经常作为范文评讲。于是开裆裤和掉裤子在教师那里都变成可爱的问题了。可见，以辨证的眼光、发展的眼光全面看待学生的行为是多么重要，对于学生而言是多么难得！

2. 对学习优秀学生的行为评价

以前对于考试制度的批评是“以牺牲大多数学生为代价来换取少数学生的成功”。现在社会及行政主管部门特别强调教育公平，不能忽视、歧视差生。其实，在关注后进生的同时，优秀生也应该被关注。他们在学业上可能“吃不饱”，有待超常发展。经常表现为不认真听老师讲课，喜欢提刁钻古怪的问题等。这时，教师对于这类学生的行为要正确评价和正确对待，并促进其超常发展。

对于学习优良的学生，老师往往有所偏爱，毕竟学习是学生在学校中的主要任务。但是，不能以学习好而“一俊遮百丑”。在评价这类学生行为时，也要“德、智、体”全面要求，不随意降低标准。有的优秀学生会觉得老师对自己的“优待”是理所当然的，造成教师迁就优秀学生的不公平状态，对学生本人也是没有益处的。在学习优秀的同时更加注重个性品质、为人处世、日常交际等学习以外的能力训练。教师应该认识到，学生成绩优秀只是众多指标中的一项。离开成绩这项评价指标，有的所谓优秀生也许什么都不是了。很多考取大学的学生表现出生活不能自理，有的心理问题严重，有的没有起码的道德观……曾经有一位如愿考取名牌大学、成为学校骄傲的学生，对高中老师谈起大学的感受时说：“看着人家打篮球、唱歌、跳舞，我觉得自己像个傻瓜一样，除了学习，什么也不会。”

诚然，成绩优秀的学生往往有比较优秀的个性品质，因为取得优秀成绩所需的某些品质也是个体的优秀品质，例如，认真、有毅力、不畏困难、思维能力强等。教师要充分挖掘、培养学生身上这些优秀品质，使其成为优秀人才。

3. 对学习困难学生的行为评价

在当前以学习成绩为主要评价指标的学校里，学习困难的学生往往容易造成自卑、压抑和严重的挫折感。一旦学生因为成绩差而厌学，他们就很容易转化成不良习惯型、心理障碍型，甚至品德型问题生。他们在学业上困难、失败和无望，就会将青少年期的旺盛精力往别的方面转移。有的学生染头发、戴耳环等，以引起他人的关注。

对于这类学生的行为评价必须格外小心。要牢固树立多元智力理论，每个学生都有“闪光点”，评价学生应该肯定学生的不同特质，挖掘其特长，并使其发扬光大。曾经有个报导，中国一个代表团访问美国一所学校，代表团带来了几件精美工艺品，准备作为礼物赠送给该校几名最优秀的学生。结果，令代表团尴尬的是，校长说：“我的每一个学生都优秀，有的剪纸最棒，有的手工最好，有的唱歌拿手……”由此可见，教师要让学生展示出不同才华，使不同特长的学生都能得到肯定，获得尊重。

对于学习困难的学生，我们还要摒弃绝对平均的概念，不可能每个学生学得一样好。所谓“没有不会学的学生，只有不会教的老师”，是一种极端的、口号式的提法，仿佛只要老师教好了，学生都能学得一样好，这绝对是建立在否定学生差异的错误基础上的。正如北京师范大学肖川博士所说，给灌木再多的阳光雨露，他也不能长成参天大树。何况灌木本就有灌木的作用，何必非要他成为乔木呢？同样，不同的学生可以做到最好的自己。对于学习困难的学生，要肯定他的进步，“小步子，不停步”就是最好的。例如，有一位老师表扬一位学习困难的学生时，说该同学为了完成作业查了多达76个单词。老师竟然一个一个数过了他查的单词，表扬得具体、真诚，学生得到极大的肯定和激励。

还有的学习困难生，只是因为种种原因被落下的，学习能力是有的，这也需要教师特别的关注和有针对性的辅导，及时督促，再次给这些学生一个起点，达到和发挥自己正常的水平。

4. 善于利用同龄人之间相互的行为的评价

教师对学生的行为评价固然不可或缺，然而，教师还要学会利用学生集体这一重要资源。让学生的伙伴、同龄人之间进行相互的评价，起到的独特作用是不可取代的。学生之间的接触更加密切，所以相互评价会更加真实和生动。另外，以学生看学生的视角往往可以呈现很多新的东西来，而且学生之间的行为评价更能为彼此所接受。在这个过程中，教师把握学生相互评价的导向和方式是非常重要的。要使评价落到“是个什么样的人”上面，落到相互之间的美好的一面、闪光的一面上，进行“正加强”，落到具体的行为、事情上面，使之具体而有说服力，落到学生相互教育与激励的目标上。例如，有老师把每学期的师评语中设计一栏“我这一年”的学生自评，有教师设计了“同学眼中的你”的评语。

## 五、实战演练

组织学生之间相互评价。

1. 确定导向

只允许以两种方式进行评价，即夸张的赞扬式和幽默的评论式。向学生讲解清楚，评论的形式要有文字技巧，精练而巧妙；内容只允许夸张地赞扬某个同学，或者幽默地评论某个同学。

2. 操作过程

首先，给每个同学发一张白纸，学生在最上端写下自己的名字。然后，学生可以把自己想要评论的人的那张纸要过来写，也可以主动把自己的那张纸送到想要评论自己的人手中。最后老师汇总。

## 教学视线

### 八年级学生互评(节选)

赵同学：

表面严肃，可是一下课却比谁都疯狂。——邬晓惠

你是我见过在黑暗中最会隐身的人。——曹振宇

啊！你的笑容像春风，你的哭泣像春雨，你的歌声像春鸟，但是——啊！你的尖叫就像春天马路上拥挤的车辆急刹车的声音！——栾海培

心比碳还黑，比金刚石还硬。——吴周亮

唱歌好听，文采四溢，学习努力，后生可畏。——吕博阅

刘同学：

你是我见过最文静的女孩子，在这个女生也疯狂的年代。——冯鑫

你是我们班悲观"水"最多的女孩子。——常博暄

笑起来比谁都响，哭起来比谁都爽。——吴亚妮

变化无常，可以当天气预报员。——林建槐

精神错乱之典型症状。—张天宇

张同学：

此同学乃吾班首席扩音器。——张天宇

声音极具穿透力，让大家见识了21世纪的"最具扩音效果"，希望继续努力。

——栾海培

璀璨夺目，熠熠生辉。——徐挺

Jolin的嘴唇，王心凌的眼神，张韶涵的歌喉，Rainie的鼻子，布兰妮的身材，刚烈中又带有慈母的眼神……动心ing——张欣欣

下次要发表你的演说前，请预知我，我要带好我买的最先进的耳塞！——戚璇

音域非常辽阔，具有当女高音的潜质。Congratulations！还有符合她气度的"watermelon haircut"，最重要是——大方、气量大。——张茜茜

### 高三年级学生互评(节选)

吴同学：

这个同志啊，有钢一般的毅力，铁一般的意志，有组织性，有纪律性。就是有一点……以后看到我要打招呼啊！——杜

很单纯，神经很大条，希望以后多点心眼，想想以后出了大学，我可不想看到你还顶到一双熊猫眼的。女生要学会打扮自己哦！——刘聪颖

太认真了！你不成功我们更没戏。好想看你披长发、穿裙子的样子！同学聚会你穿裙子我才来哦！——占文秀

你如同顽石般让人难以理解，却犹如秋叶般单纯。矛与盾成就了你！——宋时间

之前以为你是书呆子，没想到还会笑，还会开玩笑。真是全能型人才啊！——操琴

一看你就是读书的料。作为女生到了该打扮的年龄了，哈哈！——陈佳伟

你的笔再“咚咚”地响，小心别人把你灭了。不会忘记你那婴儿肥的脸！

——朱思文

狒狒，你那拼命三郎的精神令人折服。一天可以坐在教室里不出去，不愧“神农架野人”！——巴烈军

狒狒呀！作为多年的同学，你那矫健如飞的身影会永远定格在我的心中。你是我敬佩的女孩，一个聪明，智慧，有毅力的女孩！——邱利峰

你思考的姿态，是世界上最美的雕塑！——高原

你很适合读书，感觉你好像很享受钻到书堆里面去。以后当科学家啊！——刘海珍

狒狒，你永远都是那么匆忙，那么“野”，我要是有你的一半就好了！——胡硕

狒，虽然有时会将“谢谢你”和“对不起”混淆，但那永不放弃的态度让人铭记！

——杨帆

在异国也不要忘了我，我要吃汉堡！——王雁

名字跟现实正好相反，看来不能以貌取人，也不能以名取人呀！——梅玫

你就是智慧女神的化身?!——曹红

我爸说你的精神值得我们学习！——陶臻琪

你学习达到这般境界，估计古代的文人墨客也只能是浮云了。——管杰

你的脑电流的速度是不是达到了光速？——小明

智慧姐姐，以后的路还长，做好你自己！——程超

你的成绩我表示望尘莫及。祝愿你大学生活更精彩，你也可以漂亮起来！

——靖怡婷

你的成绩我想都不敢想。你对人诚恳，热心，衷心祝愿你越来越好。以后见到我要打招呼，听到没有！——吴优

你那完全沉浸在学习中的态度，是我们学习的至高无上的榜样！——袁火林

## 反思探究

陶行知先生曾说过：“你的冷眼下有瓦特、你的教鞭下有牛顿、你的讽刺中有爱迪生。”教师只有在宽容、尊重、赏识、接纳、平等的基础上，唤醒、激发起学生的自主性、致力于培养学生的主体能力和主体人格，学生才能抛弃胆怯和害羞，而自信、自

尊、自强地健康成长。尤其是在孩子犯了错误后，要关注他的心灵，不要将较多的力气花在事后的指责上，要多进行反思式教育，要知道我们达到鞭挞责任人方是真正的目的。谈谈你的感想！

## 第三节　指导学生行为的技能训练

### 一、品味范例

**案例 1**

一位家长向老师控诉她的正在读八年级的叛逆女儿。周日晚，女儿正在房间做作业，这位妈妈打开房门想催一下做事一向很慢的女儿，说："抓紧点，把作业做完，明天就要上学了！"本来正在做作业的女儿因此竟然把练习本一把撕掉，把桌子上的书本扔得满房间都是。这种极端的、典型的叛逆行为让家长束手无策。于是，在一次班会课上，老师安排一名同学朗读了一篇文章《儿子你终于叫妈妈了》。文章讲述的是一位私生子极其痛恨他的妈妈，从不叫他的母亲"妈妈"。相反，他所做的一切的唯一目的就是伤害他的妈妈。直至最后离家出走，在几经伤害之后，明白了一个道理："当一个人知道他无法对抗外界的伤害的时候，他会转而去伤害他最亲的人，因为他知道只有他最亲的人才会接受他的一切，包括伤害"。然后，以"如何与父母、老师打交道"为主题让大家展开讨论。让同学们回忆与父母之间发生的故事，有冲突，有欢笑，更多的是反思。然后让同学们写一篇关于父母的日记。在日记里，同学们第一次用不同的目光来审视与父母的关系。

### 二、案例评析

青少年时期是一个人成长中可塑性最大、最富有青春活力、感情最真诚的阶段，正如霍尔所说，青少年"等待着播种、发芽、从苗圃移入大田……这段既非儿童也非成人的发育需要(比儿童)更长的时间……把这段时期说成仅仅是童年的延续，或是从大学的年龄单纯减去几年，正是导致了许多大弊病的根本性错误，我们如今仍在身受其害"。

人的成长是一个很复杂的过程，指导学生怎么做、如何发展，不是靠简单的说教、指令就可以做到的。教育引导学生的行为是一门学问，也是一门艺术。

学生是成长中的人，完善中的人，是受教育者，所以，他们的行为往往不都是合适的、正确的，这就需要老师的教育引导。上文案例中的女生是个比较极端的例子，可能由于平时娇生惯养，加上成长中的心理原因，变得十分自我、极端。本来在做作业的，当妈妈催促之后反而不做了，还大发脾气。可能嫌妈妈啰唆，表现得十分过分。这个年龄段的孩子开始不与父母交流了，开始有较强的自我意识了，但是并不能完全对自己的行为负责。为了引导学生回归理性，促进心理成熟，老师及时开展了主题为"如何与父母相处"的主题班会，特地用了一篇很有可比性的故事来教育大家，使学生能反观自己的行为，从而调整自己的言行。老师间接而巧妙地斧正了这位女同学的行为。任何呵斥、说教可能都难以代替学生自己的觉悟。正如美国作家弗格森所说：每个人内心都有一扇只能从里面打开的门。行为指导的技能就是让学生自己打开这扇门的艺术。

## 三、知识导入

学生的不成熟决定了学生的行为会出现这样或那样的偏差，每逢学生举止不当的时候，如果我们仅仅停留在批评上，是远远不够的，还要做针对性的教育引导，促进学生身心健康的成长，这正是为师者的重大责任所在。育人绝不仅仅是关爱，更不是迁就。教育培养责任心、理想、品德，包括吃苦都是学生成长需要的，也是为师者最具有智慧的工作。中小学学生心理发育尚不成熟，加上有的同学又很自我，不懂事，喜欢恶作剧，表现顽劣，就更需要老师的行为矫正和指导了。同时，还有大量的学生由于成长带来的种种困惑，开始疏远家长，不服家长管教，甚至“对着来”，面对压力、困难表现出无助，等等。特别是当前城市人口流动量大，造成农民工子女在城市就学的心理问题。由于他们缺乏良好的家庭教育，对中小学学生的行为指导更加迫切。

## 四、技能要点

1. 不同性格特点学生的行为指导

指导不同性格的学生，要考虑不同性格类型的特点。有的学生，你调侃他几句，他哈哈一乐，没事；有的学生，你开他玩笑，他觉得是莫大侮辱，面子下不来；有的同学犯了错误，你只要一点他名字，他意识到后，马上举手敬礼，连说“Sorry”，让老师一肚子气都消了；有的学生错了后死不认错，一个谎话接一个谎话，脸不红心不跳的……所以，对不同个性的学生，教师要“对症下药”，做到有的放矢。

> 有一位高二年级学生，父母离婚，自己变得玩世不恭，纪律散漫，无心学习。但是，这名同学很有聪明劲儿，于是，老师们都想极力挽救他。可是，班主任及多位老师找他谈话都不见成效。老师们帮他分析他的情况，指出他这样发展下去的危险，甚至老师表示帮他补落下的课，他都不领情，无动于衷。后来，有一位老师被他的这种学习上的不作为激怒，课后把他留下来一顿狠批，说：“你父母离婚，就是你沉沦的理由吗？恰恰因为你父母离婚，所以，你没有权利沉沦！你必须选择勇敢，选择担当，选择坚强。”这番狠批恰似平地惊雷，这位同学开始觉悟，后来几经波折完全改变，学习回到正轨。后来有一次考试得了600多分，他对这位老师说，老师的那番话在他耳边一刻也没有消失过，直到现在。

这类学生，需要一个力量来推动他前进，他们心中最柔软的部分需要被唤醒。

有的学生适合循循善诱，有的学生适合呵护备至，有的学生适合戴高帽子，有的学生喜欢幽默。只有用不同的方式指导不同性格的学生，才能切实收到实效。

2. 不同学习层次学生的行为指导

不同学习层次的学生面临不同的学习问题，如何帮助他们掌握方法、克服困难、学会学习，对教师的专业能力提出了要求。在学习上，学生内部往往分为三类：学习优秀学生、学习中等学生和学习困难学生。首先，要以广大中等学生为教学参照，关注学习优秀和学习困难的学生。学习优秀学生需要一些超前指导，指导他们的发展、努力方向，并予以指点、帮助。这类学生基础扎实，学习兴趣浓厚，天资聪颖，可以让其适当超前发展。老师引导得当，学生有时会在学生时代产生对某些学科的强烈兴趣，甚至影响一生。学习落后的学生，往往特别需要老师的帮助，由于日积月累的差距，这些学生学习起来特别吃力，再加上这些学生一般还有这样或那样造成学习落后的"毛病"，所以会需要教师投入大量的精力和时间。对于这类学生切实帮助其进入学习轨道，弥补基础不足和养成良好学习习惯是最为重要的。指导学习困难学生的学习行为时，只有帮助落后学生真正学会，切实体验到学习的成功，才能真正激发其学习热情。只有教师对每一个学生不抛弃、不放弃，学生才能从教师的信任中找回自信。

不同层次的学生组成不同的学习小组，也是一个相互帮助支持、共同进步的好办法。学习小组既可以采用同质小组，也可以采用异质小组。好的学习氛围和集体是相互促进的最有效的手段。在学习优秀的学生中经常存在个别桀骜不驯的天才学生，他们非常聪明，学业优秀，但是，对教师并不言听计从，甚至常常唱反调，在学生中散布"不负责任"的言论。教师这时会觉得很反感：我这么照顾你，你不领情，还带头作对！其实，这种"天才学生"的行为反映出的是教师没有让他折服。这类学生通常比其他学生懂得多，所以对教师的要求也高。如果教师没有足够的学识和人格魅力，以及教育智慧，是很难"征服"他们的。反过来，只有教师真正高明，才能征服他们。这类学生对教师是个大考验。例如：有的学生会拿着很难的数学题去"问"教师，如果你答不出来，他就觉得成功了；有的学生会故意打破沙锅问到底。这时如果教师功底深厚，见招拆招，就会令他们化"挑衅"为欣赏。

不同学习层次的学生，都要挖掘其学习以外的优点和特长，这是指导学生的一大策略。避免以学习成绩认定学生好坏的心理暗示。以学习成绩好坏来判定人格优劣是产生"问题生"的最直接来源。

3. 学生不同成长阶段的行为指导

学生处于不同成长阶段的时候，教师要采取相应的指导，以适应其年龄的生理和心理特点及成长阶段特点。小学阶段是儿童学习兴趣、好奇心、求知欲最为天才般的表达时期，呵护、善待、理解儿童是教师的本分。在初中阶段学生开始认识自我，认识社会和世界，要注重世界观和人格养成的教育，为使之成为合格的社会公民打下基础。高中阶段是学生独立人格、自我意识形成的关键期，引导其理性思考，自我反思，自我约束，敢于担当，使之成为有作为的人。

4.“问题生”的行为指导

对“问题生”的行为指导是个世界性的课题。社会越是发展,孩子们越是变得有个性。例如在英国,校长和教师们就为管教“不听话”的学生伤透了脑筋。英国《每日邮报》2008年11月曾报道过,英国一所中学校长卡罗琳·海恩斯对调皮的学生实施“零容忍”政策:欺凌弱小、偷盗、骂老师同学要被停课;带毒品或武器上学,一经发现,立即开除。严政下,海恩斯一年内勒令四分之一共478名调皮学生停课。可喜的是,学生成绩一路飙升,考试通过率上涨。这所差校一跃成为良好学校。曾经有见惯了“不听话”的学生的深圳教师,来到对口扶贫的贵州独山县的饶梭中学,见到操场上整齐地站满了穿着朴素的学生,规规矩矩、鸦雀无声时,有的女教师竟然热泪盈眶,说很久没有看到这么“乖”的学生了。有这么一则故事,夸张地反映了当今学校课堂乱象——

> 下课铃响了,老师对同学们说:“吵着要放学的同学不要慌,我不会拖堂的;请吃方便面的同学注意卫生;后排打扑克的同学小声点,以免影响前排睡觉的同学;靠窗看风景的同学,喊一下操场打篮球的同学,我要布置作业;顺路的同学记得转告一下在网吧的同学。”老师做到这个份上不容易啊!

“问题生”的教育要注意从以下几个方面着手。

(1)加强学生的世界观、人生观和价值观教育

无论学生其他方面表现如何,一定要通过教育引导使其形成正确的是非观和健全人格。做到这一点,学生就会明事理。有些比较“横”的学生表现出不明事理,不知好歹,甚至不分是非,往往是在和他们的老师的“战斗中”成长起来的。

(2)有针对性地帮助、指导学生获得学习的乐趣与成功

教师教育转化“问题生”的根本目的是要帮助学生跟上学习进度和要求。因此,教师要遵循因材施教的原则,改变评价方式,帮助学生学习,提高学习需要、动机和行为。

(3)合理的惩罚

苏联教育家马卡连柯说过:合理的惩罚制度,不仅是合法的,而且是必要的。有助于形成学生的坚强品格,培养学生的责任感,锻炼学生的意志人格,培养抵制诱惑、战胜诱惑的能力。教师有时候展现必要的严厉,尤其是当老师面对学生的懒惰、谎言、伪善和残忍时,就应当毫不犹豫地行使教育管理权。歌德批评说:暧昧而散漫的教育,造就了一大堆不可靠的人。比尔·盖茨也曾告诫年轻人:如果你认为教师严厉,等你有了老板以后,你再这样想。学校也许不再区分优等生、劣等生,但生活仍在作类似的区分。当然,教师惩罚学生,必须掌握教育的艺术,使教师的批评教育源于对学生的爱和责任。

5.中学生恋爱的行为指导

马卡连柯曾经说过“恋爱是不可禁止的”。北京教科院德育研究中心主任闵乐夫说:“说‘早恋’就有批评倾向,有道德价值判断,不科学。正确的提法应该是‘中学

生恋爱'。""中学生恋爱"令老师、家长头痛不已，不知所措。不管又不行，管又不知怎么管。

老师、家长们对于学生恋爱通常有几种说辞：一种是"小看式"，总认为学生还"小"，说现在你还是学生，应该以读书为重；一种是"恐吓式"，说这是违反校规的，会被处罚甚至开除的；还有一种是"釜底抽薪式"，说"你喜欢的那个人"有很多缺点，不值得你喜欢。但是，以上这些说法都是表面化的，没有触及问题的实质，尤其是大人们一厢情愿的想法，没有站在当事人角度考虑问题，因此是不能解决问题的。试想，这样跟学生讲了以后，学生心中那份感情就会戛然而止吗？显然不会。

对中学生恋爱的行为指导，要注意两个特点。一是学生成长过程中第一次遇到恋爱，学生会感到欣喜、愉悦、害怕、不安、甜蜜、期盼，等等。其实恋爱对于一个人来说，也是一门"课程"，需要学习、指导和管理。二是学生处于不成熟阶段。学生恋爱只是一种异性相吸，一种喜欢，一种爱和被爱的甜蜜感觉。所以适当指导是非常必要的。既要小心翼翼地呵护异性之间这种美好的感情，千万不要把它简单地痛斥为"毒草"或"洪水猛兽"，把自己变成了法海和尚，同时，又要有效引导学生。

另外，具体问题具体分析。通常学生因恋爱而成为"问题生"的有三种情况。第一种是学生学习松懈，为填塞心灵空虚而恋爱。第二种是得不到情感支持或寄托导致恋爱。第三种是自然而然产生的少男少女的恋爱。只要指导得当，就相对容易疏导。解决学生恋爱问题的最有效的方法是：教师创造舆论氛围，使恋爱的话题和学生的恋爱事件能够处于班级的阳光舆论之中，恋爱成为可以被讨论、指导和管理的事情。相反，如果把学生恋爱当做伤风败俗，或者见不得光的事情，学生势必把自己保护起来，感情进入"地下"，处处躲避教师和家长，这样容易导致失控。更严重的是，学生是第一次遇到情感问题，为了躲避老师和家长的批评指责，就不得不独自面对感情问题和成人世界的压力。对于一个孩子来说，那将是难以承受之重啊！

## 五、实战演练

在成人与孩子之间，原来有一种隔阂叫"代沟"，现在，又多了一种，叫"网沟"(因网络而导致的另一种虚拟与现实之间的隔阂)。网络时代，孩子们越来越淡漠现实中的情感，而变得"一网情深"了。有欢喜，他们在网上与人分享；有怨气，他们通过网络发泄……这不，就有班主任被学生在网络上攻击了，气急败坏，倍感伤心，却不知如何是好。面对虚拟的网络世界，教师、家长感到为难。海量空间，遥不可及，如何教育没有分辨力和网络规矩的孩子呢？

这是中国教育报最近因为学生在贴吧骂老师展开的一个讨论，请想想对学生的上述行为如何进行有效指导？

## 教学视线 ……

1. 叛逆小孩的极端典型。阅读《儿子，你终于叫妈妈了》

2. 如何看待教师对学生学业要求的严厉？阅读《那可怕的期末作文》(查百度)

## 反思探究 ……

一位教育家说："若是你不能使一个五岁孩子把玩具从地上捡起来，你就不可能在孩子步入青春期这个一生反抗最激烈的时期施行任何程度的有效控制。"

"在一切动物中，男孩子是最难管理的，因为他们的理智的源泉还没有加以规范，他们是一切动物中最狡黠、最敏锐、最不驯服的，所以必须用很多缰绳把他们勒住。当他们离开父母时，由于他们的幼稚和无知，必须置于教师的控制之下。"

——[古希腊]柏拉图

谈谈你的关于指导学生行为的切身体会。

# 第四节　管理、教导学生的技能训练

## 一、品味范例

**案例 1**

上课铃响，高一某班教师开始上课了。一名经常迟到的学生又迟到了，并且在老师和同学们的众目睽睽之下"长驱直入"，径直往自己的座位走去。见此情形，同学们把目光转向老师。只见老师非常生气，停下来，厉声道："出去！打报告进来。"语气不容置疑。那位迟到的同学回到门口，很不情愿，也很不服气地喊了声"报告"。一时气氛紧张。谁知老师突然以无限温柔的语气回答道"请进！"甚至还做了个"请"的手势。由于反差之大，同学们哈哈大笑。老师趁机对同学们说："大家看，相互尊重，生活多么美好！"接着老师说，并不是老师需要同学们一句"老师好"、一句"报告"就好了，而是当同学们能做到这些时，就说明同学们就是一个具有良好品格的人。老师接着绘声绘色地模仿道："别人就会说，哎呀！这个孩子真可爱。"同学们又是一阵大笑。接着，老师又意味深长地说："美德本身就是对具有美德的人的奖赏。"然后接着上课。

## 二、案例评析

学生迟到，并且"目中无人"进入教室，是小事，因为它终究不过是一次迟到而已；也是大事，因为它发生在众目睽睽之下，是对班级秩序，对老师、同学的公然"挑衅"。若长此以往，"班将不班"。案例中的老师先是严厉制止，显示出原则的不可违背。但是,高中学生自尊心会非常强烈,"面子"观念更强于以往。在学生喊报告以后,老师马上把这一表面上的礼貌假设为对方的真实表现,而给予相应的对待。用夸张的"行为艺术"向全体同学诠释了"相互尊重,生活多么美好",既化解了迟到同学的"没面子、赌气",也让同学们在笑声中留下深刻的印象。随后,用模仿别人的表演来进行举例说明,使同学们感同身受。言简意赅的说理又使同学们"心中点头"。老师一会儿严厉,一会儿夸张,一会儿搞笑,一会儿又很睿智,审时度势,随机应变,进行了一场生动的教育。

## 三、知识导入

很多教师都有一个共同体会,教师工作难做,真正挑战教师的不是教学本身,而是学生的"不听话"。教师因管理、教导学生的能力缺乏,往往导致师生关系紧张,甚至引发冲突。而社会往往把师生矛盾的主要责任归结到教育者身上,使教师疲于应付,不堪重负。反之,做一名教师的最大乐趣也是来自融洽的师生关系。启迪学生智慧,引导学生发展,正是为人师之乐。

很多初登讲台的教师,能够处理好教学,却对管理学生束手无策;有的教师课上得精彩,而学生考试成绩不好;有的工作多年的教师能教好实验班,却教不了要求相对较低的普通班。如果说,教学能力是硬件,而管理、教导学生的能力就是软件。教师管理、教导学生的能力与教学能力是两条腿,但是,现实中管理、教导学生的这条腿往往是跛脚的。

管理、教导学生的技能是个综合的能力,是作为一名教师必备的育人实践能力。一名教师在进行学科教学之前,他的管理、教导学生的能力就先被检验了。他的课堂管理、班级管理与活动、应事处事方式等,无一不反映教师的专业能力水平。

## 四、技能要点

1. 以身作则,树立教师威信

学校及班级是需要纪律来维系的。夸美纽斯形象地比喻说:学校没有纪律就像磨坊没有水。纪律确保良好集体的形成。马卡连柯甚至说,即使是最好的儿童,如果生活在组织不好的集体里,也会很快变成一头"小野兽"。要保证教育教学活动的有效开展,教师必须有维持纪律的能力。哪怕是在幼儿园的小朋友们,都会表现出对一个不能维持纪律的老师的轻蔑。众所周知,在古代的中国,社会赋予老师崇高的威信,所谓"师徒如父子"、"一日为师,终身为父"。在今天的韩国,也很大程度地保留着对老师的高度尊敬,例如,和老师一起走路,学生要稍稍靠后,甚至都不能踩到老师的影子。但是,在今天中国的校园、教室,已经很难找到这种师尊了。很多普通学校的老师经常面对的是一群如脱缰野马般的活泼有余、自制力不足的学生,个性突出有余、为他人着想不足的学生。尤其对于新上讲台的教师,维持纪律,树立威信,更是一个严峻的挑战。同时,班级学生与学生之间产生矛盾冲突问题也是很正常的事情,是不可避免的。所以,教师树立威信,维持正常教育教学秩序的能力非常必要,是开展教育教学活动的必要基础。

有的教师走进教室,同学们会收敛三分,有的教师走进教室,学生像没看见一样;有的教师说的话同学们言听计从,有的教师说的话对同学们不起作用。有这样一位初中语文老师,早自习不到教室,只在讲台上的粉笔盒里插了一根竹条,学生自觉地放声读书,这就是某种意义上的威信。那么教师得以维持纪律的真正威信该如何练就呢?

(1) 教师的基本行为塑造

首先,你往讲台上一站,目光应该统摄全班,是温和的也是坚定的。你一开口,应该是充满底气、有穿透力、亲切而又肯定的,清楚地传达直到最后一排的同学耳朵里,同时又观察着每个同学对你的话的反应。抬手往黑板上写一行字,如果不是让人眼前一亮,起码也是端庄漂亮的。

教师最直接的威信来自自己的教学工作。教学上做得出色,对教学工作尽职尽责,这是教师行为塑造的前提。

(2) 教师的基本品格塑造

行为只是外在的表现,它离不开内在的修炼。教师的威信和教师在对待学生时显示出的公平、合理、有责任等态度密不可分。教师的威信还来源于教师的修养、道德。所谓"打铁还需自身硬"、"没有金刚钻不揽瓷器活"。教师的道德修养是教师教育力量的来源。为什么很多优秀教师的成功难以复制,就是因为这些教师的教学艺术出自于他们的个人修养。所以,同一个教育教学方法,给不同的教师去运用,结果却相差很大。可见教师的个人修养是教育教学成功的关键因素。

2. 通过行为示范,树立规范和准则

教育管理学生的最重要办法不是制定一大堆规则,而是通过行为示范,在学生中树立起规范和准则,保证规范确实起到制约作用。所谓行为示范,就是教师通过自己的教学向学生示范的要求,能坚持不懈,持之以恒,使规范直观、现实地体现,从而使学生变规范、准则为习惯。

英国教育家洛克说:规则应该少定,一旦定下之后,就得严格遵守。有一位班主任对同学们说,我对同学们的要求就是两条。一是静如处子,动如脱兔。就是要同学们学习的时候认真严谨,在活动的时候放开玩。千万不要动如脱兔,静也如脱兔,或静如处子,动也如处子。就是说不要该静下来钻研的时候静不下来,该活跃起来的时候又活跃不起来。二是能与同学友好相处。然后,不断巧妙地诠释这两条规范的内涵,到最后囊括了许多方面的内容。这简单的两条规范,实际上就是一个务实,一个务虚,一个是日常学校生活的要求,一个是对学生道德层面上的要求,起到了良好的教育作用。规范确立后,需要在行动中不断强化、丰富,结合每一次活动渗透规范。

3. 把握与学生交往的尺度

正所谓"经师易得,人师难求",教师在与学生交往的过程中,对学生潜移默化的影响往往是春风化雨、润物细无声的。

教师与学生的交往要注意把握适当的尺度。有的年轻教师一上来就与学生打成一片，不分彼此，融为一体。这当然是很好的。因为有时教师的热情会给学生以无穷的动力，但是，热情不能解决一切。教师与学生的相处应留有一定空间、余地。正所谓"熟则生昵，昵则生狎，狎则生怨，怨则生疏"。还有的教师觉得，课堂上严肃点，课下可以随便些。实际上，恰恰应该倒过来。课堂上大家可以畅所欲言，尽情表现，甚至对教师"不敬"。因为为了学术问题的争论、探讨、发言，知无不言，言无不尽，哪怕犯错误或方式欠妥都是可以的。而课下，则要保持适度距离，尽量少地把与教学教育不相干的个人情况展露无遗。

有一位七年级教师讲公开课时，第一排的男孩急于上黑板演示，怕失去机会，他从桌子上趴着就过来了。老师做大惊状，在同学们的笑声中把学生抱了过来。老师没有斥责，没有讲"规矩"。而正是这样的课堂才有生命力，比起学生一个个机械举手发言，这堂课更加有活力，也更能吸引学生积极参与。

教师形象是需要适度地进行理想化包装的。例如，学生向老师问好，不能在鼻子里"嗯"一声了事，而是向问好的学生点头、微笑，并答"你好"，学生也受到极大的尊重。虽然这样的言行每天发生多次，但是，老师总是这样回答学生，其实细节是一种最能说服人的示范。分发试卷时，教师把试卷递到学生手上，而不是随手"潇洒"地一扔。学生对老师的尊重和爱不是自然而然的，是需要争取的，不要把学生对老师的尊重当成是理所当然的。教师的彬彬有礼与学生之间会产生一种距离，一种需要学生在潜移默化中追赶、填补的距离。

教师必须有威信，否则集体制度难以建立，不具备教育管理学生的必要基础，甚至严重影响教学的开展，但是，又不宜过于严厉。教师的权威过度往往是教师管理班级的最好使的办法，因为学生怕老师，教师管理起来就容易多了。但是，过于严厉会造成恐惧，正如过分的温和会有失威严。古代波斯文坛最伟大的人物萨笛在《蔷薇园》中说：不要严酷得使人憎恶，也不要温和得使人胆大妄为。教师的这种严厉不是单纯依附在教育管理权力上的，而是建立在制度规则基础上的严厉。这样的班级管理制度会给学生带来一种公平感。

在与学生的相处中，教师必须面向全体。教师的公正是教师职业道德的要求。在学生眼里，教师就是"终审法院"，教师有失公允、偏心、不能公平合理地处理事情，将导致学生叛逆，直至失控，将对学生造成不可估量的影响。在与学生相处的过程中，不能太过于随意。教师也要做一个真实、生动的人。唱《隐形的翅膀》的许智宏，彪悍演讲的"根叔"，被人称为"凤哥"的北大校长周其凤，人称"纪宝宝"的中国人民大学校长纪宝成，还有南京大学校庆上"有木有"、"童鞋们"等潮语连珠的博导"啸哥"，以及登台唱《小城故事》的校长陈骏……他们大受欢迎就是因为他们的生动和真实。

另外，教师本人就是学生的最直接榜样和示范。教师如果有自己的绝活、特长，如魔术、绘画、唱歌、演奏、舞蹈、踢足球等，必将深深吸引学生。人们总是不由自主地佩服比自己高明之人，有才之人，智慧之人。对于教师来说，再多的知识，再多的才艺都不算多。

4. 管理、教导学生的技能

管理、教导学生，首要的是爱和责任。当老师不是以此为出发点，而是为了分数，为了领导的好评，为了绩效工资……那么，教师管理、教导学生的行为就会异化。不过，仅有爱和责任是远远不够的。教师的管理、教导严格要合理，管理要有方法，育人要有智慧。教师教育引导学生的能力是多方面的。

(1) 教师教导学生的语言技能

教师跟学生讲道理，做思想工作，转化思想，少不了要“说理”。但是，我们经常看到有的老师跟学生谈了半个小时，结果，没一句话能触动学生的，成了啰唆和唠叨。有的教师被学生一句不讲理的话气得够呛，但是，除了斥责学生，却不能通过说理来说服学生。

有人说，教师是“东西南北，全靠一张嘴”。教师的这张嘴必须有“工夫”，说理、演讲、宣传、讲解都靠它了。语言工夫是一项综合能力的体现，教师的学识、见解、思想、意志都必须通过语言来传达到学生心里，其作用巨大，所谓“一人之辩，重于九鼎之宝；三寸之舌，强于百万之师”，就是这个道理。有时候，教师就是凭着这张嘴来教育学生，赢得学生的。

教师的语言，首先要走进学生的心，对学生的兴趣感兴趣，用孩子的眼光看世界，重视学生的感受。不走进学生的心灵，不足以打动学生。教师首先要贴近学生的心，才有教育学生的可能。常设身处地地想想学生在想什么，学生有什么疑虑、困惑，多考虑学生的感受，教师的话才有针对性，才可能对学生有所触动。

有教师布置作业时故意说：“为了使大家过一个愉快的、有意义的假期，特布置以下作业，希望大家喜欢！”总复习的时候，学生读了一节课，第二节课老师说接着读，同学们一片哀叹声：“还读啊？”老师说：“对呀！已经读了一节课，要是这节课做点练习就好了，是吧？”然后，从外套里面拿出练习，说：“我已经替大家准备好了，不用谢！”学生大呼“上当”。特别忌讳话里有“事”没有“人”，机械性地发布任务，不考虑学生感受，仿佛学生就是完成某项任务的工具，忘记了他们是富有思想、感情丰富的一群人。

教师教导学生，还要在说理的时候站在道德高点上。教师没有道德的高境界，充其量只是个“师傅”，不能成为指导学生成长的“导师”。教师必有涵养，善于包容，明辨是非，有正义感，对学生长远负责，道德就会成为一种力量。

教师说话要说到点子上。所谓说到点子上，就是切合实际，触及核心问题，鞭辟入里，引起学生的心灵震动和思考。教师要善于讲道理。把道理讲明白，使人信服，学会类比，旁征博引，由此及彼，不能总是就事论事，开口“老三篇”。对有的学生，要重病用猛药，讲道理要通过黑白分明，制造强烈对比，引起当事人强烈震撼。

曾经有个学生在杂志上发表一篇文章，写到自己当初如何逃课、如何堕落的经历。有一次，他把学校门前一个乞丐接受施舍用的碗踢飞摔破了。第二天，这位学生发现这位乞丐腿瘸了。一打听，才知道由于乞丐去追一枚别人施舍的硬币，跑到了马路上，被车撞伤了。他当时心里就有一个强烈的声音在问自己："如果那只碗还在……我什么时候已经变成一个坏人了？"于是猛然醒悟，开始端正态度，急起直追，最终考上大学，但是他对乞丐始终抱有负罪感。

这样的学生，必须要用重锤，唤醒他的良知、责任和勇气。教师的语言还要符合学生的性格特点。对不同性格的学生用不同的语言和不同的方式。教师的语言还要说到气氛上。不要在所有场合都是一副生硬的样子，总是机械的，形式主义的"正确的废话"。不同的气氛，说不同的话，表达真实的思想。

(2) 用故事来教育人的技能

学生是需要激励和唤醒的。学生是需要老师的教诲和指导的，但是学生非常抵触没有技术含量的啰唆和说教。讲故事几乎对所有年龄段的学生都是非常适用的教育办法。讲故事实际上是一种类比，把现实和故事中的人或事来类比。没有比较就没有认识，也就不会有教育。古人说：博学然后能博喻，博喻然后能为师。

教育学生之间不要取恶意的绰号，或者恶语伤人，一教师讲了下面这个《一个"臭"字眼》的故事。

一个樵夫在山中发现一只小熊掉进陷阱中，便把它救起并送回了家。熊爸爸和熊妈妈很感激，拿出最好的东西招待樵夫并留樵夫住了一晚。第二天，熊爸爸送樵夫走。问："您昨晚睡得还好吧？"樵夫说："很好！只是你的身上有点臭味。"熊爸爸很内疚，拿过樵夫斧头，往自己的胳膊上砍了一斧头。后来又一次，樵夫在山中迷路了。正好遇到熊爸爸。熊爸爸把他带出了森林。分手的时候，樵夫问熊爸爸："你身上的伤好了没有？"熊爸爸说："伤早就好了，但是那个'臭'字一直留在我心里。"肉体上的伤害容易愈合，心灵上的伤害难以愈合。

因为本班学生取笑别班学生走路姿势难看而引发冲突时，有一位老师讲了历史上著名的因小衅而导致大辱的故事。

朱全忠和李克用同为唐朝大将，关系也很好。有一次朱全忠设宴感谢李克用的帮助。期间，李克用自认为是唐朝的正牌忠臣，而认为朱全忠流寇出身，并拿他的名字取笑说他最多只能叫"半忠"。朱全忠一时大怒，当晚派兵包围李克用的住所。结果，除李克用逃走外，部属通通被杀，两人成为一生死敌。

明宣宗皇帝朱瞻基非常厚道。他的叔叔朱高煦曾经起兵造反，欲夺天下。失败后，朱瞻基并没有杀他的叔叔。只是关起来，还经常探望，送些东西。但是，朱高煦总是故意轻慢皇帝，皇帝没有计较。终于有一次，皇帝去看望朱高煦，朱高煦伸腿把皇帝绊了个跟头。于是皇帝下令将一口铜钟烧熔，用铜汁烧死朱高煦，并杀其全家。

春秋初年，宋国第一勇士、大将南宫万长在狼城一战被擒。宋闵公取笑他说："你不是有万夫之勇吗？怎么被人家生擒活捉，我都替你害臊。"大夫仇牧劝谏说，君臣之间，不可游戏对方。宋闵公说开开玩笑无妨。后有一次，南宫万长要求出使，宋闵公说："再怎么样也不能派个囚犯出使啊！"南宫万长大怒，说："无道昏君，你可知道囚犯也可以杀人乎？"一时拳脚相加，宋闵公死于非命。

某英语教师为了激励大家学英语，经常用学英语的杰出人物激励大家。如钟道隆45岁自学英语，一年后成为翻译，设计发明了电脑语言复读机，创造《英语学习逆向法》。又如清华大学食堂的张立勇学英语的故事。张立勇在清华大学食堂打工期间，自学英语，托福总分670分他考了630分，被誉为清华食堂的"馒头神"。如果说一个人的贫穷或者富有是不能选择的，那么，一个人是勤奋还是懒惰则完全由自己选择的。

(3) 用活动来教育人的技能

在教育教学实际中，很多老师教育学生时缺乏教育艺术，以为所谓的教育管理学生就是要学生怎么样，不要怎么样。我们经常听到老师要学生乐观，要心态积极，要有平常心，不要紧张，要有集体荣誉感，要遵守班级纪律，等等，殊不知，这些目的是要通过有效的手段才能达到的。例如，高考前叫学生克服紧张情绪，并不是说"别紧张"就行了。但是，如果让学生画一张自己的漫画像，或者在橡皮上反着写自己的名字，然后像盖章一样盖到纸上，学生就放松了。我们往往自觉不自觉地用空洞、抽象的目标代替了教育的过程。

现在很多学校喜欢对学生进行感恩教育，甚至有专门进行感恩教育的个人和公司，甚至利用了配音朗诵等一系列辅助手段，但主要都是以说教为主。说教的弱点是不能使学生的感受内化、持久。对学生的教育很多时候是通过实际体验才能获得的，所以通过活动来教育学生非常必要。在实际事例中教育人，把教育学生从"说出来"到"做出来"，是最高明的教育手段之一。

像孟母断机杼的故事就很经典。有一天，孟子从老师子思那里逃学回家，孟母正在织布，看见孟子逃学，非常生气，拿起一把剪刀，就把织布机上的布匹割断了。孟子看了很惶恐，跪在地上请问原因。孟母责备他说："你读书就像我织布一样。织布要一线一线地连成一寸，再连成一尺，再连成一丈、一匹，织完后才是有用的东西。学问也必须靠日积月累，不分昼夜勤求而来的。你如果偷懒，不好好读书，半途而废，就像这段被割断的布匹一样变成了没有用的东西。"把抽象的放松学业类比成显性、具体的断布，效果震撼。

(4) 在集体中教育人的技能

丘吉尔曾说："我交钱给校长，但是教育我儿子的却是他的同学。"学生之间的相互影响是非常深远的，作用巨大。现在甚至有研究人员提出伙伴对孩子的影响超过了父母的影响的观点。学生集体是个塑造学生的至关重要的场所和非常难得的资源。特别注重倡导真善美的东西，积极向上的东西，集体舆论具有极其重要的教化功能。要避免把教师教育学生变成教师个体对不同的学生个体的单向行为，而是老师与学生、学生与学生的互动作用。有教师设计了这样的"一句话"活动——

教师节时，班主任要求大家以"老师，我想对你说……"为主题写一句话，可以是感激、夸奖，可以是批评、建议等。但是这句话要么很深刻，有哲学意味，要么幽默，让人捧腹大笑，要么结构独特，富有技巧。然后，选取优秀的发表在黑板上。前面加上"学生之言，百无禁忌"，后面加上"老师，您辛苦了，谢谢您"。大家嫌作业多，学习压力大，老师就以"你眼中的学校、老师和作业"为主题写一句话等。学生们幽默而特别的表达，令人赞叹，思维如百花盛开，令人目不暇接。同时，学生可以畅所欲言，受到充分的尊重，心情舒畅，感到班级充满了阳光和生机，从而热爱集体，约束自己，相互影响，共同提高。

寒假放假前，让每个同学写一句话在黑板上，留给开学时的彼此。老师在黑板上写下一句话"昔我往矣，雨雪霏霏，今我来思，杨柳依依"。同学们能发出自己的真实的声音，在老师的引导之下，学生在悄悄地变，能理智地看问题了，能自嘲了，开始像个哲人一样思考了……

寒假离校时，有一位班主任老师给同学们安排假期的事务之后，最后发给每个同学三个"锦囊妙计"，上面写着打开的时间。第一个"锦囊妙计"规定是在放假回家之后立即打开的，上面写着："立刻开始做假期作业，就是爸妈叫吃饭，也要先推辞一下，这么爱学习，爸妈一定欣慰极了"。旁边画了一个笑脸，不由得让人会心大笑。其中一个"锦囊妙计"规定在除夕夜八点准时打开，乍一看，上面画满了鲜花，放远一点看，才发现鲜花之间的空隙组成的却是英语"LOVE"这个单词，旁边写着："给父母拜年，感谢关心你的人，许一个心愿写在纸上，开学后归还给老师"。那个时候，同学们虽然分散在除夕夜的不同的灯光下，但是，他们一定都感受到了一种伴我前行的温暖和坚定。开学后，组织以"心愿"为主题办了一期黑板报，以不署名的方式发表所有人除夕夜许下的心愿。大家不知道哪个心愿是谁许下的，但是，看到别人丰富多彩的心愿，大家都很激动。

5. 做有创造力的教师

教师劳动的特点之一就是有创造力。教师要被学生所接受、尊重和爱戴，创造力是一个重要方面，体现在教师的幽默感、生动、真实及热情上。

上午第一节课时，教师抱着昨天的作业进来了，对大家说："这个练习是大家昨天晚上交的，而今天第一节课就要讲解。两个班的作业，即使我不吃早餐也只有不到40分钟的批改时间……"然后就故意停顿了一下。同学们就说："哦，知道了，不就是作业没改吗？没问题，我们原谅你了。"这时，老师才说："嘿嘿！这么短的时间，我竟然改完了。请大家表扬！"老师竟然要求学生表扬他！同学们"无奈"地献上热烈的掌声。

面对新的老师，同学们都会故意刁难一下甚至搞恶作剧。有一次刚理过发的老师一进教室，就有同学故意调侃说："老师，你今天好帅呀！"老师很淡定地微笑着看着这位同学说："谢谢夸奖，我一向如此。"大家哄堂大笑。下一次又有同学故意说："老师，你一向都很帅耶。"老师纠正道："不对，应该是越来越帅！"再下一次，又有同学说："老师，你越来越帅了。"老师做作语重心长状说："虽然如此，我还是认为，心灵美的人最美。"学生爆笑，败下阵来。对于学生的恶搞要比他更"恶搞"、更有智慧。创造力是征服学生的利器。

教师的创造力更体现在上课的创意、独到的方法、幽默的语言、创新的思维等方面。不要每堂课都千篇一律、程式化，而要精心策划，使课堂成为同学们的精神之旅和笑声的源泉。

詹姆斯·加德纳评价教师的作用是：与身份和权势相分离的领导作用。教师作用不是凭借权力和身份获得的，一个教师的人格和思想的作用，才是教师真正的魅力。

首先教师在待人接物上要有必要的智慧和方法。学生个性各异，教师要会和不同类型的学生相处，并成功实施教育和引导。如古人所说，人褊狭，我受之以宽容；人险仄，我持之以坦荡；人好刚，我以柔胜之；人好术，我以诚感之；人使气，我以理屈之。以合适的态度对待不同性格的学生。论人之非，当原其心，不可徒泥奇迹；取人之善，当据奇迹，不必深究其心。攻人之恶勿太严，要使其堪受；教人之善勿过高，当使其可以。这正是对待犯错学生的应有心态。事有急之不白者，缓之或自明，毋急躁以速其戾；人有操之不从者，纵之或自化，毋苛刻以益其顽。处事须留余地，责善切戒尽言。这正应了"教育是慢的艺术"那句话。恩怕先益后损，威怕先松后紧，与班级管理的道理也是相通的。

所有的育人方法问题，最终都会归结到教育者的道德水平问题。教师的道德修养是教师修养的终极目标。

## 五、实战演练

一则新闻名为《早操赖床　男老师怒掀女学生被子》。四川省五月花专修学院206寝室的女生再次缺操，班主任李明找上门来发现她们蒙头大睡，"掀被门"发生，引起广泛议论。而班长乔祥介绍，自己当班长以来，已经换了大约三任班主任，"大多数班主任干不了多久便会被同学们气走"。李明是让同学们相对最满意的一个。

面对这种情形，如果你作为班主任，会采取什么办法进行管理和教导呢？

## 教学视线 ……

1."洪战辉的故事"贫苦少年的自强之路。

2.《两道选择题》

教师对同学们说:"我受一家机构委托,来做一项问卷调查,请同学们帮个忙。"问卷表发下来,一看,只有两道题。

第一题:他很爱她。她瘦瘦的瓜子脸,弯弯的娥眉,面色白皙,美丽动人。可是有一天,她不幸遇上了车祸,痊愈后,脸上留下几道大大的丑陋疤痕。你觉得,他会一如既往地爱她吗?

A.他一定会;B.他一定不会;C.他可能会。

第二题:她很爱他。他是商界的精英,儒雅沉稳,敢打敢拼。忽然有一天,他破产了。你觉得,她还会像以前一样爱他吗?

A.她一定会;B.她一定不会;C.她可能会。

一会儿,我们就做好了。问卷收上来,教授一统计,发现:第一题有10%的同学选A,10%的同学选B,80%的同学选C。第二题呢,30%的同学选了A,30%的同学选B,40%的同学选C。

"看来,美女毁容比男人破产更让人不能容忍啊。"教授笑了,"做这两题时,潜意识里,你们是不是把他和她当成了恋人关系?"

"是啊。"我们答得很整齐。

"可是,题目本身并没有说他和她是恋人关系啊?"教授似有深意地看着大家:"现在,我们来假设一下,如果,第一题中的'他'是'她'的父亲,第二题中的'她'是'他'的母亲。让你把这两道题重新做一遍,你还会坚持原来的选择吗?"

问卷再次发到我们的手中,教室里忽然变得非常宁静,一张张年青的面庞变得凝重而深沉。几分钟后,问卷收了上来,教授再一统计,两道题,我们都100%地选了A。老师说,今天的课后有一项任务就是:回去观察你那"平庸"、"琐碎"、"唠叨"的父母吧,这个不因你的贫穷富有、丑陋美丽、聪明愚钝都爱你的人。

## 反思探究 ……

2009年,教育部印发《中小学班主任工作规定》,在工作量、待遇及教育学生等方面强化了班主任的权利,并从待遇方面加强了保障性规定。但是,其中一条引起广泛质疑,即"班主任在日常教育教学管理中,有采取适当方式对学生进行批评教育的权利"。有网友开玩笑说:这一特别规定,无异于明确规定歌星有权唱歌,画家有权画画,设计师有权设计,司机有权开车,空姐有权坐飞机……人们把这一条解读为,在中国当下的一些中小学校,班主任(更别说其他老师)已经失去或者部分失去了批评教育学生的权利,所以才需要教育部明文授权。你怎么看待教师批评教育学生的这一权利?

# 第十章 学习方法指导技能训练

**内容导航**……

- ✣ 学习方法指导概述
- ✣ 学习方法指导的内容
- ✣ 学习方法不当的剖析
- ✣ 课业学习方法指导训练

“一分耕耘，一分收获”，我们常这样教育学生。但在实际学习过程中，他们的获得有时候并不与付出成正比：有的学生学习非常用功，但他们有时候在做无用功；有的学生看似工夫用得少，但他们却能取得事半功倍的效果。原因何在？主要在于他们的学习方法不同。因此，我们在向学生传授知识的同时，有必要对他们的学习方法进行指导，教会他们如何学习。

## 第一节 学习方法指导概述

### 一、品味范例

**案例1**

有一位教师教学生学习古诗《江畔独步寻花》（杜甫诗：黄四娘家花满蹊，千朵万朵压枝低，留连戏蝶时时舞，自在娇莺恰恰啼），他指导学生分五步进行学习。

1. 初读，读准字音

① 学生自由朗读，注意读准字音。

② 指名朗读，纠正错误读音。

③ 教师示范朗读，读出诗句的停顿节奏，以唤起学生的注意。

④ 学生试读，达到能读准字音，会停顿的程度。

2. 细读，理解字词

① 学生自读诗句，勾画出不理解的字词。

② 指导学生运用查字典、联系诗句等方法理解这些字词的意思。

3. 精读，体会诗意

① 指导学生再读诗句，一边读一边思考每句话讲的是什么。

② 学生逐句讲述诗句意思，要说得通顺、连贯、明白。

4. 赏读,想象意境

① 再读《江畔独步寻花》,思考诗中描写了哪些景物,这些景物构成了怎样的画面。

② 自由朗读,想象诗的意境,体会诗的情感。

③ 反复朗读,欣赏诗的韵律,感受诗的情趣。

5. 诵读,背诵诗句

让学生在声情并茂的读书声中再次体味诗的意境,欣赏诗的美感,同时使学生从这一学习过程中获得清晰完整的感性认识,为下一步发现和领悟学习方法打下良好的基础。

**案例 2**

有一位教师在教古诗《游小园不值》(叶绍翁诗:应怜屐齿印苍苔,小扣柴扉久不开;春色满园关不住,一枝红杏出墙来)时,就把主动权交给学生,让学生运用理解和归纳的学习方法自学这首诗。在学生自学之前,教师用小黑板出示学习方法,强化学生的意识,防止自学过程的混乱性,同时还向学生提出相应的要求。这样,学生既明白了学习的方法,又弄清了自学要求,就能按部就班地进行自学。在学生自学时,教师进行巡视,了解学生的自学情况和是否按上面的方法进行自学。对成绩较差的学生进行指导和点拨,使他们也能运用学习方法进行自学,逐步提高自学水平。学生在学习《游小园不值》这首诗时,自己朗读诗句,分别阅读、品味、想象、诵读古诗。

## 二、案例评析

学习方法指导的过程,实际是师生之间学习方法信息交换的过程。它包括以下几个环节。

1. 教师示范,展示学习方法

案例 1 中的教师就起到示范指导的作用。由于学生的认识规律是从感性认识上升到理性认识,所以上课开始便向学生灌输抽象的学习方法是很难被学生接受的;即使接受了也只是机械地记忆,而不是理解,更谈不上应用。因此,学习方法指导的第一环节应先让学生积累一定的感性认识,即通过教学中的示范性指导,让学生从教师的教学中感知学习方法、领悟学习方法。这个教师的示范过程条理明确,层次清楚,便于学生很快能发现和领悟阅读的学习方法,同时他的示范难易适度,便于学生尝试和运用学习方法。

2. 回顾小结,归纳学习方法

通过第一部分的学习,学生积累了一定的感性认识,如果不及时加以指导和归纳,将感性认识上升为理性认识,他们对学习方法的认识就不能深化,也就达不到掌握技能方法的目的,因此,当学生对学习方法的感性认识达到一定的程度时,教师要及时引导他们对第一部分的学习过程进行简要回顾,使其从回顾中发现和领悟学习方法,再用一定的方式指导学生将发现和领悟到的学习方法归纳出来,使他们对学习方法的认识更加清晰和深刻。如在学完《江畔独步寻花》这首诗后,教师可以问学生:"我们刚才是分了几个步骤来学习这首诗的?每一步又是怎样做的?"通过回答问题,学生对刚才的学习过程进行回忆和思索,将发现和领悟到的学习方法简明准确地归纳出来。

3. 自学实践,运用学习方法

通过前两个步骤,学生已经领悟和归纳了学习方法。但学习方法作为一种方法和本领,不但要靠讲授、靠理解,更重要的是要靠实践活动的训练。只有通过学生的自学实践才能真正掌握学习方法,也才能使学生的自学能力真正得到培养。在案例2中,教师主要应用自学实践的方法,让学生在尝试过程中运用学习方法,把学习方法转化为自己的东西,进而形成能力。在此过程中,学生动脑、动手、动口,使阅读的理解过程与培养学生自学能力有机地结合起来,让理性的学习方法通过实践真正转化为技能。

4. 检查效果,巩固学习方法

检查学生的自学效果,这是一个必不可少的环节。通过检查,可以纠正不足,可以使学生看到自己运用学习方法所取得的成绩,获得成功的满足和喜悦,激发学生运用学习方法的兴趣。所以在学生自学后,应采取一定的方法检查自学效果,了解学生的自学情况。在检查过程中,允许学生发表不同意见,并善于用"不同意见"有效地促使他们独立思考、评议、争论和互相启发。

## 三、知识导入

爱因斯坦有个成功的公式:A=X+Y+Z。这里"A"代表成功,"X"代表艰苦劳动,"Y"代表正确方法,"Z"代表少说废话。这个公式指明事业成功的三要素。对于学业成功而言,学生除了拥有良好的学习心理素质和智能素质外,正确的学习方法也是必不可少的。

学习方法有广义和狭义两种理解。广义的学习方法是指在学习过程中,一切为达到学习目的、掌握学习内容而采取的手段、方法、途径,以及学习所应遵循的一些操作性原则、组织管理等环节。狭义的学习方法是指学习过程中学习者所采取的具体活动措施与策略。实质上,学习方法是一系列相互关联的活动,是学习者在一定的学习原则的调节指导下,有意识地发挥自己的心理能力和体力,把一系列具体的方法和手段连为一体而形成的有明确目的的活动。在大力提倡教育教学改革,推崇教学高效性的今天,因学习方法与学习掌握知识的效率有关,越来越受到人们的重视。学习方法并没有统一的规定,因个人条件不同,选取的方法也不同,但只要对应用者产生启发效果和借鉴作用的方法都可以称为较好的学习方法。

"授人以鱼不如授人以渔",这一古今传颂的名言,告诫我们在教学中必须重视学习方法的指导。美国哈佛大学心理学院的一项研究表明,孩子学习成绩的提高不仅需要学习的热情、勤奋、毅力和坚强的意志,更需要正确的学习方法,学习方法正确与否与成绩高低具有密切的关系。我们可以做这样一个比喻:孩子的学习过程好比渡河,学习方法好比渡河的方法。如何渡河呢?是孩子凭借自己的力气费力游过去，还是借助于木浆或其他更好的工具、方法呢？很显然，好的方法可以帮助孩子能在更短的时间达到彼岸，还可以争取更好的发展机会。因此，对于学习者而言，掌握良好的学习方法比掌握具体的知识更重要；对于教育工作者而言，指导学习者掌握一定的学习科学知识和技能的方法是必需的。

在古今中外的教育家的教育实例中，很多教育家都注重教育方法的指导与培养。在我国古代教育论述中，教师的作用主要是"传道授业解惑"，即"启发"、"诱"、"喻"、"长善救失"等，学生学习的形式主要是自己读书、讨论、活动、主动向老师请教。据《论语》记载，孔子的教学很多是在师生从事各种活动中互相讨论进行的，并无系统的讲授。孟子极力提倡"自得"。《学记》的整个出发点就是"学"。荀子的"闻""见""知""行"，《中庸》的"学""问""思""辨""行"，以及"朱子读书法"等，都是对"学"的概括。以上中国古代的大教育家的方法仍然传颂至今。在西方教育家中，也有很多教育家崇尚教育方法的指导。如法国教育家卢梭认为，教学要启发儿童、青年的自觉性，他劝告教师说："传授儿童各种各样的科学，并不是你的职责；你的职责应该是使他对科学产生浓厚的兴趣，以及当他对这些科学产生的趣味较为成熟时，给他以从事学习科学的方法，这确是那完善教育的最基本的原理。"

## 四、技能分解

### （一）学习方法指导的目的

学习方法指导的具体目的是要为学生创造良好的学习条件和环境，使学生掌握科学的学习方法，逐步形成独立学习的技能。具体地说，有以下几个方面。

#### 1. 使学习条件最优化

学习条件最优化的具体要求有以下几点。第一，在学校、家庭创造良好的学习环境，包括物理环境和人际环境。物理环境包括温度、光线、噪音、布置等要符合学习卫生标准；人际环境是指有平等、融洽的师生关系、同学关系、父母与子女关系。第二，创造良好的学习条件，包括笔墨纸张这些学习用品等个人的学习条件和图书馆藏书、报刊、实验设备等学校的学习条件，要求齐全、省时、方便。第三，学生要有良好的身体素质和心理素质，身心健康。第四，教师要有较高的教学水平，教法与学法是相互影响的。

#### 2. 使学习过程最优化

学习过程主要包括自我计划、课前预习、认真上课、课后复习、课外作业、系统总结等。要求各环节不可忽视、遗漏，形成周期性良性循环，同时，各环节都要讲究方法、技巧。好的方法必然使过程达到优化。

#### 3. 逐步形成自学技能

自学技能主要包括：第一，形成自学的组织技能，比如，拟定学习任务，合理规划、安排时间，创造条件，进行总结等；第二，形成自学的信息技能，比如，查阅目录索引，使用工具书，使用信息技能硬件等；第三，形成自学的智力技能，比如，接收信息，合理识记,理解教材,独立思考等。

(二) 学习方法指导的原则

学习方法指导的原则,是指在实施学法指导过程中,指导者必须遵循的基本要求。

1. 针对性原则

针对性原则就是要针对学生的实际特点和实际问题,对症下药地指导。这是学法指导的最根本的原则。贯彻这一原则的要求有如下几点。

首先,要针对学生的年龄特征。比如,小学生知识水平有限,思维水平低,注意力不能持久,学习技能不熟练,因此,指导要具体、生动、形象,多举典型事例。侧重于具体学习技能培养,使学生养成良好的学习习惯。

其次,针对学生的学习类型差异。学生的学习类型大致可分为四种。①优良型:"双基"扎实,学风踏实,学习有法,智力较高,学习成绩稳定在优秀水平。②松散型:学习能力强,但不主动,学风不够踏实,"双基"不够扎实,学习成绩不稳定。③认真型:学习刻苦认真,但方法较死板,能力较差,基础不够扎实,成绩上不去。④落后型:学无兴趣,不下工夫,底子差,方法谈不上,能力弱,成绩差,处于学习脱轨和恶性循环状态。类型不同,指导方法和重点不同:对第一类,侧重于帮助学生总结,并自觉运用学习方法;对第二类,主要解决学习态度问题;对第三类,主要解决方法问题;对第四类,主要解决兴趣、自信心和具体方法问题。

最后,针对学生的学习环境和条件。学法指导一方面要努力为学生创设良好的物质环境和条件,另一方面又不能过分强调物质环境的作用。从实际出发,对条件好的学生,要激励他们珍惜优越条件,充分利用条件,发展更大的主观能动性;对条件差的学生,要鼓励他们克服困难,在逆境中前进。

2. 整体性原则

整体性原则是指在指导过程中,要注意学习方法与其他学习和整个心理活动的有机联系。从学习方法不当的成因中,我们不难看出,要想使学生形成正确的学习方法,需要从多方面进行指导和训练。要提高学生对学习方法重要性的认识、对学习特点的认识、对自身状况和条件的认识,要激发学生的学习动机,增强学生的意志力等,只有这样,我们才能从根本上帮助学生掌握正确的学习方法。所以在进行指导时,要把学习方法放在一个大的背景中考虑,不能为方法而方法。只有坚持整体性原则,才能使指导更加有效、准确、持久。

3. 实用性原则

实用性原则是指在学习方法指导过程中,必须要以学生的学习实践活动为基础,仅从理论上阐述、解释是远远不够的。指导的目的要让学生在较短的时间内学有所得,改正不良方法,形成正确的学习方法。指导时具体讲怎么做,少讲理论,通俗易懂,潜移默化,使学生在很短的时间内学会怎么做。例如,要使学生学会科学的记忆方法,就必须在讲解记忆方法的基础上,进行大量的练习与训练;要使学生提高阅读效率，就必须引导学生多读书、读好书，在大量的阅读实践中掌握阅读方法。

4. 渗透性原则

渗透性原则是指要把学习方法指导渗透到整个教学过程中，渗透到各科教学中，使学生通过具体的学习活动掌握科学方法。大多数学习方法不当的形成与教学过程有关，是由教学过程引起的，因此，教师在课堂教学中，要把传授学习方法结合起来，使学生在学到知识的同时也学到方法。当然，有条件的学校在渗透的同时，也可开设专门的学习方法指导课。

### 五、实战演练

在你任教的学科里选择一个主题，写出你的教学方法，比对学习方法指导的原则，判断是否符合。学习者根据你学习的学科选择一个主题，写出你的学习方法或教师的教学方法，判断是否符合学习方法指导的原则。

### 教学视线 ……

查询资料，总结历届全国各地高考状元的学习心得和体会，总结他们的学习方法。

### 反思探究 ……

在科技日益发展的今天，我们需要大量的科学知识、技术和人才。为了满足这个需要，长期以来，我们的教学改革总是把教什么和怎样教作为问题的出发点和归宿，而对于学生学什么和怎样学的问题没有引起足够的重视。鉴于这个现状，转变教师的教学方式，转变学生的学习方式，崇尚创造，让学生学会学习，在学习中获得个性解放，是时代发展对教育的诉求。基础教育课程改革为培养学生的创新精神和实践能力提供了历史的机会，也铺设了平台。从2004年开始，在全国各省逐渐推行新课程改革，如何使学生学会学习，并获得可持续发展的内在品性，是课程实施中必须着重探索的一个问题。下面我们从如何开展学习方法指导进行详细的阐述。

## 第二节　学习方法指导的内容

### 一、品味范例

**案例1**

某校学生王静初三以前数学成绩很不稳定，有时候甚至不及格，因此，他的爸爸让老师辅导她。其实王静也没做什么，只是每周到老师家讲一次课，让她把一周以来课堂上学的内容讲解给老师听，直到老师满意为止，然后把一周来所有的错题纠正在错题本上，形成错题集，同时讲解给老师听。半年下来，她的数学成绩取得了突飞猛进的进步。王静通过学习获得了进步，也获得了自信，并且总结了一套学习的方法。高三毕业那年，她参加的两次模拟考试，一次得了148分，一次得了149分。后来保送进了北大。进北大不到一年，又考取了美国的一所大学，去美国念书去了。去年她给老师发E-mail说，她的美国同学说她是数学天才，可是他们根本就不知道她在初三以前数学是多么的差啊！

**案例2**

某校学生章杰学习成绩中等，虽然很认真，但进步不大。他在学习报上看到学习类型有四种分类。①优良型："双基"扎实，学风踏实，学习有法，智力较高，学习成绩稳定在优秀水平。②松散型：学习能力强，但不主动，学风不够踏实，"双基"不够扎实，学习成绩不稳定。③认真型：学习刻苦认真，但方法较死板，能力较差，基础不够扎实，成绩上不去。④落后型：学无兴趣，不下工夫，底子差，方法谈不上，能力弱，成绩差，处于学习脱轨和恶性循环状态。类型不同，指导方法和重点不同：对第一类，侧重于帮助学生总结，并自觉运用学习方法；对第二类，主要解决学习态度问题；对第三类，主要解决方法问题；对第四类，主要解决兴趣、自信心和具体方法问题。章杰认为自己属于第三种类型，于是请教老师数学学习方法，老师认真地给他指出上课、预习、复习、作业的具体操作方法，他坚持应用了三个月，在一次单元测验中，考得92分。

**案例3**

2011年6月22日上午，漫长的等待终于结束了，高三毕业的学子们通过网上查询终于得知了自己的分数。某学校学生谢雨欣等到的是累累硕果，她今年高考考了682分，使家长和老师感到无比欣慰。老师们记忆最深刻的并不是她的聪明，而是她的勤奋和行之有效的方法：上课时，她时刻地大睁着求知的眼睛，下课后，她围着老师提出有见地的问题，以及她总结了厚厚的错题本，每门一本，整整齐齐，每个知识点用红笔勾画出，尤其她对所学知识的严谨和细致，都可以作为后来学生学习的榜样。

## 二、案例评析

什么是好的学习方法？每个成功者都会总结出不同的方法，但都会遵循一定的规律，就是他们都是适合自己的、有效率的学习方法，并与学习者学习内容紧密相连，可以高效率地完成学习任务、达成学习目标的措施、手段和办法。因此和老师的教学一样，每个人的学习方法也是有自己的个性的，一个成熟的学习者应该具有自己独特的学习风格，这种学习风格与教学风格相似，本身是不可模仿、不可重复的。同时，学习方法本身始终是与具体的学习任务和学习目标紧密相连的，离开了具体的学习内容去讨论学习方法是没有多少价值和意义的。著名画家齐白石先生曾说："学我者生，似我者死。"任何想要照搬他人的学习方法，以期迅速提高学习效率的想法和做法都是不切实际的，极其错误的。以上三个案例分别从差生转化、中等生优化、优生总结三个不同的层次进行学习者的学习方法的分析，可以看出学习者所处的学习环境、目标、基础、心理素质、方法等各方面都有不同而导致学习效果不同，但这个学习效果会随着上述因素的改变而改变。因此，第一个案例中，采用了重点突破学生的知识弱项再提升信心的方法；第二个案例中，针对学习者具体情况，找出相应的方法来进行优化自我；第三个案例中，学习者是比较成功和完美的例子，这当然源于她自身不断学习、总结、调整自我的结果。因此，我们作为教育工作者，教育对象千变万化，我们要适时适地地研究我们的教育对象，并给予一定的帮助，是我们教育者的责任和义务。我相信，我们如果能做到这一点，会为社会输送更多更优异的人才。

## 三、知识导入

"学无定法，贵在得法。"虽然影响学生的学习因素不同，学习效果也不同。但可以找到适合学习者学习的共同方法和规律。比如学习的高效性对学习时间、学习者的心理和环境的要求是有一定的原则和规律的。正是因为如此，我们在学习内容上，可以先易而后难、先慢而后快。在复习的时间安排上，我们要按照艾宾浩斯遗忘曲线所揭示的规律，如何把短时记忆转变为长时记忆，就要遵循先多后少、先密后疏的原则。学习需要有一个相对安静的、良好的外部环境，学习者需要始终保持积极向上的、乐观自信的心态，等等。因此，我们指导学生学习，既可以从学生的共性面指导，又可以从学生的个性面指导；既可以从学生学习的各个环节进行方法指导，又可以从学生学习习惯进行方法指导，还可以从建立学生的自信心，提高学生的学习兴趣，训练学生的思维方法，针对学科特点等方面进行方法指导。但无论是从什么方面、从什么角度指导，都要遵循上述原则和规律，抓住"理解—记忆—应用"这三个环节，才会达到一定的效果。也就是说，首先，要深入理解基本概念和基本原理，力争弄懂弄通；其次，记忆知识要点，要注意突出重点；最后，一定要联系实际进行思考和应用，做到学以致用。在这样学习的过程中，自己分析问题和解决问题的能力也就自然提高了。在本节的内容中，我们无法一一列举，只能从指导学生学习的各个重要方面进行方法指导，同时对不同的学科进行特殊的学科指导。

## 四、技能分解

1. 指导制订学习计划

制订计划有利于学生形成一种积极的期望效应。例如，心理学家罗森塔尔和雅各布森曾对某一小学各年级儿童进行"预测未来发展的测验"，然后向教师提供了一份名单，说名单上的"这些孩子有发展的可能性"。实际上，这份名单是随机抽取的。8个月后，教师就像预期的那样，发展了这些孩子的智力。实验结果表明，教师的期望对学生的行为产生了积极的影响。依照这种期望的效应，教师在充分了解学生所达到的心理素质、智力能力、身体健壮的状况或变化的基础上，引导他们自己进行某种预先设定，帮助他们制订综合计划。

计划的内容包括目标与任务、完成任务的具体措施、时间安排与力量分配等。在学习上，既要有长期规划，又要有近期安排。如著名教育家魏书生指导学生制订大体分四个部分的综合计划：第一部分，终生朝哪个方向努力，一生中自己的德、智、体三方面大致要达到一个什么样的标准；第二部分，十年达到哪些目标；第三部分，一年怎样度过；第四部分，一天怎样安排。我们可以根据自己教授学生的具体情况进行指导，我们一般以学生的终生、年、学期、月、周、天、小时为单位进行指导，学生一旦养成了计划习惯，计划尽在学生心中。制订计划要注意以下几点。

(1) 要明确具体，可操作性强

计划越具体，指导性越强。因此，在设立目标时，在安排时间方面，都要力求具体化。例如，有个同学在计划中规定："本学期重点语文。作业独立完成后，每天看一篇作文，记五个好词好句，争取每次作文在 40 分以上。除此之外，进一步巩固数学，每天做纠错数学题……"这样的任务和目标比较明确和具体的。

(2) 要切合实际，循序渐进

计划不能过高过大，过于苛刻，不能急于求成，否则计划完不成，容易变成一纸空文，反而适得其反，挫伤了自己学习的信心。

(3) 要留有余地

由于学习、生活中存在一些不可控因素，会影响到计划的执行，因此，好的计划总是留有余地、富有弹性的。在时间安排上不可过于死板，这样才能保证计划的顺利执行。当然，留有余地也不能太多，太多会使自己执行计划时松松垮垮，缺乏紧迫感。

(4) 要及时调整

在执行计划的过程中，调整是必要的。如果实践表明计划不现实，或者近期有特别的任务要完成，计划就得修改。应让学生明白：学习计划是自己制订的，应该让它适合自己。但调整计划的目的是为了更好地学习，而不是为偷懒提供方便。

2. 指导合理分配时间

学生面对繁重的学习任务，学习的时间是有限的，如何把有限的时间应用起来呢？也就是说，我们教育者如何指导学生有效地利用有限的时间呢？制订计划，是为了让我们目标更明确，也就是少走弯路，是利用好时间的第一步。同时，还要注意以下几个要点。

(1) 善于利用生物钟

一年之计在于春，一日之计在于晨。如在一天的周期内，人体的生理机制会发生一系列的变化，并相应地影响人的各种能力。我们如果按这种规律合理安排学习生活，就可以高效率地利用时间。早晨是学生学习记忆的最佳时机，不能养成睡懒觉的习惯，要早睡早起，可以用来背诵；中午可以午休一会儿，使大脑和眼睛得到休息；下午可以学习相对轻松的科目；晚上可以攻克难题，归纳思考整理，但不能开夜车。以上时间安排可以起到事半功倍的效果。

（2）善于利用时间间隙

鲁迅说：时间就像海绵里的水，只要愿挤，总还是有的。学生们每天的课堂时间都是固定的，但间隙的时间还是有的。要想利用时间间隙，就必须挤，把每一个时间单位缩小，争分夺秒地学习，学习的地点和方式灵活多样，可以是在走廊上拿着单词小本背诵，可以是在回家的公交上听英语听力，也可以在睡觉的前一刻播放当天的知识电影……如果你把你挤出来的时间汇总在一张时间表上，你会惊异的发现：每天你利用了60分钟，那一年就有360个小时，也就是15天了，也就是说，你的生命中每年比别人多出了15天。"不积跬步，无以至千里；不积小流，无以成江河。"间隙时间利用得好，也能派上大用场。

3. 指导学生学会阅读

教育家叶圣陶曾经说过，学生的作文是"得法于课内，得益于课外"，这里的"法"主要是指阅读方法。我们这里的阅读不仅是语文中的阅读理解，更为广泛的是读者对各学科的文字的含义的理解，从而获取文字信息的方法和能力。古代学者提出读书有"四别"，即"目治之书（只看一遍即可），口治之书（不仅看而且要背），心治之书（不仅要背而且要认真思考），手治之书（不仅要看、背而且要摘其要点写下来）"。所以，阅读应分清轻重缓急。对于中小学生来说，教科书应是"手治之书"，重要的参考书是"心治之书"，消遣性读物是"目治之书"。不同的书目有不同的阅读方法。

具体可以从以下几个方面进行阅读方法指导。①指导学生明确阅读目的和意义，使学生有发自内心的阅读的愿望。②指导学生根据阅读计划要求选择阅读书目。③指导学生做好阅读笔记。古人说：不动笔墨不读书。笔记可以是批注、摘要、读后感等。④指导学生运用阅读材料。

4. 指导学生科学的记忆方法

学习是指人的神经系统不断地接受刺激，获得新的行为、习惯和积累经验的过程。记忆就是将获得的经验进行储存和再现。记忆分为瞬时记忆、短期记忆和永久记忆。瞬时记忆需要学生注意力集中才能转为短时记忆，而短时记忆需要重复记忆才能转化为永久记忆，才不会遗忘。所以记忆的规律是识记、保持、回忆和遗忘。同时也有一些记忆的方法使我们起到事半功倍的效果。如记忆单词"family"的方法可以是把单词记成句子"Father And Mother I Love You"的首字母；单词"bloom"可以记成"6100朵花给妈妈"，等等。这些记忆的方法可以称为首字母记忆法和编故事记忆法，除此之外，还有口诀记忆法。如记忆心脏的结构时，可以用顺口溜"上房下室向下通，左右房室不相通，房连静脉室连动，静房室动不倒流"来记忆；还有连锁记忆法、归纳记忆法、图表记忆法、联想记忆法、歌诀记忆法、谐音记忆法等，无论是什么方法，目的是为了记忆，所以记忆的关键是你的想象要深刻、夸张、形象，这样我们的大脑才不会遗忘，容易记住。

5. 指导学生进行注意力的训练

很多学生有这样的体验：上课稍不留神就走神了，老师讲的内容一无所知，长期下去,学习成绩下滑了。其实很多学生有好好学习的愿望,但控制不住自己,这样需要进行注意力的训练。保持良好的注意力,是大脑进行感知、记忆、思维等认识活动的基本条件。在我们的学习过程中,注意力是打开我们心灵的门户,而且也是唯一的门户。门开得越大,我们学到的东西就越多。而一旦注意力涣散了或无法集中,心灵的门户就关闭了,一切有用的知识信息都无法进入。正因为如此,法国生物学家乔治·居维叶说:"天才,首先是注意力。"

因此,当学生注意力无法集中时,我们可以进行以下指导。①培养注意的习惯。②保持充足的睡眠。③学会减压,松弛有度。④做些注意力训练,如选择一件事做,记录专注这件事的时间长短,不断挑战自我,也可以进行数字游戏。比如,我国年轻的数学家杨乐、张广厚,小时候都曾采用快速做习题的办法,严格训练自己集中注意力。这里给大家介绍一种在心理学中用来锻炼注意力的小游戏。在一张有25个小方格的表中,将1～25的数字打乱顺序,填写在里面,然后以最快的速度从1数到25,要边读边指出,同时计时。

6. 指导学生养成思考和提问的习惯

子曰:"学而不思则罔,思而不学则殆"。由此可见,学习离不开思维,善于思考则学得活,效率高;不善于思考则学得死,效果差。科学的思维方法是掌握好知识的前提。因此,在学习中要做到:①敢于思考、勤于思考、随读随思、随听随思。在看书、听讲、练习时要多思考;②善于思考,会抓住问题的关键、知识的重点进行思考;③反思,要善于从回顾解题策略、方法的优劣进行分析、归纳、总结;④提出问题和自己的见解,鼓励学生在学习中多问为什么,思考、质疑,才能有所收获。

7. 指导学生掌握科学的学习程序

学习周期中的预习、听课、复习、作业等环节,需要合理衔接,行止有序。教师应指导学生掌握三种科学的学习步骤:①先预习后听课,这样学习目标明确,思维活动有较好的准备性;②先复习后作业,实现知识在理解基础上的应用,达到有效地巩固和转化;③先思考后发问,使思维进入最佳"愤"、"悱"境界,有利于知识的深化。

## 五、实战演练

在自己任教的班级中挑选三个有代表性的学生:同学甲成绩优异,期待更有提高;同学乙学习刻苦,成绩中等,学习方法不当,期待改善方法;同学丙学习态度不端正,怕吃苦,期待转变态度和提高成绩。然后任教教师因材施教,给予帮助并记录,每月总结,观察学习行为和效果的变化。

## 教学视线 ……

阅读魏书生的《班主任工作漫谈》、《心灵的轨迹》等论著。著名教育家魏书生教育学生有很多方法和体会,他有六步教学法,即定向、自学、讨论、答疑、自测和自结,还有指导学生阅读时的四遍八步读书法，即跳读、速读、细读、精读等，这些方法都对学生有很好的指导作用。

## 反思探究 ……

科学测试证明：95%的人智商介于70～130的标准范围，只有2.5%的人智商低过70。因此，智力绝不是成绩的决定因素，关键还是在于学习方法，“差生”差就差在学习方法，不同的学习阶段、学习环节需要不同的学习方法，不同的学科、不同的知识类型也需要不同的学习方法，只要方法好，绝大多数学生都能够取得优异的成绩。

因此，现代教学理念提倡科学探究、高效课堂，实质就是提倡更科学有效的学习方法。学习方法很多，可谓千变万化，每个教育者和学习者方法也不同，我们需要不断地探索、改进，作为一名教育者，我们任重而道远。

# 第三节　学习方法不当的剖析

## 一、品味范例

**案例1**

王任同学是个“生物迷”，学习生物学科积极主动认真，每天上课前预习，听讲认真，课后敢于质疑，作业也做得一丝不苟，整整齐齐。她经常与老师一起探讨问题、做习题，他还不满足，另外还单独做一些课外题。期中考试她考了90分，班级第一名，期末却考了69分，这个分数与她的付出显然不成正比。老师对她的笔记和试卷进行分析，发现了她的不足：答题很不规范，不能用专业的术语答题，随心所欲；当题目有点变化后，不能很好地应对；对老师的讲解及课堂笔记存在很大的依赖性，从而不愿意做进一步的思考和分析；不能把握重点知识，喜欢在细枝末节、无关紧要的知识点上下工夫，俗称“钻牛角尖”，结果耗费时间和精力，做了大量的无用功，因此成绩不稳定。

**案例2**

王鹏是一名高二的学生，品行优良。他看起来学习勤奋，对学习的各个步骤，比如，预习、听课、复习等都长期坚持得很好，而且无论是在课堂上还是在课外，笔记都做得相当整洁、清晰，任何细微的知识都不放过。这样的学生，按理说成绩应该是不错的，可他的成绩并不十分理想。那么，究竟是什么原因造成的呢？老师发现他每次碰到问题，马上与周围同学讨论，向老师请教，找到最好的答案。到了考试的时候，他不能讨论，就显得焦躁，无助，犹豫不决，缺乏明确的决断和独立思考的能力。

## 二、案例评析

对学生而言，学业成功与很多因素有关，如心理素质、智能素质、学习方法等，这些因素具体包括学习动机,兴趣,情感意志,态度,观察力,记忆力,思维能力,想象力等。以上两个案例中学生获得学业成功的阻力主要在他们欠缺科学的学习方法。在案例 10-6 中,怎样了解各知识点间的联系,做到灵活自如地运用所学的知识?怎样找到关键性的重点?怎样把知识连在一起,而不至于孤立,互相脱节?这是摆在王任面前亟待解决的问题。她可以采取全盘整理式读书法,即章节归纳整理法,就是利用教科书,将各个章节的大知识点抄到笔记本上,这样分成几个部分,再把它们之间的联系和区别整理归纳,使人一目了然。同时通过学生归纳整理的过程,可以掌握主干知识,掌握知识重难点及知识框架,同时找出它们之间的内在联系,可以避免学生对知识概念的混淆不清、模糊、主次不分,从而达不到高效的学习。案例 10-7 是现在学生学习中的典型现象。我们鼓励学生探究、讨论、质疑,但王鹏这样做了,却没有达到我们预想的效果,问题在哪儿呢?这就是探究的方式、时间、科学性问题。探究性学习要求学生在思考之后大胆质疑,提出问题,再解决问题。我们不是为了探究而探究,探究要求有价值。而王鹏显然不是深思熟虑之后的提问探讨,而是一种依赖性的、缺乏独立性的探讨。但是,学习要进步,好问是必要的,那么又如何达到目的呢?我想应安排好问问题的时间,掌握好问问题的技巧,问问题也不能每道题不懂就马上询问,这会失去更多独立思考的机会,培养积极用脑思考的能力、习惯,以打破固于一隅的局面,放开手脚,大胆地去学习。

## 三、知识导入

学生学习方法不当的方式很多,可谓千人千面。大致可以归纳为以下几个方面。

1. 学习目的不明确

思想有多远,行动就有多远。学习目的是学生学习付诸行动的前提和保证。但有些学生对自己的学习目的不明确,为什么学习也不明确。整天忙于被动应付作业和考试,缺乏主动的安排。因此,看什么、做什么、学什么都心中无数。他们总是考虑"老师要我做什么",而不是"我要做什么"。

2. 不会科学利用时间

时间就像海绵里的水,挤挤总是有的。有的学生能在有限的时间内,把自己的学习、生活安排得井井有条。而有的学生虽然忙忙碌碌,经常加班加点,但忙不到点子上,实际效果不佳。有的学生不善于挤时间,他们经常抱怨:每天上课、回家、吃饭、做作业、睡觉,哪还有多余的时间供自己安排?还有的学生平时松松垮垮,临到考试手忙脚乱。这些现象都是不会科学利用时间的反映。

3. 死记硬背,不会活学活用

死记硬背是指多次重复直到在大脑中留下印象为止。它不需要理解,不讲究记忆方法和技巧,是最低形式的学习。它常常使记忆内容相互混淆,而且不能长久记忆。当学习内容没有条理,或学生不愿意花时间去分析学习内容的条理和意义时,学生往往会采用死记硬背的方法。这样形成的结果是:学习者遇到知识内容稍微有所变化需要知识迁移时就不会活学活用。

4. 不会紧扣重难点,形成知识框架

新的课程标准中的内容标准明确把课程分为了解、理解和应用水平,它要求学生学习要紧扣理解和应用水平的知识,把握学习中的重难点。学习方法不当的学生,在看书、听课和思考问题时,不善于寻找重点和难点,找不到学习上的突破口,眉毛、胡子一把抓,全面出击,结果分散和浪费了时间与精力。这样学到的知识也是凌乱和分散的,不能形成知识框架,再多的知识也只能成为一盘散沙,无法发挥出它们应有的功效。有的学生单元测验成绩很好,可一到综合考试就不行了,其原因也往往在于他们没有掌握知识间的联系,没有形成相应的知识结构,因此,构建一定的知识结构对学习是很重要的。

5. 不会科学学习

不会科学学习主要表现在:课前不预习,对上课内容完全陌生,无法带着疑问去学,听课时开小差、不记笔记,或充当录音机的角色,把老师所讲的一字不漏地记录下来;只让自己的记忆与教师的讲述保持同步,而不让自己的思路与教师保持同步;课后不及时复习,听完课就万事大吉,等等。

6. 不会阅读

不会阅读主要表现在:不善于选择阅读书目,完全凭着个人兴趣或完全听从老师、父母的安排;没有阅读重点,处理不好博与精的关系,要么广种薄收,要么精读于一而疏漏于万;阅读速度慢,不会快速阅读,也不会略读,任何情况下都逐字逐句;不善于带着问题去读,阅读之后没有什么收获。

7. 理论与实际脱离

理论知识与实际操作相结合是非常重要而有效的学习方法,即所谓"学而必习,习又必行"。而方法不当的学生往往只满足于学习书本上的知识,不善于在实践中学习、在实践中应用,不能用所学知识去解决实际问题。具体表现为动手能力差,不喜欢上实验课和操作课,不关心现实生活。

8. 不善于科学用脑

不善于科学用脑主要表现在:学习时不注意劳逸结合,不善于转移大脑兴奋中心,使大脑终日昏昏沉沉,影响学习效率。

## 四、技能分解

技能受多方面因素影响,如受学习者的认知水平、动机水平、意志状况、兴趣爱好、环境等影响。

1. 学习动力不足

很多学生没有学习动力,缺乏学习热情,把学习看成为父母学、为老师学的学生大有人在,他们把学习当成是一件苦差事,在被迫、无奈中学习,以至于学习中没有目标,得过且过,其学习行为完全是一种被动的应付。表现在行动上,必然会疲于应付、投机取巧、没有计划。一个丧失学习动机的学生,必然丧失探究学习方法的兴趣。因此,那些在学习中无精打采、做一天和尚撞一天钟的学生,十有八九方法不当。

2．对学习方法的重要性认识不足

不少学生在方法上听其自然，看不到科学学习方法的作用和意义，没有尝到正确方法所带来的甜头，以为磨刀误了砍柴工，因而不愿意花时间和精力去认真研究和掌握适合自己的先进的学习方法。

3．对学习方法不能及时调整

学习方法具有适应性，其中一个方面就是要适应各阶段、各学科的学习特点。这就需要学生对目前的学习有明确的认识，在此基础上，才能形成科学的方法。有的学生说："上小学时，我的成绩很好。可刚上初中，就感到学习很吃力，成绩上不去，心中很着急，该怎么办呢？"这其中一个很大的原因在于学习方法没有及时调整。从小学到初中，学习特点发生了较大的变化。小学生的课程内容简单、门类集中，进入中学以后，学科门类大大分化，所学知识更加抽象；小学生的学习对老师依赖性大，老师指导也很具体，而中学生的学习则有更多的自主性和独立性。如果学生看不到这些变化，就有可能造成方法的不适应。还有的学生发愁："我其他成绩都不错，可为什么就学不好外语呢？"原因也可能在于他没有认识到外语学习的特点。学习一门语言，需要多听、多说、多写、多记，而记外语单词又是一种机械识记，这就和其他科目形成了区别。学习数学的方法就不适用于外语学习。作为教师，应帮助学生了解各阶段、各学科的学习特点，使他们能及时调整自己的学习方法，以适应不同的学习活动。

4．对自身的状况和条件认识不足

学习方法具有明显的个体特征，适合别人的学习方法不一定适合自己。所以我们选择方法不能人云亦云。如何选择呢？首先正确认识自己，如果学生对自身的状况和条件认识不足的话，则很可能造成方法不当。对自身认识不足主要包括两个方面。一是对自己目前的学习状况没有客观、清醒的认识。有的学生因为成绩不太好而妄自菲薄、过于自卑，认为自己一无所长、无可救药。也有的学生因为学习良好而目中无人、自以为是，看不到自己的缺点和不足。这些不客观的认识会使学生在运用学习方法的时候发生失误。如自以为是的学生在制订学习计划时往往会好高骛远、不切实际。二是对自己的个性特征认识不清。每个人的能力、气质、性格、身体状况、生物周期等都有不同，世界上没有两片相同的树叶，更没有两个相同个性的人。科学的学习方法必须是适合自己的个性特征的，别人的方法仅是参考而已。从这个意义上说，有多少个学习成功的人就有多少种成功学习的方法。有的人喜欢待在空旷的大房间里看书；有的人喜欢缩在狭小的房间里看书；而有的人喜欢躺在草地上看书。只要学习效果好，这些方式本身都无可厚非。从生理上来说，每个人的生物钟是不同的，应该找到自己最佳的学习时间，然后把艰深的学习内容和创造性脑力劳动尽可能安排在这段时间内完成。属于"百灵鸟型"的，可多利用白天；属于"猫头鹰型"的，可多利用晚上。学生如果对自己的个性特征认识不清，在学习方法上很有可能盲目模仿别人，强己所难，身心俱疲。所以可以说，认识自己是掌握科学学习方法的前提。

5. 意志薄弱，不能坚持

掌握和运用科学的学习方法时，需要一定的自制力。特别是纠正一些不良的、已经形成习惯的学习方法，更需要毅力和恒心。有的学生有掌握科学方法的愿望，但在运用过程中因意志薄弱而半途而废，造成有目标无结果，有计划无行动。在学习上跟着感觉走，自然要省力得多，但学习效果也会糟糕得多。因此，学生在运用科学学习方法的过程中，需要教师、家长或同学多鼓励、多督促、多提醒，依靠外界力量的支持来克服意志的薄弱状态。

6. 缺乏指导与训练

绝大多数学生没有接受过专门的、系统的学习方法的指导与训练，对什么是科学的学习方法缺乏明确的认识，在学习中也不能自觉地加以运用。即使有的学生掌握了一些有效的学习方法，也大都是走了很多弯路之后形成的，并且是零散的。科学的、系统的学习方法很难在学习中自然而然地形成，应该接受专门的指导与训练。因此，有条件的学校应开设有关的学习方法的指导课。作为学生自己，也应该多阅读一些这方面的书籍，积极主动地建立自己的学习方法体系。

以上原因分析是从学生个体出发的，是造成学习方法不当的内因。除此之外，还有来自教师、家长、同学等各方面的外因都对学习方法的形成产生影响，也都是造成学习方法不当的可能原因。

## 五、实战演练

测验你的学习方法是否适合自己？

测验说明：仔细阅读每一道题，肯定回答“是”，否定回答“否”，既不肯定，又不否定的则打上标记。

**【思考题】**

1. 课堂上所需的学习用品是否每次都不会忘记带？
2. 是否经常迟到？
3. 能否提前做好上学的准备？
4. 课堂上是否踊跃发言、积极提问？
5. 是否在笔记本上乱写乱画？
6. 是否爱惜教科书、参考书？
7. 考试时是否仔细、工整地答题？
8. 能否在规定的时间、地点进行学习？
9. 学习时同学邀请去玩，是否欣然答应？
10. 坐在桌前是否能迅速进入学习状态？
11. 学习时是否高声朗读教科书？
12. 回家后能否立即完成作业？
13. 回家后能否立即对当天的学习内容进行复习？

14. 能否仔细阅读发回的试卷？
15. 能否及时预习将要学习的内容？
16. 每天的学习时间是否一定？
17. 遇到不明之处，是否有查阅资料（字词典、参考书）的习惯？
18. 能否对弱科、不感兴趣的学科格外努力学习？
19. 游玩时间是否经常占用学习时间？
20. 是否一边看电视，一边听录音机，一边学习？
21. 能否认真区分游玩时间和学习时间？
22. 起床时间与就寝时间是否毫无规律？
23. 是否有一边吃着点心或喝着饮料，一边学习的习惯？
24. 是否经常晚上做噩梦？
25. 是否谈笑风生，讲话是否使人发笑？
26. 一经批评，是否就耿耿于怀、愁眉不展？
27. 即使是在学习时，是否讲一些“反正我不行”等一些自暴自弃的话？
28. 是否有过忘记作业的现象？
29. 一次考试成绩不良是否总是挂念在心？
30. 对老师休假是否摆出一副无所谓的神态？
31. 能否经常和老师一起玩？
32. 是否说老师的坏话？
33. 受到老师表扬后，是否就更喜欢学校生活，并对这位老师的课也兴趣倍增？
34. 受到老师批评后，是否就厌恶学生生活，并对这位老师的课失去兴趣？
35. 是否一心盼望着运动会、学习汇报会？
36. 是否经常被老师提醒？
37. 是否经常得到老师的表扬？
38. 是否订有一定的生活计划？
39. 每次新学年到来，是否都能制订出新的努力目标？
40. 暑假、寒假能否制订出生活计划并贯彻执行？
41. 是否清楚自己的强科，并对其格外努力？
42. 能否与同学互相学习、互相帮助？
43. 学习上是否带有强烈的竞争意识？
44. 在家里是否说同学的坏话？
45. 是否经常去书店？
46. 是否不愿在家学习，而经常去同学家学习？
47. 在学校规定的课程以外，有无其他感兴趣的活动？
48. 是否经常诉说自己睡眠不足？
49. 学习用品是否充足？
50. 学校组织的家长活动，家长是否积极参加？

计分方法：1、3、4、6、7、8、10、11、12、13、14、15、16、17、18、21、25、30、31、33、34、35、37、38、39、40、42、43、45、47、49、50，以上各题答“是”得两分，答“否”扣两分。其余问题答“是”扣两分，答“否”得两分。不回答者不得分。得70分以上者，可坚持现有学习方法；得70分以下者，请选择别的学习方法。

学习方法等级评价表见表10-1。

表10-1　学习方法等级评价表

| 得　分 | 评　价 |
|---|---|
| 0～30 | 需要非常努力 |
| 31～45 | 还需努力 |
| 46～70 | 一般 |
| 71～85 | 良好 |
| 86～100 | 优秀 |

## 教学视线

瓦·阿·苏霍姆林斯基是苏联著名的教育家，他在实际教学过程中撰写了很多理论研究的著作。其中，他撰写的《给教师的一百条建议》介绍了教师在教育中应注意的问题及应掌握的一些教学方法，它包括：教师的时间从哪里来；怎样发展儿童的思维和智力；怎样培养记忆力；在课堂上怎样指导学生的脑力劳动；学生应当掌握的最重要的技能和技巧等重要建议。

## 反思探究

北京师范大学的教授于丹曾经说过：我们的教育过分看重成功的结果，而不是成长的历程。这的确反映了当代教育的诟病。有时我们更容易关心考试成绩，而不是获得这个成绩的过程。因此，我们对学生学习方法的剖析不应只停留在对他们的结果分析和批判的层面进行。作为教育工作者，我们需要和我们的学生一起成长，帮助他们，享受他们学习的过程。我们可以为每一个学生建立一个档案卡，这里不仅包括他们的基本家庭信息，还有他们的兴趣爱好，常见的学习习惯和方法，心路历程等。我们只有很好地沟通，才能对他们的不足进行深刻了解、提出建议并为进一步指导打下基础。试想一下，我们不沟通，不了解，能知道他们学习方法不当在哪里？我们的指导能有的放矢吗？正如瓦·阿·苏霍姆林斯基所说：爱学生就必须了解学生，了解青年人心房的每一次搏动，了解每一颗心的心扉能被什么样的影响打开。

# 第四节　课业学习方法指导训练

## 一、品味范例

**案例 1**

师：黑板上这些词语，老师不教你会读吗？

（学生举手的较少，老师指名一名学生读。）

师：读得真好，老师没教你也能把字都读准了。还有谁敢读？

（学生举手的特别多。老师让学生齐读。）

师：很多同学原来不会读，现在会了，因为他会听。向别人学习是很好的方法。

**案例 2**

师：课文结尾为什么用“哦”，不用“啊”？

生：他懂了。

师：讲话要讲完整，讲一半我听不懂。

生：他原来不懂，现在懂了。

师（笑了笑）：讲得还不够透彻，如果用上“先……后来……最后……”把话说清楚，就明白了。我相信你能说清楚。

生（思考了一会）：他原来不明白母亲说“爱如茉莉”，还想笑话她，后来到医院看见母亲和父亲在病床前的一幕，心里特别感动，最后终于明白了爱真像茉莉一样平淡而有缕缕清香，所以用“哦”表示恍然大悟。

师：这样说大家就都明白了。

**案例 3**

师：今天我们学习与平时不一样，要关注细节。什么叫细节呢？如一句话、一个动作、一个眼神。

（板书　关注细节：一句话、一个动作、一个眼神）

（学生齐读）

师：还要感受语言，关注一个字、一个词语、一个句子。

（板书　感受语言：一个字、一个词语、一个句子）

（学生齐读）

师：要记住，语言是有温度的，有的冷，有的暖。怎样体会温度？抓住字词去体会。

（板书　语言有温度，字词知冷暖）

（学生齐读）

师：学习时边读边圈出那些表现细节、温暖人心的字词。在书旁写出感受。

## 二、案例评析

古人云“授人以鱼，不如授人以渔”，道理其实很简单，授之以鱼，仅解一餐之饥，授之以渔，则受用终身，这句话说的是传授方法的重要。因课制宜、学法多变，教师就应该研透教材，了解学生，选择恰当有效的学习方法加以指导，做到授之以“渔”。正如叶圣陶所言：“教是为了不教。”片段 1 中该教师看似简单的评价，却是精心的指导。学会倾听，养成倾听的习惯，对于一个学生来说是多么的重要。人获取外界的信息，95％是通过看和听。现在的课堂，总是小手如林、小嘴喳喳，学生争相发表自己的感悟，很少见孩子静心聆听他人的见解。这次评价，该教师是针对时弊而做的恰如其分的学法指导。

在片段 2 中该教师遇到了一个不善于表达的学生，他的处理方式是先指导该学生要把话讲完整，见学生说不好又降低难度，辅以一组关联词供学生使用，最终引导孩子把语言表达清楚。学法指导贴船下篙——在学生语言最近发展区搭台，让孩子跳一跳够得着。虽然是针对一后进同学的辅导，但其中足显该教师的教学思想——“教学不仅是传授知识，更是方法的指导”。

教师的主导作用如何发挥？片段 3 中的教师在这里是典范之笔。他课前研透教材，充分发现教材的阅读价值，把握教材的教学价值，制订好明确而集中的目标；又依据文本的写作特色（语言平淡中见真情），且摸清学生的学情，为学生量身订制了切实有效的学习方法，用以指导阅读。因此，作为一名教师只有课前备足和了解学生的已知、已能和未知、未能，才能为学生制订学法，才能有效地对学生进行课业学法指导。

## 三、知识导入

两千年前的《礼记·学记》中就写道：善学者，师逸而功倍，又从而庸之。不善学者，师勤而功半，又从而怨之。所谓“善学”、“不善学”，就是指学习方法是否得法。学习方法的取得：一靠个人努力和领悟；二靠教师的指导和启发。我们常说，师傅领进门，修行靠个人。但如果教师不告诉学生学习的方法，不指导学生学习，让其“打疲劳战”，甚至厌学，就不能算是“领进了门”。

现代教育理念认为，现在的教师应该是组织者、引导者、合作者，要善于创设良好的学生学习的情境，加强学生学习方法的指导。《课程标准》特别指出要积极倡导自主、合作、探究的学习方式。作为教师不管我们知识有多么渊博，学识有多么丰富，但就其数量来讲，教给学生的知识总是有限的。教给学生学习方法，让其理解学习过程，使其知道怎样学习，获得一把打开知识宝库的钥匙，则可以使学生终生受益。

但在现实中，有一些课堂还存在“满堂灌”，老师百说不厌，学生不胜其烦。教师注重教授知识，却忽略学生学习方法的研究和指导，究其原因，笔者认为最主要的是“以学生为主体”的意识不明确。其实学生在整个课堂教学过程中始终是认知的主体和发展的主体，课业学习方法指导中应以学生为主体，教师在教学过程中的作用是为学生的认识发展提供种种有利的条件，即帮助、指导学生学习，培养学生自学的能力和习惯。加强学习方法指导，要求教师确立心中有学生的思想，明确"学"是教学的中心，教师的职责在于"引"，而不是"灌"。"施教之功，贵在引路，妙在开窍"，要吸引学生积极参与到教学过程中来，使学生在教师的指导下主动地、富有个性地学习，摆正"教师为主导，学生为主体"的师生关系，转变教师角色，使学生在教师的指导下，通过运用科学的学习方法去自主地进行学习活动，从而获得知识的技能，并将其转化为能力，实现自身的发展。

课业学习方法指导，是指教师通过一定的途径对学生进行学习方法的传授、诱导、诊治，使学生掌握科学方法，并灵活运用于学习。课业学习方法的指导包括两个方面的内容：一是在具体的学习情境中引导学生掌握具体的学习方法，如学习生字的方法，理解词语的方法，阅读文章的方法，写作的方法等，属事实认识的范畴；二是引导学生明了各种学习方法的适用范围，使学生在特定的学习情境中，能够选择恰当的方法进行学习，属使用价值认识的范畴。只有当学生对学习方法的运用达到了后一种境界，学法指导才有真正的意义，才能帮助学生学会独立高效、高质、高量地学习，达到自我独立学习的目的，为学生的可持续发展打下坚实的基础，这才可以看做是成功。

世界上没有最优的教法，也没有最优的学法，尤其是面对不同层次的学生，对知识的需求量有差异。因此，教师要对所教学生的基础、特点、学习习惯、平均水平、高低差做深入细致的调查和分析，做到宏观在手、微观把握、因材施教、分类推进，对不同的学生给予不同的学习方法指导，帮助学生选择适合于他们自己的最佳学习方法。

## 四、技能分解

### (一)课业学习方法指导的方式

课业学习方法指导的方式多种多样，有以下五种常用的方式。

1. 直授式

直授式是教师通过讲解、示范直接授于学生某种方法。直授式的具体方式有两种：一是开设学法指导课分专题直授；二是结合学科教学分散直授。比较而言，后一种做法效果较好。如预习、上课、复习、作业等，宜用直授式进行学法指导。又如课前预习的方法，教师可直接提出如下几条要求：厘清教材思路，抓住教材要点，提出疑点，然后让学生按要求预习教材。各学科的特殊学习方法，亦可通过直接讲授方式进行学法指导。如课文阅读，教师可直接讲授"四读法"。"四读法"：粗读，把握文章线索；细读，理解文章内容；精读，领会表达方法；熟读，记住重点句段。教师直接讲授学习方法时，对学习方法的概括必须简明扼要，以利记忆。要尽可能结合实例进行讲授，以利理解，要在以后的教学中不断指导学生运用，以利巩固。

2. 归纳式

归纳式是指学生在接触了较多的具体材料之后，教师引导学生从不同类的若干个例中,归纳出某种学习方法。归纳式与直授式的不同点在于:直授式是直接教给学生某种方法。再将这种方法用于实践之中,归纳式是先接触个别实践,再从中归纳方法。在教学中,归纳式与直授式常常是结合运用的。比如,在教学中,少不了要举例子,教师举例子不能停留在指导学生理解个例的水平上,而要对个例进行抽象、概括,让学生从理解个别实例上升到掌握一般的方法。

3. 点拨式

点拨式是指在教学过程中随机点拨学法。所谓"随机点拨",是指这种点拨不一定是有计划的,不一定是事先安排好的,而是在教学过程中偶然出现了需要点拨学法的情境时,教师顺势进行点拨。点拨,关键是要抓住时机。因为点拨的时机带有偶然性,稍纵即逝。点拨的最佳时机,是学生处于"愤"、"悱"之际,即处于想找正确结论,但又苦于没有方法找到正确结论之际。此时点拨,有如"好雨知时节",必将产生"润物细无声"的效果。

4. 连接式

连接式是指学习某种新知识时,唤起学生对同类旧知识的回忆,找出新旧知识的连接点,从而掌握学法的一种指导方法。任何新知,都会与某种旧知有相似、相通之处。引导学生对新旧知识的相似、相通之处加以抽象概括,便成为掌握知识的方法。比如,在教新知识时,适时引进同类旧知识,加以比较、分析,找出规律,学生的学习水平便能提高一个层次。

5. 追溯式

追溯式是指学生求得问题的正确答案之后,教师及时追本溯源,要求学生找出求得正确答案的思维过程和思维方法。教学,不要仅仅满足于学生找到正确的结论,解决教学中一些关键性问题,有时思维过程比结论更重要。因此,在学生找到正确结论之后,教师应刨根究底问一问:"你是怎么知道的?"、"你是怎么想出来的?"以促进学生追溯思维过程,说出思维方法。

总之,教师在教学的过程中能让学生学会学习的技能,这对学生的终身发展起到至关重要的作用。

(二) 课业学习方法指导的操作方法

1. 课前预习,设计学法

预习是许多教师在教学中指导学生学习的一个环节,然而这种方法在实践中有两种现象:一种是教师不予指导学生回去预习第二天的新课,就算是交代了预习任务也不明确;另一种是学生不懂得如何去预习,有些学生认为预习就是看一看,具体看什么,不知道;预习的目的是什么,也不知道。其实教给学生预习的方法,就是使学生形成预习的习惯。预习,顾名思义,就是提前学习,让学生进行课前预习,熟悉教材的大体内容,寻找疑点、难点,带着问题听讲,听起课来容易抓住重点,对解决疑难问题有好处。预习应放在疑点多、难度大、进度快的教材内容上,立足点应放在用心寻找疑点、难点上。不必强调面面俱到的预习,否则,势必加重学生的学习负担。

慢慢地学生养成了预习的习惯，也就逐步提高了学生独立获取知识的能力。学生带着预习中不懂的问题去听课，也必将会增强听课的效果，培养学生的学习能力。

与预习命脉相连的，是检查预习情况。每次上课前用几分钟的时间检查一下自学情况，形式各异：或提问，或检测卡抽查，或同桌互问等。对于能够解答同学提出难点问题的同学给予奖励、表扬。这样能调动学生学习的兴趣，利于掌握预习方法。

2. 课中学习，授之学法

课堂教学是我国教学的基本组织形式。进行课程改革、实施素质教育的主要阵地在课堂，减轻学生过重的课业负担、提高教育质量的主要环节也在如何提高课堂教学效率这一点上。为此，教师要重视对学生课堂学法的指导。

面对当前新课程改革，以及未来社会发展的需要，在新授课中，教师主要起导航作用，我们的主要任务是在学生们自学、汇报过程中，有针对性地设置疑问，制造障碍，借以引起学生的思考、争论，学生读书能弄懂的问题，让学生自己讲，只在必要的地方做一些点拨。以这一思想为基础，教给学生听课的方法，学生掌握了听课方法，就可以利用这种方法自学新课，达到无师自通的地步。在课堂教学中，我们还可以指导学生运用实验法、谈话法、调查法、文献法等学习方法，进行自主式、合作探究、研究性学习，使学生从被动的学习方式中解脱出来。

教师要指导学生做到有备无患。要上好一堂课，学生需要从两个方面做准备：物质与精神。物质准备包括教科书、笔记本、练习本及其他与学科有关学习用具的准备。精神准备也称“心理准备”，其主要环节是要求学生抓住课前几分钟的预备时间，想一想前一次课讲的内容，以“温故”为“知新”做准备，查一查前一次课老师布置的任务，自己完成得怎么样；再看一看物质准备落实情况，这样就可以为上好新课奠定良好的心理基础。

教师要引导学生善于探索、发问。常言道：问则疑，疑则思。没有探索，没有问题，就不会有分析问题和解决问题的思想、方法和知识。探索问题是生长新思想、新方法和新知识的种子，是培养学生创新精神和实践能力的基础，因此，教师上课要引导学生具有问题意识，使学生善疑、善问、善探索、善释疑。

教师要引导学生主动参与，勤于动手。学生掌握知识有一个逐步深化的过程，懂了不一定会做，会做了还不一定有创造性。所以，教师上课要引导学生主动参与，勤于动手，将知识创造性地用于实际，引导学生经常开展讨论、交流与合作学习，以培养学生的创新精神、动手能力，以及交流与合作的能力。

教师要引导学生做好课堂笔记。在课堂学习中，教师要指导学生会记课堂笔记。上课做笔记要有所选择，不是有言必记，而是记重点、规律、疑难问题、教师补充的内容和师生要讨论的问题。也要记容易写错、算错、记错的细节，这样才有助于提高学习效率。做笔记时，要学会手脑并用，一边记，一边思索教师所讲的系统性，条理性，不断分析归纳。这样有利于学生智力的发展，也培养其做笔记的能力。

总之，教师指导学生上课应从“听、读、学、思”入手，掌握学习的基本方法。强调“听”：注意听老师在每节课开始所讲的教学内容、重点、思路和教学要求，想一想和自己预习有何差别；注意听老师在讲述例题关键部分的提示和处理方法，想一想，老师这样处理的依据是什么；注意听老师对概念要点的剖析和概念体系的串联，思考老师为什么要这样串联；注意听老师对某些疑难的问题的解答，以及课末进行的小结，把老师解决问题的方法学到手。狠抓“读”：一是粗读，即学生运用自己所学的知识粗读教材，边读边画；二是精读，即在教师讲解的基础上细嚼教材，把握重要的数字概念、公式、法则、思想方法，弄清问题的因果和实质。着眼“写”：学完新知识要及时巩固、练习、熟练应用。注重“思”：多问几个为什么，这一点尤为重要。

3. 课后复习，指点学法

我们有一部分同学在听老师讲课时，好像都听懂了；翻开课本看看，好像也全明白了；考试时把书本一闭，就什么都不知道了。其中一个很重要的原因是不会复习。复习这一过程是非常重要的，教师须指导学生掌握科学的复习方法，学会运用。

课后及时地巩固复习，不仅能巩固新知，强化记忆，促进知识的系统化，而且能帮助学生对学习活动进行有效的反思，客观地进行自身归因，提高学习的质量。

正确的课后复习方法，应该是回忆解题与阅读思考有机结合。那种只解题、不读书的课后复习，对正确的学习方法、良好学习习惯的形成是极其有害的。因此，老师指导学生课后复习需教给学生两点做法。一是课后温习阅读，并提出阅读要求。如“学会了什么知识”、“运用了什么学习方法”、“掌握新知识的关键是什么”等。二是解题联系。传统的练习方法是教师留一定的练习题，让全体学生去做。这样做的弊端有很多，一方面让学生感到学习就是为了解题，完成解题任务，长期下去，学生对学习会产生厌倦情绪；另一方面也扼杀了学生学习的主动性、创造性，可以尝试着让学生根据自己对本节课的认识，出一份试卷，同时做出答案。同学之间互答试卷，又是一个互相学习的过程，有不懂的地方同学讨论研究，再不会找老师。采用激励措施对试卷出得有水平的学生给予奖励，能极大调动学生的主动性，推动学生学习能力的形成。大量实践证明，以上做法是可行的，效果是非常好的。

4. 课外活动，升华学法

课外活动的形式丰富多彩，对学生有极大的吸引力，它是课堂教学的必要补充和重要延伸。课外活动给予学生更多的独立活动的机会，是学生进行研究性学习的良好机会。学生可以在教师的指导下从选题、取材、准备、阅读、操作、总结等各方面充分发挥自己的独立性，凭借自己已取得的成功的学习方法和经验，进行独立思考、独立实践，有利于学生施展聪明才智，培养能力，发挥创造力。同时，教师又可以因人而异地提出不同的要求，以满足不同程度、不同个性、不同兴趣的学生的需要，因材施教，调动全体学生的学习积极性和自觉性，有利于学生的个性发展和智力开发。

教师在指导学生开展课外活动时，可以针对学生从提出问题到最终解决问题这一独立进行的全过程，对学生所采用的解决问题的方法予以恰当的评价和肯定，并且更要留心引导学生，使学生充分认识到科学知识和实际生活之间存在着密切联系，以及科学的方法对解决实际问题的重大作用，从而使学生产生一种强烈的求知欲望，即将学习的方法转变为解决实际问题的方法的欲望，这样，便为学习方法的有效升华提供了可能。另外，从开展课外活动的成功经验来看，学生经常参加课外学习活动，对课题教学具有积极的促进作用，更能激起他们学习科学知识的兴趣和提高课堂学习的自觉性，促使他们专心听讲、认真完成实验报告与作业，主动找教师探讨疑难问题，更加积极地阅读课外书籍，努力寻求将课本知识转变为实用知识的途径，很自然地实现了学习方法和学习境界的升华。

## 五、实战演练

1. 一个教师如果在教学活动中能坚持对学生的预习、听课、复习诸方面进行指导，教给学生自学的方法，养成自学的习惯，培养自学的能力，这样学生将终生受益，教师则功莫大焉。请针对你所教的学科特点和你所任教的学生特点写出某个方面学习方法的具体指导计划，给予实施并记录，每月总结，观察学习行为和效果的变化。

2. 章丽同学无法长时间集中注意力，她能专心致志地做一件事，但时间不能太久。对感兴趣的事情她会乐意去做，但做了一段时间以后，就会感到厌倦。所以，学习效率自然很难得到提高。对这样的同学，应该怎样提高她的学习质量和学习效率呢？

## 教学视线

阅读王金战著的《王金战育才方案——学习哪有那么难》等论著，王金战老师是个传奇人物。作为老师，他让无数学生重获信心，找到学习的方法，创造了一个又一个教育奇迹。在他的眼里没有差生，他曾让全班倒数第一的学生考上北大，王金战老师用实践证明了“没有教不好的孩子”、“只有还未掌握好学习方法的孩子”，而他的方法却如此简单。他的每个精彩故事都融入了深刻的教育智慧和王氏幽默，告诉我们：后进生和优等生之间只隔着一层窗户纸，而它随时可以轻轻捅开。

## 反思探究

有位老师说：“各种学习窍门我都讲过了，学生就是不用，真急人！我要学生建立‘错题集’，这是状元们的学习诀窍……”我曾问他带的班上的学生：“你有错题本吗？”回答“有”。我又问：“管用吗？”“不管用，因为老师要求抄在本上，光是抄题就耗费很多时间，不实用。”但另一位老师对学生说：“错题集的目的是改正错误，警惕再犯。你可以抄题，也可以剪贴，或是用夹子收集在一起。总之，为了不再犯类似的错。”学习方法的指导要尽量具体实用，有针对性。有时，教师的点拨就是在引导学习方法，切忌空泛笼统的指教。教师只有按不同年级不同学生的实际情况，进行有针对性的学习方法的指导，才给予学生最好的帮助。想想看，我们对学生学习方法的指导适用吗？符合学生的实际情况吗？

# 参考文献


[1] 陈向明. 实践性知识:教师专业发展的知识基础[J]. 北京:北京大学教育评论,2003.

[2] 连榕. 教师专业发展[M]. 北京:高等教育出版社,2007.

[3] 杨晓峰. 高中与大学断层导致大学教学困境[N]. 中国教育报,2012-05-18(15).

[4] 周序,郑新蓉. 高考承载的“异化”压力与可能消解[J]. 北京:中国教育学刊,2012(2):18.

[5] 肖荣,车云霞. 论课堂导入及其设计[J]. 天津:天津市教科院学报,2001(02).

[6] 吕国珍. 发挥导入技能激发学习兴趣[J]. 沈阳:辽宁教育研究,2002(3).

[7] 王秋海. 数学课堂教学技能训练[M]. 上海:华东师范大学出版社,2008.

[8] 何成刚. 历史课堂教学技能训练[M]. 上海:华东师范大学出版社,2008.

[9] 王相文,王松泉,韩雪屏. 语文课程教学技能[M]. 北京:高等教育出版社,2007.

[10] 王志富,王建丽. 谈课堂提问[C]//中国病理生理学会中专教育委员会第七次学术交流会论文汇编. 1999.

[11] 梁贵仁. 加强课堂提问技巧的显著效果[C]//中国动物科学研究——中国动物学会第十四届会员代表大会及中国动物学会 65 周年年会论文集. 1999.

[12] 王萍. 精心设计优化数学教学——小学数学课堂提问设计技巧[C]//萃英集——青海省教育委员会、青海省教育学会优秀教育论文集. 2000.

[13] 王建和. 创造性地设计课堂提问:培养学生的创造能力[C]//跨世纪园丁工程论丛. 2000.

[14] 王立翔. 提问引导培养学生自学能力[C]//《新时代的脚步声》之八——追寻的旋律. 2003.

[15] 胡永,周炼,王敦山. 浅谈物理教学中课堂提问艺术[C]//湖北省物理学会、武汉物理学会 2004 年学术年会论文集. 2004.

[16] 谭道军. 高中物理课堂教学提问的艺术[C]//湖北省物理学会、武汉物理学会 2004 年学术年会论文集. 2004.

[17] 徐军. 浅谈化学教学中课堂提问的艺术[C]//第四届全国中学化学教学研讨会论文集(三). 2004.

[18] 操龙华. 化学教学中如何培养学生提出问题的能力[C]//第四届全国中学化学教学研讨会论文集(二). 2004.

[19] 周一贯. 阅读课堂教学设计论[M]. 宁波:宁波出版社,2000.

[20] 王松泉. 板书学[M]. 上海:上海交通大学出版社,1995.

[21] 刘显国.板书艺术[M].北京:中国林业出版社,2003.
[22] 彭小明.教学板书设计系统论[J].教育评论,2003(08).
[23] 田爱香.课堂教学板书的四大功能[J].教学与管理,2004(12).
[24] 刘福林.教学板书的新体系设计[J].教学与管理,2006(03).
[25] 张之麒,张颜萍.结课或结题的原则、形式和方法[J].甘肃高师学报,2003(05).
[26] 胡生辉.语文课堂教学结课方法浅谈[J].语文教学通讯,2002(07).
[27] 刘庆根,张富玉.学生结课教学探微[J].语文学刊,2006(02).
[28] 杨慧萍.提高结课艺术　培养创新意识[J].基础教育研究,2001(05).
[29] 李新乡,张德启,张早明,等.物理教学论[M].北京:科学出版社,2005.
[30] 阎金铎,郭玉英.中学物理教学概论[M].2版.北京:高等教育出版社,2009.
[31] 陈刚.物理教学设计[M].上海:华东师大出版社,2009.
[32] 陆重衣.让孩子们在诗意的天空里翱翔——对童诗写作教学列为特色课程的思考与实践[J].作文教学研究,2009(02).
[33] 应明安.以特色课程推进学校文化内涵建设[J].浙江教育科学,2011(03).
[34] 陈培瑞,李卫东,房彩霞,等.让校园充满七色阳光——济南市营市东街小学特色课程开发的实验与启示[J].当代教育科学,2009(18).
[35] 林乐光.构建特色课程培养自主学习能力[J].北京教育,2010(04).
[36] 邓艳红.课程与教学论[M].北京:首都师范大学出版社,2007.
[37] 门秀萍.中小学校本课程开发的理论与实践[M].北京:开明出版社,2003.
[38] 陈鹏飞.走向校本教研[M].合肥:合肥工业大学出版社,2004.
[39] 王一军,吕林海.校本课程开发:小学案例[M].上海:华东师范大学出版社,2009.
[40] 但武刚.活动教育的理论与方法[M].武汉:华中师范大学出版社,2005.
[41] 熊川武.反思性教学[M].上海:华东师范大学出版社,1999.
[42] 石兆胜,刘力.如何实施反思性教学[J].当代教育科学,2005(19).
[43] 洪明,黄宇星.美国学者对"反思性教学"的分类及其启示[J].教育评论,2002(05).
[44] (英)大卫·霍普金斯.教师课堂研究指南[M].3版.杨晓琼,译.上海:华东师范大学出版社,2009.
[45] 钟启泉,崔允漷,张华.为了中华民族的复兴为了每位学生的发展:基础教育课程改革纲要(试行)解读[M].上海:华东师范大学出版社,2001.
[46] (美)威廉·维尔斯马,斯蒂芬·G.于尔斯.教育研究方法导论[M].袁振国,等译.北京:教育科学出版社,2010.